纳税实务

（第五版）

高素芬 主编

国家文化产业资金支持媒体融合重大项目

高等职业教育财务会计类专业课程系列教材

Tax Practice

5th Edition

东北财经大学出版社
Dongbei University of Finance & Economics Press
大连

图书在版编目（CIP）数据

纳税实务 / 高素芬主编．—5版．—大连：东北财经大学出版社，2021.9（2023.2重印）
（高等职业教育财务会计类专业课程系列教材）
ISBN 978-7-5654-4240-7

Ⅰ．纳… Ⅱ．高… Ⅲ．纳税-税收管理-中国-高等职业教育-教材 Ⅳ．F812.423

中国版本图书馆CIP数据核字（2021）第158743号

东北财经大学出版社出版
（大连市黑石礁尖山街217号 邮政编码 116025）
网 址：http：//www.dufep.cn
读者信箱：dufep@dufe.edu.cn
大连图腾彩色印刷有限公司印刷 东北财经大学出版社发行

幅面尺寸：185mm×260mm 字数：543千字 印张：23.75
2021年9月第5版 2023年2月第2次印刷

责任编辑：王天华 周 慧 责任校对：尚玉影 徐 群
封面设计：冀贵收 版式设计：原 皓

定价：53.00元

教学支持 售后服务 联系电话：（0411）84710309

如有印装质量问题，请联系营销部：（0411）84710711

第五版前言

为完成高等职业教育的根本任务，满足财会人员掌握税法基础知识并系统掌握涉税业务的基本操作技能的要求，依据《教育部关于全面提高高等职业教育教学质量的若干意见》（教高〔2006〕16号）的文件精神，按照“任务驱动、项目导向、顶岗实习、工学交替”等增强学生能力的教学模式，本书编写组积极与相关行业企业合作，共同开发了这本强调能力培养的教材。

本书通过对会计岗位工作任务和职业能力的分析，在对市场充分调研和分析的基础上，以职业活动为导向，以培养学生职业能力为主线，围绕会计工作岗位任职人员所需的专业知识和职业能力设计项目和学习任务。本书重点在于让学生掌握纳税工作的操作流程，能够计算各种税的纳税金额，会编制各种税的纳税申报表并能够运用税务实训平台进行网上纳税申报，会进行涉税业务的账务处理等。

本书第五版在第四版的基础上，根据最新企业会计准则和税务方面的文件法规做了相应修订，包括财政部、税务总局、海关总署《关于深化增值税改革有关政策的公告》（财政部　税务总局　海关总署公告2019年第39号）、《国家税务总局关于取消增值税扣税凭证认证确认期限等增值税征管问题的公告》（国家税务总局公告2019年第45号）、《国家税务总局关于在新办纳税人中实行增值税专用发票电子化有关事项的公告》（国家税务总局公告2020年第22号）、《国家税务总局关于简并税费申报有关事项的公告》（国家税务总局公告2021年第9号）、《国家税务总局关于办理2020年度个人所得税综合所得汇算清缴事项的公告》（国家税务总局公告2021年第2号）、《国家税务总局关于修订企业所得税年度纳税申报表的公告》（国家税务总局公告2020年第24号）、《国家税务总局关于发布中华人民共和国企业所得税月（季）度预缴纳税申报表（A类）的公告》（国家税务总局公告2021年第3号）等政策文件，修改或删除书中陈旧过时的内容，并同步更换了相关案例、习题，以保证其先进性。

另外，为了贯彻党的十九大报告提出的“落实立德树人根本任务”，以及《教育部等八部门关于加快构建高校思想政治工作体系的意见》（教思政〔2020〕1号）的精神，本书在修订时特意加入了“素质目标”的内容，在课堂教学中融入“思政元素”，发掘本课程中“隐性”的“思政元素”，最大程度地发挥“课程思政”的德育作用，加强对学生职业精神和理想信念的培养。

本书由唐山职业技术学院高素芬教授担任主编，负责拟定编写大纲，并对全书进行校对、统稿。唐山职业技术学院范雅玲、薄海民、韩德静和王久霞参与编写。本书具体编写分工如下：高素芬编写项目一、三、五、六，范雅玲编写项目二，韩德静编写项目四，王久霞编写项目七，薄海民编写项目八。第五版由高素芬教授负责修订。在编写过程中，唐山市税务局稽查局张兵（注册税务师、纳税筹划师、高级信用管理师）和张广清两位税务专家对编写大纲和具体内容提出了很多宝贵的意见及建议，对此我们深表谢意。

本书在编写过程中参考了许多税务方面的专著和教材，得到了东北财经大学出版社的大力支持，在此一并表示感谢！

由于时间仓促和编者水平有限，书中疏漏与不当之处在所难免，敬请同行及广大读者批评指正。

编　者

2021年8月

目　录

项目一 税收基础知识

【知识目标】 掌握税收的基本知识；了解我国现行的税法体系，掌握税法的各个构成要素。

【能力目标】 能够理解税收与税法的关系，理解每一种税的构成要素，熟知税收法律关系和我国现行税法体系，了解税收优惠政策，为以后各种税的学习做好铺垫。

【素质目标】 培养学生树立社会主义核心价值观，依法纳税，诚信纳税。诚信是纳税人员的必要品质，诚信纳税利国利己。此外，培养学生与市场监管、税务、银行等单位进行工作交流、业务沟通，能够适应不同的工作环境，具有在未来工作中的探索能力和创新思维能力。

任务一 税法的概念

一、税收的概念

税收是政府为了满足社会公共需要，凭借政治权利，按照法律规定强制地、无偿地取得财政收入的一种形式。要想理解税收的内涵，需要从税收的分配关系本质、国家税权、税收目的几个方面来把握。

（一）税收的本质是一种分配关系

国家要行使职能必须有一定的财政收入，而取得财政收入的手段很多，如征税、发行货币、发行国债、收费、罚款等，其中税收是国家取得财政收入的主要形式。在市场经济条件下，税收主要是对社会产品价值的分割，它是国家参与社会产品价值分配的法定形式，因而从本质上来说是一种分配关系。

（二）国家征税凭借的是政治权利

国家通过征税，将一部分社会产品由纳税人所有转为国家所有。因此，征税的过程实际上是国家参与社会产品的分配过程。税收是国家凭借政治权利进行的社会产品分配，是我国税收理论界长期以来的主流认识。国家依据税法拥有公民和法人某些财产或收入的债权，公民或法人则对政府承担了债务，这种债务就是税收。公民或法人缴纳了税收，就拥有了享有政府提供的公共产品的权利，这体现了国家与纳税人之间的对等关系。

（三）国家征税的目的是满足社会公共需要

国家在履行公共职能的过程中必然要有一定的公共支出，而这些支出只能由国家以征税的方式，由经济组织、单位和个人来负担。国家征税的目的是满足提供社会公共产品的需要，以及弥补市场失灵、促进公平分配等的需要。

二、税法的概念

税法是指用以调整国家与纳税人之间在征纳税方面的权利及义务关系的法律规范的总称，它是税收制度的核心内容。而税收制度是在税收分配活动中税收征纳双方所应遵循的行为规范的总称。其主要内容包括各税种的法律法规，以及为了保证这些税法得以实施的税收征管制度和税收管理体制。税法具有义务性法规和综合性法规的特点。

三、税收法律关系

税收法律关系是税法所确认和调整的国家与纳税人之间、国家与国家之间以及各级政府之间在税收分配过程中形成的权利与义务的关系。税收法律关系由税收法律关系的主体、客体和内容三方面构成。

（一）税收法律关系的主体

在我国，税收法律关系的主体包括征纳双方：一方是代表国家行使征税职责的国家行政机关，包括国家各级税务机关和海关；另一方是履行纳税义务的人，包括法人、自然人和其他组织，在华的外国企业、组织、外籍人、无国籍人，以及在华虽然没有机构、场所但有来源于中国境内所得的外国企业或组织。

（二）税收法律关系的客体

税收法律关系的客体，是指税收法律关系主体的权利、义务所共同指向的对象，即征税对象。例如，企业所得税法律关系的客体就是生产经营所得、其他所得和清算所得，财产税法律关系的客体就是财产。

（三）税收法律关系的内容

税收法律关系的内容就是主体所享有的权利和所承担的义务，它是税收法律关系的灵魂。它规定了权利主体可以有什么行为，不可以有什么行为，若违反了这些规定，必须承担相应的法律责任。

税务机关的权利主要表现在依法征税、税务检查以及对违章者进行处罚；其义务主要是向纳税人宣传、咨询、辅导解读税法，及时把征收的税款缴入国库，依法受理纳税人对税收争议的申诉等。

纳税义务人的权利主要是申请退税权、延期纳税权、依法申请减免税权、申请复议和提起诉讼权，其义务主要是按税法的规定办理税务登记、进行纳税申报、接受税务检查、依法缴纳税款等。

任务二　税法的构成要素

一、纳税人

纳税人，又称纳税主体，是指税法规定直接负有纳税义务的单位和个人，它是税法的基本要素之一。纳税人包括自然人和法人。

在实际纳税过程中，与纳税人相关的概念有代扣代缴义务人（简称“扣缴义务人”）和负税人。

（一）扣缴义务人

扣缴义务人，是指税法规定有义务从持有的纳税人收入中扣除其应纳税款并代为缴纳的企业、单位或个人。当纳税人发生应税行为但直接缴税有困难时，国家为了防止纳税人偷逃税款，保证税款及时足额入库，在税法中明确了扣缴义务人扣缴税款的具体规定。

（二）负税人

负税人，是指最终负担税款的单位或个人。纳税人与负税人可能一致，也可能不一致，关键在于纳税人缴纳税款后是否将税款转嫁给第三者。如果纳税人通过一定的途径把税款转嫁给其他单位或个人负担，纳税人就不再是负税人；如果纳税人未将税款转嫁出去，则纳税人即为负税人。

问题解答

问：纳税人与负税人有什么区别？

答：纳税人与负税人是两个既有联系又有区别的概念。纳税人是直接向税务机关缴纳税款的单位或个人，负税人是税款的最终承担者或实际负担者。当纳税人通过一定的途径把税款转嫁给别的单位或个人负担时，纳税人就不再是负税人；如果纳税人未能把税款转嫁出去，则纳税人同时也是负税人。

二、征税对象

征税对象，又称课税对象、纳税客体，是税法中规定的征税的目的物。每一种税都必须明确对什么征税，即征税的客体。征税对象是一种税区别于另一种税的主要标志。

与征税对象密切相关的概念主要有征税范围、税目、计税依据和税源。

（一）征税范围

征税范围，是指税法规定征税对象的具体内容范围，是国家征税的界限。它可按货物、品种、所得、地区等方面进行划分。征税范围与征税对象密切相关，一般来说，它是对征税对象的进一步补充和划分。

（二）税目

税目，是税法中规定的具体征税项目，是征税对象的具体化。通过划分税目，可以进一步明确征税范围。

划分税目的方法一般分为列举法和概括法。列举法是指将每一种商品或经营项目采用一一列举的方法，分别设置税目，如现行消费税规定了烟、酒等15个税目；概括法就是按商品大类或行业采用概括方法设置税目，如增值税是按商品、服务、无形资产、不动产或行业设置税目和税率的。

（三）计税依据

计税依据，又称计税基础，是税法中规定的据以计算各种应纳税款的依据或标准。计税依据有两种表现形式：从价计征和从量计征。

从价计征，即以征税对象的价值作为计税依据。在这种情况下，征税对象与计税依据是一致的。

从量计征，即以征税对象的数量、重量、容积、面积等作为计税依据。在这种情况下，征税对象与计税依据一般是不一致的。

（四）税源

税源，即税收的源泉。从根本上说，税源来自当年的剩余产品。税源与征税对象有时是重合的，但大多数情况下两者并不一致。征税对象只是表明对什么征税，税源则表明税收收入的来源。

三、税率

税率，是应纳税额与征税对象（或计税依据）之间的数量关系或比例关系，是计算税收负担的尺度。税率是税收制度的核心和灵魂。

我国现行税率的基本形式有三种：比例税率、累进税率和定额税率。

（一）比例税率

比例税率是对同一征税对象，不论数额大小，都按同一比例征税的税率，税额与征税对象数额成正比例关系。比例税率分为三种形式：

1.单一比例税率

单一比例税率，是指对同一征税对象的所有纳税人都适用同一比例税率。

2.差别比例税率

差别比例税率，是指对同一征税对象的不同纳税人适用不同的比例税率。我国现行税法又分别按产品、行业和地区的不同将差别比例税率分为以下三种类型：一是产品差别比例税率，即对不同产品分别适用不同的比例税率，同一产品采用同一比例税率，如消费税、关税等；二是行业差别比例税率，即对不同行业分别适用不同的比例税率，同一行业采用同一比例税率，如增值税等；三是地区差别比例税率，即区分不同的地区分别适用不同的比例税率，同一地区采用同一比例税率，如城市维护建设税等。

3.幅度比例税率

幅度比例税率，是指对同一征税对象，税法只规定最低税率和最高税率，各地区在该幅度内确定具体的适用税率。

（二）累进税率

累进税率是指按征税对象数额大小分为若干等级，不同等级适用由低到高的不同税率，征税对象数额越大，税率就越高；反之，则越低。

累进税率按照累进依据和累进方式的不同，可分为全额累进税率、超额累进税率和超率累进税率三种形式。

1.全额累进税率

全额累进税率，是指按征税对象的绝对额划分等级，以纳税人的征税对象的全部数额为基础，确定与之相适应的级距税率，计算应纳税额的一种累进税率。其实质是一种差别比例税率。其计算公式为：

$$应纳税额 = 应纳税所得额 \times 税率$$

【做中学 1–1】若个体户甲全年应纳税所得额为 30 000 元，个体户乙全年应纳税所得额为 30 001 元。个体工商户生产经营所得和企事业单位承包经营、承租经营所得个人所得税税率表见表 1–1。

表 1–1 个体工商户生产经营所得和企事业单位承包经营、承租经营所得个人所得税税率表

金额单位：元

级数	全年应纳税所得额（含税级距）	税率（%）	速算扣除数
1	不超过 30 000 元的部分	5	0
2	超过 30 000 元至 90 000 元的部分	10	1 500
3	超过 90 000 元至 300 000 元的部分	20	10 500
4	超过 300 000 元至 500 000 元的部分	30	40 500
5	超过 500 000 元的部分	35	65 500

采用全额累进税率时，甲、乙应纳税额分别计算如下：

甲应纳税额 = 30 000 × 5% = 1 500（元）

乙应纳税额 = 30 001 × 10% = 3 000.1（元）

思考：甲、乙的应纳税所得额仅1元之差，为什么应纳税额的差距如此之大呢？

2.超额累进税率

超额累进税率，是指按征税对象的绝对额划分征税级距，以纳税人的征税对象所属等级同时适用几个税率分别计算，将计算结果相加后得出应纳税额的一种累进税率。我国现行税法中个人所得税采用此种税率。其计算方法有两种：分步法和速算扣除法。一般采用速算扣除法。

所谓速算扣除法，即先按全额累进税率的方法计算出应纳税额，再从中减去一个速算扣除数，其差额即为超额累进税率的应纳税额。其计算公式为：

应纳税额 = 应纳税所得额 × 税率 − 速算扣除数

【做中学1–2】沿用【做中学1–1】的资料。采用超额累进税率时，甲、乙应纳税额分别计算如下：

甲应纳税额 = 30 000 × 5% − 0 = 1 500（元）

乙应纳税额 = 30 001 × 10% − 1 500 = 1 500.1（元）

问题解答

问：全额累进税率与超额累进税率有什么区别？

答：（1）累进程度不同。在累进级次的临界点附近，全额累进税率的累进程度较为急剧，税额的增加会超过征税对象数额的增加；超额累进税率的累进程度较为缓和，不存在这种不合理的现象。

（2）计算方法不同。全额累进税率计算简便，其实质是采用比例税率计算；超额累进税率计算比较复杂，是按征税对象的绝对额划分征税级距，以纳税人的征税对象所属等级同时适用几个税率分别计算，将计算结果相加后得出应纳税额的一种累进税率。

3.超率累进税率

超率累进税率，是指征税对象数额按所属比率级次适用的征税比例计税的累进税率，即把征税对象的相对率划分若干级距，分别规定相应的差别税率，相对率每超过一个级距，对超过的部分就按高一级的税率计算征税。现行的土地增值税就是采用超率累进税率。

【同步思考】超额累进税率与超率累进税率有什么不同？

（三）定额税率

定额税率，又称固定税额或单位税额，是指按征税对象的数量直接规定一个固定的税额。征税对象的计量单位可以是重量、数量、面积、体积等自然单位，也可以是专门规定的复合单位。它一般适用从量计征的税种。

四、税收优惠

税收优惠，是对某些纳税人或征税对象采取的鼓励或照顾措施，主要有税基式减免、税率式减免和税额式减免三种形式。

（一）税基式减免

税基式减免是通过直接降低计税依据的方式来实现的减免税，主要包括起征点、免征额、项目扣除以及跨期结转等。

起征点是征税对象达到一定数额开始征税的起点。对征税对象数额未达到起征点的，不征税；达到起征点的，按全部数额征税。

免征额是在征税对象的全部数额中免予征税的数额。对免征的部分不征税，仅对超过免征额的部分征税。

项目扣除，是指在征税对象中扣除一定项目的数额，以其余额作为依据计算税额。

跨期结转，是指将以前纳税年度的经营亏损从本纳税年度的经营利润中扣除。

（二）税率式减免

税率式减免，即通过直接降低税率的方式实现的减免税，具体包括重新确定税率和零税率等。

（三）税额式减免

税额式减免，即通过直接减少应纳税额的方式实现的减免税，具体包括全部免征、减半征收、核定减免率以及另定减征额等。

五、纳税环节

纳税环节，是指按税法的规定确定的征税对象应该缴纳税款的环节。每个税种都有特定的纳税环节，不同税种因涉及的纳税环节多少不同，形成了不同的课征制。凡只在一个环节征税的，称为一次课征制；凡在两个环节征税的，称为两次课征制；凡在两个以上环节征税的，称为多次课征制，如我国的增值税对商品的生产、批发和零售环节均征税。

六、纳税地点

纳税地点，是税法中规定纳税人（包括扣缴义务人）具体缴纳税款的地点。它是根据各税种的征税对象、纳税环节，本着有利于在源泉上控制税款的原则来确定的。纳税地点的确定既要便于税务机关和纳税人征纳税款，又要有利于各地区、各征收机关的税收利益。

七、纳税期限

纳税期限是指税法规定的关于税款缴纳的时间，即纳税时间方面的限定。关于纳税时间的规定，应注意下列三个相关概念：

（1）纳税义务发生时间，是指应税行为发生的时间。

（2）纳税期限，是税法规定纳税人发生纳税义务后缴纳税款的期限。它是税收强制性和固定性在时间上的体现。例如，增值税的计税期间分别为10日、15日、1个月、1个季度或者半年。纳税人的具体计税期间，由主管税务机关根据纳税人应纳税额的大小分别核定。以半年为计税期间的规定不适用于按照一般计税方法计税的纳税人。自然人不能按照固定计税期间纳税的，可以按次纳税。以1个季度为计税期间的规定仅适用于小规模纳税人、银行、财务公司、信托投资公司、信用社，以及财政部和国家税务总局规定的其他纳税人。关于纳税期限，具体规定有下列三种：

①按期纳税。纳税间隔期分为10天、15天、1个月或者1个季度四种。纳税人的具体纳税期限由主管税务机关根据纳税人生产经营情况和应纳税额的大小分别核定。

②按次纳税。按次纳税，即按纳税行为的发生次数确定纳税期限。例如，我国现行对进口商品征收的关税以及契税等，都是按次纳税。

③按年计征、分期预缴。这是指按规定的期限预缴税款，年度结束后汇算清缴，多退少补，如企业所得税等。

（3）缴库期限，即税法规定的纳税期满后，纳税人将应纳税款缴入国库的期限。例如，增值税纳税人以1个月、1个季度或者半年为一个计税期间的，自期满之日起15日内申报纳税；以10日或者15日为一个计税期间的，自期满之日起5日内预缴税款，于次月1日起15日内申报纳税并结清上月应纳税款。

八、法律责任

法律责任，一般是指由于违法而应当承担的法律后果。法律制裁，习惯上又称为罚则或违章处理，是对纳税人违反税法的行为所采取的惩罚措施，它是税收强制性特征的具体体现。违法行为是承担法律责任的前提，而法律制裁是追究法律责任的必然结果。

任务三 我国现行税法体系

一、按照税法的基本内容和效力划分

按照税法的基本内容和效力划分，我国现行税法体系分为税收基本法和税收普通法。

（一）税收基本法

税收基本法也称税法通则，是税法体系的主体和核心。其基本内容一般包括税收制度的性质、税务管理机构、税收立法与管理权限、纳税人的基本权利与义务、征税机关的权利和义务、税种设置等。

（二）税收普通法

税收普通法是根据税收基本法的原则，对税收基本法规定的事项分别立法实施的法律，如《中华人民共和国个人所得税法》《中华人民共和国环境保护法》《中华人民共和国税收征收管理法》等。

二、按照税法的职能作用划分

按照税法的职能作用划分，我国现行税法体系分为税收实体法和税收程序法。

（一）税收实体法

税收实体法主要是指确定税种立法，具体规定各税种的征收对象、征收范围、税目、税率、纳税地点等，如《中华人民共和国个人所得税法》《中华人民共和国环境保护法》属于税收实体法。

我国的现行税制就其实体法而言，按征税对象分为5类：

1.商品（货物）和劳务税类

此类包括增值税、消费税和关税，主要在生产、流通或者服务业中发挥调节作用。

2.所得税类

此类包括企业所得税、个人所得税、土地增值税，主要是在国民收入形成后，对生产经营者的利润和个人的纯收入发挥调节作用。

3.财产和行为税类

此类包括房产税、车船税、印花税、契税，主要是对某些财产和行为发挥调节作用。

4.资源税和环境保护税类

此类包括资源税、环境保护税和土地使用税，主要是对因开发和利用自然资源差异而形成的极差收入发挥调节作用。

5.特定目的税类

此类包括城市维护建设税、车辆购置税、耕地占用税、船舶吨税和烟叶税，主要是为了达到特定目的，对特定对象和特定行为发挥调节作用。

上述税种一共有18个，其中进口环节的增值税、消费税、关税和船舶吨税由海关负责征收，其他税种由税务机关负责征收管理。

（二）税收程序法

税收程序法是指税务管理方面的法律，主要包括税收管理法、纳税程序法、发票管理法、税务机关组织法、税务争议处理法等。

上述税收实体法和税收程序法共同构成了我国现行税法体系。

三、按照主权国家行使的税收管辖权划分

按照主权国家行使的税收管辖权划分，我国现行税法体系分为国内税法和国际税法。国内税法一般是按照属人或属地原则，规定一个国家的内部税收制度。国际税法是指国家间形成的税收制度，主要包括双边或多边国家间的税收协定、条约和国际惯例等。一般而言，其效力高于国内税法。

任务四 我国税收的分类

根据国务院关于实行分税制财政管理体制的规定，我国的税收收入分为中央政府固定收入、地方政府固定收入和中央政府与地方政府共享收入。

一、中央政府固定收入

中央政府固定收入，包括消费税（含进口环节由海关代征的）、车辆购置税、关税、由海关代征的进口环节增值税等。

二、地方政府固定收入

地方政府固定收入，包括城镇土地使用税、耕地占用税、土地增值税、房产税、车船税、契税、环境保护税和烟叶税等。

三、中央政府与地方政府共享收入

中央政府与地方政府共享收入，包括以下几项：

（一）增值税

国内增值税中央政府分享50%，地方政府分享50%。进口环节由海关代征的增值税和铁路建设基金营业税改征增值税为中央政府收入。

（二）企业所得税

中国国家铁路集团（原铁道部）、各银行总行及海洋石油企业缴纳的部分归中央政府，其余部分中央政府与地方政府按60%与40%的比例分享。

（三）个人所得税

除储蓄存款利息所得的个人所得税外，其余部分的分享比例与企业所得税相同。

（四）资源税

海洋石油企业缴纳的部分归中央政府，其余部分归地方政府。

（五）城市维护建设税

中国国家铁路集团、各银行总行、各保险总公司集中缴纳的部分归中央政府，其余部分归地方政府。

（六）印花税

从2016年1月1日起，证券交易印花税全部归中央政府。

项目小结

本项目内容归纳总结见表1-2。

表 1-2　本项目内容归纳总结

税法概念	税收的概念、税法的概念、税收法律关系
税法的构成要素	纳税人、征税对象、税率、纳税环节、纳税地点、纳税期限、税收优惠和法律责任
我国现行税法体系	按照税法的基本内容和效力划分、按照税法的职能作用划分和按照主权国家行使的税收管辖权划分
我国税收的分类	我国的税收收入分为中央政府固定收入、地方政府固定收入和中央政府与地方政府共享收入

项目二

增值税及附加税费

【知识目标】 理解增值税及附加税费的基本法律内容；掌握增值税及附加税费的计算方法；掌握增值税及附加税费申报表的编制方法；掌握增值税及附加税费的账务处理方法。

【能力目标】 能根据业务资料判断哪些项目征收增值税及附加税费；能根据业务资料计算增值税及附加税费；能根据业务资料编制增值税及附加税费申报表；能根据业务资料对增值税及附加税费进行账务处理。

【素质目标】 结合虚开发票的重大税收违法案件进行分析，告诫学生虚开发票骗税、偷税或者私自印制、伪造和编造发票都属于犯法的行为，除了被罚款、刑事处罚外，还会纳入会计人员的诚信征用系统，影响一生的财务工作生涯。此外，培养学生能够与海关、税务、市场监管、银行等单位进行业务沟通，具有团结协作和较强的学习能力，能够适应不同的工作环境，具有在未来工作中的探索能力和创新思维能力。

任务一　增值税的基本法律知识

一、增值税的概念及特点

（一）增值税的概念

增值税是对在我国境内发生增值税应税交易（以下称应税交易）以及进口货物的单位和个人，以其取得的增值额或者进口货物金额为计税依据征收的一种流转税。

上述所称“应税交易”，是指销售货物、服务、无形资产、不动产和金融商品。销售货物、不动产、金融商品，是指有偿转让货物、不动产、金融商品的所有权；销售服务，是指有偿提供服务；销售无形资产，是指有偿转让无形资产的所有权或者使用权。

上述所称在境内发生应税交易是指：

（1）销售货物，货物的起运地或者所在地在境内；

（2）销售服务、无形资产（自然资源使用权除外），销售方为境内单位和个人，或者服务、无形资产在境内消费；

（3）销售不动产、转让自然资源使用权，不动产、自然资源所在地在境内；

（4）销售金融商品，销售方为境内单位和个人，或者金融商品在境内发行。

（二）增值税的特点

1.征收范围广

凡是从事经营活动的纳税人，无论是属于制造业、商贸业、交通运输业、建筑业、金融业、生活服务业、房地产业还是属于现代服务业，只要在经营中产生增值额，都应缴纳增值税。

2.实行税款抵扣制

企业在计算增值税时，根据货物、服务、无形资产、不动产、金融商品或者应税劳务的销售额，按规定的税率计算应纳税款，扣除上一道环节已纳的增值税税款，其余额即为纳税人应缴纳的增值税税款，以避免重复纳税。

3.实行价外税

在计税时，作为计税依据的销售额不包含增值税销项税额，这样有利于形成均衡的生产价格，有利于税负转嫁的实现。

4.税负转嫁

虽然增值税是企业向税务机关缴纳的，但企业在销售商品、服务、无形资产、不动产或者提供劳务时通过价格将税负转嫁给了下一个流通环节，最终转嫁给消费者。

二、增值税的征税范围

凡是在我国境内销售的货物、服务、无形资产、不动产、金融商品以及进口的货物，都属于增值税的征税范围。其主要包括：

（一）销售或进口的货物

货物是指有形动产，包括电力、热力、气体在内。销售货物是指有偿转让货物的所有权，从购买方取得货币、货物或其他经济利益；进口的货物，即申报进入我国境内的货物。

“营改增”后，货物还包括构成不动产实体的材料和设备，包括建筑装饰材料和给排水、采暖、通风、照明、通信、煤气、消防、中央空调、电梯、电气、智能化楼宇设备及配套设施。

（二）销售服务

销售服务是指提供交通运输服务、邮政服务、电信服务、建筑服务、金融服务、现代服务、生活服务和加工、修理修配服务。

1.交通运输服务

交通运输服务是指利用运输工具将货物或者旅客送达目的地，使其空间位置得到转移的业务活动，包括陆路运输服务、水路运输服务、航空运输服务和管道运输服务。

（1）陆路运输服务。陆路运输服务，是指通过陆路（地上或者地下）运送货物或者旅客的运输业务活动，包括铁路运输服务和其他运输服务。

（2）水路运输服务。水路运输服务，是指通过江、河、湖、川等天然、人工水道或者海洋航道运送货物或者旅客的运输业务活动。

（3）航空运输服务。航空运输服务，是指通过空中航线运送货物或者旅客的运输业务活动。

（4）管道运输服务。管道运输服务，是指通过管道设施输送气体、液体、固体物质的运输业务活动。

2.邮政服务

邮政服务是指中国邮政集团公司及其所属邮政企业提供邮件寄递、邮政汇兑、机要通信和邮政代理等邮政基本服务的业务活动，包括邮政普遍服务、邮政特殊服务和其他邮政服务。

（1）邮政普遍服务。邮政普遍服务，是指函件、包裹等邮件寄递，以及邮票发行、报刊发行和邮政汇兑等业务活动。

（2）邮政特殊服务。邮政特殊服务，是指义务兵平常信函、机要通信、盲人读物和革命烈士遗物的寄递等业务活动。

（3）其他邮政服务。其他邮政服务，是指邮册等邮品销售、邮政代理等业务活动。

3.电信服务

电信服务是指利用有线、无线的电磁系统或者光电系统等各种通信网络资源，提供语音通话服务，传送、发射、接收或者应用图像、短信等电子数据和信息的业务活动，包括基础电信服务和增值电信服务。

（1）基础电信服务。基础电信服务，是指利用固网、移动网、卫星、互联网，提供语音通话服务的业务活动，以及出租或者出售带宽、波长等网络元素的业务活动。

（2）增值电信服务。增值电信服务，是指利用固网、移动网、卫星、互联网、有线电视网络，提供短信和彩信服务、电子数据和信息的传输及应用服务、互联网接入服务等业务活动。

卫星电视信号落地转接服务，按照增值电信服务计算缴纳增值税。

4. 建筑服务

建筑服务是指各类建筑物、构筑物及其附属设施的建造、修缮、装饰，线路、管道、设备、设施等的安装以及其他工程作业的业务活动，包括工程服务、安装服务、修缮服务、装饰服务和其他建筑服务。

（1）工程服务。工程服务，是指新建、改建各种建筑物、构筑物的工程作业，包括与建筑物相连的各种设备或者支柱、操作平台的安装或者装设工程作业，以及各种窑炉和金属结构工程作业。

（2）安装服务。安装服务，是指生产设备、动力设备、起重设备、运输设备、传动设备、医疗实验设备以及其他各种设备、设施的装配、安置工程作业，包括与被安装设备相连的工作台、梯子、栏杆的装设工程作业，以及被安装设备的绝缘、防腐、保温、油漆等工程作业。固定电话、有线电视、宽带、水、电、燃气、暖气等经营者向用户收取的安装费、初装费、开户费、扩容费以及类似收费，按照安装服务缴纳增值税。

（3）修缮服务。修缮服务，是指对建筑物、构筑物进行修补、加固、养护、改善，使之恢复原来的使用价值或者延长其使用期限的工程作业。

（4）装饰服务。装饰服务，是指对建筑物、构筑物进行修饰装修，使之美观或者具有特定用途的工程作业。

（5）其他建筑服务。其他建筑服务，是指上列工程作业之外的各种工程作业服务，如钻井（打井）、拆除建筑物或者构筑物、平整土地、园林绿化、疏浚（不包括航道疏浚）、建筑物平移、搭脚手架、爆破、矿山穿孔、表面附着物（包括岩层、土层、沙层等）剥离和清理等工程作业。

5. 金融服务

金融服务是指经营金融保险的业务活动，包括贷款服务、直接收费金融服务、保险服务和金融商品转让。

（1）贷款服务。贷款服务，是指将资金贷给他人使用而取得利息收入的业务活动。各种占用、拆借资金取得的收入，包括金融商品持有期间（含到期）利息（保本收益、报酬、资金占用费、补偿金等）收入、信用卡透支利息收入、买入返售金融商品利息收入、融资融券收取的利息收入，以及融资性售后回租、押汇、罚息、票据贴现、转贷等业务取得的利息及利息性质的收入，按照贷款服务缴纳增值税。

（2）直接收费金融服务。直接收费金融服务，是指为货币资金融通及其他金融业务提供相关服务并且收取费用的业务活动，包括提供货币兑换、账户管理、电子银行、信用卡、信用证、财务担保、资产管理、信托管理、基金管理、金融交易场所（平台）管理、资金结算、资金清算、金融支付等服务。

（3）保险服务。保险服务，是指投保人根据合同约定，向保险人支付保险费，保险人对于合同约定的可能发生的事故因其发生所造成的财产损失承担赔偿保险金责任，或者当被保险人死亡、伤残、疾病或者达到合同约定的年龄、期限等条件时承担给付保险金责任的商业保险行为。保险服务包括人身保险服务和财产保险服务。人身保险服务，是指以人的寿命和身体为保险标的的保险业务活动；财产保险服务，是指以财产及其有关利益为保险标的的保险业务活动。

（4）金融商品转让是指转让外汇、有价证券、非货物期货和其他金融商品所有权的业务活动。其他金融商品转让包括基金、信托、理财产品等各类资产管理产品和各种金融衍生品的转让。

6.现代服务

现代服务是指围绕制造业、文化产业、现代物流产业等提供技术性、知识性服务的业务活动，包括研发和技术服务、信息技术服务、文化创意服务、物流辅助服务、租赁服务、鉴证咨询服务、广播影视服务、商务辅助服务和其他现代服务。

（1）研发和技术服务。研发和技术服务，包括研发服务、合同能源管理服务、工程勘察勘探服务、专业技术服务。研发服务，也称技术开发服务，是指就新技术、新产品、新工艺或者新材料及其系统进行研究与试验开发的业务活动。合同能源管理服务，是指节能服务公司与用能单位以契约形式约定节能目标，节能服务公司提供必要的服务，用能单位以节能效果支付节能服务公司投入及其合理报酬的业务活动。工程勘察勘探服务，是指在采矿、工程施工前后，对地形、地质构造、地下资源蕴藏情况进行实地调查的业务活动。专业技术服务，是指气象服务、地震服务、海洋服务、测绘服务、城市规划、环境与生态监测服务等专项技术服务。

（2）信息技术服务。信息技术服务，是指利用计算机、通信网络等技术对信息进行生产、收集、处理、加工、存储、运输、检索和利用，并提供信息服务的业务活动，包括软件服务、电路设计及测试服务、信息系统服务、业务流程管理服务和信息系统增值服务。软件服务，是指提供软件开发服务、软件维护服务、软件测试服务的业务活动。电路设计及测试服务，是指提供集成电路和电子电路产品设计、测试及相关技术支持服务的业务活动。信息系统服务，是指提供信息系统集成、网络管理、网站内容维护、桌面管理与维护、信息系统应用、基础信息技术管理平台整合、信息技术基础设施管理、数据中心、托管中心、信息安全服务、在线杀毒、虚拟主机等业务活动，包括网站对非自有的网络游戏提供的网络运营服务。业务流程管理服务，是指依托信息技术提供的人力资源管理、财务管理、审计管理、税务管理、物流信息管理、经营信息管理和呼叫中心等服务的活动。信息系统增值服务，是指利用信息系统资源为用户附加提供的信息技术服务，包括数据处理、分析和整合、数据库管理、数据备份、数据存储、容灾服务、电子商务平台等服务。

（3）文化创意服务。文化创意服务，包括设计服务、知识产权服务、广告服务和会议展览服务。设计服务，是指把计划、规划、设想通过文字、语言、图画、声音、视觉等形式传递出来的业务活动，包括工业设计、内部管理设计、业务运作设计、供应链设计、造型设计、服装设计、环境设计、平面设计、包装设计、动漫设计、网游设计、展示设计、网站设计、机械设计、工程设计、广告设计、创意策划、文印晒图等。知识产权服务，是指处理知识产权事务的业务活动，包括对专利、商标、著作权、软件、集成电路布图设计的登记、鉴定、评估、认证、检索服务。广告服务，是指利用图书、报纸、杂志、广播、电视、电影、幻灯、路牌、招贴、橱窗、霓虹灯、灯箱、互联网等各种形式为客户的商品、经营服务项目、文体节目或者通告、声明等委托事项进行宣传和提供相关服务的业务活动，包括广告代理和广告的发布、播映、宣传、展示等。会议展览服务，是指为商品流通、促销、展示、经贸洽谈、民间交流、企业沟通、国际往来等举办或者组织安排的各类展览和会议的业务活动。

（4）物流辅助服务。物流辅助服务，包括航空服务、港口码头服务、货运客运场站服务、打捞救助服务、装卸搬运服务、仓储服务和收派服务。航空服务，包括航空地面服务和通用航空服务。港口码头服务，是指港务船舶调度服务、船舶通信服务、航道管理服务、航道疏浚服务、灯塔管理服务、航标管理服务、船舶引航服务、理货服务、系解缆服务、停泊和移泊服务、海上船舶溢油清除服务、水上交通管理服务、船只专业清洗消毒检测服务和防止船只漏油服务等为船只提供服务的业务活动。货运客运场站服务，是指货运客运场站提供货物配载服务、运输组织服务、中转换乘服务、车辆调度服务、票务服务、货物打包整理服务、铁路线路使用服务、加挂铁路客车服务、铁路行包专列发送服务、铁路到达和中转服务、铁路车辆编解服务、车辆挂运服务、铁路接触网服务、铁路机车牵引服务等业务活动。打捞救助服务，是指提供船舶人员救助、船舶财产救助、水上救助和沉船沉物打捞服务的业务活动。装卸搬运服务，是指使用装卸搬运工具或者人力、畜力将货物在运输工具之间、装卸现场之间或者运输工具与装卸现场之间进行装卸和搬运的业务活动。仓储服务，是指利用仓库、货场或者其他场所代客贮放、保管货物的业务活动。收派服务，是指接受寄件人委托，在承诺的时限内完成函件和包裹的收件、分拣、派送服务的业务活动。

（5）租赁服务。租赁服务，包括融资租赁服务和经营租赁服务。

①融资租赁服务，是指具有融资性质和所有权转移特点的租赁活动，即出租人根据承租人所要求的规格、型号、性能等条件购入有形动产或者不动产，租赁给承租人，合同期内租赁物所有权属于出租人，承租人只拥有使用权，合同期满付清租金后，承租人有权按照残值购入租赁物，以拥有其所有权。无论出租人是否将租赁物销售给承租人，均属于融资租赁。按照标的物的不同，融资租赁服务可分为有形动产融资租赁服务和不动产融资租赁服务。

②经营租赁服务，是指在约定时间内将有形动产或者不动产转让他人使用且租赁物所有权不变更的业务活动。按照标的物的不同，经营租赁服务可分为有形动产经营租赁服务和不动产经营租赁服务。

纳税人发生下列服务时征收范围的界定：

a.融资性售后回租不按照“租赁服务”缴纳增值税；

b.将建筑物、构筑物等不动产或者飞机、车辆等有形动产的广告位出租给其他单位或者个人用于发布广告，按照“经营租赁服务”缴纳增值税；

c.车辆停放服务、道路通行服务（包括过路费、过桥费、过闸费等）按照“不动产经营租赁服务”缴纳增值税；

d.水路运输的光租服务、航空运输的干租业务，属于经营租赁。

（6）鉴证咨询服务。鉴证咨询服务，包括认证服务、鉴证服务和咨询服务。认证服务，是指具有专业资质的单位利用检测、检验、计量等技术，证明产品、服务、管理体系符合相关技术规范的强制性要求或者标准的业务活动。鉴证服务，是指具有专业资质的单位受托对相关事项进行鉴证，发表具有证明力的意见的业务活动，包括会计鉴证、税务鉴证、法律鉴证、职业技能鉴定、工程造价鉴证、工程监理、资产评估、环境评估、房地产土地评估、建筑图纸审核、医疗事故鉴定等。咨询服务，是指提供信息、建议、策划、顾问等服务的活动，包括金融、软件、技术、财务、税收、法律、内部管理、业务运作、流程管理、健康等方面的咨询。翻译服务和市场调查服务按照咨询服务缴纳增值税。

（7）广播影视服务。广播影视服务，包括广播影视节目（作品）制作服务、发行服务和播映（含放映，下同）服务。广播影视节目（作品）制作服务，是指进行专题（特别节目）、专栏、综艺、体育、动画片、广播剧、电视剧、电影等广播影视节目和作品制作的服务。其具体包括与广播影视节目和作品相关的策划、采编、拍摄、录音、音视频文字图片素材制作、场景布置、后期的剪辑、翻译（编译）、字幕制作、片头、片尾、片花制作、特效制作、影片修复、编目和确权等业务活动。广播影视节目（作品）发行服务，是指以分账、买断、委托等方式，向影院、电台、电视台、网站等单位和个人发行广播影视节目（作品）以及转让体育赛事等活动的报道及播映权的业务活动。广播影视节目（作品）播映服务，是指在影院、剧院、录像厅及其他场所播映广播影视节目（作品），以及通过电台、电视台、卫星通信、互联网、有线电视等无线或者有线装置播映广播影视节目（作品）的业务活动。

（8）商务辅助服务。商务辅助服务，包括企业管理服务、经纪代理服务、货物运输代理服务、代理报关服务、人力资源服务、安全保护服务。企业管理服务，是指提供总部管理、投资与资产管理、市场管理、物业管理、日常综合管理等服务的业务活动。经纪代理服务，是指各类经纪、中介、代理服务，包括金融代理、知识产权代理、货物运输代理、代理报关、法律代理、房地产中介、职业中介、婚姻中介、代理记账、拍卖等。货物运输代理服务，是指接受货物收货人、发货人、船舶所有人、船舶承租人或者船舶经营人的委托，以委托人的名义，为委托人办理货物运输、装卸、仓储和船舶进出港口、引航、靠泊等相关手续的业务活动。代理报关服务，是指接受进出口货物的收、发货人委托，代为办理报关手续的业务活动。人力资源服务，是指提供公共就业、劳务派遣、人才委托招聘、劳动力外包等服务的业务活动。安全保护服务，是指提供保护人身安全和财产安全，维护社会治安等的业务活动，包括场所住宅保安、特种保安、安全系统监控以及其他安保服务。

（9）其他现代服务。其他现代服务，是指除研发和技术服务、信息技术服务、文化创意服务、物流辅助服务、租赁服务、鉴证咨询服务、广播影视服务和商务辅助服务以外的现代服务。

7.生活服务

生活服务，是指为满足城乡居民日常生活需求提供的各类服务活动，包括文化体育服务、教育医疗服务、旅游娱乐服务、餐饮住宿服务、居民日常服务和其他生活服务。

（1）文化体育服务。文化体育服务，包括文化服务和体育服务。文化服务，是指为满足社会公众文化生活需求提供的各种服务，包括文艺创作、文艺表演、文化比赛，图书馆的图书和资料借阅，档案馆的档案管理，文物及非物质遗产保护，组织举办宗教活动、科技活动、文化活动，提供游览场所。体育服务，是指组织举办体育比赛、体育表演、体育活动，以及提供体育训练、体育指导、体育管理的业务活动。

（2）教育医疗服务。教育医疗服务，包括教育服务和医疗服务。

教育服务，是指提供学历教育服务、非学历教育服务、教育辅助服务的业务活动。

①学历教育服务，是指根据教育行政管理部门确定或者认可的招生和教学计划组织教学，并颁发相应学历证书的业务活动，包括初等教育、初级中等教育、高级中等教育、高等教育等。

②非学历教育服务，包括学前教育、各类培训、演讲、讲座、报告会等。

③教育辅助服务，包括教育测评、考试、招生等。

医疗服务，是指提供医学检查、诊断、治疗、康复、预防、保健、接生、计划生育、防疫等方面的服务，以及与这些服务有关的提供药品、医用材料器具、救护车、病房住宿和伙食的业务活动。

（3）旅游娱乐服务。旅游娱乐服务，包括旅游服务和娱乐服务。旅游服务，是指根据旅游者的要求，组织安排交通、游览、住宿、餐饮、购物、文娱、商务等服务的业务活动。娱乐服务，是指为娱乐活动同时提供场所和服务的业务活动。其具体包括：歌厅、舞厅、夜总会、酒吧、台球、高尔夫球、保龄球、游艺（包括射击、狩猎、跑马、游戏机、蹦极、卡丁车、热气球、动力伞、射箭、飞镖）。

（4）餐饮住宿服务。餐饮住宿服务，包括餐饮服务和住宿服务。餐饮服务，是指通过同时提供饮食和饮食场所的方式为消费者提供饮食消费服务的业务活动。住宿服务，是指提供住宿场所及配套服务等的活动，包括宾馆、旅馆、旅社、度假村和其他经营性住宿场所提供的住宿服务。

（5）居民日常服务。居民日常服务，是指主要为满足居民个人及其家庭日常生活需求提供的服务，包括市容市政管理、家政、婚庆、养老、殡葬、照料和护理、救助救济、美容美发、按摩、桑拿、氧吧、足疗、沐浴、洗染、摄影扩印等服务。

（6）其他生活服务。其他生活服务，是指除文化体育服务、教育医疗服务、旅游娱乐服务、餐饮住宿服务和居民日常服务之外的生活服务。

8.提供加工、修理修配服务

加工是指受托加工货物，即委托方提供原料及主要材料，受托方按照委托方的要求制造货物并收取加工费的业务；修理修配是指受托对损伤和丧失功能的货物进行修复，使其恢复原状和功能的业务。

（三）销售无形资产

销售无形资产，是指转让无形资产所有权或者使用权的业务活动。无形资产，是指不具有实物形态，但能带来经济利益的资产，包括技术、商标、著作权、自然资源使用权和其他权益性无形资产。

技术，包括专利技术和非专利技术。

自然资源使用权，包括土地使用权、海域使用权、探矿权、采矿权、取水权和其他自然资源使用权。

其他权益性无形资产，包括基础设施资产经营权、公共事业特许权、配额、经营权（包括特许经营权、连锁经营权、其他经营权）、经销权、分销权、代理权、会员权、席位权、网络游戏虚拟道具、域名、名称权、肖像权、冠名权、转会费等。

（四）销售不动产

销售不动产，是指转让不动产所有权的业务活动。不动产，是指不能移动或者移动后会引起性质、形状改变的财产，包括建筑物、构筑物等。

建筑物，包括住宅、商业营业用房、办公楼等可供居住、工作或者进行其他活动的建造物。构筑物，包括道路、桥梁、隧道、水坝等建造物。

转让建筑物有限产权或者永久使用权的，转让在建的建筑物或者构筑物所有权的，以及在转让建筑物或者构筑物时一并转让其所占土地的使用权的，按照销售不动产缴纳增值税。

（五）销售金融商品

销售金融商品，是指销售外汇、有价证券、非货物期货和其他金融商品所有权的业务活动。销售其他金融商品包括基金、信托、理财产品等各类资产管理产品和各种金融衍生品。

（六）征税范围特殊规定

1.视同发生应税销售行为

单位或个体工商户的下列行为，视同发生应税销售行为：

（1）将货物交付其他单位或者个人代销；

（2）销售代销货物；

（3）设有两个以上机构并实行统一核算的纳税人，将货物从一个机构移送至其他机构用于销售，但相关机构在同一县（市）的除外；

（4）将自产或委托加工的货物用于非应税项目；

（5）将自产或者委托加工的货物用于集体福利或者个人消费；

（6）将自产、委托加工或者购进的货物作为投资，提供给其他单位或个体工商户；

（7）将自产委托加工或者购进的货物用于分配给股东或者投资者；

（8）将自产委托加工或者购进的货物无偿赠送给其他单位或个人；

（9）单位或个体工商户向其他单位或个人无偿销售应税服务、无偿转让无形资产或者不动产，但用于公益事业或者以社会公众为对象的除外。

2.混合销售

一项销售行为如果既涉及货物又涉及服务，为混合销售。从事货物的生产、批发或者零售的单位和个体工商户（包括以从事货物的生产、批发或者零售为主，并兼营销售服务的单位和个体工商户）发生的混合销售行为，按照销售货物缴纳增值税；其他单位和个体工商户的混合销售行为，按照销售服务缴纳增值税。

三、增值税的纳税人和扣缴义务人

根据《中华人民共和国增值税法》（修订稿）规定，在境内发生应税交易且销售额达到增值税起征点的单位和个人，以及进口货物的收货人，为增值税的纳税人。

增值税起征点为季销售额45万元。

销售额未达到增值税起征点的单位和个人，不是本法规定的纳税人；销售额未达到增值税起征点的单位和个人，可以自愿选择依照本法规定缴纳增值税。

单位，是指企业、行政单位、事业单位、军事单位、社会团体及其他单位。

个人，是指个体工商户及其他个人。

所谓增值税的扣缴义务人，是指我国境外单位和个人在境内发生应税交易，以购买方为扣缴义务人。

增值税纳税人按经营规模和会计核算水平，分为一般纳税人和小规模纳税人。一般纳税人按照一般计税方法计税，即按照销项税额抵扣进项税额后的余额计算应纳税额，发生某些特殊业务，也可以按照简易计税方法计税，即按照应税交易销售额和征收率计算应纳税额，不得抵扣进项税额。小规模纳税人按照销售额和征收率计算应纳税额的简易计税办法征税。

（一）小规模纳税人

小规模纳税人是指年销售额在规定标准以下且会计核算不健全，不能按规定报送有关税务资料的增值税纳税人。会计核算不健全是指不能正确核算增值税销项税额、进项税额和应纳税额。

自2018年5月1日起，增值税小规模纳税人标准为年应征增值税销售额500万元及以下。

销售服务、无形资产或者不动产（以下简称“应税行为”）有扣除项目的纳税人，其应税行为年应税销售额按未扣除之前的销售额计算。

已登记为增值税一般纳税人的单位或个人，转登记日期前连续12个月（以一个月为1个纳税期）或者连续4个季度（以1个季度为1个纳税期）累计销售额未超过500万元的，在2020年12月31日前，可选择转登记为小规模纳税人。

转登记纳税人按规定再次登记为一般纳税人后，不得再转登记为小规模纳税人。

（二）一般纳税人

一般纳税人是指年应税销售额超过小规模纳税人标准的企业和企业性单位。

一般纳税人的标准为：①年应税销售额超过小规模纳税人标准的企业和企业性单位；②个体工商户符合《增值税暂行条例》规定条件的，为一般纳税人；③对从事成品油销售的加油站，一律按增值税一般纳税人征税。

增值税一般纳税人除按规定选择小规模纳税人纳税的以外，应当向主管税务机关办理一般纳税人登记。

一般纳税人转登记为小规模纳税人，应同时符合以下两个条件：一是按照《增值税暂行条例》和《中华人民共和国增值税暂行条例实施细则》（以下简称《增值税暂行条例实施细则》）的有关规定，已登记为一般纳税人；二是转登记日前连续12个月（按月申报纳税人）或连续4个季度（按季申报纳税人）累计应税销售额未超过500万元。如果纳税人在转登记日前的经营期尚不满12个月或4个季度，则按照月（或季度）平均销售额估算12个月或4个季度的累计销售额。转登记为小规模纳税人后，如纳税人连续12个月或4个季度的销售额超过500万元，则应按照规定，再次登记为一般纳税人。

需要明确的是，纳税人是否由一般纳税人转为小规模纳税人，由其自主选择，符合上述规定的纳税人，在2018年5月1日之后仍可继续作为一般纳税人。

转登记纳税人按规定再次登记为一般纳税人后，不得再转登记为小规模纳税人。

【同步思考】为什么把增值税纳税人分为一般纳税人和小规模纳税人?

四、增值税税率、征收率、预征率

（一）增值税税率

1.适用13%的税率

增值税一般纳税人销售或进口货物以及销售加工、修理修配服务和有形动产租赁服务，国务院规定适用9%税率的货物除外。

此外。一般纳税人采取填埋、焚烧等方式进行专业化处理后产生货物，且货物归属委托方的，受托方属于提供“加工服务”，其收取的处理费用适用13%的增值税税率。

2.适用9%的税率

纳税人销售交通运输、邮政、基础电信、建筑、不动产租赁服务、销售不动产和转让土地使用权，销售或进口下列货物，税率为9%：

（1）粮食等农产品、食用植物油、食用盐。

上述农产品，是指种植业、养殖业、林业、牧业、水产业生产的各种植物、动物的初级产品。包括挂面、干姜、姜黄、玉米胚芽、动物骨粒、按照《食品安全标准——巴氏杀菌乳》生产的巴氏杀菌乳、按照《食品安全标准——灭菌乳》生产的灭菌乳。

食用植物油包括棕榈油、棉籽油、茴油、毛椰子油、核桃油、橄榄油、花椒油、杏仁油、葡萄籽油、牡丹籽油。

（2）自来水、暖气、冷气、热水、煤气、石油液化气、天然气、二甲醚、沼气、居民用煤炭制品。

（3）图书、报纸、杂志、音像制品、电子出版物。

（4）饲料、化肥、农药、农机（整机）、农膜。

此外，一般纳税人购进农产品，按照农产品收购发票或销售发票上注明的农产品买价和9%的扣除率计算进项税额；一般纳税人购进用于生产销售或委托加工13%税率货物的农产品，按照10%的扣除率计算进项税额。

3.适用6%的税率

一般纳税人提供现代服务（有形动产租赁服务除外）、金融服务、增值电信服务、生活服务、销售无形资产（销售土地使用权除外）。

4.适用零税率

国际运输服务、航天运输服务、向境外单位提供的完全在境外消费的相关服务、纳税人出口货物（国务院另有规定的除外）、财政部和国家税务总局规定的其他服务。

（二）增值税征收率

增值税征收率适用于两种情况：一是小规模纳税人，二是一般纳税人发生应税销售行为按规定可以选择简易计税方法计税的。

1.一般规定

下列情况适用5%的征收率：

（1）小规模纳税人销售自建或者取得的不动产；

（2）一般纳税人选择简易计税方法计税的不动产销售；

（3）房地产开发企业中的小规模纳税人，销售自行开发的房地产项目；

（4）其他个人销售其取得的不动产（不含其购买的住房）；

（5）一般纳税人选择简易计税方法计税的不动产租赁；

（6）小规模纳税人出租其取得的不动产（不含个人出租住房）；

（7）其他个人出租其取得的不动产（不含住房）；

（8）个人出租住房，按照5%的征收率减按1.5%计算应纳税额；

（9）一般纳税人和小规模纳税人提供劳务派遣服务选择差额计税的；

（10）一般纳税人2016年4月30日前签订的不动产融资租赁合同，或以2016年4月30日前取得的不动产提供的融资租赁业务，选择简易计税方法的；

（11）一般纳税人转让其2016年4月30日前取得的土地使用权，选择简易计税方法的；

（12）房地产开发企业中的一般纳税人购入未完工的房地产老项目（2016年4月30日之前的建筑工程项目）继续开发后，以自己名义立项销售的不动产，可以选择简易计税方法的；

（13）一般纳税人提供人力资源外包服务，选择简易计税方法的；

除上述适用5%征收率以外的一般纳税人选取简易计税方法发生的应税销售行为均适用3%的征收率。

2.特殊规定

（1）适用3%征收率的一般纳税人和小规模纳税人可以减按2%计征增值税。

①一般纳税人销售自己使用过的购进或自制时按规定不得抵扣且未抵扣进项税额的固定资产，按照简易计税办法依照3%的征收率减按2%征收增值税。

一般纳税人销售自己使用过的固定资产，适用3%的征收率减按2%征收增值税政策的，可以放弃减免，按照3%的征收率缴纳增值税，开具增值税专用发票。

②小规模纳税人（除其他个人外）销售自己使用过的固定资产，减按2%的征收率征收增值税。

③纳税人销售旧货，按照简易计税办法依照3%的征收率减按2%征收增值税。

上述旧货包括旧汽车、旧摩托车和旧游艇。

对从事二手车经销业务的纳税人销售其收购的二手车，自2020年5月1日至2023年12月31日减按0.5%的征收率征收增值税。

（2）提供物业管理服务的纳税人，向服务接收方收取的自来水水费，以扣除其对外支付的自来水水费后的余额为销售额，按照简易计税办法依照3%的征收率征收增值税。

（3）小规模纳税人提供劳务派遣服务，可以以取得的全部价款和价外费用为销售额，按照简易计税办法依照3%的征收率征收增值税；也可以选择差额纳税，以取得的全部价款和价外费用，扣除代用工单位支付给劳务派遣员工的工资、福利和为其办理保险及住房公积金后的余额为销售额，按照简易计税办法依照5%的征收率征收增值税。

（4）非企业性单位中的一般纳税人提供的研发和技术服务、信息技术服务、鉴证咨询服务，以及销售技术、著作权等无形资产，可以选择简易计税办法依照3%的征收率征收增值税。

（5）一般纳税人提供教育辅助服务，可以选择简易计税办法依照3%的征收率征收增值税。

（6）一般纳税人生产销售和批发零售抗癌药品，可以选择简易计税办法依照3%的征收率征收增值税。

（7）一般纳税人生产销售和批发零售罕见病药品，可以选择简易计税办法依照3%的征收率征收增值税。

五、增值税税收优惠

（一）免税项目

（1）农业生产者销售的自产农产品；

（2）避孕药品和用具；

（3）古旧图书；

（4）直接用于科学研究、科学试验和教学的进口仪器、设备；

（5）外国政府、国际组织无偿援助的进口物资和设备；

（6）由残疾人的组织直接进口供残疾人专用的物品；

（7）自然人销售的自己使用过的物品；

（8）托儿所、幼儿园提供的保育和教育服务；

（9）养老机构提供的养老服务；

（10）残疾人福利机构提供的育养服务；

（11）婚姻介绍服务；

（12）殡葬服务；

（13）残疾人员本人为社会提供的服务；

（14）医院、诊所和其他医疗机构提供的医疗服务；

（15）从事学历教育的学校提供的教育服务；

（16）学生勤工俭学提供的服务；

（17）农业机耕、排灌、病虫害防治、植物保护、农牧保险以及相关技术培训业务，家禽、牲畜、水生动物的配种和疾病防治；

（18）纪念馆、博物馆、文化馆、文物保护单位管理机构、美术馆、展览馆、书画院、图书馆举办文化活动取得的第一道门票收入；

（19）寺院、宫观、清真寺和教堂举办文化、宗教活动的门票收入；

（20）个人转让著作权；

（21）个人销售自建自用住房；

（22）下列利息免征增值税：

①国家助学贷款；

②国债、地方政府债；

③人民银行对金融机构的贷款；

④住房公积金管理中心用住房公积金在指定的委托银行发放的个人住房贷款；

⑤外汇管理部门在从事国家外汇储备经营过程中，委托金融机构发放的外汇贷款；

（23）保险公司开办的一年期以上人身保险产品取得的保费收入；

（24）纳税人提供技术转让、技术开发和与之相关的技术咨询、技术服务；

（25）政府举办的从事学历教育的高等、中等和初等学校，举办进修班、培训班取得的全部归该学校所有的收入；

（26）政府举办的职业学校设立的主要为在校学生提供实习场所，并由学校出资自办、由学校负责经营管理、经营收入归学校所有的收入，从事“现代服务”（不含融资租赁服务、广告服务和其他现代服务）、“生活服务”（不含文化体育服务、其他生活服务和桑拿、氧吧）业务活动取得的收入；

（27）家政服务企业由员工制家政服务员提供家政服务取得的收入；

（28）福利彩票、体育彩票的发行收入；

（29）军队空余房产租赁收入；

（30）企业、行政事业单位按房改成本价、标准价出售住房取得的收入；

（31）将土地使用权转让给农业生产者用于农业生产；

（32）涉及家庭财产分割的个人无偿转让不动产、土地使用权；

（33）土地所有者出让土地使用权和土地使用者将土地使用权归还给土地所有者；

（34）随军家属就业；

（35）军队转业干部就业；

（36）青藏铁路公司提供的铁路运输服务免征增值税；

（37）中国邮政集团公司及其所属邮政企业提供的邮政普遍服务和特殊服务免征增值税；

（38）对社保基金会、社保基金投资管理人在运用社保基金投资过程中，提供贷款服务取得的全部利息及利息性质的收入和金融商品转让收入免征增值税；

（39）境外教育机构与境内从事学历教育的学校开展中外合作办学，提供学历教育取得的收入免征增值税；

（40）自2019年1月1日至2021年12月31日，对国家级、省级科技企业孵化器、大学科技园和国家备案众创空间向在孵对象提供孵化服务取得的收入免征增值税。

（二）增值税即征即退

增值税即征即退项目主要包括：

（1）一般纳税人提供管道运输服务，对其增值税实际税负超过3%的部分实行增值税即征即退政策。

（2）一般纳税人销售其自行开发生产的软件产品，按13%的税率征收增值税后，对其增值税实际税负超过3%的部分实行即征即退政策。

（3）经中国人民银行、银保监会或商务部批准从事融资租赁业务的试点纳税人中的一般纳税人，提供有形动产融资租赁服务和有形动产融资性售后回租服务，对其增值税实际税负超过3%的部分实行增值税即征即退政策。

（三）扣减增值税规定

扣减增值税规定主要包括：退役士兵创业就业和重点群体创业就业。

（四）其他免税项目

（1）对从事蔬菜批发、零售的纳税人销售的蔬菜免征增值税；

（2）纳税人生产销售和批发、零售符合标准的有机肥产品免征增值税。

（五）小规模纳税人优惠政策

对小规模纳税人月销售额15万元以下（含本数）的免征增值税：

（1）自2021年4月1日起，小规模纳税人发生增值税应税销售行为，合计月销售额未超过15万元（以1个季度为1个纳税期的，季度销售额未超过45万元，下同）的，免征增值税。

小规模纳税人发生增值税应税销售行为，合计月销售额超过15万元，但扣除本期发生的销售不动产的销售额后未超过15万元的，其销售货物、劳务、服务、无形资产取得的销售额免征增值税。

（2）自2021年4月1日起，适用增值税差额征税政策的小规模纳税人，以差额后的销售额确定是否可以享受本公告规定的免征增值税政策。

比如，A小规模纳税人2021年4月的销售额包括：销售货物4万元、提供服务3万元、销售不动产2万元。合计销售额为9万元（4 + 3 + 2），未超过15万元的免税标准，因此，该纳税人销售货物、服务和不动产取得的销售额9万元，可享受小规模纳税人免税政策。

再比如，A小规模纳税人2021年4月的销售额包括：销售货物4万元、提供服务3万元、销售不动产10万元。合计销售额为17万元（4 + 3 + 10），剔除销售不动产后的销售额为7万元（4 + 3），因此，该纳税人销售货物和服务相对应的销售额7万元可以享受小规模纳税人免税政策，销售不动产10万元应照章纳税。

（3）自2021年4月1日起，个人采取一次性收取租金形式出租不动产取得的租金收入，可在对应的租赁期内平均分摊，分摊后的月租金收入未超过15万元的，免征增值税。

（4）小规模纳税人月销售额未超过15万元的，当期因开具增值税专用发票已经缴纳的税款，在增值税专用发票全部联次追回或者按规定开具红字专用发票后，可以向主管税务机关申请退还。

（5）小规模纳税人中的单位和个体工商户销售不动产，涉及纳税人在不动产所在地预缴税款的事项。增值税免税标准提高至15万元后，如果销售不动产销售额为20万元，则：第一种情况，如果某个体工商户选择按月纳税，销售不动产销售额超过月销售额15万元的免税标准，则仍应在不动产所在地预缴税款；第二种情况，如果该个体工商户选择按季纳税，销售不动产销售额未超过季度销售额45万元的免税标准，则无须在不动产所在地预缴税款。

（六）金融企业贷款利息

金融企业发放贷款后，自结息日起90天内发生的应收未收利息按现行规定缴纳增值税，自结息日起90天后发生的应收未收利息暂不缴纳增值税，待实际收到利息时按规定缴纳增值税。

（七）个人销售住房

个人将购买不足2年的住房对外销售的，按照5%的征收率全额缴纳增值税；个人将购买2年以上（含2年）的住房对外销售的，免征增值税。上述政策适用于北京市、上海市、广州市和深圳市之外的地区。

个人将购买不足2年的住房对外销售的，按照5%的征收率全额缴纳增值税；个人将购买2年以上（含2年）的非普通住房对外销售的，以销售收入减去购买住房价款后的差额按照5%的征收率缴纳增值税；个人将购买2年以上（含2年）的普通住房对外销售的，免征增值税。上述政策仅适用于北京市、上海市、广州市和深圳市。

（八）北京2022年冬残奥会的免征增值税

对赞助企业及其参与赞助的下属机构根据赞助协议及其补充赞助协议向北京冬奥组委免费提供的，与北京2022年冬奥会、冬残奥会、测试赛有关的服务，免征增值税。

（九）符合条件的扶贫捐赠免征增值税

自2019年1月1日至2022年12月31日，对单位或者个体工商户将自产、委托加工或购买的货物通过公益性社会组织、县级及以上人民政府及其组成部门和直属机构，或直接无偿捐赠给目标脱贫地区的单位和个人，免征增值税。

（十）社区养老、托育、家政服务收入免征增值税

自2019年6月1日至2025年12月31日为社区提供养老、托育、家政服务的机构，提供社区养老、托育、家政服务取得的收入，免征增值税。

（十一）纳税人将国有农用地出租给农业生产者用于农业生产免征增值税；

（十二）海南离岛免税店销售离岛免税商品免征增值税和消费税

（十三）增值税起征点的规定

增值税起征点幅度如下：

（1）按期纳税的，为月销售额5 000 — 20 000元（含）；

（2）按次纳税的，为每次（日）销售额300 — 500元（含）。

任务二　增值税的计算

增值税的计算方法有两种：一般计税方法和简易计税方法。一般纳税人发生应税行为适用一般计税方法计税；一般纳税人发生财政部和国家税务总局规定的特定应税行为，可以选择适用简易计税方法计税，但一经选择，36个月内不得变更。

一般计税方法分两种：直接计算法和间接计算法。

所谓直接计算法，是指直接求出应税货物、服务、劳务、无形资产或者不动产的增值额，然后乘以规定税率，计算应纳的增值税税额。其计算公式为：

$$应纳增值税税额 = 增值额 \times 税率$$

所谓间接计算法，又称购进扣税法，是指以纳税人在纳税期内销售货物、服务、无

形资产、不动产或者提供应税劳务的销售额乘以适用税率求出货物、服务、无形资产、不动产或者提供应税劳务的整体税额（销项税额），然后从中扣除外购货物、服务、无形资产、不动产或者接受应税劳务的已纳税额（进项税额），以这个税差作为应纳的增值税税额。其计算公式为：

应纳增值税税额 = 销项税额 - 进项税额

直接计算法是理论上的方法，实际上各国普遍采用间接计算法。在我国，计算增值税时又分为一般纳税人和小规模纳税人。一般纳税人采用间接计算法，小规模纳税人采用简易计税方法。

一、一般纳税人增值税应纳税额的计算

一般纳税人发生应税行为，应纳税额的计算公式为：

应纳税额 = 当期销项税额 - 当期进项税额 - 期初留抵税额

如果计算结果为正数，则为当期应纳的增值税税额；如果计算结果为负数，则为留抵税额，留待下期继续抵扣。

（一）销项税额的计算

销项税额是纳税人发生应税交易按照销售额和增值税税率计算，并向购买方收取的增值税税额。其计算公式为：

销项税额 = 销售额 × 税率

【请注意】增值税是价外税，公式中的“销售额”不包括向购买方收取的销项税额。

1.一般销售方式的销售额

销售额，是指纳税人发生应税交易取得的与之相关的对价，包括全部货币或者非货币形式的经济利益，不包括按照一般计税方法计算的销项税额和按照简易计税方法计算的应纳税额。

在实际工作中，一般纳税人在发生应税行为时，经常采用价税合并定价收取的方法。因此，一般纳税人在计算销项税额时，必须将其换算为不含税的销售额。其计算公式为：

不含税销售额 = 含税销售额 ÷（1 + 税率）

【请注意】公式中的“税率”为销售货物、服务、无形资产、不动产或者提供应税劳务所适用的税率。

【做中学2-1】某木制品厂（一般纳税人）生产销售木制地板砖，并代用户施工。2020年6月，该厂承包了某文化馆的地板工程，总造价为67 800元，其中：地板砖50 000元、施工费17 800元。竣工后，该厂给文化馆开具了普通发票，总金额为67 800元。该厂应缴纳增值税销项税额计算如下：

销售额 = 67 800 ÷（1 + 13%）= 60 000（元）

销项税额 = 60 000 × 13% = 7 800（元）

对于新办纳税人，从2020年9月1日起先逐步在宁波、石家庄和杭州开展专票电子化试点；自2020年12月21日起，在天津、河北、上海、江苏、浙江、安徽、广东、重庆、四川、宁波和深圳等11个地区的新办纳税人中实行专票电子化，受票方范围为全

国。其中，宁波、石家庄和杭州等3个地区已试点纳税人开具增值税电子专用发票的受票方范围扩至全国。自2021年1月21日起，在北京、山西、内蒙古、辽宁、吉林、黑龙江、福建、江西、山东、河南、湖北、湖南、广西、海南、贵州、云南、西藏、陕西、甘肃、青海、宁夏、新疆、大连、厦门和青岛等25个地区的新办纳税人中实行专票电子化，受票方范围为全国。

2.特殊销售方式

（1）折扣销售。折扣销售是指销货方在销售货物、提供应税劳务或者服务时，因购货方购货数量较大等原因而给予的价格优惠（如购买5件，销售价格折扣为10%；购买10件，销售价格折扣为20%等）。税法规定，纳税人发生应税行为，将价款和折扣额在同一张发票上分别注明的，以折扣后的价款为销售额；未在同一张发票上分别注明的，以价款为销售额，不得扣减折扣额。

【请注意】折扣销售仅限于货物价格的折扣，如果销货方将自产、委托加工或购买的货物用于实物折扣，则该实物款额不能从货物销售额中减除，且该实物应按增值税条例“视同销售货物”中的“无偿赠送”计算征收增值税。

【做中学2-2】某制药厂为了推销其产品，于2020年6月销售药品50箱，售价为2 500元/箱，折扣率为4%，增值税专用发票上注明的折扣额为5 000元。该制药厂此项业务的销售额及销项税额计算如下：

销售额 = 50 × 2 500 ×（1 − 4%）= 120 000（元）

销项税额 = 120 000 × 13% = 15 600（元）

（2）销售折让或者销货退回。纳税人在货物购销活动中，因货物质量、规格等原因常会发生销售折让或销货退回。销售折让或者销货退回不仅涉及销货价款和折让价款的退回，还涉及增值税的退回，销货方和购货方应对当期的销项税额或进项税额进行调整。为此，税法规定，一般纳税人因销货退回或销售折让而退还给购买方的增值税税额，应从发生销货退回或销售折让当期的销项税额中扣减；因进货退出或折让收回的增值税税额，应从发生进货退出或折让当期的进项税额中扣减。

问题解答

问：纳税人开具电子专票后，发生销货退回、销售折让等情形，如何开具红字电子专票的？

答：自2020年12月21日起，纳税人开具电子专票后，发生销货退回、开票有误、应税服务中止、销售折让等情形，需要开具红字电子专票的，按照以下规定执行：

（1）购买方已将电子专票用于申报抵扣的，由购买方在增值税发票管理系统（以下简称发票管理系统）中填开并上传《开具红字增值税专用发票信息表》（以下简称《信息表》），填开《信息表》时不填写相对应的蓝字电子专票信息。

购买方未将电子专票用于申报抵扣的，由销售方在发票管理系统中填开并上传《信息表》，填开《信息表》时应填写相对应的蓝字电子专票信息。

(2) 税务机关通过网络接收纳税人上传的《信息表》，系统自动校验通过后，生成带有"红字发票信息表编号"的《信息表》，并将信息同步至纳税人端系统中。

(3) 销售方凭税务机关系统校验通过的《信息表》开具红字电子专票，在发票管理系统中以销项负数开具。红字电子专票应与《信息表》一一对应。

(4) 购买方已将电子专票用于申报抵扣的，应当暂依《信息表》所列增值税税额从当期进项税额中转出，待取得销售方开具的红字电子专票后，与《信息表》一并作为记账凭证。

问：实行专票电子化的新办纳税人领取税务UKey后，可以开具哪些种类的发票？

答：实行专票电子化的新办纳税人领取税务UKey并核定对应票种后，可以开具纸质普票、电子普票、纸质专票、电子专票、纸质机动车发票和纸质二手车发票。

(3) 以旧换新。以旧换新是指纳税人在销售货物时，有偿收回旧货物的行为。采取以旧换新方式销售货物的，应按新货物的同期销售价格确定销售额，不得扣减旧货物的收购价格。这样规定，既是因为销售货物与收购货物是两种不同的业务活动，销售额与收购额不能相互抵减，也是为了严格保证增值税的计算征收，防止出现销售额不实、减少纳税的现象。

【请注意】金银首饰以旧换新业务，可以按销售方实际收取的不含增值税的全部价款征收增值税。

(4) 还本销售。还本销售是指纳税人在销售货物后，到一定期限由销售方一次或分次退还给购货方全部或部分价款。这种方式实际上是一种筹集资金，以货物换取资金使用价值，到期还本不付息的方法。采取还本销售方式销售货物，其销售额就是货物的销售价格，不得从销售额中减除还本支出。

(5) 以物易物。以物易物是一种较为特殊的购销活动，是指购销双方不以货币结算，而是以同等价款的货物相互结算，实现货物购销的一种方式。对于以物易物，双方都应作购销处理，以各自发出的货物核算销售额并计算销项税额，以各自收到的货物按规定核算购货额并计算进项税额。

【请注意】在以物易物活动中，应分别开具合法的票据，如果收到的货物不能取得相应的增值税专用发票或其他合法票据，则不能抵扣进项税额。

(6) 买一赠一。企业以买一赠一等方式组合销售本企业商品的，不属于捐赠，应将总的销售金额按各项商品的公允价值的比例来分摊确认各项的销售收入。在实务中，注意把握以下方面：

①在营销方案或者购销合同中，明确写明了"买一赠一"等组合方式；

②在开具发票时，分别按销售的商品和赠送的商品开具发票；

③在账务处理上，将销售的商品和赠送的商品，分摊确认各自的销售收入并登记入账，同时结转各自的销售成本。

（7）平销返利。商业企业向供货方收取的与商品销售量、销售额挂钩（如以一定比例、金额、数量计算）的各种返还收入，按照平销返利行为的有关规定冲减当期增值税进项税额。

$$\text{当期应冲减增值税进项税额}=\text{当期取得的返还资金}\div\left(1+\text{所购货物适用的增值税税率}\right)\times\text{所购货物适用的增值税税率}$$

对于供应商来说，平销返利实质上是一种折扣折让行为，这种行为可以按照“销售折让”进行税务处理。

【做中学2-3】某饮料生产企业为鼓励经销商，在2020年实施折扣优惠：年销售饮料100万—200万瓶的，给予每瓶0.30元的折扣；年销售饮料超过200万瓶的，给予每瓶0.35元的折扣。假如经销商全年销售饮料400万瓶，则经销商应冲减的增值税进项税额计算如下：

应冲减的增值税进项税额＝4 000 000×0.35÷（1＋13%）×13%＝161 061.95（元）

（8）包装物的押金、租金。

①纳税人为销售货物而出租、出借包装物收取的押金，单独记账核算的，时间在1年以内又未逾期的，不并入销售额征税；但对因逾期未收回包装物没收的押金，应按所包装货物的适用税率计算增值税。其中，“逾期”是指按合同约定实际逾期或以1年为期限，对收取1年以上的押金，无论是否退还均并入销售额征税。

②包装物租金，在销货时作为价外费用并入销售额计算销项税额。

【做中学2-4】某粮油加工厂销售食用油，其油桶采用出借形式收取押金（单算），2020年6月共销售食用油400 000元（不含税），款已存入银行。经清理账目，有32 700元逾期未退的押金。当月销售额及销项税额计算如下：

销售额＝400 000＋32 700÷（1＋9%）＝430 000（元）

销项税额＝430 000×9%＝38 700（元）

对销售除啤酒、黄酒外的其他酒类产品而收取的包装物押金，无论是否返还以及会计上如何核算，均应并入当期销售额征税；对销售啤酒、黄酒收取的包装物押金，按上述一般押金的规定处理。

（9）贷款服务的销售额。贷款服务，以提供贷款服务取得的全部利息及利息性质的收入为销售额。

（10）直接收费金融服务的销售额。直接收费金融服务，以提供直接收费金融服务收取的手续费、佣金、酬金、管理费、服务费、经手费、开户费、过户费、结算费、转托管费等各类费用为销售额。

（11）混合销售。一项销售行为如果既涉及货物又涉及服务，为混合销售。从事货物的生产、批发或者零售的单位和个体工商户（包括以从事货物的生产、批发或者零售为主，并兼营销售服务的单位和个体工商户）发生的混合销售行为，按照销售货物缴纳增值税；其他单位和个体工商户的混合销售行为，按照销售服务缴纳增值税。

【做中学2-5】某设备生产企业（一般纳税人）主要从事设备生产销售和设备安装业务。2020年6月向某客户销售自产设备并负责安装。自产设备销售额（不含税）为

1 000万元，安装费（不含税）为100万元。假设该企业当期进项税额为80万元，其中设备安装服务的进项税额（辅助材料、器具、共同耗用的水电等）为4万元。该企业应纳增值税税额计算如下：

（1）按照混合销售的税务处理办法，销售额为1 100万元。

销项税额＝1 100×13%＝143（万元）

应纳增值税税额＝143－80＝63（万元）

（2）该企业将设备安装业务分离出去，成立专业的设备安装公司。则：

设备生产企业：销项税额为130万元（1 000×13%）；应纳税额为54万元（130－（80－4））。

设备安装公司：属于以清包工方式提供建筑服务，可以选择简易计税方法。应纳税额为3万元（100×3%）。

设备生产企业和设备安装公司应纳税额合计：54＋3＝57（万元）

分离后少交增值税：63－57＝6（万元）

（12）兼营行为。纳税人兼营销售货物、无形资产、不动产，或者提供应税劳务，发生应税行为适用不同税率或者征收率的，应当分别核算适用不同税率或者征收率的销售额；未分别核算的，从高适用税率。

3.按差额确定销售额

（1）金融商品转让。金融商品转让，按照卖出价扣除买入价后的余额为销售额。转让金融商品出现的正负差，按盈亏相抵后的余额为销售额。若相抵后出现负差，可结转下一纳税期与下期转让金融商品销售额相抵，但年末时仍出现负差的，不得转入下一个会计年度。金融商品的买入价，可以选择按照加权平均法或者移动加权平均法进行核算，选择后36个月内不得变更。金融商品转让，不得开具增值税专用发票。

【做中学2-6】假定某银行（一般纳税人）于2020年4月购入一只股票，于2020年5月转让。购入价为100万元，持有期间取得股息5万元，卖出价为120万元，支付佣金和手续费2万元。该银行5月增值税销项税额计算如下：

销售额＝120－（100－5）＝25（万元）

销项税额＝25÷（1＋6%）×6%＝1.42（万元）

【做中学2-7】某公司2020年8月取得转让债券收入100万元，该债券是2019年9月购入的，购入价是60万元。2020年1月取得利息5万元，未缴纳税款。该公司2020年8月金融商品转让亏损15万元。该公司8月增值税销项税额计算如下：

转让债券的销售额＝100－（60－5）－15＝30（万元）

销项税额＝30÷（1＋6%）×6%＝1.70（万元）

（2）经纪代理服务的销售额。经纪代理服务，以取得的全部价款和价外费用，扣除向委托方收取并代为支付的政府性基金或者行政事业性收费后的余额为销售额。向委托方收取的政府性基金或者行政事业性收费，不得开具增值税专用发票。

（3）融资租赁和融资性售后回租业务的销售额。

①经中国人民银行、银保监会或者商务部批准从事融资租赁业务的试点纳税人，提供融资租赁服务，以取得的全部价款和价外费用，扣除支付的借款利息（包括外汇借款

和人民币借款利息）、发行债券利息和车辆购置税后的余额为销售额。

②经中国人民银行、银保监会或者商务部批准从事融资租赁业务的试点纳税人，提供融资性售后回租服务，以取得的全部价款和价外费用（不含本金），扣除对外支付的借款利息（包括外汇借款和人民币借款利息）、发行债券利息后的余额作为销售额。

③经中国人民银行、银保监会或者商务部批准从事融资租赁业务的，试点纳税人根据2016年4月30日前签订的有形动产融资性售后回租合同，在合同到期前提供的有形动产融资性售后回租服务，可继续按照有形动产融资租赁服务缴纳增值税。并选择以下方法之一计算销售额：

a.以向承租方收取的全部价款和价外费用，扣除向承租方收取的价款本金，以及对外支付的借款利息（包括外汇借款和人民币借款利息）、发行债券利息后的余额为销售额。纳税人提供有形动产融资性售后回租服务，计算当期销售额时可以扣除的价款本金，为书面合同约定的当期应当收取的本金。无书面合同或者书面合同没有约定的，为当期实际收取的本金。试点纳税人提供有形动产融资性售后回租服务，向承租方收取的有形动产价款本金，不得开具增值税专用发票，可以开具普通发票。

b.以向承租方收取的全部价款和价外费用，扣除支付的借款利息（包括外汇借款和人民币借款利息）、发行债券利息后的余额为销售额。

④经商务部授权的省级商务主管部门和国家经济技术开发区批准的从事融资租赁业务的试点纳税人，2016年5月1日后实收资本达到1.7亿元的，从达到标准的当月起按照上述①②③规定执行；2016年5月1日后实收资本未达到1.7亿元但注册资本达到1.7亿元的，在2016年7月31日前仍可按照上述①②③规定执行；2016年8月1日后开展的融资租赁业务和融资性售后回租业务不得按照上述①②③规定执行。

（4）航空运输企业的销售额。航空运输销售代理企业提供境外航段机票代理服务，以取得的全部价款和价外费用扣除向客户收取并支付给其他单位或者个人的境外航段机票结算款和相关费用后的余额为销售额。航空运输销售代理企业提供境内航段机票代理服务，以取得的全部价款和价外费用扣除向客户收取并支付给航空运输企业或其他单位或者其他航空运输销售代理企业的境内机票净结算款和相关费用后的余额为销售额。

（5）一般纳税人提供客运场站服务，以其取得的全部价款和价外费用，扣除支付给承运方运费后的余额为销售额。

（6）一般纳税人提供旅游服务，可以选择以取得的全部价款和价外费用，扣除向旅游服务购买方收取并支付给其他单位或者个人的住宿费、餐饮费、交通费、签证费、门票费和支付给其他接团旅游企业的旅游费用后的余额为销售额。选择上述办法计算销售额的试点纳税人，向旅游服务购买方收取并支付的上述费用，不得开具增值税专用发票，可以开具普通发票。

（7）纳税人提供建筑服务适用简易计税方法的，以取得的全部价款和价外费用扣除支付的分包款后的余额为销售额。

（8）房地产开发企业中的一般纳税人销售其开发的房地产项目（选取简易计税方法的房地产老项目除外），以取得的全部价款和价外费用，扣除受让土地时向政府部门支付的土地价款（或向政府部门支付的征地和拆迁补偿费用、土地前期开发费用和土地出让收益等）后的余额为销售额。

4.视同销售行为

（1）视同销售货物。单位或者个体工商户的下列行为，视同销售货物：

①将货物交付其他单位或者个人代销；

②销售代销货物；

③设有两个以上并实行统一核算的纳税人将货物从一个机构移送其他机构用于销售，但相关机构设在同一县（市）的除外；

④将自产或者委托加工的货物用于非应税项目；

⑤将自产、委托加工的货物用于集体福利或个人消费；

⑥将自产、委托加工或购买的货物作为投资，提供给其他单位或个体工商户；

⑦将自产、委托加工或购买的货物分配给股东或投资者；

⑧将自产、委托加工或购买的货物无偿赠送给其他单位或个人。

纳税人发生上述销售行为而无销售额的，税务机关有权按下列顺序确定其销售额：

a.按照纳税人最近时期同类货物的平均销售价格确定。

b.按照其他纳税人最近时期同类货物的平均销售价格确定。

c.按照组成计税价格确定。其组成计税价格的计算公式为：

$$组成计税价格=成本\times（1+成本利润率）$$

征收增值税同时又征收消费税的货物，其组成计税价格中应加计消费税税额。其组成计税价格的计算公式为：

$$\begin{aligned}组成计税价格&=成本\times（1+成本利润率）+消费税税额\\&=成本\times（1+成本利润率）\div（1-消费税税率）\end{aligned}$$

公式中的“成本”，自产货物的为其实际生产成本，外购货物的为其实际采购成本。公式中的“成本利润率”确定为10%。但属于应从价定率征收消费税的货物，其组成计税价格公式中的“成本利润率”为《消费税若干具体问题的规定》中规定的成本利润率。

（2）视同销售服务、无形资产或者不动产。下列情形，视同销售服务、无形资产或者不动产：

①单位或者个体工商户向其他单位或者个人无偿提供服务，但用于公益事业或者以社会公众为对象的除外。在实务中，应注意以下问题：

a.其他个人（自然人）无偿提供服务，不视同销售服务，不征收增值税；

b.根据国家指令无偿提供的铁路运输服务、航空运输服务，属于用于公益事业的服务，不视同销售服务，不征收增值税；

c.单位或者个体工商户聘用的员工为本单位或者雇主提供取得工资的服务，属于“非经营活动”，不征收增值税；

d.单位或者个体工商户为聘用的员工提供服务，属于“非经营活动”，不征收增值税；

e.纳税人出租不动产，租赁合同中约定免租期的，不属于视同销售服务。

纳税人发生应税行为价格明显偏低或者偏高且不具有合理商业目的的，或者发生上述视同销售行为而无销售额的，主管税务机关有权按照下列顺序确定销售额：按照纳税人最近时期销售同类服务、无形资产或者不动产的平均价格确定；按照其他纳税人最近时期销售同类服务、无形资产或者不动产的平均价格确定；按照组成计税价格确定。组成计税价格的计算公式为：组成计税价格 = 成本 × （1 + 成本利润率）。成本利润率由国家税务总局确定。

②单位或者个人无偿转让无形资产、不动产或者金融商品，但用于公益事业或者以社会公众为对象的除外。

③财政部和国家税务总局规定的其他情形。

【请注意】单位或者个人将无形资产和不动产（产权）用于对外投资或者分配给股东，文件未规定属于"视同销售无形资产和不动产"。但是，因其属于有偿转让行为，故属于增值税应税行为，应当缴纳增值税。

（3）缴纳企业所得税的视同销售行为。《中华人民共和国企业所得税法实施条例》（以下简称《企业所得税法实施条例》）第二十五条规定：企业发生非货币性资产交换，以及将货物、财产、劳务用于捐赠、偿债、赞助、集资、广告、样品、职工福利或者利润分配等用途的，应当视同销售货物、转让财产或者提供劳务，但国务院财政、税务主管部门另有规定的除外。

《国家税务总局关于企业处置资产所得税处理问题的通知》规定：企业发生下列情形的处置资产，除将资产转移至境外以外，由于资产所有权属在形式和实质上均不发生改变，可作为内部处置资产，不视同销售确认收入，相关资产的计税基础延续计算：

①将资产用于生产、制造、加工另一产品；

②改变资产形状、结构或性能；

③改变资产用途（如自建商品房转为自用或经营）；

④将资产在总机构及其分支机构之间转移；

⑤上述两种或两种以上情形的混合；

⑥其他不改变资产所有权属的用途。

企业将资产移送他人的下列情形，因资产所有权属已发生改变而不属于内部处置资产，应按规定视同销售确定收入：

①用于市场推广或销售；

②用于交际应酬；

③用于职工奖励或福利；

④用于股息分配；

⑤用于对外捐赠；

⑥其他改变资产所有权属的用途。

发生上述视同销售行为的，除另有规定外，按照被移送资产的公允价值确定销售收入。

（二）进项税额的计算

进项税额，是指纳税人购进的与应税交易相关的货物、服务、无形资产、不动产和金融商品支付或者负担的增值税税额。

1. 准予从销项税额中抵扣的进项税额

（1）从销售方取得的增值税专用发票（含税控机动车销售统一发票，下同）上注明的增值税税额。

（2）从海关取得的海关进口增值税专用缴款书上注明的增值税税额。

（3）自境外单位或者个人购进劳务、服务、无形资产或者境内的不动产，从税务机关或者扣缴义务人处取得的代扣代缴税款的完税凭证上注明的增值税税额。

（4）购进农产品，按下列规定抵扣进项税额：

①取得增值税专用发票或海关进口增值税专用缴款书的，以增值税专用发票或海关进口增值税专用缴款书上注明的增值税税额为进项税额。

②从按照简易计税方法依照3%的征收率计算缴纳的小规模纳税人处取得增值税专用发票的，以取得增值税专用发票上的金额和9%的扣除率计算进项税额。

③取得农产品销售发票或收购发票的，以农产品销售发票或收购发票上注明的农产品买价和9%的扣除率计算进项税额。

④纳税人购进用于生产销售或委托加工13%税率货物的农产品，按照10%的扣除率计算进项税额。

购进农产品进项税额的计算公式为：

进项税额 = 买价 × 扣除率

⑤纳税人从批发、零售环节购进适用免征增值税政策的蔬菜、部分鲜活肉蛋而取得的普通发票，不得作为计算抵扣进项税额的凭证。

⑥纳税人购进农产品既用于生产销售或委托加工13%税率货物又用于生产销售其他货物服务的，应当分别核算用于生产销售或委托加工13%税率货物和其他货物服务的农产品进项税额。未分别核算的，统一以增值税专用发票或海关进口增值税专用缴款书上注明的增值税为进项税额

⑦对烟叶税纳税人按规定缴纳的烟叶税，准予并入烟叶产品的买价计算增值税的进项税额，并在计算缴纳增值税时予以抵扣。

烟叶税应纳税额 = 收购烟叶实际支付的价款总额 × 20%

准予抵扣的进项税额 =（收购烟叶实际支付的价款总额 + 烟叶税应纳税额）× 扣除率

（5）收费公路通行费增值税抵扣规定：

①一般纳税人支付的道路通行费，按照收费公路通行费增值税电子票据上注明的增值税税额抵扣进项税额。

②一般纳税人支付的桥、闸通行费，凭取得的通行费发票上注明的收费金额，按下列公式计算可抵扣的进项税额：

桥、闸通行费可抵扣进项税额 = 桥、闸通行费发票上注明的金额 ÷（1 + 5%）× 5%

问题解答

问：通行费电子发票如何申报抵扣进项税额？

答：自2020年5月6日起，办理ETC卡的纳税人，可以通过通行费电子票据服务平台取得通行费电子票据，然后登录增值税发票综合服务平台确认发票用途，申报抵扣通行费电子发票进项税额。未办理ETC卡的纳税人，仍按原有方式在收费站现场交纳车辆通行费和获取票据。

（6）纳税人购进国内旅客运输服务，其进项税额允许从销项税额中抵扣。纳税人购进国内旅客运输服务，未取得增值税专用发票的，暂按照以下规定确定进项税额：

①取得增值税电子普通发票的，为发票上注明的税额。

②取得注明旅客身份信息的航空运输电子客票行程单的，按照下列公式计算进项税额：

航空旅客运输进项税额 =（票价 + 燃油附加费）÷（1 + 9%）×9%

③取得注明旅客身份信息的铁路车票的，按照下列公式计算进项税额：

铁路旅客运输进项税额 = 票面金额 ÷（1 + 9%）×9%

④取得注明旅客身份信息的公路、水路等其他客票的，按照下列公式计算进项税额：

公路、水路等其他旅客运输进项税额 = 票面金额 ÷（1 + 3%）×3%

【做中学2-8】某企业员工2020年8月取得一张218元的火车票，抵扣进项税额的计算如下：

铁路旅客运输进项税额 = 218 ÷（1 + 9%）×9% = 18（元）

（7）增值税加计抵减政策。

①加计抵减的期限和比例。自2019年4月1日至2021年12月31日，允许生产、生活性服务业纳税人按照当期可抵扣进项税额加计10%抵减应纳税额（以下称加计抵减政策）。自2019年10月1日至2021年12月31日，允许生活性服务业纳税人按照当期可抵扣进项税额加计15%，抵减应纳税额。生产、生活性服务业纳税人，是指提供邮政服务、电信服务、现代服务、生活服务（以下称四项服务）取得的销售额占全部销售额的比重超过50%的纳税人。

②加计抵减的起始期。生产性服务业于2019年3月31日前设立的纳税人，自2018年4月至2019年3月期间的销售额（经营期不满12个月的，按照实际经营期的销售额）符合规定条件的，自2019年4月1日起适用加计抵减10%的政策。2019年4月1日后设立的纳税人，自设立之日起3个月的销售额符合规定条件的，自登记为一般纳税人之日起适用加计抵减10%的政策。

生活性服务业纳税人于2019年9月30日前设立的纳税人，自2018年10月至2019年9月期间的销售额（经营期不满12个月的，按照实际经营期的销售额）符合规定条件的，自2019年10月1日起适用加计抵减15%政策。

2019年10月1日后设立的纳税人，自设立之日起3个月的销售额符合规定条件的，自登记为一般纳税人之日起适用加计抵减15%政策。

2019年3月31日前设立，自2018年4月至2019年3月期间销售额均为零的纳税人，以首次产生销售额当月起连续3个月的销售额确定适用加计抵减政策。

2019年4月1日后设立，且自设立之日起3个月的销售额均为零的纳税人，以首次产生销售额当月起连续3个月的销售额确定适用加计抵减政策。

③计提加计抵减额的计算。纳税人确定适用加计抵减政策后，当年内不再调整，以后年度是否适用，根据上年度销售额计算确定。纳税人可计提但未计提的加计抵减额，可在确定适用加计抵减政策当期一并计提。纳税人应按照当期可抵扣进项税额的10%

或15%计提当期加计抵减额。

按照现行规定不得从销项税额中抵扣的进项税额，不得计提加计抵减额；已计提加计抵减额的进项税额，按规定作进项税额转出的，应在进项税额转出当期，相应调减加计抵减额。计算公式如下：

当期计提加计抵减额＝当期可抵扣进项税额×10%（或15%）

当期可抵减加计抵减额＝上期末加计抵减额余额＋当期计提加计抵减额－当期调减加计抵减额

纳税人应按照现行规定计算一般计税方法下的应纳税额（以下称抵减前的应纳税额）后，区分以下情形加计抵减：

第一种：抵减前的应纳税额等于零的，当期可抵减加计抵减额全部结转下期抵减。

第二种：抵减前的应纳税额大于零，且大于当期可抵减加计抵减额的，当期可抵减加计抵减额全额从抵减前的应纳税额中抵减。

第三种：抵减前的应纳税额大于零，且小于或等于当期可抵减加计抵减额的，以当期可抵减加计抵减额抵减应纳税额至零。未抵减完的当期可抵减加计抵减额，结转下期继续抵减。

【做中学2-9】某旅游公司是一般纳税人，满足加计抵减政策条件，2020年12月购入服务不含税金额20 000元，税额1 800元，加计抵减270元；本期销售服务不含税金额40 000元，税额是2 400元。该公司2020年12月应纳增值税计算如下：

应纳增值税＝2 400－（1 800＋270）＝330（元）

（8）用于简易计税方法计税项目、免税项目、集体福利或个人消费的购进货物、服务、无形资产和不动产以及提供加工修理修配劳务，不得抵扣进项税额，其中不得抵扣且未抵扣进项税额的固定资产、无形资产、不动产，发生用途改变，用于允许抵扣进项税额的应税项目，可在用途改变的次月按照下列公式计算可抵扣进项税额：

可抵扣进项税额＝固定资产、无形资产、不动产净值÷（1＋适用税率）×适用税率

上述可以抵扣的进项税额应取得合法有效的增值税扣税凭证。

【做中学2-10】2020年6月5日，某纳税人购进办公楼一座，取得的增值税专用发票注明的金额为1 000万元，税额为90万元，共计支付1 090万元。该大楼专用于技术开发，取得的收入均为免税收入，计入固定资产，假定按10年计提折旧，无残值。2021年6月，纳税人将该大楼改变用途，用于允许抵扣项目。该纳税人2021年7月允许抵扣的进项税额计算如下：

不动产净值＝1 090－1 090÷10＝981（万元）

可抵扣进项税额＝981÷（1＋9%）×9%＝81（万元）

（9）纳税人租入固定资产、不动产，既用于一般计税方法计税项目，又用于简易计税方法计税项目、免征增值税项目、集体福利或者个人消费的，其进项税额可以从销项税额中抵扣。

（10）从境外单位或者个人购进服务、无形资产或者不动产，按照规定应当扣缴增值税的，准予从销项税额中抵扣的进项税额为自税务机关或者扣缴义务人取得的解缴税款的完税凭证上注明的增值税税额。纳税人凭完税凭证抵扣进项税额的，应当具备书面

合同、付款证明和境外单位的对账单或者发票。资料不全的，其进项税额不得从销项税额中抵扣。

问题解答

问：增值税扣税凭证主要包括哪些？

答：增值税扣税凭证具体包括：增值税专用发票；海关进口增值税专用缴款书；农产品收购发票；农产品销售发票；纳税人购进国内旅客运输服务，取得注明旅客身份信息的航空运输电子客票行程单、铁路车票及公路、水路等其他客票；接受境外单位或者个人提供的应税服务而从税务机关或者境内代理人取得的解缴税款的完税凭证；机动车销售统一发票；增值税一般纳税人支付的道路、桥、闸通行费取得的通行费发票。

2. 不得从销项税额中抵扣的进项税额

（1）用于简易计税方法计税项目、免征增值税项目、集体福利或者个人消费的购进货物、服务、无形资产、不动产和金融商品对应的进项税额，其中涉及的固定资产、无形资产和不动产，仅指专用于上述项目的固定资产、无形资产和不动产。

（2）非正常损失的购进货物，以及提供的相关加工修理修配劳务和交通运输服务。

（3）非正常损失的在产品、产成品所耗用的购进货物（不包括固定资产）、加工修理修配劳务和交通运输服务。

【做中学2-11】某纺织厂因为轮班人员失职，库存的材料、商品被盗。其中：外购腈纶纱300吨，针织布15万米，腈纶纱的成本为2 000元/吨，针织布的成本为300 000元/万米，针织布外购项目成本比例为70%。已知本月进项税额为1 300 000元。该厂本月允许抵扣的进项税额计算如下：

本月允许抵扣的进项税额 = 1 300 000 －（2 000 × 300 × 13%）－（300 000 × 15 × 13% × 70%） = 1 300 000 － 78 000 － 409 500 = 812 500（元）

（4）非正常损失的不动产，以及该不动产所耗用的购进货物、设计服务和建筑服务。不动产所耗用的购进货物，是指构成不动产实体的材料和设备，包括建筑装饰材料和给排水、采暖、卫生、通风、照明、通信、煤气、消防、中央空调、电梯、电气、智能化楼宇设备及配套设施。

（5）非正常损失的不动产在建工程所耗用的购进货物、设计服务和建筑服务。不动产在建工程所耗用的购进货物，是指构成不动产实体的材料和设备，包括建筑装饰材料和给排水、采暖、卫生、通风、照明、通信、煤气、消防、中央空调、电梯、电气、智能化楼宇设备及配套设施。纳税人新建、改建、扩建、修缮、装饰不动产，均属于不动产在建工程。

非正常损失，是指因管理不善造成货物被盗、丢失、霉烂变质，以及因违反法律法规造成货物或者不动产被依法没收、销毁、拆除的情形，但不包括自然灾害损失。

（6）自2019年4月1日起，纳税人购入不动产，持有期间用途发生改变的，已抵扣进项税额的不动产发生非正常损失或者改变用途，专用于简易计税方法计税项目、免征增值税项目、集体福利或者个人消费的，按照下列公式计算不得抵扣的进项税额，并从当期进项税额中扣减：

不得抵扣的进项税额 = 已抵扣进项税额 × 不动产净值率

不动产净值率 = （不动产净值 ÷ 不动产原值）× 100%

【做中学2-12】2020年5月1日，某纳税人买了一座办公楼，金额为2 000万元，进项税额为180万元。2021年5月，该纳税人将办公楼改造成员工食堂，用于集体福利。假设2021年5月该不动产的净值为1 600万元，不动产净值率为80%。该纳税人2021年5月处理如下：

纳税人应在2020年5月抵扣180万元，但是在2021年5月，纳税人将办公楼改造成员工食堂，所以不得抵扣的进项税额为144万元（180 × 80%）。

（7）购进的贷款服务、餐饮服务、居民日常服务和娱乐服务。贷款，是指将资金贷与他人使用而取得利息收入的业务活动。各种占用、拆借资金取得的收入，包括金融商品持有期间（含到期）利息（保本收益、报酬、资金占用费、补偿金等）收入、信用卡透支利息收入、买入返售金融商品利息收入、融资融券收取的利息收入，以及融资性售后回租、押汇、罚息、票据贴现、转贷等业务取得的利息及利息性质的收入，按照贷款服务缴纳增值税。以货币资金投资收取的固定利润或者保底利润，按照贷款服务缴纳增值税。

餐饮服务，是指通过同时提供饮食和饮食场所的方式为消费者提供饮食消费服务的业务活动。财税〔2016〕140号规定，提供餐饮服务的纳税人销售的外卖食品，按照“餐饮服务”缴纳增值税。宾馆、旅馆、旅社、度假村和其他经营性住宿场所提供会议场地及配套服务的活动，按照“会议展览服务”缴纳增值税。

（8）适用一般计税方法的纳税人，兼营简易计税方法计税项目、免征增值税项目而无法划分不得抵扣的进项税额，按照下列公式计算不得抵扣的进项税额：

$$\text{不得抵扣的进项税额} = \text{当期无法划分的全部进项税额} \times \left(\text{当期简易计税方法计税项目销售额} + \text{当期免征增值税项目销售额}\right) \div \text{当期全部销售额}$$

（9）已抵扣进项税额的购进货物（不含固定资产）、劳务、服务，用于集体福利或者个人消费的，应当将该进项税额从当期进项税额中扣减；无法确定该进项税额的，按照当期实际成本计算应扣减的进项税额。

（10）纳税人接受贷款服务向贷款方支付的与该笔贷款直接相关的投融资顾问费、手续费、咨询费等费用，其进项税额不得从销项税额中抵扣。

【同步思考】混合销售和兼营行为各有什么特点？两者如何纳税？

（三）增值税应纳税额的计算

1.计算应纳税额的时间限定

“当期”是指税务机关依照税法规定对纳税人确定的纳税期限。只有在纳税期限内实际发生的销项税额、进项税额，才是法定的当期销项税额、当期进项税额。

（1）销项税额的时间限定。对销项税额的确认时间，税法作了严格的规定（详见任务四中的“纳税义务发生时间”）。

（2）进项税额的时间限定。自2020年3月1日起施行，增值税一般纳税人取得2017

年1月1日及以后开具的增值税专用发票、海关进口增值税专用缴款书、机动车销售统一发票、收费公路通行费增值税电子普通发票，取消认证确认、稽核比对、申报抵扣的期限。纳税人在进行增值税纳税申报时，应当通过本省（自治区、直辖市和计划单列市）增值税发票综合服务平台对上述扣税凭证信息进行用途确认。增值税一般纳税人取得2016年12月31日及以前开具的增值税专用发票、海关进口增值税专用缴款书、机动车销售统一发票，超过认证确认、稽核比对、申报抵扣期限，但符合规定条件的，仍可继续抵扣进项税额。

问题解答

问：丢失增值税专用发票或机动车销售统一发票如何处理？

答：自2020年1月8日起，纳税人丢失已开具增值税专用发票或机动车销售统一发票的抵扣联，可凭相应发票的发票联复印件，作为增值税进项税额的抵扣凭证或退税凭证；纳税人丢失已开具增值税专用发票或机动车销售统一发票的发票联，可凭相应发票的抵扣联复印件，作为记账凭证。纳税人同时丢失增值税专用发票或机动车销售统一发票的发票联和抵扣联，可凭加盖销售方发票专用章的相应发票记账联复印件，作为增值税进项税额的抵扣凭证、退税凭证或记账凭证。

2.进项税额不足抵扣的处理

计算应纳税额时进项税额不足抵扣，有两种处理方法：

（1）结转抵扣。由于增值税实行购进扣税法，有时企业当期购进的货物、劳务、服务、无形资产、不动产很多，在计算应纳税额时会出现当期销项税额小于当期进项税额的情况。根据税法规定，当期进项税额不足抵扣的部分可以结转下期继续抵扣，即留抵税额。

（2）退还增量留抵税额。增量留抵税额是指与2019年3月底相比新增加的期末留抵税额。

①同时符合以下条件的纳税人，可以向主管税务机关申请退还增量留抵税额：

a.自2019年4月税款所属期起，连续6个月（按季纳税的，连续两个季度）增量留抵税额均大于零，且第6个月增量留抵税额不低于50万元；

b.纳税信用等级为A级或者B级；

c.申请退税前36个月未发生骗取留抵退税、出口退税或虚开增值税专用发票情形的；

d.申请退税前36个月未因偷税被税务机关处罚两次及以上的；

e.自2019年4月1日起未享受即征即退、先征后返（退）政策的。

②纳税人当期允许退还的增量留抵税额，按照以下公式计算：

$$允许退还的增量留抵税额=增量留抵税额\times进项构成比例\times60\%$$

所谓进项构成比例，为2019年4月至申请退税前一税款所属期内已抵扣的增值税专用发票（含税控机动车销售统一发票）、海关进口增值税专用缴款书、解缴税款完税凭证注明的增值税额占同期全部已抵扣进项税额的比重。

纳税人申请办理留抵退税，应于符合留底退税条件的次月起，在增值税纳税申报期内完成本期增值税纳税申报后，通过电子税务局或办税服务厅提交《退（抵）税申请表》，向主管税务机关申请退还留抵税额。

【做中学2-13】某增值税一般纳税人，2015年成立，同年被认定为增值税一般纳税人。增值税按月申报，纳税信用等级为A级，无出口业务。2019年3月期末留抵税额为10万元，2019年4—9月增值税申报情况见表2-1。

表2-1 2019年4—9月增值税申报情况 单位：万元

月份	销项税额	进项税额	上期留抵税额	应纳税额	期末留抵税额
4	100	300	10		210
5	120	96	210		186
6	70	56	186		172
7	130	104	172		146
8	190	152	146		108
9	200	160	108		68

假设该企业2019年4月至2019年9月已抵扣的增值税专用发票（含税控机动车销售统一发票）、海关进口增值税专用缴款书、解缴税款完税凭证注明的增值税额为781.2万元，同期全部已抵扣进项税额为868万元。该企业相关税费计算如下：

该企业自2019年4月税款所属期起，连续六个月（按季纳税的，连续两个季度）增量留抵税额均大于零，且第六个月增量留抵税额不低于50万元；纳税信用等级为A级。每月增量留抵税额均大于零，第六个月增量留抵税额为58万元（68－10），因此可以向主管税务机关申请退还增量留抵税额。

进项构成比例＝781.2÷868×100%＝90%

该企业允许退还的增量留抵税额＝58×90%×60%＝31.32（万元）

该企业取得退还的留抵税额后，应相应调减当期留抵税额，2019年9月的期末留抵税额由68万元变为36.68万元（68－31.32）。

该企业应在2019年10月增值税纳税申报期内，向主管税务机关申请退还留抵税额。企业收到退税款项的当月，应将退税额从增值税进项税额中转出。收到退还的期末留抵税额时：

借：银行存款 313 200

贷：应交税费——应交增值税（进项税额转出） 313 200

该企业2019年9月期末留抵税额为68万元，假设2019年10月销项税额为300万元，进项税额为200万元，如果未申请留抵退税，则10月应纳税额＝300－200－68＝32（万元）。

如果退还了2019年9月期末留抵税额31.32万元，期末留抵税额变为36.68万元，10月应纳税额＝300－200－36.68＝63.32（万元）

自2020年1月1日起，在计算允许退还的增量留抵税额的进项构成比例时，纳税人在2019年4月至申请退税前一税款所属期内按规定转出的进项税额，无须从已抵扣的增值税专用发票、机动车销售统一发票、海关进口增值税专用缴款书、解缴税款完税凭证注明的增值税额中扣减。

3.扣减发生期进项税额（进项税额转出）的规定

当期购进的货物、劳务、服务、无形资产、不动产，如果事先并未确定用于非生产经营项目，其进项税额会在当期销项税额中予以抵扣。但已抵扣进项税额的购进货物、劳务、服务、无形资产、不动产如果改变用途，用于非应税项目、免税项目、集体福利或者个人消费，购进货物发生非正常损失，在产品或产成品发生非正常损失，应将购进货物、应税劳务或者服务的进项税额从当期发生的进项税额中扣减；无法准确确定进项税额的，按当期实际成本计算应扣减的进项税额。

实际成本 = 进价 + 运费 + 保险费 + 其他有关费用

一般纳税人按照简易计税方法计税，是指按照当期销售额和征收率计算增值税税额，不得抵扣进项税额。应纳税额计算公式：

应纳税额 = 当期销售额 × 征收率

二、小规模纳税人应纳税额的计算

小规模纳税人销售货物、服务、无形资产、不动产、金融商品或者提供加工修理修配劳务，采用简易征收的办法，即按照销售额和3%（或者5%）的征收率计算应纳税额，不得抵扣进项税额。其计算公式为：

应纳税额 = 销售额 × 征收率

式中："销售额"为不含增值税税额的销售额。

由于小规模纳税人在销售货物、服务、无形资产、不动产、金融商品或者提供加工修理修配劳务时，一般只开具普通发票，所以应将含税销售额换算成不含税销售额，其换算公式为：

销售额 = 含税销售额 ÷（1 + 征收率）

【做中学2-14】某企业为增值税小规模纳税人，2020年7月发生以下销售业务：

（1）销售一批产品给某商场，销售收入为10 300元。

（2）销售一批产品给个人消费者，销售收入为2 060元。

（3）销售一批产品给甲企业，由税务机关代开增值税专用发票，注明的销货款为10 000元，增值税税额为300元。

该企业2020年7月应纳的增值税税额计算如下：

销售额 =（10 300 + 2 060）÷（1 + 3%）+ 10 000 = 22 000（元）

应纳增值税税额 = 22 000 × 3% = 660（元）

自2018年5月1日起，增值税小规模纳税人购置税控收款机，经主管税务机关审核批准后，可凭购进税控收款机取得的增值税专用发票，按照发票上注明的增值税税额，抵免当期应纳增值税税额，或者按照购进税控收款机取得的普通发票上注明的价款，按下列公式计算可抵免税额：

可抵免税额 = 价款 ÷（1 + 13%）× 13%

自2020年2月1日起，所有小规模纳税人（其他个人除外）均可以选择使用增值税发票管理系统自行开具增值税专用发票。

自愿选择自行开具增值税专用发票的小规模纳税人，税务机关不再为其代开。但货物运输业小规模纳税人可以根据自愿原则选择自行开具增值税专用发票；未选择自行开具增值税专用发票的纳税人，按照相关规定向税务机关申请代开。

自愿选择自行开具增值税专用发票的小规模纳税人，销售其取得的不动产，需要开具增值税专用发票的，税务机关不再为其代开。

为小规模纳税人代开的增值税专用发票，"税额"栏填写纳税人实际缴纳的税额，即按销售额依照3%（或者5%）的征收率计算的增值税税额。一般纳税人取得由税务机关代开的增值税专用发票，应以专用发票填写的税额作为其进项税额。

小规模纳税人在税务机关代开增值税专用发票前，须先到税务机关临时申报应纳税额，持税务机关开具的税收缴款书，到其开户银行办理税款入库手续后，凭盖有银行转讫章的纳税凭证，税务机关方能代开增值税专用发票。

三、进口货物应纳税额的计算

纳税人进口货物，按照组成计税价格和规定的税率计算应纳税额。进口环节缴纳的增值税由海关代征。其计算公式为：

$$应纳增值税税额 = 组成计税价格 \times 增值税税率$$

组成计税价格分两种情况：

第一种，进口货物只征增值税，组成计税价格计算公式为：

$$\begin{aligned}组成计税价格 &= 关税完税价格 + 关税\\ &= 关税完税价格 \times (1 + 关税税率)\end{aligned}$$

第二种，进口货物既征增值税又征消费税，组成计税价格计算公式为：

$$\begin{aligned}组成计税价格 &= 关税完税价格 + 关税 + 消费税\\ &= 关税完税价格 \times (1 + 关税税率) \div (1-消费税税率)\end{aligned}$$

进口环节的增值税税率与任务一的内容相同，但是对进口抗癌药品，自2018年5月1日起，减按3%征收进口环节增值税；对进口罕见病药品，自2019年3月1日起，减按3%征收进口环节增值税。

【做中学2-15】某贸易公司2020年7月从日本进口10辆小轿车，买价为100万元，运抵我国海关前发生运输费、保险费、装卸费共60万元。关税税率为20%，消费税税率为12%，增值税税率为13%。

该批小轿车进口环节应纳的增值税税额计算如下：

组成计税价格 =（1 000 000 + 600 000）×（1 + 20%）÷（1 − 12%）

= 2 181 818.18（元）

应纳增值税税额 = 2 181 818.18 × 13% = 283 636.36（元）

四、经营租赁服务增值税的计算

纳税人以经营租赁方式出租取得的不动产，包括直接购买、接受捐赠、接受投资入股、自建以及抵债等各种形式取得的不动产。

（一）出租有形动产

一般纳税人出租有形动产，适用一般计税方法，税率为13%。

一般纳税人有以下情形的，可以选择适用简易计税方法，征收率为3%：①以纳入“营改增”试点之日前取得的有形动产为标的物提供的经营租赁服务；②在纳入“营改增”试点之日前签订的尚未执行完毕的有形动产租赁合同。

小规模纳税人提供经营租赁服务，适用简易计税方法，征收率为3%。

纳税人将飞机、车辆等有形动产的广告位，出租给其他单位或者个人用于发布广告，按照有形动产经营租赁服务缴纳增值税。

（二）出租不动产

自2016年5月1日起，纳税人以经营租赁方式出租其取得的不动产，计算缴纳增值税。纳税人提供道路通行服务不适用该办法。

纳税人将建筑物、构筑物等不动产的广告位，出租给其他单位或者个人用于发布广告，按照不动产经营租赁服务缴纳增值税。纳税人以经营租赁方式将土地出租给他人使用的，按照不动产经营租赁服务缴纳增值税。

1.一般纳税人出租其2016年4月30日前取得的不动产

一般纳税人出租其2016年4月30日前取得的不动产，按照一般计税方法计税。不动产所在地与机构所在地不在同一县（市、区）的，纳税人应按照3%的预征率在不动产所在地预缴税款后，向机构所在地主管税务机关进行纳税申报。

应预缴税款＝含税销售额÷（1＋9%）×3%（预征率）

一般纳税人出租其2016年4月30日前取得的不动产，也可以选择适用简易计税方法，按照5%的征收率计算应纳税额。

应纳增值税税额＝含税销售额÷（1＋5%）×5%

不动产所在地与机构所在地不在同一县（市、区）的，纳税人应按照上述计税方法向不动产所在地主管税务机关预缴税款，向机构所在地主管税务机关申报纳税。

应预缴税款＝含税销售额÷（1＋5%）×5%

不动产所在地与机构所在地在同一县（市、区）的，纳税人向机构所在地主管税务机关申报纳税。

【做中学2-16】甲公司（上海）（一般纳税人）2015年在北京购买了一座写字楼。2019年6月将该写字楼出租，每年租金105万元。如果出租该不动产业务选择简易计税方法，则应纳增值税及预缴税款的计算如下：

在北京应预缴税款＝1 050 000÷（1＋5%）×5%＝50 000（元）

在上海应纳增值税税额＝1 050 000÷（1＋5%）×5%＝50 000（元）

纳税人选择简易计税方法后，应向不动产所在地北京主管税务机关预缴税款50 000元，回到机构所在地上海后，应向主管税务机关申报纳税50 000元，实际应补增值税为0元。

2.一般纳税人出租其2016年5月1日后取得的不动产

一般纳税人出租其2016年5月1日后取得的不动产，适用一般计税方法。

销项税额＝含税销售额÷（1＋9%）×9%

纳税人不动产所在地与机构所在地不在同一县（市、区）的，首先按照3%的预征率向不动产所在地主管税务机关预缴税款，然后向机构所在地主管税务机关申报纳税。

应预缴税款＝含税销售额÷（1＋9%）×3%（预征率）

不动产所在地与机构所在地在同一县（市、区）的，纳税人应向机构所在地主管税务机关申报纳税。

【做中学2-17】沿用【做中学2-16】的资料。如果写字楼是2016年9月购买的，其他条件不变，则应纳增值税及预缴税款的计算如下：

在北京应预缴税款＝1 050 000÷（1＋9%）×3%＝28 899.08（元）

在上海应纳增值税税额（销项税额）＝1 050 000÷（1＋9%）×9%＝86 697.25（元）

纳税人应向不动产所在地北京主管税务机关预缴税款28 899.08元，回到机构所在地上海后，向主管税务机关申报纳税（销项税额）86 697.25元，若本月进项税额为30 000元，则实际应补增值税27 798.17元（86 697.25－28 899.08－30 000）。

3.小规模纳税人出租不动产

小规模纳税人出租不动产，按照以下规定缴纳增值税：

（1）单位和个体工商户出租不动产（不含个体工商户出租住房），按照5%的征收率计算应纳税额。

应纳增值税税额＝含税销售额÷（1＋5%）×5%

（2）个体工商户出租住房，按照5%的征收率减按1.5%计算应纳税额。

应纳增值税税额＝含税销售额÷（1＋5%）×1.5%

个体工商户出租住房，按照下列公式预缴税款：

应预缴税款＝含税销售额÷（1＋5%）×1.5%

纳税人不动产所在地与机构所在地不在同一县（市、区）的，首先按照上述计税方法向不动产所在地主管税务机关预缴税款，然后向机构所在地主管税务机关申报纳税；纳税人不动产所在地与机构所在地在同一县（市、区）的，向机构所在地主管税务机关申报纳税。

【做中学2-18】北京市西城区某个体工商户在2013年购买河南商铺一套，一直用于出租。自2016年5月1日起，该纳税人出租该商铺应纳增值税及预缴税款的计算如下：

个体工商户机构所在地在北京西城区，不动产所在地在河南，不动产所在地与机构所在地不在同一县（市、区），因此纳税人应向不动产所在地预缴增值税。纳税人为个体工商户，不是自然人，应向不动产所在地主管税务机关预缴增值税。纳税人出租商铺，不是住房，按照规定应以收取的租金按照5%的征收率计算应预缴税额，向不动产所在地河南的主管税务机关预缴税款，而后回到机构所在地，按照同样的计税方法，向主管税务机关申报纳税。

【做中学2-19】北京市西城区某个体工商户在2015年购买河南住宅一套，一直用于出租。自2020年5月1日起，该纳税人出租该住房应纳税及预缴税款的计算如下：

该个体工商户应以收取的租金按5%的征税率减按1.5%计算应预缴税款，向不动产所在地河南的主管税务机关预缴税款，而后回到机构所在地，按照同样的计税方法，向主管税务机关申报纳税。

（3）其他个人出租不动产（不含住房），按照5%的征收率计算应纳税额，向不动产所在地主管税务机关申报纳税。其他个人出租住房，按照5%的征收率减按1.5%计算应纳税额，向不动产所在地主管税务机关申报纳税。

$$出租非住房应纳增值税税额 = 含税销售额 \div (1 + 5\%) \times 5\%$$

$$出租住房应纳增值税税额 = 含税销售额 \div (1 + 5\%) \times 1.5\%$$

五、销售固定资产增值税的计算

（一）销售固定资产（有形动产）

1.一般纳税人销售已使用过的固定资产（有形动产）

（1）一般纳税人销售已使用过的已抵扣进项税额的固定资产（有形动产），按照适用税率缴纳增值税。

$$销售额 = 含税销售额 \div (1 + 税率)$$

$$销项税额 = 销售额 \times 税率$$

（2）一般纳税人销售已使用过的不得抵扣且未抵扣进项税额的固定资产（有形动产），在2014年7月1日之后发生的，按照以下办法计算缴纳增值税：

$$销售额 = 含税销售额 \div (1 + 3\%)$$

$$应纳增值税税额 = 销售额 \times 2\%$$

从2016年2月1日起，纳税人销售自己使用过的固定资产（有形动产），适用简易办法依照3%征收率减按2%征收增值税政策的，可以放弃减税，按照简易办法依照3%征收率缴纳增值税，并可以开具增值税专用发票。

为加快二手车流通，带动新车消费，自2020年5月1日至2023年底，对二手车经销企业销售旧车，减按销售额的0.5%征收增值税。

2.小规模纳税人销售已使用过的固定资产（有形动产）

小规模纳税人（除自然人外）销售已使用过的固定资产（有形动产），其计税办法与“一般纳税人销售已使用过的不得抵扣且未抵扣进项税额的固定资产（有形动产）”的计税方法相同。

3.纳税人发生固定资产（有形动产）视同销售行为

纳税人发生固定资产（有形动产）视同销售行为，对已使用过的固定资产（有形动产）无法确定销售额的，以固定资产净值为销售额。固定资产净值，是指纳税人按照财务会计制度计提折旧后计算的固定资产净值。

（二）销售固定资产（不动产）

纳税人转让其取得的不动产，包括以直接购买、接受捐赠、接受投资入股、自建以及抵债等各种形式取得的不动产。

1.一般纳税人转让其自建的不动产

（1）一般纳税人转让其2016年4月30日前自建的不动产，选择适用一般计税方法计税的，以取得的全部价款和价外费用为销售额计算应纳税额。纳税人应以取得的全部价款和价外费用，按照5%的预征率向不动产所在地主管税务机关预缴税款。

（2）一般纳税人转让其2016年4月30日前自建的不动产，可以选择适用简易计税方法计税，以取得的全部价款和价外费用为销售额，按照5%的征收率计算应纳税额。纳税人应按照上述计税方法向不动产所在地主管税务机关预缴税款。

$$应纳增值税税额=全部价款和价外费用\div(1+5\%)\times5\%（征收率）$$

预缴与申报：首先，按照上述计税方法向不动产所在地主管税务机关预缴税款；然后，向机构所在地主管税务机关申报纳税。

$$应预缴税款=全部价款和价外费用\div(1+5\%)\times5\%（预征率）$$

（3）一般纳税人转让其2016年5月1日后自建的不动产，适用一般计税方法，自2019年4月1日起，以取得的全部价款和价外费用为销售额计算应纳税额。纳税人应以取得的全部价款和价外费用，按照5%的预征率向不动产所在地主管税务机关预缴税款。

$$销项税额=全部价款和价外费用\div(1+9\%)\times9\%$$

预缴与申报：首先，按照上述计税方法向不动产所在地主管税务机关预缴税款；然后，向机构所在地主管税务机关申报纳税。

$$应预缴税款=全部价款和价外费用\div(1+5\%)\times5\%（预征率）$$

2.一般纳税人转让非自建的不动产

（1）转让2016年4月30日前取得的不动产，选择适用一般计税方法计税的，以取得的全部价款和价外费用为销售额计算应纳税额。纳税人应以取得的全部价款和价外费用扣除不动产购置原价或者取得不动产时的作价后的余额，按照5%的预征率向不动产所在地主管税务机关预缴税款。

（2）转让2016年4月30日前取得的不动产，可以选择适用简易计税方法计税，以取得的全部价款和价外费用扣除不动产购置原价或者取得不动产时的作价后的余额为销售额，按照5%的征收率计算应纳税额。纳税人应按照上述计税方法向不动产所在地主管税务机关预缴税款。

$$\begin{matrix}应纳\\增值税税额\end{matrix}=\left(\begin{matrix}全部价款及\\价外费用\end{matrix}-\begin{matrix}不动产购置原价或\\取得不动产时的作价\end{matrix}\right)\div(1+5\%)\times5\%（征收率）$$

预缴与申报：首先，按照上述计税方法向不动产所在地主管税务机关预缴税款；然后，向机构所在地主管税务机关申报纳税。

$$\begin{matrix}应预\\缴税款\end{matrix}=\left(\begin{matrix}全部价款及\\价外费用\end{matrix}-\begin{matrix}不动产购置原价或\\取得不动产时的作价\end{matrix}\right)\div(1+5\%)\times5\%（预征率）$$

【做中学2-20】北京甲区某纳税人（非自然人）于2019年6月30日转让其2013年购买的写字楼一层，取得转让收入1 000万元（含税，下同）。该写字楼位于乙区。纳税人2013年购买时的价格为700万元，取得了合法有效的营业税发票“销售不动产统一发票”。假设纳税人6月其他业务的应纳增值税税额为70万元。如果该纳税人为增值税一般纳税人，对该笔业务选择简易计税方法，则在不动产所在地税务机关预缴税额的计算及在机构所在地申报纳税如下：

纳税人在北京乙区税务机关应预缴税款＝（1 000－700）÷（1＋5%）×5%

=14.29(万元)

纳税人向北京甲区主管税务机关申报纳税时，应同时加上其他业务的增值税应纳税额。

应纳税额=(1 000−700)÷(1+5%)×5%(转让不动产)+70(其他业务)−14.29=70(万元)

(3)一般纳税人转让其2016年5月1日后取得的不动产，适用一般计税方法，自2019年4月1日起，以取得的全部价款和价外费用为销售额计算应纳税额。纳税人应以取得的全部价款和价外费用扣除不动产购置原价或者取得不动产时的作价后的余额，按照5%的预征率向不动产所在地主管税务机关预缴税款。

销项税额=全部价款和价外费用÷(1+9%)×9%

预缴与申报：首先，以取得的全部价款和价外费用扣除不动产购置原价或者取得不动产时的作价后的余额，按照5%的预征率向不动产所在地主管税务机关预缴税款；然后，向机构所在地主管税务机关申报纳税。

应预缴税款=(全部价款及价外费用−不动产购置原价或者取得不动产时的作价)÷(1+5%)×5%(预征率)

3.小规模纳税人转让其取得的不动产(除个人转让其购买的住房外)

除个人销售其购买的住房外，小规模纳税人销售其取得的不动产，按照以下规定缴纳增值税：

(1)小规模纳税人销售其取得(不含自建)的不动产：以取得的全部价款和价外费用扣除不动产购置原价或者取得不动产时的作价后的余额为销售额，按照5%的征收率计算应纳税额。

应纳税款=(全部价款及价外费用−不动产购置原价或者取得不动产时的作价)÷(1+5%)×5%(征收率)

向不动产所在地主管税务机关预缴税款时，预缴税款的计算公式同上。

【做中学2-21】某小规模纳税人(非自然人)于2019年6月30日转让其2013年购买的写字楼一层，取得转让收入2 000万元(含税)，纳税人2013年的购买价格为1 000万元(含税)。该纳税人在不动产所在地主管税务机关预缴税款后，回到机构所在地主管应纳税额的计算如下：

应纳税款=(2 000−1 000)÷(1+5%)×5%=47.62(万元)

(2)小规模纳税人销售其自建的不动产：以取得的全部价款和价外费用为销售额，按照5%的征收率计算应纳税额。

应纳增值税税额=全部价款和价外费用÷(1+5%)×5%(征收率)

向不动产所在地主管税务机关预缴税款时，预缴税款的计算公式同上。

小规模纳税人(不含其他个人)向不动产所在地主管税务机关预缴税款，向机构所在地主管税务机关申报纳税；其他个人向不动产所在地主管税务机关申报纳税。

【做中学2-22】某小规模纳税人(非自然人)于2019年6月30日转让其2013年自己建造的厂房一间，取得转让收入1 000万元。纳税人2013年建造厂房的成本为700万元。该纳税人在不动产所在地税务机关计算预缴税款如下：

纳税人转让的不动产为2013年自建的，因此应以取得的全部价款和价外费用，即1 000万元，换算为不含税价后，按照5%的预征率（或者征收率）向不动产所在地主管税务机关预缴税款。

预缴税款 = 1 000 ÷（1 + 5%）× 5% = 47.62（万元）

（3）个人转让其购买的住房。对个人转让其购买的住房，按照有关规定全额缴纳增值税的，以取得的全部价款和价外费用为销售额，按照5%的征收率计算应纳税额。

对个人转让其购买的住房，按照有关规定差额缴纳增值税的，以取得的全部价款和价外费用扣除购买住房价款后的余额为销售额，按照5%的征收率计算应纳税额。

六、房地产开发企业销售自行开发的房地产项目增值税的计算

房地产开发企业销售自行开发的房地产项目，是指在依法取得土地使用权的土地上进行基础设施和房屋建设。此外，以接盘等形式购入未完工的房地产项目继续开发后，以自己的名义立项销售的，也属于房地产开发项目。

（一）一般纳税人销售自行开发的房地产项目

1.预缴税款的计算

一般纳税人采取预收款方式销售自行开发的房地产项目，在收到预收款时，按照3%的预征率预缴增值税。应预缴税款的计算公式如下：

$$应预缴税款 = 预收款 \div（1 + 9\%）\times 3\%$$

一般纳税人在取得预收款的次月纳税申报期向主管税务机关预缴税款。预缴税款时，填报“增值税预缴税款表”。预缴税款后，取得完税凭证。

2.应纳税额的计算

一般纳税人销售自行开发的房地产新项目，适用一般计税方法计算缴纳增值税。

应纳税额计算公式如下：

$$当期应纳税额 = 当期销项税额 - 当期进项税额$$

若当期销项税额小于当期进项税额不足抵扣时，其不足部分可以结转下期继续抵扣。

一般纳税人销售自行开发的房地产项目，适用一般计税方法计税，按照取得的全部价款和价外费用，扣除当期销售房地产项目对应的土地价款后的余额计算销售额。

销售额的计算公式如下：

$$销售额 = \left(\begin{matrix}全部价款\\及价外费用\end{matrix} - \begin{matrix}当期允许扣除的土地价款和向其\\他单位或个人支付的拆迁补偿费用\end{matrix}\right) \div（1 + 9\%）$$

$$销项税额 = 含税销售额（不扣除土地价款）\div（1 + 9\%）\times 9\%$$

当期允许扣除的土地价款和向其他单位或个人支付的拆迁补偿费用，按照以下公式计算：

$$\begin{matrix}当期允许\\扣除的金额\end{matrix} = \begin{matrix}支付的土地价款和向其他单位\\或个人支付的拆迁补偿费用\end{matrix} \times \left(\begin{matrix}当期销售房地产\\项目建筑面积\end{matrix} \div \begin{matrix}房地产项目可供\\销售建筑面积\end{matrix}\right)$$

$$\text{销项税额抵减额} = \frac{\text{当期允许扣除的土地价款和向其他单位或个人支付的拆迁补偿费用}}{}\div(1+9\%)\times 9\%$$

式中：当期销售房地产项目建筑面积是指当期进行纳税申报的增值税销售额对应的建筑面积。房地产项目可供销售建筑面积是指房地产项目可以出售的总建筑面积，不包括销售房地产项目时未单独作价结算的配套公共设施的建筑面积。

房地产开发企业向政府部门支付的土地价款，以及向其他单位或个人支付的拆迁补偿费用，允许在计算销售额时扣除但未扣除的，从2016年12月（税款所属期）起按照现行规定计算扣除。

【做中学2-23】北京吉祥房地产开发企业为一般纳税人，于2019年8月预售2019年5月开工、尚未开发完毕的房地产项目，收入1 090万元，销售完工后房地产项目收入2 180万元。本月有留抵进项税额160万元。销售时采用一般计税方法，税率为9%，预征率为3%。

要求：（1）计算预售房地产项目应预缴的增值税；（2）计算8月销售完工的房地产项目应纳增值税；（3）计算预售房地产项目开发完毕可申报的销项税额。

相关税额计算如下：

（1）预售收入应按规定预缴增值税 = 1 090 ÷（1 + 9%）× 3% = 30（万元）。由于预售尚未开发完毕的房地产项目未产生纳税义务，当月不能结转销项税额。只有等该房地产项目纳税义务发生后，才能抵扣本月的留抵进项税额。

（2）销售完工的房地产项目应申报增值税销项税额 = 2 180 ÷（1 + 9%）× 9% = 180（万元）。抵扣进项税额160万元，应纳增值税额 = 180 − 160 = 20（万元）。

2019年8月申报期内缴纳增值税50万元。附加税费 = 50 × 12% = 6（万元），其中，预售收入应缴附加税费3.60万元，完工房地产项目的销售收入应缴附加税费2.40万元。

（3）预售房地产项目开发完毕后：未来预售的房地产项目完工、移交，产生增值税纳税义务，结转预缴增值税30万元。并以当期销售额1 090万元和9%的适用税率计算当期应纳税额，抵减已预缴税款后，向主管税务机关申报纳税。确定销项税额90万元（1 090 ÷ 1.09 × 9%）。纳税申报时，申报销项税额60万元（90 − 30），可抵扣当期留抵进项税额。

（二）销售自行开发的房地产老项目

一般纳税人销售自行开发的房地产老项目，可以选择适用简易计税方法按照5%的征收率计税。一经选择简易计税方法计税的，36个月内不得变更为一般计税方法计税。

房地产老项目，是指“建筑工程施工许可证”注明的合同开工日期在2016年4月30日前的房地产项目；“建筑工程施工许可证”未注明合同开工日期或者未取得“建筑工程施工许可证”，但建筑工程承包合同注明的开工日期在2016年4月30日前的建筑工程项目。

【请注意】一般纳税人销售自行开发的房地产老项目适用简易计税方法计税的，以取得的全部价款和价外费用为销售额，不得扣除对应的土地价款。

1.预缴税款的计算

一般纳税人采取预收款方式销售自行开发的房地产老项目，在收到预收款时，按照

3%的预征率预缴增值税。适用简易计税方法的，应预缴税款的计算公式如下：

$$应预缴税款 = 预收款 \div (1 + 征收率5\%) \times 预征率3\%$$

2.应纳税额的计算

一般纳税人销售自行开发的房地产老项目适用简易计税方法的，以当期销售额和5%的征收率计算当期应纳税额，抵减已预缴税款后，向主管税务机关申报纳税。未抵减完的预缴税款，可以结转下期继续抵减。

$$应纳税额 = 当期销售额（不含税）\times 征收率5\%$$

$$应缴或结转下期抵减的税额 = 当期应纳税额 - 预缴税款$$

以预缴税款抵减应纳税额，必须以完税凭证为合法有效凭证。

（三）兼有一般计税方法、简易计税方法、免征增值税的房地产项目

一般纳税人销售自行开发的房地产项目，兼有一般计税方法计税、简易计税方法计税、免征增值税的房地产项目，而无法划分不得抵扣的进项税额的，应以“建筑工程施工许可证”注明的“建设规模”为依据进行划分。

$$\frac{不得抵扣的}{进项税额} = \frac{当期无法划分的}{全部进项税额} \times \frac{简易计税、免税}{房地产项目建设规模} \div \frac{房地产项目}{总建设规模}$$

（四）小规模纳税人

小规模纳税人销售自行开发的房地产项目，不区分老项目与新项目，一律适用简易计税方法计算缴纳增值税，征收率为5%。

采取预收款方式销售自行开发的房地产项目，应在收到预收款时按照3%的预征率预缴增值税。应预缴税款的计算公式如下：

$$应预缴税款 = 预收款 \div (1 + 5\%) \times 3\%$$

七、建筑服务增值税的计算

（一）简易计税方法

（1）小规模纳税人提供建筑服务，适用简易计税方法，征收率为3%。

（2）一般纳税人提供下列建筑服务，可以选择适用简易计税方法，征收率为3%。一经选定，36个月内不得变更。

①以清包工方式提供的建筑服务。以清包工方式提供建筑服务，是指施工方不采购建筑工程所需的材料或者只采购辅助材料，并收取人工费、管理费或者其他费用的建筑服务。

②为甲供工程提供的建筑服务。甲供工程是指全部或者部分设备、材料、动力由工程发包方自行采购的建筑工程。

③为建筑工程老项目提供的建筑服务。建筑工程老项目，是指以下项目：第一，“建筑工程施工许可证”注明的合同开工日期在2016年4月30日前的建筑工程项目；第二，未取得“建筑工程施工许可证”的，建筑工程承包合同注明的开工日期在2016年4月30日前的建筑工程项目。

（3）建筑服务的销售额，包括提供建筑服务取得的全部价款和价外费用，但不包括收取的增值税税额。在实务中，应注意以下问题：

①价外费用并入销售额。价外费用是指价外收取的各种性质的收费，但不包括以下项目：第一，代为收取并符合以下条件的政府性基金或者行政事业性收费：由国务院或者财政部批准设立的政府性基金，由国务院或者省级人民政府及其财政、价格主管部门批准设立的行政事业性收费；收取时开具省级以上（含省级）财政部门监（印）制的财政票据；所收款项全额上缴财政。第二，以委托方名义开具发票代委托方收取的款项。

②适用简易计税方法的纳税人，将建筑服务分包给其他单位的，以取得的全部价款和价外费用扣除支付的分包款后的余额为销售额。在扣除分包款时，必须取得合法有效凭证，否则，不得扣除分包款。

（二）一般计税方法

一般纳税人提供建筑服务，适用一般计税方法计算缴纳增值税，税率为9%。但是，一般纳税人以清包工方式提供的建筑服务、为甲供工程提供的建筑服务、为建筑工程老项目提供的建筑服务，可以选择简易计税方法。

建筑服务的销售额，包括提供建筑服务取得的全部价款和价外费用，但不包括收取的增值税税额。

【请注意】在实务中，应注意以下问题：

（1）价外费用并入销售额。

（2）适用一般计税方法的纳税人，将建筑服务分包给其他单位的，以取得的全部价款和价外费用为销售额，不得减除分包款。一般纳税人向分包单位支付分包款时，应取得分包单位出具的增值税专用发票，据以抵扣进项税额。

（三）纳税人跨县（市、区）提供建筑服务

纳税人跨县（市、区）提供建筑服务，是指单位和个体工商户（以下简称纳税人）在其机构所在地以外的县（市、区）提供建筑服务。

单位和个体工商户（简称纳税人）跨县（市、区）提供建筑服务，向建筑服务发生地主管税务机关预缴税款，向机构所在地主管税务机关进行纳税申报。

（1）一般纳税人跨县（市、区）提供建筑服务，适用一般计税方法计税的，以取得的全部价款和价外费用扣除支付的分包款后的余额，按照2%的预征率计算应预缴税款。

应预缴税款 =（全部价款和价外费用 − 支付的分包款）÷（1 + 9%）× 2%

（2）一般纳税人跨县（市、区）提供建筑服务，选择适用简易计税方法计税的，以取得的全部价款和价外费用扣除支付的分包款后的余额，按照3%的征收率计算应预缴税款。

应预缴税款 =（全部价款和价外费用 − 支付的分包款）÷（1 + 3%）× 3%

【做中学2-24】石家庄某建筑企业为一般纳税人，2019年6月分别在B省和C省提供建筑服务（非简易计税项目），当月分别取得建筑服务收入（含税）1 690万元和2 880万元，分别支付分包款600万元（增值税专用发票注明增值税税额为54万元）和700万元（增值税专用发票注明增值税税额为63万元），支付不动产租赁费用100万元（增值税专用发票注明增值税税额为9万元），购入建筑材料1 000万元（增值税专用发票注明增值税税额为130万元），假设无其他业务发生。

该建筑企业6月在B、C两省的预缴税款及在主管税务机关汇总应缴纳的增值税款计算如下：

在B省应预缴的增值税：

当期预缴税额＝（1 690－600）÷（1＋9%）×2%＝20（万元）

在C省应预缴的增值税：

当期预缴税额＝（2 880－700）÷（1＋9%）×2%＝40（万元）

在石家庄总机构申报缴纳增值税：

当期申报缴纳税额＝（1 690＋2 880）÷（1＋9%）×9%－54－63－9－130－20－40＝61.34（万元）

（3）小规模纳税人跨县（市、区）提供建筑服务，以取得的全部价款和价外费用扣除支付的分包款后的余额，按照3%的征收率计算应预缴税款。

【请注意】（1）纳税人取得的全部价款和价外费用扣除支付的分包款后的余额为负数的，可结转下次预缴税款时继续扣除。纳税人应按照工程项目分别计算应预缴税款，分别预缴。

（2）纳税人按照上述规定从取得的全部价款和价外费用中扣除支付的分包款，应当取得符合法律、行政法规和国家税务总局规定的合法有效凭证，否则不得扣除。上述凭证是指：

①从分包方取得的2016年4月30日前开具的建筑业营业税发票。上述建筑业营业税发票在2016年6月30日前可作为预缴税款的扣除凭证。

②从分包方取得的2016年5月1日后开具的，备注栏注明建筑服务发生地所在县（市、区）、项目名称的增值税发票。

③国家税务总局规定的其他凭证。

【做中学2-25】湖北武汉的A公司为增值税一般纳税人，2019年9月承接位于湖南长沙B公司的一项建筑工程项目，合同约定清包工方式，A公司采用简易计税方法，9月发生如下业务：

（1）A公司在2019年9月10日支付给分包商C公司100万元分包款；

（2）2019年9月10日收到B公司根据项目完工进度支付的结算款1 200万元。

A公司在建筑服务发生地的预缴税款，以及在机构所在地进行增值税纳税申报的金额计算如下：

在长沙市应预缴的增值税：

应预缴税款＝（1 200－100）÷（1＋3%）×3%＝32.04（万元）

在机构所在地武汉申报纳税额：

申报应纳税额＝（1 200－100）÷（1＋3%）×3%＝32.04（万元）

【做中学2-26】甲公司为“营改增”后建筑业增值税一般纳税人，适用的增值税税率为9%，购买原材料时，有以下几种方案可供选择：一是从一般纳税人乙公司购买，每吨含税价格为11 300元，乙公司适用的增值税税率为13%；二是从小规模纳税人丙商业公司购买，可取得其由税务机关代开的征收率为3%的专用发票，每吨含税价格为10 300元；三是从小规模纳税人丁工业企业购买，只能取得普通发票，每吨含税价格为

10 000元。假设甲公司购进原材料作为施工材料，当期甲公司的营业额为20 000元（不含税）。

三种方案中甲公司的应纳增值税税额计算如下：

三种方案的销项税额＝20 000×9%＝1 800（元）

方案一：进项税额＝11 300÷（1＋13%）×13%＝1 300（元）

应纳增值税税额＝1 800－1 300＝500（元）

方案二：进项税额＝10 300÷（1＋3%）×3%＝300（元）

应纳增值税税额＝1 800－300＝1 500（元）

方案三：进项税额＝0

应纳增值税税额＝1 800元

任务设计

情境资料：唐山宏达股份有限公司主要生产甲、乙、丙三种产品，会计核算健全，为增值税一般纳税人，增值税税率为13%。2020年5月，该公司的增值税留抵税额为980元，6月发生如下业务：

（1）3日，购入A材料一批，取得增值税专用发票，价款为30 000元，增值税税额为3 900元；支付运费，取得增值税专用发票，金额为1 000元，税额为90元。材料已入库，货款以银行存款支付。

（2）4日，向农民购买农产品一批，税务机关批准的收购凭证上注明价款200 000元，货款已付，农产品已验收入库。

（3）5日，外购生产用机器设备一台，取得的增值税专用发票上注明价款200 000元、增值税税额26 000元。设备已投入使用，货款以银行存款支付。

（4）6日，购入钢材一批，取得增值税专用发票，价款为100 000元，增值税税额为13 000元，货款以银行存款支付，购入的钢材用于建造仓库。

（5）7日，向小规模纳税人购入A材料一批，价款为2 000元，取得普通发票，材料入库，货款暂欠。

（6）8日，购入生产经营用小轿车一辆，取得的增值税专用发票上注明价款120 000元、增值税税额15 600元，公司开出一张商业承兑汇票。

（7）10日，从国外进口C材料一批，关税完税价格为100 000元，关税税率为10%，增值税税率为13%，款项以银行存款支付，取得海关进口增值税专用缴款书。

（8）11日，委托某单位加工制作一批礼品，支付加工费5 000元，取得增值税专用发票，增值税税额为650元；将礼品赠送给客户，市场价为20 000元，成本为12 000元，开具增值税专用发票。

（9）12日，向个人消费者销售甲产品，取得销售收入2 260元，开具普通发票。款项已收到，存入银行。

（10）13日，向小规模纳税人销售甲产品，开具普通发票，价款为5 650元，收到转账支票一张，已送存银行。

（11）14日，销售甲产品，开具增值税专用发票，价款为200 000元，增值税税额为26 000元，收到转账支票一张。

（12）14日，机修车间为某单位修理车床，开具增值税专用发票，劳务费为2 000元，增值税税额为260元，收到转账支票一张。

（13）14日，以折扣方式销售乙产品，价款为60 000元（不含税），折扣率为10%，开具增值税专用发票，销售额和折扣额开在同一张发票上，产品已发出，收到期限为3个月的商业汇票一张。

（14）15日，以以旧换新方式向消费者个人销售乙产品，价款为67 800元，开具普通发票，换回的旧产品价值7 800元，实收价款60 000元，款项已存入银行。

（15）17日，销售乙产品一批，开具增值税专用发票，价款为80 000元，税款为10 400元，企业代垫运费2 000元（运费发票是运输部门开给购货方，由销货方转给购货方）。货已发出，向银行办妥托收手续。

（16）18日，以预收款的方式销售甲产品一批给光明工厂，收到预收款60 000元，10天后发出商品。

（17）19日，委托唐山百货大楼代销乙产品10件，每件售价为2 000元，增值税税率为13%，对方按价款的5%收取手续费，每件成本为1 500元。

（18）20日，销售乙产品2件，每件售价为2 000元，货款为4 000元，税款为520元；随同产品一起售出包装箱2个，不含税单价为100元，货款为200元，税款为26元，开具增值税专用发票，款项收到且已存入银行。

（19）21日，销售2008年购入的机器设备一台，原值为50 000元，已提折旧20 000元，售价为62 400元，开具普通发票；销售2009年5月购入的机器设备一台，原值为150 000元，已提折旧10 000元，售价为113 000元，开具普通发票。款项均已存入银行。

（20）22日，公司上月销售的乙产品2台发生销售退回，价款为3 800元，税款为494元，企业开出红字增值税专用发票，并以银行存款支付退货款项。

（21）22日，领用自产的甲产品用于对外投资，成本为40 000元，计税价格为60 000元。

（22）23日，将自产的丙产品发给职工作为福利，成本为40 000元，无同类产品售价。

（23）28日，发出甲产品给光明工厂（12月18日的预收款业务），开具增值税专用发票，价款为80 000元，税款为10 400元，光明工厂当即补付剩余货款，款项已收到，送存银行。

（24）30日，收到唐山百货大楼的代销清单，已售出6件乙产品，开具增值税专用发票，价款为12 000元，税款为1 560元，扣除手续费后的剩余款项已收到。

（25）月末盘存发现上月购进的A材料被盗，金额为4 000元（上月已认证并申报抵扣），经批准作为营业外支出处理。

假设上述专用发票均已到税务机关认证，税款均已申报抵扣。

要求：计算该公司2020年6月的应纳增值税税额。

操作步骤：

第一步：逐笔分析经济业务，分别确定销项税额和进项税额。

（1）购进材料取得增值税专用发票已认证，其进项税额允许抵扣，则：

进项税额 = 3 900 + 90 = 3 990（元）

（2）从农民生产者手中收购农产品，取得经税务机关批准的收购凭证，按农产品买价和9%的扣除率计算进项税额，则：

进项税额 = 200 000 × 9% = 18 000（元）

（3）购进生产用固定资产取得增值税专用发票且已认证，其进项税额允许抵扣，则：

进项税额 = 26 000元

（4）进项税额 = 13 000元

（5）购入A材料取得普通发票，其进项税额不能抵扣。

（6）购入小轿车，取得了增值税专用发票，其进项税额可以抵扣，则：

进项税额 = 15 600元

（7）从国外进口材料，取得海关完税凭证并申报抵扣，其进口环节的增值税允许抵扣，则：

进项税额 = 100 000 ×（1 + 10%）× 13% = 14 300（元）

（8）接受加工劳务取得增值税专用发票且已认证，其进项税额允许抵扣，则：

进项税额 = 650元

将委托加工的礼品无偿赠送他人，视同销售行为，应当计算缴纳增值税，则：

销项税额 = 20 000 × 13% = 2 600（元）

（9）向个人消费者销售甲产品，其销售额为含税销售额，则：

销项税额 = 2 260 ÷（1 + 13%）× 13% = 260（元）

（10）向小规模纳税人销售甲产品，开具普通发票，其销售额为含税销售额，则：

销项税额 = 5 650 ÷（1 + 13%）× 13% = 650（元）

（11）销售甲产品，开具增值税专用发票，发票注明的增值税税额就是销项税额，则：

销项税额 = 26 000元

（12）提供应税劳务，开具增值税专用发票，发票注明的增值税税额就是销项税额，则：

销项税额 = 260元

（13）折扣销售，按折扣后的金额计税，则：

销项税额 = 60 000 ×（1 − 10%）× 13% = 7 020（元）

（14）以旧换新，以不扣除旧产品价值的金额为销售额，则：

销项税额 = 67 800 ÷（1 + 13%）× 13% = 7 800（元）

（15）销售乙产品，开具增值税专用发票，发票注明的税额就是销项税额，则：

销项税额 = 10 400元

（16）以预收款的方式销售商品，发出商品时确认收入和销项税额，预收款不确认。

（17）委托代销，委托时不确认收入，不确认销项税额。

（18）随同产品出售并单独计价的包装物，按规定应计算缴纳增值税，则：

销项税额 = 520 + 26 = 546（元）

（19）销售2009年以前购入的固定资产，按3%计税，并减按2%征收。销售2009年以后购入的固定资产，按13%计税。则：

应纳增值税税额 = 62 400 ÷（1 + 3%）× 2% = 1 211.65（元）

销项税额 = 113 000 ÷（1 + 13%）× 13% = 13 000（元）

（20）对手续完备的销售退回，可从发生销售退回当期的销项税额中扣减，则：

销项税额 = －494元

（21）以自产的货物用于对外投资为视同销售货物行为，应当计算缴纳增值税，应按税务机关认定的计税价格计算，则：

销项税额 = 60 000 × 13% = 7 800（元）

（22）将自产的货物发给职工作为福利为视同销售行为，应当计算缴纳增值税，应按组成计税价格计算，则：

销项税额 = 40 000 ×（1 + 10%）× 13% = 5 720（元）

（23）预收款业务，在发出商品时确认收入，计算增值税税额，则：

销项税额 = 10 400元

（24）委托代销，在收到代销清单时确认收入，计算增值税税额，则：

销项税额 = 1 560元

（25）进项税额转出 = 4 000 × 13% = 520（元）

第二步：计算本月销项税额。

销项税额合计 = 2 600 + 260 + 650 + 26 000 + 260 + 7 020 + 7 800 + 10 400 + 546 + 13 000 − 494 + 7 800 + 5 720 + 10 400 + 1 560 = 93 522（元）

第三步：计算本月允许抵扣的进项税额。

进项税额合计 = 3 990 + 18 000 + 26 000 + 13 000 + 15 600 + 14 300 + 650 = 91 540（元）

进项税额转出合计 = 520元

本月允许抵扣的进项税额 = 91 540 − 520 = 91 020（元）

第四步：计算本月的应纳增值税税额。

期初留抵税额 = 980元

应纳税额 = 当期销项税额 − 当期进项税额 − 期初留抵税额 = 93 522 − 91 020 − 980
= 1 522（元）

简易征收应纳的增值税税额 = 1 211.65元

任务三 增值税的会计核算

一、会计科目的设置

（一）一般纳税人增值税的会计科目

一般纳税人应在“应交税费”科目下设置“应交增值税”“未交增值税”“预交增值税”“待认证进项税额”“待转销项税额”“增值税留抵税额”“简易计税”“转让金融商品应交增值税”“代扣代交增值税”“ 增值税加计抵减额”等9个明细科目。

1.应交税费——应交增值税

一般纳税人在“应交增值税”明细账内设置“进项税额”“销项税额抵减”“已交税金”“转出未交增值税”“减免税款”“出口抵减内销产品应纳税额”“销项税额”“出口退税”“进项税额转出”“转出多交增值税”等10个专栏。其格式见表2-2。

表2-2 应交税费——应交增值税明细账

年		凭证字号	摘要	借方							贷方					余额
月	日			合计	进项税额	销项税额抵减	已交税金	减免税款	出口抵减内销产品应纳税额	转出未交增值税	合计	销项税额	出口退税	进项税额转出	转出多交增值税	

各专栏核算内容如下：

（1）“进项税额”专栏：一般纳税人购进货物、服务、无形资产或不动产以及提供加工修理修配劳务而支付或负担的、准予从当期销项税额中抵扣的增值税税额；

（2）“销项税额抵减”专栏：一般纳税人按照增值税制度规定因扣减销售额而减少的销项税额；

（3）“已交税金”专栏：一般纳税人当月已交纳的应交增值税税额；

（4）“减免税款”专栏：一般纳税人按增值税制度规定准予减免的增值税税额；

（5）“出口抵减内销产品应纳税额”专栏：实行“免、抵、退”办法的一般纳税人按规定计算的出口货物的进项税抵减内销产品的应纳税额；

（6）“转出未交增值税”专栏：一般纳税人月度终了转出当月应交未交的增值税税额；

（7）“销项税额”专栏：一般纳税人销售货物、服务、无形资产或不动产以及提供加工修理修配劳务应收取的增值税税额；

(8)“出口退税”专栏：一般纳税人出口货物、服务、无形资产以及提供加工修理修配劳务按规定退回的增值税税额；

(9)“进项税额转出”专栏：一般纳税人购进货物、服务、无形资产或不动产以及提供加工修理修配劳务等发生非正常损失，以及其他原因而不能从销项税额中抵扣、按规定转出的进项税额；

(10)“转出多交增值税”专栏：一般纳税人月度终了转出当月多交的增值税税额。

月度终了，一般纳税人将本月应交未交或多交的增值税税额，自“应交税费——应交增值税”科目转入“应交税费——未交增值税”科目。

2. 应交税费——未交增值税

该科目核算一般纳税人月度终了从“应交增值税”或“预交增值税”明细科目转入当月应交未交、多交或预交的增值税税额，以及当月交纳以前期间未交的增值税税额。其格式见表2-3。

表2-3 应交税费——未交增值税明细账

年		凭证字号	摘要	借方				贷方		余额
月	日			合计	月终转入的多交增值税	月终转入的预交增值税	当月交纳以前期间未交的增值税	合计	月终转入的应交未交增值税	

3. 应交税费——预交增值税

该科目核算一般纳税人销售不动产、提供不动产经营租赁服务、提供建筑服务、采用预收款方式销售自行开发的房地产项目，以及其他按增值税制度规定应预缴的增值税税额。

4. 应交税费——待认证进项税额

该科目核算一般纳税人未对扣税凭证信息进行用途确认而不得从当期销项税额中抵扣的进项税额。

5. 应交税费——待转销项税额

该科目核算一般纳税人销售货物、服务、无形资产或不动产以及提供加工修理修配劳务，已确认相关收入（或利得）但尚未发生增值税纳税义务而需在以后期间确认为销项税额的增值税税额。

6. 应交税费——简易计税

该科目核算一般纳税人采用简易计税方法发生的增值税计提、扣减、预缴、缴纳等业务。

7. 应交税费——转让金融商品应交增值税

该科目核算纳税人转让金融商品发生的增值税税额。

8.应交税费——代扣代交增值税

该科目核算纳税人购进在境内未设经营机构的境外单位或个人在境内发生的应税行为而代扣代缴的增值税税额。

9.应交税费——增值税加计抵减额

该科目核算生产、生活性服务业纳税人按照当期可抵扣进项税额加计10%（或15%）的增值税抵减额。

按规定，当期计提加计抵减额时，记在“应交税费——增值税加计抵减额”借方；实际抵减或结转下期时，将“应交税费——增值税加计抵减额”转出至“应交税费——未交增值税”账户。

【做中学2-27】甲公司是一般纳税人，2020年4月管理人员出差过程中取得航空客票行程单，行程单上注明票价5 000元，燃油附加费0元，机场建设费200元，合计金额5 200元。

甲公司抵扣进项税额的计算及账务处理如下：

抵扣进项税额＝5 000÷（1＋9%）×9%＝412.84（元）

借：管理费用——差旅费　　4 745.88

　　应交税费——应交增值税（进项税额）　　412.84

　　　　　　——增值税加计抵减额　　41.28

　　贷：银行存款　　5 200

实际抵减应纳税额时：

（1）抵减前的应纳税额大于零，且大于当期可抵减加计抵减额的，当期可抵减加计抵减额全额从抵减前的应纳税额中抵减。

借：应交税费——未交增值税

　　贷：应交税费——增值税加计抵减额

（2）抵减前的应纳税额大于零，且小于或等于当期可抵减加计抵减额的，以当期可抵减加计抵减额抵减应纳税额至零。未抵减完的当期可抵减加计抵减额，结转下期继续抵减。

借：应交税费——未交增值税

　　贷：应交税费——增值税加计抵减额

（3）如果当期应纳税额等于零，只需计提即可，当期可抵减加计抵减额全部结转下期抵减。

（二）小规模纳税人增值税会计科目

小规模纳税人只需在“应交税费”科目下，设置“应交增值税”（不设专栏）、“转让金融商品应交增值税”、“代扣代交增值税”3个明细科目。

二、购进业务增值税会计核算

（一）材料物资进项税额的核算

一般纳税人购进材料物资，包括原材料及主要材料、低值易耗品、包装物、办公用品、水电等货物，可以凭增值税扣税凭证核算可以抵扣的进项税额。

1.一般购进业务进项税额的核算

（1）准予抵扣进项税额的处理。一般纳税人购进材料物资时，若用于适用一般计税方法计税项目的，凭取得的增值税扣税凭证抵扣进项税额。在账务处理上，按采购成本，借记“在途物资”或“原材料”“库存商品”“管理费用”等科目；按当月对扣税凭证信息进行用途确认后可抵扣的增值税税额，借记“应交税费——应交增值税（进项税额）”科目；按当月未对扣税凭证信息进行用途确认的可抵扣增值税税额，借记“应交税费——待认证进项税额”科目；按应付或实际支付的金额，贷记“应付账款”“应付票据”“银行存款”等科目。发生退货的，若原增值税专用发票已进行用途确认，应根据红字增值税专用发票编制相反的会计分录；若原增值税专用发票尚未进行用途确认，应将发票退回并编制相反的会计分录。

自2020年1月8日起，纳税人取得增值税专用发票、机动车销售统一发票、收费公路通行费增值税电子普通发票后，如需用于申报抵扣增值税进项税额或申请出口退税、代办退税，应当登录增值税发票综合服务平台确认发票用途。

自2020年2月1日起，纳税人取得符合条件的海关进口增值税专用缴款书后，也可通过增值税发票综合服务平台进行用途确认。

【做中学2-28】某生产企业（一般纳税人）本月购进一批生产用原材料，取得的增值税专用发票上注明的价款、税款分别为300 000元、39 000元；材料已验收入库，款项已转账付讫。该企业采用实际成本进行材料核算。相关账务处理如下：

（1）若未通过增值税发票综合服务平台对扣税凭证信息进行用途确认：

借：原材料　　300 000
　　应交税费——待认证进项税额　　39 000
　　贷：银行存款　　339 000

通过增值税发票综合服务平台进行用途确认后：

借：应交税费——应交增值税（进项税额）　　39 000
　　贷：应交税费——待认证进项税额　　39 000

（2）通过增值税发票综合服务平台对扣税凭证信息进行用途确认：

借：原材料　　300 000
　　应交税费——应交增值税（进项税额）　　39 000
　　贷：银行存款　　339 000

（2）不准予抵扣进项税额的处理。一般纳税人购进材料物资时，若用于适用简易计税方法计税项目、免征增值税项目、集体福利或者个人消费，不得抵扣进项税额，应将其支付或承担的增值税税额计入相关项目的成本。如果取得增值税专用发票，在专用发票进行用途确认前，可将其进项税额记入“应交税费——待认证进项税额”科目；待专用发票进行用途确认后，将其进项税额记入“应交税费——应交增值税（进项税额）”科目，同时，通过“应交税费——应交增值税（进项税额转出）”科目，将其转入相关项目的成本。为简化核算，一般纳税人可以不使用“应交税费——待认证进项税额”科目。

一般纳税人将材料物资用于简易计税方法计税项目、免征增值税项目、集体福利或者个人消费的，在取得增值税专用发票并通过用途确认时，借记“原材料”“应交税费——应交增值税（进项税额）”等科目，贷记“银行存款”或“应付账款”等科目；同时，将其进项税额转入材料物资的成本，借记“原材料”等科目，贷记“应交税费——应交增值税（进项税额转出）”科目。

（3）进项税额转出的处理。

①一般纳税人购进材料物资时，若无法确定其用途，首先要取得增值税扣税凭证，并据以核算可以抵扣的进项税额。以后将其用于简易计税方法计税项目、免征增值税项目、集体福利或者个人消费时，按其耗用的实际成本计算不得抵扣的进项税额，做进项税额转出处理，转入相关项目的成本。

【做中学2-29】某建筑公司（一般纳税人）于2020年10月购进一批建筑材料，取得的增值税专用发票上注明的价款、税款分别为400 000元、52 000元；材料已验收入库，款项已转账付讫。增值税专用发票已在当月进行用途确认。2020年11月，公司将10月购进的建筑材料用于适用简易计税方法的建筑工程项目，实际成本为200 000元。相关账务处理如下：

10月，根据已查询确认的增值税专用发票等做账：

借：原材料	400 000	
应交税费——应交增值税（进项税额）	52 000	
贷：银行存款		452 000

11月，将已抵扣进项税额的建筑材料用于适用简易计税方法的建筑工程项目：

进项税额转出额 = 200 000 × 13% = 26 000（元）

借：工程施工——某工程项目	226 000	
贷：原材料		200 000
应交税费——应交增值税（进项税额转出）		26 000

②对于经营管理中耗用的无法区分使用对象的材料物资（如水电、办公用品、供暖企业应税项目与免税项目共用材料物资），首先，在购进时要取得增值税扣税凭证，并据以核算抵扣进项税额；然后，按照下列公式计算不得抵扣的进项税额，做进项税额转出处理，转入相关项目的成本，借记有关成本费用科目，贷记“应交税费——应交增值税（进项税额转出）”科目。

$$\text{不得抵扣的进项税额}=\text{当期无法划分的全部进项税额}\times\left(\text{当期简易计税方法计税项目销售额}+\text{免征增值税项目销售额}\right)\div\text{当期全部销售额}$$

另外，一般纳税人销售自行开发的房地产项目，兼有一般计税方法计税项目、简易计税方法计税项目、免征增值税的房地产项目而无法划分不得抵扣的进项税额的，以“建筑工程施工许可证”注明的“建设规模”为依据进行划分。

$$\text{不得抵扣的进项税额}=\text{当期无法划分的全部进项税额}\times\text{简易计税方法计税项目、免税房地产项目建设规模}\div\text{房地产项目总建设规模}$$

在账务处理上，按不得抵扣的进项税额，借记“开发成本——××开发项目”科目，贷记“应交税费——应交增值税（进项税额转出）”科目。

③已抵扣进项税额的购进货物发生非正常损失，应将货物本身的进项税额、与该货

物相关的加工修理修配劳务和交通运输服务的进项税额，从当期进项税额中转出，计入损失金额。在账务处理上，借记“待处理财产损溢”等科目，贷记“应交税费——应交增值税（进项税额转出）”科目。在产品、产成品发生非正常损失的，其耗用的购进货物（不包括固定资产）、加工修理修配劳务和交通运输服务的进项税额，应从当期进项税额中转出，计入损失金额。在账务处理上，借记“待处理财产损溢”等科目，贷记“应交税费——应交增值税（进项税额转出）”科目。

2.购进农产品进项税额的核算

一般纳税人购进农产品，除取得增值税专用发票或者海关进口增值税专用缴款书外，按照农产品收购发票或销售发票上注明的农产品买价和9%的扣除率计算的进项税额，准予从销项税额中抵扣。

【做中学2-30】某果品公司（一般纳税人）从果农手中收购一批水果，收到的农产品收购发票上列明的买价为20万元。水果已运抵企业并验收入库，款项已付。相关账务处理如下：

借：库存商品　　182 000
　　应交税费——应交增值税（进项税额）　　18 000
　　贷：银行存款　　200 000

（二）固定资产（有形动产）进项税额的核算

一般纳税人取得固定资产（有形动产）时，无论计划用于哪个项目，无论是否能抵扣进项税额，都应取得增值税扣税凭证。

1.固定资产（有形动产）进项税额抵扣的处理

一般纳税人取得固定资产（有形动产），用于适用一般计税方法计税项目的，可凭增值税扣税凭证核算抵扣进项税额。专门用于适用简易计税方法计税项目、免征增值税项目、集体福利或者个人消费的，不准予抵扣进项税额，应将其计入固定资产原值。

【做中学2-31】某生产企业（一般纳税人）2020年10月购进一辆小汽车，取得的机动车销售统一发票上注明的价款、税款分别为200 000元、26 000元。该辆小汽车由办公室统一调度，供企业内部各部门（管理部门、销售部门、生产车间、职工食堂）使用。该机动车销售统一发票已于当月通过认证。相关账务处理如下：

借：固定资产——经营管理用固定资产　　200 000
　　应交税费——应交增值税（进项税额）　　26 000
　　贷：银行存款　　226 000

【做中学2-32】某建筑公司（一般纳税人）于2020年6月购进一台施工设备并投入使用，取得的增值税专用发票上注明的价款、税款分别为800 000元、104 000元。设备款已转账支付。该台施工设备提供的所有建筑服务，均按规定选择适用简易计税方法计算缴纳增值税。相关账务处理如下：

（1）该增值税专用发票已于取得当月进行用途确认：

借：固定资产——××施工设备　　800 000
　　应交税费——应交增值税（进项税额）　　104 000
　　贷：银行存款　　904 000

（2）同时做进项税额转出处理：

借：固定资产——××施工设备　　104 000

　　贷：应交税费——应交增值税（进项税额转出）　　104 000

2. 固定资产（包括有形动产和不动产）进项税额转出的处理

已抵扣进项税额的固定资产改变用途，专门用于适用简易计税方法计税项目、免征增值税项目、集体福利或者个人消费，以及发生非正常损失的，在改变用途或者发生非正常损失的当月，按照下列公式计算不得抵扣的进项税额，将其计入固定资产原值或者损失金额。

不得抵扣的进项税额 = 固定资产净值 × 适用税率

【做中学2-33】某公司（一般纳税人）将一套生产经营用的器具交付本公司福利部门使用。该套器具的原值（不含增值税）为60 000元，进项税额7 800元已在购进月份申报抵扣。公司确定的该套器具折旧年限为5年，现已使用1年，累计折旧12 000元。相关账务处理如下：

进项税额转出额 =（60 000 - 12 000）× 13% = 6 240（元）

借：固定资产——福利部门用固定资产　　54 240

　　累计折旧　　12 000

　　贷：固定资产——生产经营用固定资产　　60 000

　　　　应交税费——应交增值税（进项税额转出）　　6 240

【做中学2-34】某公司（一般纳税人）因管理不善致使一台生产用设备丢失。该台设备原值（不含增值税）为200 000元，进项税额26 000元已在购进月份申报抵扣。公司确定的该台设备的折旧年限为10年，现已使用1年，累计折旧为20 000元。相关账务处理如下：

进项税额转出额 =（200 000 - 20 000）× 13% = 23 400（元）

借：待处理财产损溢——待处理非流动资产损溢　　203 400

　　累计折旧　　20 000

　　贷：固定资产　　200 000

　　　　应交税费——应交增值税（进项税额转出）　　23 400

报经公司管理层批准后，将净损失计入营业外支出：

借：营业外支出——固定资产盘亏　　203 400

　　贷：待处理财产损溢——待处理非流动资产损溢　　203 400

3. 固定资产进项税额转回的处理

一般纳税人按照规定不得抵扣且未抵扣进项税额的固定资产（有形动产）改变用途，用于允许抵扣进项税额的应税项目，可在改变用途的次月，按照下列公式计算可以抵扣的进项税额：

可抵扣的进项税额 = 固定资产（有形动产）净值 ÷（1 + 适用税率）× 适用税率

【请注意】在实务中，应把握以下内容：

（1）计算可抵扣的进项税额，必须凭合法有效的增值税扣税凭证；

（2）固定资产（有形动产）进项税额转回，必须在改变用途的次月转回；

（3）在账务处理上，将可抵扣的进项税额从固定资产原值中分离出来，借记“应交税费——应交增值税（进项税额）”科目，贷记“固定资产”科目。

【做中学2-35】沿用【做中学2-32】的资料。假如该建筑公司从2020年7月开始，提供的建筑服务既有适用简易计税方法的，也有适用一般计税方法的。该公司于7月将6月购进的未抵扣进项税额的施工设备用于适用一般计税方法的建筑服务。该施工设备原值为904 000元，已提折旧46 800元，增值税税率为13%。相关账务处理如下：

进项税额转回额 =（904 000 − 46 800）÷（1 + 13%）× 13% = 98 615.93（元）

2020年8月，公司做如下账务处理：

借：应交税费——应交增值税（进项税额）　　98 615.93

　贷：固定资产——××施工设备　　98 615.93

（三）无形资产进项税额的核算

一般纳税人取得无形资产，无论是否能抵扣进项税额，都应取得增值税扣税凭证。

1.无形资产进项税额抵扣的处理

一般纳税人取得无形资产，用于适用一般计税方法计税项目的，可凭增值税扣税凭证抵扣进项税额。专门用于简易计税方法计税项目、免征增值税项目、集体福利或者个人消费的无形资产（不包括其他权益性无形资产），不得抵扣进项税额，应将其计入无形资产成本。

2.无形资产进项税额转出的处理

一般纳税人已抵扣进项税额的无形资产（不包括其他权益性无形资产）改变用途，专门用于简易计税方法计税项目、免征增值税项目、集体福利或者个人消费的，在改变用途的当月，按照下列公式计算不得抵扣的进项税额，将其计入无形资产成本。

不得抵扣的进项税额 = 无形资产净值 × 适用税率

3.无形资产进项税额转回的处理

一般纳税人按照规定不得抵扣且未抵扣进项税额的无形资产改变用途，用于允许抵扣进项税额的应税项目，可于改变用途的次月，按照下列公式计算可抵扣的进项税额：

可抵扣的进项税额 = 无形资产净值 ÷（1 + 适用税率）× 适用税率

【请注意】在实务中，应把握以下内容：

（1）计算可抵扣的进项税额，必须凭合法有效的增值税扣税凭证；

（2）无形资产进项税额必须在改变用途的次月转回；

（3）在账务处理上，将可抵扣的进项税额从无形资产成本中分离出来，借记“应交税费——应交增值税（进项税额）”科目，贷记“无形资产”科目。

（四）购买劳务、服务及进项税额的核算

1.购买劳务及进项税额的核算

一般纳税人购买加工、修理修配劳务，若加工、修理修配的货物用于适用一般计税方法计税项目，可凭增值税扣税凭证，核算抵扣进项税额；若加工、修理修配的货物用于适用简易计税方法计税项目、免征增值税项目、集体福利或个人消费，或者发生了非正常损失，则不得抵扣进项税额。

【做中学2-36】某生产企业（一般纳税人）于2020年10月发出一批材料，委托甲

厂加工成A材料，准备用于适用一般计税方法计税项目的生产经营。发出材料的实际成本为300 000元；12月加工完成并运回，支付加工费用，取得的甲厂开具的增值税专用发票上注明的价款、税款分别为8 000元、1 040元；运回时支付运输费用，取得的运输部门开具的增值税专用发票上注明的价款、税款分别为2 000元、180元。上述专用发票已进行用途确认。该企业采用实际成本组织材料核算。相关账务处理如下：

（1）10月，发出材料：

借：委托加工物资　　300 000

　　贷：原材料　　300 000

（2）12月，支付加工费：

借：委托加工物资　　8 000

　　应交税费——应交增值税（进项税额）　　1 040

　　贷：银行存款　　9 040

（3）12月，支付运输费用：

借：委托加工物资　　2 000

　　应交税费——应交增值税（进项税额）　　180

　　贷：银行存款　　2 180

（4）12月，将加工完成的物资验收入库：

借：原材料——A材料　　310 000

　　贷：委托加工物资　　310 000

2.购买服务及进项税额的核算

一般纳税人购进服务，包括交通运输服务、邮政服务、电信服务、建筑服务、金融服务、现代服务和生活服务。

（1）不准予抵扣进项税额的处理。不准予抵扣进项税额的购进服务包括：

①一般纳税人购进的贷款服务、餐饮服务、居民日常服务和娱乐服务，其进项税额不得从销项税额中抵扣。

②一般纳税人购进服务，用于适用简易计税方法计税项目、免征增值税项目、集体福利或者个人消费的，不得抵扣进项税额。

在账务处理上，一般纳税人发生上述业务时，可以向销售方索取增值税普通发票，作为会计核算的有效凭证，按照价税合计金额，计入相关成本费用。如果取得增值税专用发票，则需通过认证或查询确认后，将其进项税额记入“应交税费——应交增值税（进项税额）”科目，同时，通过“应交税费——应交增值税（进项税额转出）”科目，转入相关成本费用。

（2）准予抵扣进项税额的处理。一般纳税人购进的除贷款服务、餐饮服务、居民日常服务、娱乐服务等以外的服务，凡用于适用一般计税方法计税项目的，可凭增值税扣税凭证，核算抵扣进项税额。

在实务中，应注意以下问题：

①一般纳税人购进准予抵扣进项税额的服务时，要取得增值税扣税凭证并对扣税凭证信息进行用途确认，核算抵扣进项税额。

【做中学2-37】某生产企业（一般纳税人）于2020年8月支付广告费，取得的广告公司开具的增值税专用发票上注明的价款、税款分别为20 000元、1 200元；该专用发票已在取得当月进行用途确认；该企业应税项目适用一般计税方法计算缴纳增值税。相关账务处理如下：

借：销售费用　　20 000

　　应交税费——应交增值税（进项税额）　　1 200

　　贷：银行存款　　21 200

②一般纳税人支付的道路、桥、闸通行费，凭取得的通行费电子发票上注明的收费金额，计算可抵扣的进项税额。

$$\text{道路、桥、闸通行费可抵扣进项税额} = \text{道路、桥、闸通行费发票上注明的金额} \div (1+5\%) \times 5\%$$

式中：通行费是指有关单位依法或者依规设立并收取的过路、过桥和过闸费用。

③纳税人购进国内旅客运输服务，其进项税额允许从销项税额中抵扣。纳税人未取得增值税专用发票的，暂按照以下规定确定进项税额：

a.取得增值税电子普通发票的，为发票上注明的税额。

b.取得注明旅客身份信息的航空运输电子客票行程单的，按照下列公式计算进项税额：

$$\text{航空旅客运输进项税额} = (\text{票价} + \text{燃油附加费}) \div (1+9\%) \times 9\%$$

c.取得注明旅客身份信息的铁路车票的，按照下列公式计算进项税额：

$$\text{铁路旅客运输进项税额} = \text{票面金额} \div (1+9\%) \times 9\%$$

d.取得注明旅客身份信息的公路、水路等其他客票的，按照下列公式计算进项税额：

$$\text{公路、水路等其他旅客运输进项税额} = \text{票面金额} \div (1+3\%) \times 3\%$$

④自2019年4月1日至2021年12月31日，允许生产、生活性服务业纳税人按照当期可抵扣进项税额加计10%，抵减应纳税额（以下称加计抵减政策）。自2019年10月1日至2021年12月31日，允许生活性服务业纳税人按照当期可抵扣进项税额加计15%，抵减应纳税额。

【做中学2-38】某电信公司是一般纳税人，满足加计抵减政策条件，2020年4月购入服务的不含税金额10 000元、税金900元、加计抵减90元；本期销售服务不含税金额为20 000元，税额是1 200元。该公司账务处理如下：

（1）购入劳务时：

借：管理费用　　9 910

　　应交税费——应交增值税（进项税额）　　900

　　　　　　——增值税加计抵减额　　90

　　贷：银行存款　　10 900

（2）提供劳务时：

借：应收账款　　21 200

　　贷：营业收入　　20 000

　　　　应交税费——应交增值税（销项税额）　　1 200

（3）加计抵减时：

借：应交税费——应交增值税（减免税款）　　90

　　贷：应交税费——增值税加计抵减额　　90

（4）转出未交增值税：应纳增值税 = 1 200 - 900 - 90 = 210（元）

借：应交税费——应交增值税（转出未交增值税）　　210

　　贷：应交税费——未交增值税　　210

（五）代扣代缴增值税及进项税额的核算

境外单位或者个人在中国境内发生应税行为，在中国境内未设有经营机构的，以购买方为增值税扣缴义务人。财政部和国家税务总局另有规定的除外。

1.代扣代缴增值税的计算

应扣缴税额 = 购买方支付的价款 ÷（1 + 税率）× 税率

2.进项税额抵扣问题

（1）一般纳税人凭完税凭证抵扣进项税额的，应具备书面合同、付款证明和境外单位的对账单或者发票。资料不全的，不准予抵扣进项税额。

（2）一般纳税人购进服务、无形资产或者不动产以及提供加工修理修配劳务，用于适用一般计税方法应税项目的生产、经营、管理的，准予抵扣进项税额。否则，不准予抵扣进项税额。

3.代扣代缴增值税的会计核算

一般纳税人代扣代缴增值税的账务处理办法如下：

（1）按应计入相关成本费用或资产的金额，借记“生产成本”“管理费用”“无形资产”“固定资产”等科目；按可抵扣的增值税税额，借记“应交税费——应交增值税（进项税额）”科目；按协议金额，贷记“应付账款”科目。

（2）按规定代扣增值税税额时，借记“应付账款”科目，贷记“应交税费——代扣代交增值税”科目。

（3）缴纳代扣的增值税税额时，借记“应交税费——代扣代交增值税”科目，贷记“银行存款”科目。

三、销售业务增值税会计核算

（一）一般销售业务

在账务处理上，一般纳税人销售货物、服务或提供加工修理修配劳务等，按应收或已收金额，借记“应收账款”“应收票据”“银行存款”等科目；按取得的不含增值税的销售额，贷记“主营业务收入”“其他业务收入”等科目；按取得的增值税税额，贷记“应交税费——应交增值税（销项税额）”科目。发生销售退回时，根据有效凭证，编制相反的会计分录。

1.不同结算方式

（1）采取赊销或分期收款方式销售货物。纳税人采取赊销或分期收款方式销售货物的，增值税纳税义务发生时间为书面合同约定的收款日期的当天；无书面合同或者书面合同没有约定收款日期的，纳税义务发生时间为货物发出的当天。先开具发票的，纳税义务发生时间为开具发票的当天。

【请注意】在实务中，应把握以下内容：

在发出货物时，不开具发票，也不确认收入；若在发出货物时开具了发票，则应确认收入。在账务处理上，一般纳税人发出货物时，根据出库单，按发出货物的成本，借记“发出商品”科目，贷记“库存商品”科目。

在合同约定的收款日期，按照合同约定的结算金额开具发票，确认收入。如果发出货物后，购买方提前付款，按照购买方付款金额开具发票，确认收入。

在账务处理上，按应收或已收金额，借记“应收账款”或“银行存款”科目；按实现的不含税收入，贷记“主营业务收入”科目；按取得的增值税税额，贷记“应交税费——应交增值税（销项税额）”科目。同时，按全部销售成本和全部销售收入的比率，计算结转销售成本，借记“主营业务成本”科目，贷记“发出商品”科目。

（2）采取预收货款方式销售货物（该货物生产工期不超过12个月的）。纳税人采取预收货款方式销售生产工期不超过12个月的货物的，增值税纳税义务发生时间为货物发出的当天。先开具发票的，纳税义务发生时间为开具发票的当天。

【请注意】在实务中，应把握以下内容：

收到预收款时，不开具发票（指列明税率或征收率的发票，下同），不确认收入；若收到预收款时开具了发票，在税务处理上，则应确认收入。在账务处理上，一般纳税人收到预收款时，借记“银行存款”科目，贷记“预收账款”或“应收账款”科目。发出货物时，按照发货金额开具销货发票，确认收入。

在账务处理上，一般纳税人发出货物时，按应收的款项，借记“预收账款”或“应收账款”科目；按实现的不含税收入，贷记“主营业务收入”科目；按取得的增值税税额，贷记“应交税费——应交增值税（销项税额）”科目。收到补付货款时，借记“银行存款”科目，贷记“预收账款”或“应收账款”科目；退回多预收的货款时，编制相反的会计分录。

（3）委托代销货物。纳税人委托其他纳税人代销货物的，增值税纳税义务发生时间为收到代销单位出具的代销清单或者收到全部或部分货款的当天。未收到代销清单及货款的，为发出代销货物满180天的当天。

【请注意】在实务中，应把握以下内容：

（1）向受托方发货时，不开具发票，不确认收入。

（2）收到受托方出具的代销清单或受托方付款时，按照代销清单所列的销售数量、销售额开具发票并确认收入。

（3）自发出代销货物之日起180天之内，没有发生既未收到代销清单也未收到货款的情况；否则，在增值税处理上，于发出代销货物满180天的当天确认收入。

2.不同营销方式

（1）买一赠一。企业以买一赠一等方式组合销售本企业商品的，应将总的销售金额按各项商品的公允价值的比例来分摊确认各项销售收入。在账务处理上，将销售的商品和赠送的商品，分摊确认各自的销售收入并登记入账，同时结转各自的销售成本。

【做中学2-39】2020年元旦某商场采取促销方式销售彩电，买彩电一台，赠送机顶盒一个。该商场为增值税一般纳税人。彩电销售价格为2 000元（含税），顾客买的彩电和商家送的机顶盒开在同一张发票上。彩电、机顶盒不含税成本价分别为1 600元、200元，彩电、机顶盒市场价（含税）分别为1 900元、300元。

该商场进行账务处理如下：

彩电不含税价＝2 000×［1 900÷（1 900＋300）］÷1.13＝1 528.56（元）

彩电含税价＝1 528.56×（1＋13%）＝1 727.27（元）

机顶盒不含税价＝（2 000－1 727.27）÷1.13＝241.35（元）

（1）收到现金：

借：库存现金	2 000	
贷：主营业务收入——彩电		1 528.56
——机顶盒		241.35
应交税费——应交增值税（销项税额）		230.09

（2）结转成本：

借：主营业务成本——彩电	1 600	
——机顶盒	200	
贷：库存商品——彩电		1 600
——机顶盒		200

（2）平销返利。根据税法规定，商业企业向供货方收取的与商品销售量、销售额挂钩（如以一定比例、金额、数量计算）的各种返还收入，按照平销返利行为的有关规定冲减当期增值税进项税额。

$$\text{当期应冲减进项税额}=\text{当期取得的返还资金}\div(1+\text{所购货物适用增值税税率})\times\text{所购货物适用增值税税率}$$

对于供应商来说，“平销返利”实质上是一种折扣折让行为。这种行为可以按照“销售折让”进行税务处理。

（二）视同销售行为

1.将自产货物、委托加工货物用于集体福利部门

该项业务，在账务处理和企业所得税处理上，均不确认收入；但在增值税处理上，视同销售货物，确认应交增值税。

【做中学2-40】某企业（一般纳税人）将自制冰柜用于职工食堂。该台冰柜的实际成本为4 000元，售价金额（不含增值税）为6 000元，增值税税率为13%。

相关账务处理如下：

借：固定资产——福利部门用固定资产	4 780	
贷：库存商品——×型号冰柜		4 000
应交税费——应交增值税（销项税额）		780

2.将自产货物、委托加工货物用于职工个人消费

该项业务，在账务处理和税务处理上，均应确认收入。

【做中学2-41】某企业（一般纳税人）将一批自制保健品发放给单位职工。该批保健品的售价金额（不含增值税）为50 000元，实际成本为40 000元，增值税税率为13%。

相关账务处理如下：

借：应付职工薪酬——非货币性福利　　56 500

　　贷：主营业务收入　　50 000

　　　　应交税费——应交增值税（销项税额）　　6 500

3.将自产货物、委托加工货物、外购货物用于股权投资

该项业务，在账务处理和税务处理上，均应确认收入，借记“长期股权投资”等科目，贷记“主营业务收入”或“其他业务收入”、“应交税费——应交增值税（销项税额）”科目；结转销售成本时，借记“主营业务成本”或“其他业务成本”科目，贷记“库存商品”或“原材料”等科目。

【做中学2-42】某企业（一般纳税人）以一批自制产品向A公司投资，占A公司注册资本的30%，并准备长期持有。投出自制产品的实际成本为120万元，售价金额（不含增值税）为200万元，增值税税率为13%。

相关账务处理如下：

借：长期股权投资　　2 260 000

　　贷：主营业务收入　　2 000 000

　　　　应交税费——应交增值税（销项税额）　　260 000

4.将自产货物、委托加工货物、外购货物分配给投资者

该项业务，在账务处理和税务处理上，均应确认收入。执行《企业会计准则》的企业，在物权转移时，按抵付的利润或股息，借记“应付股利”等科目；按实现的销售收入，贷记“主营业务收入”或“其他业务收入”科目；按实现的销售额和适用税率计算的增值税税额，贷记“应交税费——应交增值税（销项税额）”科目。结转销售成本时，借记“主营业务成本”或“其他业务成本”科目，贷记“库存商品”或“原材料”等科目。

5.将自产货物、委托加工货物、外购货物无偿赠予他人

该项业务，在账务处理上不确认收入；但在税务处理上，视同销售货物，确认收入。

【做中学2-43】某企业（一般纳税人）将一批自制产品通过民政部门捐赠给遭受水灾的地区，取得合法的公益性捐赠票据。该批商品实际成本为150万元，售价金额（不含增值税）为200万元，适用的增值税税率为13%。

相关账务处理如下：

借：营业外支出——公益性捐赠支出　　1 760 000

　　贷：库存商品　　1 500 000

　　　　应交税费——应交增值税（销项税额）　　260 000

企业所得税处理：视同销售收入为200万元，视同销售成本为150万元。

（三）经营租赁服务增值税会计核算

1.出租有形动产增值税的会计核算

（1）按照国家会计制度确认的收入时间早于按照增值税制度确认的增值税纳税义务发生时间的，应将相关销项税额记入“应交税费——待转销项税额”科目；待实际发生

纳税义务时，再转入“应交税费——应交增值税（销项税额）”或“应交税费——简易计税”科目。

（2）按照增值税制度确认增值税纳税义务发生时间早于按照国家会计制度确认收入时间的，应将应纳增值税税额，借记“应收账款”科目，贷记“应交税费——应交增值税（销项税额）”或“应交税费——简易计税”科目；按照国家会计制度确认收入或利得时，应按扣除增值税销项税额后的金额确认收入。

【做中学2-44】甲公司（一般纳税人）于2020年1月将已抵扣进项税额的一套设备出租给乙公司使用。租赁合同约定：租赁期限为3年，每年租金（含增值税）为29.38万元，每年1月收取当年度租金。

相关账务处理如下：

（1）甲公司1月收取租金时：

借：银行存款　　293 800

　　贷：应收账款（或预收账款）——乙公司　　293 800

预收租金时发生纳税义务：销项税额＝293 800÷（1＋13%）×13%＝33 800（元）

借：应收账款（或预收账款）——乙公司　　33 800

　　贷：应交税费——应交增值税（销项税额）　　33 800

（2）甲公司1—12月：每月结转租金收入＝（293 800－33 800）÷12＝21 666.67（元）

借：应收账款（或预收账款）——乙公司　　21 666.67

　　贷：其他业务收入——租金收入　　21 666.67

【做中学2-45】甲公司（一般纳税人）于2019年1月将以前购进的不得抵扣且未抵扣进项税额的一套设备出租给乙公司使用。租赁合同约定：租赁期限为3年；每年租金（含增值税）为12.36万元；每年1月收取当年度租金，选择简易计税方法计算缴纳增值税。

相关账务处理如下：

（1）甲公司每年1月收取租金时：

借：银行存款　　123 600

　　贷：应收账款（或预收账款）——乙公司　　123 600

预收租金时发生纳税义务：应纳增值税税额＝123 600÷（1＋3%）×3%＝3 600（元）

借：应收账款（或预收账款）——乙公司　　3 600

　　贷：应交税费——简易计税　　3 600

（2）甲公司1—12月：每月结转租金收入＝（123 600－3 600）÷12＝10 000（元）

借：应收账款（或预收账款）——乙公司　　10 000

　　贷：其他业务收入——租金收入　　10 000

全年共结转租金收入12万元。

小规模纳税人出租有形动产，在账务处理上，与一般纳税人采用简易计税方法的账务处理相似。小规模纳税人使用“应交税费——应交增值税”科目，不使用“应交税费——简易计税”科目。

2.出租不动产增值税会计核算

（1）一般纳税人出租其2016年4月30日前取得的不动产，可以选择适用简易计税方法，按照5%的征收率计算应纳税额。

应纳增值税税额＝含税销售额÷（1＋5%）×5%

纳税人不动产所在地与机构所在地不在同一县（市、区）的，首先按照上述计税方法向不动产所在地主管税务机关预缴税款，然后向机构所在地主管税务机关申报纳税。

应预缴税款＝含税销售额÷（1＋5%）×5%

纳税人不动产所在地与机构所在地在同一县（市、区）的，向机构所在地主管税务机关申报纳税。

在账务处理上，一般纳税人选择适用简易计税方法计算缴纳增值税的，增值税计提、扣减、预缴、缴纳等业务，均通过“应交税费——简易计税”科目核算。

【做中学2-46】甲公司（一般纳税人）于2020年1月将2016年4月30日前取得的坐落于外县市的房屋出租给乙公司使用。租赁合同约定：租赁期限为3年；每年租金（含增值税）为126万元；每年1月收取当年度租金。甲公司已向主管税务机关备案，选择简易计税方法计算缴纳增值税。

（1）甲公司账务处理：

①每年1月收取租金时：

借：银行存款　　1 260 000

　　贷：应收账款（或预收账款）——乙公司　　1 260 000

预收租金时发生纳税义务，应纳增值税税额：1 260 000÷（1＋5%）×5%＝60 000（元）

借：应收账款（或预收账款）——乙公司　　60 000

　　贷：应交税费——简易计税　　60 000

②1—12月：每月结转租金收入＝（1 260 000－60 000）÷12＝100 000（元）

借：应收账款（或预收账款）——乙公司　　100 000

　　贷：其他业务收入——租金收入　　100 000

全年共结转租金收入120万元。

（2）税款预缴与申报：

①在取得租金的次月纳税申报期或房屋所在地主管税务机关核定的纳税期限预缴税款。预缴税款时，填写“增值税预缴税款表”。预缴税款后，取得完税凭证。

应预缴税款＝1 260 000÷（1＋5%）×5%＝60 000（元）

甲公司预缴税款时，账务处理如下：

借：应交税费——简易计税　　60 000

　　贷：银行存款　　60 000

②在取得租金的次月纳税申报期或机构所在地主管税务机关核定的纳税期限内办理纳税申报。

甲公司应申报简易计税销售额120万元、应纳税额6万元、预缴税额6万元，且可凭完税凭证将预缴税款从当期增值税应纳税额中抵减，当期抵减不完的，结转下期继续抵减。

（2）一般纳税人出租其2016年5月1日后取得的不动产，适用一般计税方法计税。

销项税额 = 含税销售额 ÷（1 + 9%）× 9%（税率）

纳税人不动产所在地与机构所在地不在同一县（市、区）的，首先按照3%的预征率向不动产所在地主管税务机关预缴税款，然后向机构所在地主管税务机关申报纳税。

应预缴税款 = 含税销售额 ÷（1 + 9%）× 3%

纳税人不动产所在地与机构所在地在同一县（市、区）的，向机构所在地主管税务机关申报纳税。

在账务处理上，一般纳税人预缴增值税时，借记“应交税费——预交增值税”科目，贷记“银行存款”科目。月末，将“应交税费——预交增值税”科目余额转入“应交税费——未交增值税”科目，借记“应交税费——未交增值税”科目，贷记“应交税费——预交增值税”科目。

【做中学2-47】甲公司（一般纳税人）于2020年1月将2017年5月1日后取得的坐落于外县市的房屋出租给乙公司使用。租赁合同约定：租赁期限为3年，每年租金（含增值税）为130.8万元，每年1月收取当年度租金。

（1）甲公司账务处理：

①每年1月收取租金时：

借：银行存款　　1 308 000

　　贷：应收账款（或预收账款）——乙公司　　1 308 000

预收租金时发生纳税义务：销项税额 = 1 308 000 ÷（1 + 9%）× 9% = 108 000（元）

借：应收账款（或预收账款）——乙公司　　108 000

　　贷：应交税费——应交增值税（销项税额）　　108 000

②1—12月，每月结转租金收入 =（1 308 000 − 108 000）÷ 12 = 100 000（元）

借：应收账款（或预收账款）——乙公司　　100 000

　　贷：其他业务收入——租金收入　　100 000

全年共结转租金收入120万元。

（2）税款预缴与申报：

①在取得租金的次月纳税申报期或房屋所在地主管税务机关核定的纳税期限内预缴税款。预缴税款时，填写“增值税预缴税款表”。预缴税款后，取得完税凭证。

应预缴税款 = 1 308 000 ÷（1 + 9%）× 3% = 36 000（元）

甲公司预缴税款时账务处理如下：

借：应交税费——预交增值税　　36 000

　　贷：银行存款　　36 000

月末，将“应交税费——预交增值税”科目余额转入“应交税费——未交增值税”科目：

借：应交税费——未交增值税　　36 000

　　贷：应交税费——预交增值税　　36 000

②在取得租金的次月纳税申报期或机构所在地主管税务机关核定的纳税期限内办理纳税申报。

甲公司应申报计税销售额120万元、销项税额10.8万元、预缴税额3.6万元，且可凭完税凭证将预缴税款从当期增值税应纳税额中抵减，当期抵减不完的，结转下期继续抵减。

（3）小规模纳税人出租不动产。

①单位和个体工商户出租不动产（不含个体工商户出租住房），按照5%的征收率计算应纳税额。

应纳增值税税额＝含税销售额÷（1＋5%）×5%

个体工商户出租住房，按照5%的征收率减按1.5%计算应纳税额。

应纳增值税税额＝含税销售额÷（1＋5%）×1.5%

纳税人不动产所在地与机构所在地不在同一县（市、区）的，首先按照上述计税方法向不动产所在地主管税务机关预缴税款，然后向机构所在地主管税务机关申报纳税。

出租非住房应预缴税款＝含税销售额÷（1＋5%）×5%

个体工商户出租住房应预缴税款＝含税销售额÷（1＋5%）×1.5%

纳税人不动产所在地与机构所在地在同一县（市、区）的，向机构所在地主管税务机关申报纳税。

在账务处理上，小规模纳税人的账务处理与一般纳税人采用简易计税方法的账务处理相似。小规模纳税人使用“应交税费——应交增值税”科目，不使用“应交税费——简易计税”科目。

②其他个人出租不动产，向不动产所在地主管税务机关申报纳税。

出租非住房应纳增值税税额＝含税销售额÷（1＋5%）×5%

出租住房应纳增值税税额＝含税销售额÷（1＋5%）×1.5%

（四）销售固定资产增值税会计核算

1.销售固定资产（有形动产）及增值税会计核算

（1）一般纳税人销售已使用过的固定资产（有形动产）。

①一般纳税人销售已使用过的已抵扣进项税额的固定资产（有形动产），按照适用税率缴纳增值税：

销售额＝含税销售额÷（1＋税率）

销项税额＝销售额×税率

在增值税账务处理上，按全部金额，借记“银行存款”等科目；按不含增值税的销售额，贷记“固定资产清理”科目；按收取的增值税税额，贷记“应交税费——应交增值税（销项税额）”科目。

②一般纳税人销售已使用过的不得抵扣且未抵扣进项税额的固定资产（有形动产），在2014年7月1日之后发生的，按照以下办法计算缴纳增值税：

销售额＝含税销售额÷（1＋3%）

应纳增值税税额＝销售额×2%

增值税账务处理办法如下：

a.按全部金额，借记“银行存款”等科目；按不含增值税的销售额，贷记“固定资产清理”科目；按不含增值税的销售额和3%征收率计算的增值税税额，贷记“应交税费——简易计税”科目。

b.按不含增值税的销售额和2%征收率计算缴纳增值税时，借记“应交税费——简易计税”科目，贷记“银行存款”科目。

c.按不含增值税的销售额乘1%计算的减征税额，作为政府补助，借记“应交税费——简易计税”科目，贷记“营业外收入——政府补助”科目。

从2016年2月1日起，纳税人销售自己使用过的固定资产（有形动产），适用简易办法依照3%征收率减按2%征收增值税政策的，可以放弃减税，按照简易办法依照3%征收率缴纳增值税，并可以开具增值税专用发票。

（2）小规模纳税人销售已使用过的固定资产（有形动产）。小规模纳税人（除自然人外）销售已使用过的属于有形动产的固定资产（有形动产），其计税办法与一般纳税人销售已使用过的不得抵扣且未抵扣进项税额的固定资产（有形动产）的计税方法相同。在账务处理上，小规模纳税人销售已使用过的固定资产（有形动产）应纳增值税税额，通过“应交税费——应交增值税”科目核算。

（3）纳税人发生固定资产（有形动产）视同销售行为。纳税人发生固定资产（有形动产）视同销售行为，对已使用过的固定资产（有形动产）无法确定销售额的，以固定资产净值为销售额。固定资产净值，是指纳税人按照财务会计制度计提折旧后计算的固定资产净值。

2.销售不动产及增值税会计核算

（1）一般纳税人销售其2016年4月30日前取得的不动产。

①一般纳税人销售其2016年4月30日前取得（不含自建）的不动产，可以选择适用简易计税方法，以取得的全部价款和价外费用扣除不动产购置原价或者取得不动产时的作价后的余额为销售额，按照5%的征收率计算应纳税额。

$$\text{应纳增值税税额} = \left(\text{全部价款及价外费用} - \text{不动产购置原价或者取得不动产时的作价}\right) \div (1 + 5\%) \times 5\%\text{（征收率）}$$

预缴与申报：首先，按照上述计税方法向不动产所在地主管税务机关预缴税款；然后，向机构所在地主管税务机关申报纳税。

$$\text{应预缴税款} = \left(\text{全部价款及价外费用} - \text{不动产购置原价或者取得不动产时的作价}\right) \div (1 + 5\%) \times 5\%\text{（预征率）}$$

相关账务处理和税务处理办法如下：

a.转入固定资产清理：按不动产净值，借记“固定资产清理”科目；按不动产累计折旧，借记“累计折旧”科目；按固定资产原值，贷记“固定资产”科目。

b.反映价款和增值税：按全部金额，借记“银行存款”等科目；按不含应纳增值税税额的销售额，贷记“固定资产清理”科目；按差额计算的应纳增值税税额，贷记“应交税费——简易计税”科目。

c.向不动产所在地主管税务机关预缴增值税：借记“应交税费——简易计税”科目，贷记“银行存款”科目。预缴税款后，取得完税凭证。

d.计提城市维护建设税、教育费附加、土地增值税等相关税费：借记“固定资产清理”科目，贷记“应交税费——应交城市维护建设税”“应交税费——应交教育费附加”

“应交税费——应交土地增值税”等科目。土地增值税和按预缴增值税计算的城市维护建设税、教育费附加，向不动产所在地主管税务机关缴纳。

e.结转固定资产清理净损益：若为净收益，借记“固定资产清理”科目，贷记“营业外收入”科目；若为净损失，借记“营业外支出”科目，贷记“固定资产清理”科目。

f.向机构所在地主管税务机关申报纳税：对于预缴的增值税税款，可在当期增值税应纳税额中抵减，抵减不完的，结转下期继续抵减。

②一般纳税人销售其2016年4月30日前自建的不动产：可以选择适用简易计税方法，以取得的全部价款和价外费用为销售额，按照5%的征收率计算应纳税额。

$$应纳增值税税额=全部价款和价外费用\div(1+5\%)\times5\%（征收率）$$

预缴与申报：首先，按照上述计税方法向不动产所在地主管税务机关预缴税款；然后，向机构所在地主管税务机关申报纳税。

$$应预缴税款=全部价款和价外费用\div(1+5\%)\times5\%（预征率）$$

其账务处理和税务处理办法基本同上述第①项，但增值税计算办法不同。

（2）一般纳税人销售其2016年5月1日后取得的不动产。

①一般纳税人销售其2016年5月1日后取得（不含自建）的不动产，适用一般计税方法，以取得的全部价款和价外费用为销售额。

$$销项税额=全部价款和价外费用\div(1+9\%)\times9\%（税率）$$

预缴与申报：首先，以取得的全部价款和价外费用扣除不动产购置原价或者取得不动产时的作价后的余额，按照5%的预征率向不动产所在地主管税务机关预缴税款；然后，向机构所在地主管税务机关申报纳税。

$$\begin{matrix}应预\\缴税款\end{matrix}=\left(\begin{matrix}全部价款及\\价外费用\end{matrix}-\begin{matrix}不动产购置原价或者\\取得不动产时的作价\end{matrix}\right)\div(1+5\%)\times5\%（预征率）$$

相关账务处理和税务处理办法如下：

a.转入固定资产清理：按不动产净值，借记“固定资产清理”科目；按不动产累计折旧，借记“累计折旧”科目；按固定资产原值，贷记“固定资产”科目。

b.反映价款和增值税：按全部金额，借记“银行存款”等科目；按不含增值税的销售额，贷记“固定资产清理”科目；按不含增值税的销售额和9%的税率计算的销项税额，贷记“应交税费——应交增值税（销项税额）”科目。

c.向不动产所在地主管税务机关预缴增值税，取得完税凭证：预缴增值税时，借记“应交税费——预交增值税”科目，贷记“银行存款”科目；月末，借记“应交税费——未交增值税”科目，贷记“应交税费——预交增值税”科目。

d.计提城市维护建设税、教育费附加、土地增值税等相关税费：借记“固定资产清理”科目，贷记“应交税费——应交城市维护建设税”“应交税费——应交教育费附加”“应交税费——应交土地增值税”等科目。土地增值税和按预缴增值税计算的城市维护建设税、教育费附加，向不动产所在地主管税务机关缴纳。

e.结转固定资产清理净损益：若为净收益，借记“固定资产清理”科目，贷记“营业外收入”科目；若为净损失，借记“营业外支出”科目，贷记“固定资产清理”科目。

f. 向机构所在地主管税务机关申报纳税：申报该项业务的销售额、销项税额和预缴税额。对于预缴增值税税额，可在当期增值税应纳税额中抵减，抵减不完的，结转下期继续抵减。

②一般纳税人销售其2016年5月1日后自建的不动产：适用一般计税方法，以取得的全部价款和价外费用为销售额。

销项税额 = 全部价款和价外费用 ÷（1 + 9%）× 9%（税率）

预缴与申报：首先，以取得的全部价款和价外费用，按照5%的预征率向不动产所在地主管税务机关预缴税款；然后，向机构所在地主管税务机关申报纳税。

应预缴税款 = 全部价款和价外费用 ÷（1 + 5%）× 5%（预征率）

其账务处理和税务处理办法基本同第①项，但预缴增值税税额的计算办法不同。

（3）小规模纳税人销售其取得的不动产。

除个人销售其购买的住房外，小规模纳税人销售其取得的不动产，按照以下规定缴纳增值税：

①小规模纳税人销售其取得（不含自建）的不动产，以取得的全部价款和价外费用扣除不动产购置原价或者取得不动产时的作价后的余额为销售额，按照5%的征收率计算应纳税额。

$$\text{应纳增值税税额} = \left(\text{全部价款和价外费用} - \text{不动产购置原价或者取得不动产时的作价}\right) \div (1 + 5\%) \times 5\%\text{（征收率）}$$

向不动产所在地主管税务机关预缴税款时，预缴税款的计算公式同上。

②小规模纳税人销售其自建的不动产，以取得的全部价款和价外费用为销售额，按照5%的征收率计算应纳税额。

应纳增值税税额 = 全部价款和价外费用 ÷（1 + 5%）× 5%（征收率）

向不动产所在地主管税务机关预缴税款时，预缴税款的计算公式同上。

小规模纳税人（不含其他个人）向不动产所在地主管税务机关预缴税款，向机构所在地主管税务机关申报纳税；其他个人向不动产所在地主管税务机关申报纳税。

小规模纳税人销售其取得的不动产，在账务处理和税务处理上，与一般纳税人采用简易计税方法的基本相同，但增值税会计核算，使用“应交税费——应交增值税”科目，不使用“应交税费——简易计税”科目。

【做中学2-48】甲市某公司为增值税一般纳税人，2019年12月销售位于乙市的写字楼，并于当月办妥了相关产权转移手续。该写字楼于2016年12月购置并投入使用，根据有关原始凭证确认投入使用前发生的成本为565万元，销售写字楼取得含税收入1 090万元。在销售过程中共发生其他税费100万元，已用银行存款缴纳。投入使用时，该公司预计该写字楼可使用50年，按平均年限法计提折旧，无残值。计算增值税时该公司选择了一般计税方法。

相关账务处理如下：

（1）按净值转入固定资产清理：

借：固定资产清理	5 311 000
累计折旧	339 000

贷：固定资产 5 650 000

（2）反映价款及增值税：

借：银行存款 10 900 000

贷：固定资产清理 10 000 000

应交税费——应交增值税（销项税额） 900 000

（3）支付相关费用：

借：固定资产清理 1 000 000

贷：银行存款 1 000 000

（4）向乙市预缴增值税：

预缴增值税 =（10 900 000 − 5 650 000）÷（1 + 5%）×5% = 25（万元）

预缴税款时：

借：应交税费——预交增值税 250 000

贷：银行存款 250 000

月末，将“应交税费——预交值税”结转到“应交税费——未交增值税”账户：

借：应交税费——未交增值税 250 000

贷：应交税费——预交增值税 250 000

（5）结转净损益：

借：固定资产清理 3 689 000

贷：营业外收入 3 689 000

（6）向甲市主管税务机关申报纳税：对于预缴的增值税，可以从应纳税额（销项税额）中抵减。假如本期进项税额为50万元，则应纳增值税为15万元（90 − 25 − 50）。

（五）销售房地产项目增值税会计核算

1.一般纳税人销售房地产老项目

（1）预缴税款。一般纳税人采取预收款方式销售自行开发的房地产老项目，在收到预收款时，按照3%的预征率预缴增值税。适用简易计税方法的，应预缴税款的计算公式如下：

应预缴税款 = 预收款 ÷（1 + 征收率5%）×预征率3%

在账务处理上，一般纳税人取得预收款时，借记“银行存款”科目，贷记“应收账款”或“预收账款”科目；预缴增值税时，借记“应交税费——简易计税”科目，贷记“银行存款”科目。

（2）纳税义务发生时。一般纳税人销售自行开发的房地产老项目适用简易计税方法的，按照规定的纳税义务发生时间，以当期销售额和5%的征收率计算当期应纳税额，抵减已预缴税款后，向主管税务机关申报纳税。未抵减完的预缴税款，可以结转下期继续抵减。

应纳税额 = 当期销售额（不含税）×征收率5%

应缴或结转下期抵减的税额 = 当期应纳税额 − 预缴税款

在账务处理上，纳税义务发生时（如房地产完工并交付给购买方），按以前预收的金额，借记“应收账款”或“预收账款”科目；按不含增值税的销售额，贷记“主营业务收入”科目；按应交增值税税额，贷记“应交税费——简易计税”科目。

2.一般纳税人销售房地产新项目

（1）预缴税款。一般纳税人采取预收款方式销售自行开发的房地产项目，在收到预收款时，按照3%的预征率预缴增值税。适用一般计税方法的，应预缴税款的计算公式如下：

$$应预缴税款=预收款\div（1+税率9\%）\times 预征率3\%$$

在账务处理上，一般纳税人取得预收款时，借记“银行存款”科目，贷记“应收账款”或“预收账款”科目；预缴增值税时，借记“应交税费——预交增值税”科目，贷记“银行存款”科目。房地产开发企业在预缴增值税后，直至纳税义务发生时，方可将“应交税费——预交增值税”科目结转至“应交税费——未交增值税”科目。

（2）发生纳税义务时。一般纳税人销售自行开发的房地产项目适用一般计税方法的，按照规定的纳税义务发生时间，依据当期销售额和9%的适用税率计算销项税额；以销项税额抵扣进项税额后的余额为当期应纳税额，抵减已预缴税款后，向主管税务机关申报纳税。未抵减完的预缴税款，可以结转下期继续抵减。

$$销项税额=当期销售额（不含税）\times 9\%（税率）$$

$$应纳税额=当期销项税额-当期进项税额$$

$$应缴或结转下期抵减的税额=当期应纳税额-预缴税款$$

（3）发票开具与账务处理。一般纳税人销售自行开发的房地产项目，适用一般计税方法计算缴纳增值税的，在纳税义务发生时，向购买方全额开具增值税发票，税率为9%。

$$销项税额=含税销售额（不扣除土地款）\div（1+9\%）\times 9\%$$

在账务处理上，按以前预收的金额，借记“应收账款”或“预收账款”科目；按不含税销售额，贷记“主营业务收入”科目；按不含税销售额和9%税率计算的销项税额，贷记“应交税费——应交增值税（销项税额）”科目。

对于预售房地产项目时预缴的增值税税额，借记“应交税费——未交增值税”科目，贷记“应交税费——预交增值税”科目。对于计算销售额时，准予从当期销售额中扣除的“土地价款和向其他单位或个人支付的拆迁补偿费用”，依照适用税率计算销项税额抵减额。

$$\begin{array}{c}销项税额\\抵减额\end{array}=\begin{array}{c}当期允许扣除的土地价款和向其他\\单位或个人支付的拆迁补偿费用\end{array}\div（1+9\%）\times 9\%$$

在账务处理上，按照销项税额抵减额，借记“应交税费——应交增值税（销项税额抵减）”科目，贷记“主营业务成本”科目。

【做中学2-49】北京吉祥房地产开发公司为一般纳税人，于2019年8月预售2019年5月开工尚未开发完毕的房地产项目，收入1 090万元，销售完工的房地产项目收入2 180万元。本月有留抵进项税额160万元。销售时采用一般计税方法，税率为9%，预征率为3%。

要求：(1) 计算收到预售房款时的预缴增值税并进行账务处理。(2) 计算8月销售完工的房地产项目应纳增值税并进行账务处理。(3) 计算预售房开发完毕，可申报的销项税额并进行账务处理。

相关计算及账务处理如下：

（1）预收房款时，应按预售收入预缴增值税 = 1 090 ÷（1 + 9%）× 3% = 30（万元）。由于预售尚未开发完毕的房地产项目未产生纳税义务，当月不能结转销项税额。只有等该房地产项目纳税义务发生，才能抵扣本月的留抵进项税额。会计分录如下：

借：银行存款 10 900 000

贷：预收账款 10 900 000

借：应交税费——预交增值税 300 000

税金及附加 36 000

贷：银行存款 336 000

（2）销售完工房地产项目取得销售收入时，应申报增值税销项税额 = 2 180 ÷（1 + 9%）× 9% = 180（万元）。抵扣进项税额160万元，应纳增值税额 = 180 − 160 = 20（万元）。会计分录如下：

借：银行存款 21 800 000

贷：主营业务收入 20 000 000

应交税费——应交增值税（销项税额） 1 800 000

缴纳增值税及附加税时：

借：应交税费——未交增值税 200 000

税金及附加 24 000

贷：银行存款 224 000

2019年8月申报期内缴纳增值税50万元。附加税费 = 50 × 12% = 6.00（万元），其中，预售收入应缴附加税费3.60万元，完工产品销售收入应缴附加税费2.40万元。

（3）未来预售的房产项目完工、移交，产生增值税纳税义务，结转预缴增值税30万元，并以当期销售额1 090万元和9%的适用税率计算当期应纳税额，抵减已预缴税款后，向主管税务机关申报纳税。确定销项税额为90万元（1 090 ÷ 1.09 × 9%）。

纳税申报时，申报销项税额60万元（90 − 30），可抵扣当期留抵进项税额。会计分录如下：

借：预收账款 10 900 000

贷：主营业务收入 10 000 000

应交税费——应交增值税（销项税额） 900 000

借：应交税费——未交增值税 300 000

贷：应交税费——预交增值税 300 000

3.小规模纳税人销售房地产项目

小规模纳税人销售自行开发的房地产项目，不区分老项目与新项目，一律适用简易计税方法计算缴纳增值税，征收率为5%。

在账务处理上，小规模纳税人取得预收款时，借记“银行存款”科目，贷记“应收账款”或“预收账款”科目；预缴增值税时，借记“应交税费——应交增值税”科目，贷记“银行存款”科目。

纳税义务发生时（房地产完工并交付给购买方时），按以前预收的金额，借记“应收账款”或“预收账款”科目；按不含增值税的销售额，贷记“主营业务收入”科目；按应交增值税税额，贷记“应交税费——应交增值税”科目。申报补缴增值税时，借记“应交税费——应交增值税”科目，贷记“银行存款”科目。

（六）提供建筑服务增值税会计核算

1.一般纳税人提供建筑服务的核算

（1）适用一般计税方法。相关账务处理与税务处理办法如下（开工在先，结算收款在后）：

①开工后，发生施工成本，借记“工程施工——合同成本”科目，贷记“原材料”“应付职工薪酬”“银行存款”等科目。

②月末，按照不含增值税的合同价款和完工百分比确认建造合同收入，不反映尚未产生的应交税费（尚未发生纳税义务），借记“主营业务成本”“工程施工——合同毛利”科目，贷记“主营业务收入”科目。这样处理，过渡科目“工程施工——合同毛利”所核算的金额不包含销项税额。

③按照合同约定与发包方结算收款时，发生纳税义务，借记“应收账款”或“银行存款”科目，贷记“工程结算”“应交税费——应交增值税（销项税额）”科目。

④按照纳税期限，向建筑服务发生地主管税务机关预缴税款。预缴税款时，借记“应交税费——预交增值税”科目，贷记“银行存款”科目。月末，将预交增值税税额转入“应交税费——未交增值税”科目，借记“应交税费——未交增值税”科目，贷记“应交税费——预交增值税”科目。

（2）适用简易计税方法。相关账务处理与税务处理办法如下（开工在先，结算收款在后）：

①开工后，发生施工成本，借记“工程施工——合同成本”科目，贷记“原材料”“应付职工薪酬”“银行存款”等科目。

②月末，按照不含增值税的合同价款和完工百分比确认建造合同收入，不反映尚未产生的应交税费（尚未发生纳税义务），借记“主营业务成本”“工程施工——合同毛利”科目，贷记“主营业务收入”科目。这样处理，过渡科目“工程施工——合同毛利”所核算的金额不包含应交增值税税额。

③按照合同约定与发包方结算收款时，发生纳税义务，借记“应收账款”或“银行存款”科目，贷记“工程结算”“应交税费——简易计税”科目。这样处理，过渡科目“工程结算”所核算的金额不包含应交增值税税额。

④按照纳税期限，向建筑服务发生地主管税务机关预缴税款。预缴税款时，借记“应交税费——简易计税”科目，贷记“银行存款”科目。预缴税款后，取得完税凭证。

2.小规模纳税人提供建筑服务的核算

小规模纳税人跨县（市、区）提供建筑服务，以取得的全部价款和价外费用扣除支付的分包款后的余额，按照3%的征收率计算预缴税款。

应预缴税款＝（全部价款和价外费用－支付的分包款）÷（1＋3%）×3%

小规模纳税人跨县（市、区）提供建筑服务，在账务处理和税务处理上，与一般纳税人采用简易计税方法的基本相同，但增值税会计核算，使用“应交税费——应交增值税”科目，不使用“应交税费——简易计税”科目。

（七）转让金融商品增值税会计核算

纳税人应设置“应交税费——转让金融商品应交增值税”科目，核算转让金融商品发生的增值税税额。

增值税账务处理办法如下：

1.金融商品转让的月末

若产生转让收益（卖出价扣除买入价后的余额为正数），则按应纳税额借记“投资收益”等科目，贷记“应交税费——转让金融商品应交增值税”科目；若产生转让损失（卖出价扣除买入价后的余额为负数），则按可结转下月抵减税额，借记“应交税费——转让金融商品应交增值税”科目，贷记“投资收益”等科目。

2.缴纳增值税时

缴纳增值税时，借记“应交税费——转让金融商品应交增值税”科目，贷记“银行存款”科目。

3.金融商品转让的年末

如果“应交税费——转让金融商品应交增值税”科目有借方余额，则借记“投资收益”等科目，贷记“应交税费——转让金融商品应交增值税”科目。

【做中学2-50】甲公司（一般纳税人）自10月开始有金融商品买卖业务。10月，卖出价减去买入价后的差额为10.60万元；11月，卖出价减去买入价后的差额为－21.20万元；12月，卖出价减去买入价后的差额为15.90万元。

10—12月，增值税相关账务处理如下：

（1）10月，应交增值税税额＝106 000÷（1＋6%）×6%＝6 000（元）

借：投资收益　　6 000

　　贷：应交税费——转让金融商品应交增值税　　6 000

缴纳增值税时：

借：应交税费——转让金融商品应交增值税　　6 000

　　贷：银行存款　　6 000

（2）11月，因金融商品卖出价减去买入价的差额为负数，故无须缴纳增值税。但其税额可结转下一纳税期与下期税额相抵。

可结转下期相抵的增值税税额＝212 000÷（1＋6%）×6%＝12 000（元）

借：应交税费——转让金融商品应交增值税　　12 000

　　贷：投资收益　　12 000

（3）12月，计提转让金融商品应交增值税税额＝159 000÷（1＋6%）×6%

＝9 000（元）

借：投资收益　　9 000

　　贷：应交税费——转让金融商品应交增值税　　9 000

12月末，与11月结转税额相抵后，“应交税费——转让金融商品应交增值税”科目有借方余额3 000元（12 000－9 000），故12月转让金融商品无须缴纳增值税。但是，尚未相抵完的税额3 000元，不得转入下一会计年度相抵，应予冲销。

借：投资收益　　3 000

　　贷：应交税费——转让金融商品应交增值税　　3 000

（八）小规模纳税人增值税的会计核算

1.销售货物、提供应税劳务或者服务

小规模纳税人销售货物、提供应税劳务或者服务，按征收率3%计算其应交增值税。小规模纳税人一般不得开具增值税专用发票，如果购买方要求取得专用发票时，小规模纳税人应持普通发票到主管税务机关换开增值税专用发票。无论是否开具专用发票，小规模纳税人均按实现的应税收入和征收率计算应纳税额，记入“应交税费——应交增值税”科目。在进行账务处理时，借记“银行存款”“应收账款”等科目，贷记“主营业务收入”“其他业务收入”“应交税费——应交增值税”等科目。

2.购进货物、接受劳务或服务的核算

小规模纳税人购进货物、接受应税劳务或者服务，其支付的增值税税额不得抵扣，应该计入购进货物、接受应税劳务或者服务的成本。在进行账务处理时，借记“材料采购”“库存商品”“管理费用”等科目，贷记“应付账款”“银行存款”等科目。

3.初次购入增值税税控系统专用设备

小规模纳税人初次购入增值税税控系统专用设备，按实际支付或应付的金额，借记“固定资产”科目，贷记“银行存款”“应付账款”等科目；按规定可以抵减的增值税税额，借记“应交税费——应交增值税”科目，贷记“递延收益”科目；按期计提折旧，借记“管理费用”等科目，贷记“累计折旧”科目，同时，借记“递延收益”科目，贷记“管理费用”等科目。

小规模纳税人发生技术维护费，按实际支付或应付的金额，借记“管理费用”等科目，贷记“银行存款”等科目；按规定可以抵减的增值税税额，借记“应交税费——应交增值税”科目，贷记“管理费用”等科目。

四、增值税缴纳及会计核算

（一）一般纳税人增值税缴纳及会计核算

1.一般计税方法下的期末转账

（1）预交增值税的期末转账。一般纳税人销售不动产、提供不动产经营租赁服务、提供建筑服务、采用预收款方式销售自行开发的房地产项目，以及其他按照规定预缴的增值税税额，通过“应交税费——预交增值税”科目核算。预缴税款时，借记“应交税费——预交增值税”科目，贷记“银行存款”科目。月末，借记“应交税费——未交增值税”科目，贷记“应交税费——预交增值税”科目。但是，房地产开发企业销售自行开发的房地产项目预缴增值税后，待到纳税义务发生时，方可将“应交税费——预交增值税”科目结转至“应交税费——未交增值税”科目。

【请注意】一般纳税人适用简易计税方法计算缴纳增值税的应税项目，其增值税的计提、扣减、预缴、缴纳等业务，均通过“应交税费——简易计税”科目核算，不需要

进行上述转账。

（2）应交未交增值税的期末转账。月末，一般纳税人“应交税费——应交增值税”科目出现贷方余额，表示本月应交未交的增值税，应将其转入“应交税费——未交增值税”账户的贷方，借记“应交税费——应交增值税（转出未交增值税）”科目，贷记“应交税费——未交增值税”科目。

2.增值税缴纳及账务处理

一般纳税人经过转账处理后，月末的“应交税费——未交增值税”科目贷方余额，反映适用一般计税方法计算的应交未交的增值税税额；“应交税费——简易计税”科目贷方余额，反映适用简易计税方法计算的应交未交的增值税税额；“应交税费——转让金融商品应交增值税”科目贷方余额，反映转让金融商品发生的应交未交的增值税税额；“应交税费——代扣代交增值税”科目贷方余额，反映购进境外单位或个人（在境内未设经营机构）在境内发生的应税行为，尚未代扣代缴的增值税税额。

一般纳税人缴纳上述未交增值税税额时，借记“应交税费——未交增值税”“应交税费——简易计税”“应交税费——转让金融商品应交增值税”“应交税费——代扣代交增值税”科目，贷记“银行存款”科目。

（二）小规模纳税人增值税缴纳及会计核算

小规模纳税人适用简易计税方法计算缴纳增值税。发生购进业务时，不核算进项税额；发生销售业务时，不涉及销项税额，但须核算应纳税额。

期末，小规模纳税人“应交税费——应交增值税”科目贷方余额，反映销售货物、劳务、服务（不含转让金融商品）、不动产、无形资产发生的应交未交的增值税税额；“应交税费——转让金融商品应交增值税”科目贷方余额，反映转让金融商品发生的应交未交的增值税税额；“应交税费——代扣代交增值税”科目贷方余额，反映购进境外单位或个人（在境内未设经营机构）在境内发生的应税行为，尚未代扣代缴的增值税税额。

小规模纳税人缴纳上述未交增值税税额时，借记“应交税费——应交增值税”“应交税费——转让金融商品应交增值税”“应交税费——代扣代交增值税”科目，贷记“银行存款”科目。

（三）一般纳税人辅导期增值税缴纳及会计核算

一般纳税人（辅导期）国内采购的货物或接受的应税劳务和应税服务，已经取得增值税扣税凭证，通过发票综合服务平台进行用途确认前，借记“应交税费——待认证进项税额”科目；按照应计入采购成本的金额，借记“材料采购”“商品采购”“原材料”“制造费用”“管理费用”“销售费用”“固定资产”“主营业务成本”“其他业务成本”等科目；按照应付或实际支付的金额，贷记“应付账款”“应付票据”“银行存款”等科目。

通过发票综合服务平台进行用途确认之后，借记“应交税费——应交增值税（进项税额）”科目，贷记“应交税费——待认证进项税额”科目。

（四）税款缴纳

月末，一般纳税人应将当月发生的应交未交增值税税额自“应交税费——应交增值税”科目转入“未交增值税”明细科目，借记“应交税费——应交增值税”科目，贷记

“应交税费——未交增值税”科目；或将本月多交的增值税自“应交税费——应交增值税”科目转入“未交增值税”明细科目，借记“应交税费——未交增值税”科目，贷记“应交税费——应交增值税”科目。

一般纳税人的“应交税费——应交增值税”科目的期末借方余额，反映尚未抵扣的增值税；“应交税费——未交增值税”科目的期末借方余额反映多交的增值税，贷方余额反映未交的增值税。

次月缴纳本月应交未交的增值税，借记“应交税费——未交增值税”科目，贷记“银行存款”科目。收到退回多交增值税税款时，借记“银行存款”科目，贷记“应交税费——未交增值税”科目。

五、税收优惠的会计核算

减免增值税分为先征后退、即征即退和直接减免三种形式，其账务处理也有所不同。但企业收到返还的增值税都应通过“营业外收入——政府补助”科目进行核算，作为企业利润总额的组成部分。

（1）先征后退、即征即退的会计核算：

借：银行存款

　　贷：营业外收入——政府补助

（2）直接减免的会计核算：

借：应交税费——应交增值税（减免税款）

　　贷：营业外收入——政府补助

任务四　城市维护建设税及教育费附加的计算、核算与申报

城市维护建设税是对缴纳增值税、消费税的单位和个人征收的一种附加税。其开征的目的是加强我国城市维护建设，扩大和稳定建设资金的来源。自2021年9月1日起，实施《中华人民共和国城市维护建设税法》。

一、城市维护建设税的计算、核算与纳税申报

（一）纳税人

城市维护建设税的纳税人，是指负有缴纳增值税、消费税义务的单位和个人。其包括国有企业、集体企业、私营企业、股份制企业、其他企业和行政单位、事业单位、军事单位、社会团体、个体工商户及其他个人。自2010年12月1日起，对外商投资企业、外国企业和外籍个人征收城市维护建设税。

（二）征收范围

城市维护建设税的征收范围包括城市、县城、建制镇，以及税法规定的其他地区。

城市、县城、建制镇的范围应以行政区域作为划分标准。

（三）应纳税额的计算

城市维护建设税以纳税人实际缴纳的增值税、消费税税额为计税依据，其计算公式为：

应纳城市维护建设税 = 实际缴纳的增值税、消费税税额 × 适用税率

1.计税依据

城市维护建设税的计税依据，是指纳税人实际缴纳的增值税、消费税税额。纳税人违反增值税、消费税有关税法规定而加收的滞纳金和罚款，是税务机关对纳税人违法行为的经济制裁，不作为城市维护建设税的计税依据，但纳税人在被查补增值税、消费税和被处以罚款时，应同时对其偷漏的城市维护建设税进行补税、征收滞纳金和罚款。

城市维护建设税以增值税、消费税税额为计税依据并同时征收，如果免征或者减征增值税、消费税，也要同时免征或者减征城市维护建设税。但对出口产品退还增值税、消费税的，不退还已缴纳的城市维护建设税。

2.税率

城市维护建设税采用比例税率，根据纳税人所在地不同，设置三档地区差别比例税率，见表2-4。

表2-4 城市维护建设税税率表

纳税人所在地区	税率（%）
市区	7
县城和镇	5
市区、县城和镇以外的地区	1

城市维护建设税的适用税率，应当按纳税人所在地的规定税率执行。但对下列两种情况，可按缴纳增值税、消费税所在地的规定税率就地缴纳城市维护建设税。

（1）由受托方代扣代缴、代收代缴增值税、消费税的单位和个人，其代扣代缴、代收代缴的城市维护建设税按受托方所在地适用的税率征收；

（2）流动经营等无固定纳税地点的单位和个人，在经营地缴纳增值税、消费税的，其城市维护建设税按经营地适用税率征收。

3.税收优惠政策

城市维护建设税原则上不单独减免，当主税发生减免时，城市维护建设税也相应发生减免。具体情况如下：

（1）城市维护建设税按减免后实际缴纳的增值税、消费税税额计征，所以随增值税、消费税的减免而减免。

（2）对因减免税而需要进行增值税、消费税退库的，城市维护建设税也同时进行退库。

（3）海关对进口货物或者境外单位和个人向境内销售劳务、服务、无形资产缴纳的增值税、消费税税额，不征收城市维护建设税。

根据国民经济和社会发展的需要，国务院对重大公共基础设施建设、特殊产业和群体以及重大突发事件应对等情形可以规定减征或者免征城市维护建设税，报全国人民代表大会常务委员会备案。

（4）对增值税、消费税实行先征后返、先征后退、即征即退办法的，除另有规定外，对随增值税、消费税附征的城市维护建设税，一律不予退（返）还。

【做中学2-51】位于某市市区的光明日化厂2020年8月实际缴纳增值税100 000元、消费税50 000元。

该厂2020年8月应缴纳的城市维护建设税计算如下：

应纳城市维护建设税＝（100 000＋50 000）×7%＝10 500（元）

（四）城市维护建设税的核算

在核算城市维护建设税时，应设置“应交税费——应交城市维护建设税”科目。企业按规定计提时，借记“税金及附加”科目，贷记“应交税费——应交城市维护建设税”科目；实际缴纳时，借记“应交税费——应交城市维护建设税”科目，贷记“银行存款”等科目。“应交税费——应交城市维护建设税”科目期末贷方余额反映企业应交未交的城市维护建设税。

【做中学2-52】沿用【做中学2-51】的资料，光明日化厂的账务处理如下：

（1）计提城市维护建设税时：

借：税金及附加　　10 500

　　贷：应交税费——应交城市维护建设税　　10 500

（2）实际缴纳城市维护建设税时：

借：应交税费——应交城市维护建设税　　10 500

　　贷：银行存款　　10 500

（五）城市维护建设税的纳税申报

1.纳税义务发生时间

城市维护建设税以纳税人实际缴纳的增值税、消费税税额为计税依据，分别与增值税、消费税同时缴纳，说明城市维护建设税的纳税义务发生时间基本上与增值税、消费税的纳税义务发生时间一致。

2.纳税期限

由于城市维护建设税是由纳税人在缴纳增值税、消费税的同时缴纳的，所以其纳税期限分别与增值税、消费税的纳税期限一致。根据《增值税暂行条例》和《消费税暂行条例》的规定，增值税、消费税的纳税期限均分别为10日、15日、1个月、1个季度或者半年。城市维护建设税的纳税期限应比照上述增值税、消费税的纳税期限，由主管税务机关根据纳税人应纳税额大小分别核定；不能按照固定期限纳税的，可以按次纳税。

3.纳税地点

城市维护建设税以纳税人实际缴纳的增值税、消费税税额为计税依据，分别与增值税、消费税同时缴纳。所以，纳税人缴纳增值税、消费税的地点，就是该纳税人缴纳城市维护建设税的地点。但属于下列情况的，纳税地点为：

（1）代扣代缴、代收代缴增值税、消费税的单位和个人，其城市维护建设税的纳税地点在代扣代收地。

（2）跨省开采的油田，下属生产单位与核算单位不在一个省内的，其生产的原油在油井所在地缴纳增值税，其应纳税款由核算单位按照各油井的产量和规定税率，计算汇拨各油井缴纳。所以，各油井应纳的城市维护建设税应由核算单位计算，随同增值税一并汇拨油井所在地，由生产单位在缴纳增值税的同时一并缴纳城市维护建设税。

（3）对管道局输油部分的收入，由取得收入的各管道局于所在地缴纳增值税。所以，其应纳城市维护建设税也应由取得收入的各管道局于所在地缴纳增值税时一并缴纳。

（4）对流动经营等无固定纳税地点的单位和个人，应随同增值税、消费税在经营地按适用税率缴纳。

4.纳税申报

城市维护建设税与增值税、消费税同时申报缴纳。纳税人应当于月度终了进行增值税、消费税申报的同时，进行城市维护建设税的纳税申报，按照税法有关规定如实填写“城市维护建设税 教育费附加 地方教育附加申报表”，见表2-5。

二、教育费附加的计算、核算与纳税申报

教育费附加是对缴纳增值税、消费税的单位和个人，以其实际缴纳的增值税、消费税税额为计税依据征收的一种附加费。教育费附加名义上是一种专项资金，但实质上是一种附加税。

（一）征收范围

教育费附加是对缴纳增值税、消费税的单位和个人征收的附加税。自2010年12月1日起，对外商投资企业、外国企业及外籍个人征收城市维护建设税和教育费附加，统一内外资企业城市维护建设税和教育费附加制度。

（二）征收率

现行教育费附加征收率为3%。

（三）减免规定

教育费附加的减免，原则上是比照增值税、消费税的减免规定。如果税法规定增值税、消费税减免，则教育费附加也相应减免。其具体规定如下：

（1）对海关进口货物征收的增值税、消费税，不征收教育费附加。

（2）对由于减免增值税、消费税而发生退税的，可同时退还已征收的教育费附加。但对出口产品退还增值税、消费税的，不退还已征收的教育费附加。

（四）教育费附加的计算

应纳教育费附加 = 实际缴纳的增值税、消费税税额 × 征收率

【做中学2-53】沿用【做中学2-51】的资料，其应缴纳的教育费附加计算如下：

应纳教育费附加 =（100 000 + 50 000）× 3% = 4 500（元）

（五）教育费附加的核算

教育费附加通过“应交税费——应交教育费附加”科目核算。计提教育费附加时，借记“税金及附加”科目，贷记“应交税费——应交教育费附加”科目；实际缴纳时，应借记“应交税费——应交教育费附加”科目，贷记“银行存款”科目。

表 2-5

城市维护建设税 教育费附加 地方教育附加申报表

税款所属期限：自　年　月　日至　年　月　日

纳税人识别号（统一社会信用代码）：

纳税人名称：　　　　　　　　　　　　　　　　　　金额单位：人民币元（列至角分）

本期是否适用增值税小规模纳税人减征政策（减免性质代码＿城市维护建设税：07049901，减免性质代码＿教育费附加：61049901，减免性质代码＿地方教育附加：99049901）						□是 □否	减征比例＿城市维护建设税（%）					
							减征比例＿教育费附加（%）					
							减征比例＿地方教育附加（%）					
税（费）种	计税（费）依据					税率（征收率）	本期应纳税（费）额	本期减免税（费）额		本期增值税小规模纳税人减征额	本期已缴税（费）额	本期应补（退）税（费）额
	增值税		消费税	营业税	合计			减免性质代码	减免税（费）额			
	一般增值税	免抵税额										
	1	2	3	4	5 = 1+2+3+4	6	7 = 5 × 6	8	9	10	11	12 = 7 − 9 − 10 − 11
城市维护建设税												
教育费附加												
地方教育附加												
—												
合计	—					—						

谨声明：本纳税申报表是根据国家税收法律法规及相关规定填报的，是真实的、可靠的、完整的。

纳税人（签章）：　　　年　月　日

经办人： 经办人身份证号： 代理机构签章： 代理机构统一社会信用代码：	受理人： 受理税务机关（章）： 受理日期：　年　月　日

（六）教育费附加的纳税申报

1.纳税环节

教育费附加的缴纳环节，实际就是纳税人缴纳增值税、消费税的环节。纳税人只要发生增值税、消费税纳税义务，就要在同样的环节，分别计算缴纳教育费附加。

2.纳税期限

教育费附加是由纳税人在缴纳增值税、消费税的同时缴纳的，所以教育费附加的纳税期限分别与增值税、消费税的纳税期限相一致。

3.纳税申报

教育费附加与增值税、消费税同时申报缴纳。纳税人应当于月度终了后在进行增值税、消费税申报的同时，进行教育费附加的纳税申报，按照税法有关规定如实填写“城市维护建设税　教育费附加　地方教育附加申报表”，见表2-5。

任务五　增值税及附加税费的纳税申报

一、增值税的征收管理

（一）纳税义务、扣缴义务发生时间

（1）纳税人发生应税行为并收取销售款项或者取得索取销售款项凭据的当天；先开具发票的，为开具发票的当天。收取销售款项，是指纳税人在销售服务、无形资产、不动产过程中或者完成后收到款项。取得索取销售款项凭据的当天，是指书面合同确定的付款日期；未签订书面合同或者书面合同未确定付款日期的，为服务、无形资产转让完成的当天或者不动产权属变更的当天。

（2）纳税人提供建筑服务、租赁服务采取预收款方式的，其纳税义务发生时间为收到预收款的当天。

（3）纳税人从事金融商品转让的，为金融商品所有权转移的当天。

（4）纳税人发生视同销售服务、无形资产或不动产的，其纳税义务发生时间为服务、无形资产转让完成的当天或不动产权属变更的当天。

（5）增值税扣缴义务发生时间为纳税人增值税纳税义务发生的当天。

（6）进口货物为报关进口的当天。

（二）计税期间和纳税期限

增值税的计税期间分别为10日、15日、1个月、1个季度或者半年。纳税人的具体计税期间，由主管税务机关根据纳税人应纳税额的大小分别核定。以半年为计税期间的规定不适用于按照一般计税方法计税的纳税人。自然人不能按照固定计税期间纳税的，可以按次纳税。

以1个季度为计税期间的规定仅适用于小规模纳税人、银行、财务公司、信托投资公司、信用社，以及财政部和国家税务总局规定的其他纳税人。

纳税人以一个月、一个季度或者半年为一个计税期间的，自期满之日起15日内申

报纳税；以10日或者15日为一个计税期间的，自期满之日起5日内预缴税款，于次月1日起15日内申报纳税并结清上月应纳税款。

扣缴义务人解缴税款的计税期间和申报纳税期限，依照前两款规定执行。

纳税人进口货物，应当自海关填发海关进口增值税专用缴款书之日起15日内缴纳税款。

（三）纳税地点

（1）有固定生产经营场所的纳税人，应当向其机构所在地或者居住地主管税务机关申报纳税。

总机构和分支机构不在同一县（市、区）的，应当分别向各自所在地的主管税务机关申报纳税；经国务院财政、税务主管部门或者其授权的财政、税务机关批准，可以由总机构汇总向总机构所在地的主管税务机关申报纳税。

（2）无固定生产经营场所的纳税人，应当向其应税交易发生地主管税务机关申报纳税；未申报纳税的，由其机构所在地或者居住地主管税务机关补征税款。

（3）自然人提供建筑服务，销售或者租赁不动产，转让自然资源使用权，应当向建筑服务发生地、不动产所在地、自然资源所在地主管税务机关申报纳税。

（4）进口货物的纳税人，应当向报关地海关申报纳税。

（5）扣缴义务人，应当向其机构所在地或者居住地主管税务机关申报缴纳代扣代缴的税款。

二、增值税的纳税申报

（一）一般纳税人的纳税申报

1.申报程序

增值税一般纳税人进行纳税申报必须实行电子信息采集，使用防伪税控系统开具增值税专用发票的纳税人，必须在抄报税成功后，方可进行纳税申报。纳税人从办理税务登记的次月1日起15日内，无论有无销售额，均应按主管税务机关核定的纳税期限按期向当地税务机关申报。申报期限遇最后一日为法定节假日的，顺延1日；在每月1日至15日内有连续3日以上法定休假日的，按休假日天数顺延。纳税人进行纳税申报，除按规定报送电子信息外，还要报送通过电子申报软件打印的具有统一格式的纸质申报资料，便于税务申报大厅征收人员的审核比对。

2.申报资料

增值税一般纳税人纳税申报表及其附列资料包括：①“增值税纳税申报表（一般纳税人适用）”；②“增值税纳税申报表附列资料（一）（本期销售情况明细）”；③“增值税纳税申报表附列资料（二）（本期进项税额明细）”；④“增值税纳税申报表附列资料（三）（服务、不动产和无形资产扣除项目明细）”；⑤“增值税纳税申报表附列资料（四）（税额抵减情况表）”；⑥“增值税减免税申报明细表”。

一般纳税人销售服务、不动产和无形资产，在确定服务、不动产和无形资产销售额时，按照有关规定可以从取得的全部价款和价外费用中扣除价款的，需填报“增值税纳税申报表附列资料（三）”，其他情况不填写该附列资料。

纳税人跨县（市、区）提供建筑服务、房地产开发企业预售自行开发的房地产项目、纳税人出租与机构所在地不在同一县（市、区）的不动产，按规定需要在项目所在地或不动产所在地主管税务机关预缴税款的，需填写“增值税预缴税款表”（见表2-6）。

表2-6　增值税预缴税款表

税款所属时间：自　　年　　月　　日至　　年　　月　　日

纳税人识别号（统一社会信用代码）：□□□□□□□□□□□□□□□□□□　是否适用一般计税方法　是□　否□

纳税人名称：（公章）　　金额单位：元至角分

<table>
<tr><td colspan="2">项目编号</td><td></td><td>项目名称</td><td colspan="2"></td></tr>
<tr><td colspan="2">项目地址</td><td colspan="4"></td></tr>
<tr><td colspan="2">预征项目和栏次</td><td>销售额</td><td>扣除金额</td><td>预征率</td><td>预征税额</td></tr>
<tr><td colspan="2"></td><td>1</td><td>2</td><td>3</td><td>4</td></tr>
<tr><td>建筑服务</td><td>1</td><td></td><td></td><td></td><td></td></tr>
<tr><td>销售不动产</td><td>2</td><td></td><td></td><td></td><td></td></tr>
<tr><td>出租不动产</td><td>3</td><td></td><td></td><td></td><td></td></tr>
<tr><td></td><td>4</td><td></td><td></td><td></td><td></td></tr>
<tr><td></td><td>5</td><td></td><td></td><td></td><td></td></tr>
<tr><td>合计</td><td>6</td><td></td><td></td><td></td><td></td></tr>
<tr><td>授权声明</td><td colspan="2">如果你已委托代理人填报，请填写下列资料：
为代理一切税务事宜，现授权________（地址）________为本次纳税人的代理填报人，任何与本表有关的往来文件，都可寄与此人。
授权人签字：</td><td>填表人申明</td><td colspan="2">以上内容是真实的、可靠的、完整的。
纳税人签字：</td></tr>
</table>

任务设计

情境资料：沿用本项目任务二【任务设计】的资料。

要求：填报唐山宏达股份有限公司2020年6月的增值税纳税申报表。

操作步骤：

第一步：根据“应交税费——应交增值税明细账”填写增值税纳税申报表相关附列资料、“固定资产（不含不动产）进项税额抵扣情况表”、“本期抵扣进项税额结构明细表”和“增值税减免税申报明细表”。

第二步：根据“应交税费——应交增值税明细账”及增值税纳税申报表相关附列资料填写“增值税纳税申报表（一般纳税人适用）”。

具体填写内容见表2-7至表2-12。

表2-7　　增值税纳税申报表

（一般纳税人适用）

根据国家税收法律法规及增值税相关规定制定本表。纳税人无论有无销售额，均应按税务机关核定的纳税期限填写本表，并向当地税务机关申报。

税款所属时间：自2020年06月01日至2020年06月30日

填表日期：2020年07月10日　　　　金额单位：元至角分

纳税人识别号						所属行业：	
纳税人名称	唐山宏达股份有限公司（公章）	法定代表人姓名		注册地址		生产经营地址	
开户银行及账号		登记注册类型		电话号码			

项目		栏次	一般项目		即征即退项目	
			本月数	本年累计	本月数	本年累计
销售额	（一）按适用税率计税销售额	1	719 400			
	其中：应税货物销售额	2	717 400			
	应税劳务销售额	3	2 000			
	纳税检查调整的销售额	4				
	（二）按简易办法计税销售额	5	60 582.52			
	其中：纳税检查调整的销售额	6				
	（三）免、抵、退办法出口销售额	7			—	—
	（四）免税销售额	8			—	—
	其中：免税货物销售额	9			—	—
	免税劳务销售额	10			—	—
税款计算	销项税额	11	93 522			
	进项税额	12	91 540			
	上期留抵税额	13	980			—
	进项税额转出	14	520			
	免、抵、退应退税额	15			—	—
	按适用税率计算的纳税检查应补缴税额	16			—	—
	应抵扣税额合计	17＝12＋13－14－15＋16	92 000	—		—
	实际抵扣税额	18（如17＜11，则为17，否则为11）	92 000			

续表

项目		栏次	一般项目		即征即退项目	
			本月数	本年累计	本月数	本年累计
税款计算	应纳税额	19 = 11 - 18	1 522			
	期末留抵税额	20 = 17 - 18	0			—
	简易计税办法计算的应纳税额	21	1 817.48			
	按简易计税办法计算的纳税检查应补缴税额	22			—	—
	应纳税额减征额	23	605.83			
	应纳税额合计	24 = 19 + 21 - 23	2 733.65			
税款缴纳	期初未缴税额（多缴为负数）	25				
	实收出口开具专用缴款书退税额	26			—	—
	本期已缴税额	27 = 28 + 29 + 30 + 31				
	①分次预缴税额	28		—		—
	②出口开具专用缴款书预缴税额	29		—	—	—
	③本期缴纳上期应纳税额	30				
	④本期缴纳欠缴税额	31				
	期末未缴税额（多缴为负数）	32 = 24 + 25 + 26 - 27	2 733.65			
	其中：欠缴税额（≥0）	33 = 25 + 26 - 27		—		—
	本期应补（退）税额	34 = 24 - 28 - 29	2 733.65	—		—
	即征即退实际退税额	35	—	—		
	期初未缴查补税额	36			—	—
	本期入库查补税额	37			—	—
	期末未缴查补税额	38 = 16 + 22 + 36 - 37			—	—

授权声明	如果你已委托代理人申报，请填写下列资料： 为代理一切税务事宜，现授权 （地址）　　　　为本纳税人的代理申报人，任何与本申报表有关的往来文件，都可寄与此人。 授权人签字：	申报人声明	本纳税申报表是根据国家税收法律法规及相关规定填报的，我确定它是真实的、可靠的、完整的。 声明人签字：

主管税务机关：　　　　接收人：　　　　接收日期：

表 2-8

增值税纳税申报表附列资料（一）

（本期销售情况明细）

税款所属时间：2020 年 06 月 01 日至 2020 年 06 月 30 日

纳税人名称：（公章）　　　　　　　　　　金额单位：元至角分

项目及栏次				开具增值税专用发票		开具其他发票		未开具发票		纳税检查调整		合计			服务、不动产和无形资产扣除项目本期实际扣除金额	扣除后	
				销售额	销项（应纳）税额	销售额	销项（应纳）税额	销售额	销项（应纳）税额	销售额	销项（应纳）税额	销售额	销项（应纳）税额	价税合计		含税（免税）销售额	销项（应纳）税额
				1	2	3	4	5	6	7	8	9=1+3+5+7	10=2+4+6+8	11=9+10	12	13=11-12	14=13÷（100%+税率或征收率）×税率或征收率
一、一般计税方法计税	全部征税项目	13%税率的货物及加工修理修配劳务	1	448 400	58 292	167 000	21 710	104 000	13 520			719 400	93 522	—	—	—	—
		13%税率的服务、不动产和无形资产	2														
		9%税率的货物及加工修理修配劳务	3											—	—	—	—
		9%税率的服务、不动产和无形资产	4														
		6%税率	5														
	其中：即征即退项目	即征即退货物及加工修理修配劳务	6	—	—	—	—	—	—	—	—			—	—	—	—
		即征即退服务、不动产和无形资产	7	—	—	—	—	—	—	—	—						
二、简易计税方法计税	全部征税项目	6%征收率	8							—	—			—	—	—	—
		5%征收率的货物及加工修理修配劳务	9a							—	—			—	—	—	—
		5%征收率的服务、不动产和无形资产	9b							—	—						
		4%征收率	10							—	—			—	—	—	—

续表

项目及栏次				开具增值税专用发票		开具其他发票		未开具发票		纳税检查调整		合计			服务、不动产和无形资产扣除项目本期实际扣除金额	扣除后		
				销售额	销项（应纳）税额	销售额	销项（应纳）税额	销售额	销项（应纳）税额	销售额	销项（应纳）税额	销售额	销项（应纳）税额	价税合计		含税（免税）销售额	销项（应纳）税额	
				1	2	3	4	5	6	7	8	9=1+3+5+7	10=2+4+6+8	11=9+10	12	13=11-12	14=13÷（100%+税率或征收率）×税率或征收率	
二、简易计税方法计税	全部征税项目	3%征收率的货物及加工修理修配劳务	11								—	—			—	—	—	—
		3%征收率的服务、不动产和无形资产	12								—	—						
		预征率 %	13a								—	—						
		预征率 %	13b								—	—						
		预征率 %	13c								—	—						
	其中：即征即退项目	即征即退货物及加工修理修配劳务	14		—	—	—	—	—	—	—	—			—	—	—	—
		即征即退服务、不动产和无形资产	15		—	—	—	—	—	—	—	—						
三、免抵退税		货物及加工修理修配劳务	16		—	—		—		—	—	—		—	—	—	—	—
		服务、不动产和无形资产	17		—	—		—		—	—	—		—				—
四、免税		货物及加工修理修配劳务	18					—		—	—	—		—	—	—	—	—
		服务、不动产和无形资产	19		—	—		—		—	—	—		—				—

表2-9　增值税纳税申报表附列资料（二）

（本期进项税额明细）

税款所属时间：2020年06月01日至2020年06月30日

纳税人名称：（公章）　金额单位：元至角分

一、申报抵扣的进项税额				
项目	栏次	份数	金额	税额
（一）认证相符的增值税专用发票	1 = 2 + 3	6	456 000	59 240
其中：本期认证相符且本期申报抵扣	2	6	456 000	59 240
前期认证相符且本期申报抵扣	3			
（二）其他扣税凭证	4 = 5 + 6 + 7 + 8a + 8b	2	310 000	32 300
其中：海关进口增值税专用缴款书	5	1	110 000	14 300
农产品收购发票或者销售发票	6	1	200 000	18 000
代扣代缴税收缴款凭证	7		—	
加计扣除农产品进项税额	8a	—	—	
其他	8b			
（三）本期用于购建不动产的扣税凭证	9			
（四）本期用于抵扣的旅客运输服务扣税凭证	10			
（五）外贸企业进项税额抵扣证明	11	—	—	
当期申报抵扣进项税额合计	12 = 1 + 4 + 11	8	766 000	91 540

二、进项税额转出额		
项目	栏次	税额
本期进项税额转出额	13 = 14至23之和	520
其中：免税项目用	14	
集体福利、个人消费	15	
非正常损失	16	520
简易计税方法征税项目用	17	
免抵退税办法不得抵扣的进项税额	18	

续表

项目	栏次	税额		
纳税检查调减进项税额	19			
红字专用发票信息表注明的进项税额	20			
上期留抵税额抵减欠税	21			
上期留抵税额退税	22			
其他应作进项税额转出的情形	23			
三、待抵扣进项税额				
项目	栏次	份数	金额	税额
（一）认证相符的增值税专用发票	24	—	—	—
期初已认证相符但未申报抵扣	25			
本期认证相符且本期未申报抵扣	26			
期末已认证相符但未申报抵扣	27			
其中：按照税法规定不允许抵扣	28			
（二）其他扣税凭证	29＝30至33之和			
其中：海关进口增值税专用缴款书	30			
农产品收购发票或者销售发票	31			
代扣代缴税收缴款凭证	32		—	
其他	33			
	34			
四、其他				
项目	栏次	份数	金额	税额
本期认证相符的增值税专用发票	35	6	456 000	59 240
代扣代缴税额	36	—	—	

表 2-10　增值税纳税申报表附列资料（三）

（服务、不动产和无形资产扣除项目明细）

税款所属时间：2020 年 06 月 01 日至 2020 年 06 月 30 日

纳税人名称：（公章）　金额单位：元至角分

项目及栏次		本期服务、不动产和无形资产价税合计额（免税销售额）	服务、不动产和无形资产扣除项目				
			期初余额	本期发生额	本期应扣除金额	本期实际扣除金额	期末余额
		1	2	3	4＝2＋3	5（5≤1 且 5≤4）	6＝4－5
13% 税率的项目	1						
9% 税率的项目	2						
6% 税率的项目（不含金融商品转让）	3						
6% 税率的金融商品转让项目	4						
5% 征收率的项目	5						
3% 征收率的项目	6						
免抵退税的项目	7						
免税的项目	8						

表 2-11　增值税纳税申报表附列资料（四）

（税额抵减情况表）

税款所属时间：2020 年 06 月 01 日至 2020 年 06 月 30 日

纳税人名称：（公章）　金额单位：元至角分

一、税额抵减情况						
序号	抵减项目	期初余额	本期发生额	本期应抵减税额	本期实际抵减税额	期末余额
		1	2	3＝1＋2	4≤3	5＝3－4
1	增值税税控系统专用设备费及技术维护费					
2	分支机构预征缴纳税款					
3	建筑服务预征缴纳税款					
4	销售不动产预征缴纳税款					
5	出租不动产预征缴纳税款					

二、加计抵减情况							
序号	加计抵减项目	期初余额	本期发生额	本期调减额	本期可抵减额	本期实际抵减额	期末余额
		1	2	3	4＝1＋2－3	5	6＝4－5
6	一般项目加计抵减额计算						
7	即征即退项目加计抵减额计算						
8	合计						

表 2-12 增值税减免税申报明细表

税款所属时间：自2020年06月01日至2020年06月30日

纳税人名称（公章）： 金额单位：元至角分

一、减税项目						
减税性质代码及名称	栏次	期初余额	本期发生额	本期应抵减税额	本期实际抵减税额	期末余额
		1	2	3＝1＋2	4≤3	5＝3－4
合计	1					
	2					
	3					
	4					
	5					
	6					
二、免税项目						
免税性质代码及名称	栏次	免征增值税项目销售额	免税销售额扣除项目本期实际扣除金额	扣除后免税销售额	免税销售额对应的进项税额	免税额
		1	2	3＝1－2	4	5
合计	7					
出口免税	8		—	—	—	
其中：跨境服务	9		—	—	—	—
	10					
	11					
	12					
	13					
	14					
	15					
	16					

3. 电子缴税程序

一般纳税人采用电子申报缴税时，需先办理电子缴税申请，交税务机关审核、盖章，而后与税务局、银行签订“横向联网缴税三方协议书”。

（1）纳税申报前，银行划缴账户余额不得少于当期应纳税款的款项。

（2）纳税申报时，登录电子申报缴税系统，按法定期限进行电子申报。

（3）电子报税成功后，输入并提交当期缴纳税额信息，联网银行税银扣划系统根据电子申报缴税系统提供的纳税人有效申报缴纳税款信息，实时自动从其银行划缴账户中扣划税款。

（4）纳税人以银行开具的电子缴税付款凭证（见表2-13）作为完税单据，进行会计核算。如果纳税人直接申报缴税，则以税务机关填开的“中华人民共和国税收通用缴款书”为完税凭证，作为会计核算的依据。

表2-13　××银行电子缴税付款凭证　凭证字

	转账日期：　　年　月　日	
付款人名称：		征收机关名称：
付款人账号：		收款国库（银行）名称：
付款人开户银行：		
	小写（合计）金额：	
缴款书交易流水号：	大写（合计）金额：	
税（费）种名称	所属日期	实缴金额
第　　次打印	打印日期：　　年　　月　　日	

（二）小规模纳税人的纳税申报

自2016年6月1日起，我国对小规模纳税人增值税纳税申报的有关事项进行了调整。

增值税小规模纳税人（以下简称小规模纳税人）纳税申报表及其附列资料包括：“增值税纳税申报表（小规模纳税人适用）”（见表2-14）、“增值税纳税申报表（小规模纳税人适用）附列资料”（见表2-15）、“增值税减免税申报明细表”。

小规模纳税人销售服务，在确定服务销售额时，按照有关规定可以从取得的全部价款和价外费用中扣除价款的，需填报“增值税纳税申报表（小规模纳税人适用）附列资料”。

表2-14　　增值税纳税申报表

（小规模纳税人适用）

纳税人识别号（统一社会信用代码）：□□□□□□□□□□□□□□□□□□

纳税人名称：（公章）　　　　　　　　　　　　　　　　　　金额单位：元至角分

税款所属时间：自　年　月　日至　年　月　日　　　　　　　填表日期：　年　月　日

	项目	栏次	本期数		本年累计	
			货物及劳务	服务、不动产和无形资产	货物及劳务	服务、不动产和无形资产
一、计税依据	（一）应征增值税不含税销售额（3%征收率）	1				
	税务机关代开的增值税专用发票不含税销售额	2				
	税控器具开具的普通发票不含税销售额	3				
	（二）应征增值税不含税销售额（5%征收率）	4	—		—	
	税务机关代开的增值税专用发票不含税销售额	5	—		—	
	税控器具开具的普通发票不含税销售额	6	—		—	
	（三）销售使用过的固定资产不含税销售额	7（7≥8）		—		—
	其中：税控器具开具的普通发票不含税销售额	8		—		—
	（四）免税销售额	9 = 10 + 11 + 12				
	其中：小微企业免税销售额	10				
	未达起征点销售额	11				
	其他免税销售额	12				
	（五）出口免税销售额	13（13≥14）				
	其中：税控器具开具的普通发票销售额	14				
二、税款计算	本期应纳税额	15				
	本期应纳税额减征额	16				
	本期免税额	17				
	其中：小微企业免税额	18				
	未达起征点免税额	19				
	应纳税额合计	20 = 15 - 16				
	本期预缴税额	21			—	—
	本期应补（退）税额	22 = 20 - 21			—	—

续表

<table>
<tr><th rowspan="2" colspan="2">项 目</th><th rowspan="2">栏次</th><th colspan="2">本期数</th><th colspan="2">本年累计</th></tr>
<tr><th>货物及劳务</th><th>服务、不动产和无形资产</th><th>货物及劳务</th><th>服务、不动产和无形资产</th></tr>
<tr><td rowspan="4">纳税人或代理人声明：
本纳税申报表是根据国家税收法律法规及相关规定填报的，我确定它是真实的、可靠的、完整的。</td><td colspan="6">如纳税人填报，由纳税人填写以下各栏：</td></tr>
<tr><td colspan="3">办税人员：
法定代表人：</td><td colspan="3">财务负责人：
联系电话：</td></tr>
<tr><td colspan="6">如委托代理人填报，由代理人填写以下各栏：</td></tr>
<tr><td colspan="3">代理人名称（公章）：</td><td colspan="3">经办人：
联系电话：</td></tr>
</table>

主管税务机关：　　　　　　　　接收人：　　　　　　　　接收日期：

表2-15　　　　增值税纳税申报表（小规模纳税人适用）附列资料

税款所属时间：自　　年　月　日至　　年　月　日　　　　　　填表日期：　　年　月　日

纳税人名称：（公章）　　　　　　　　　　　　　　　　　　　　金额单位：元至角分

<table>
<tr><th colspan="4">应税行为（3%征收率）扣除额计算</th></tr>
<tr><td>期初余额</td><td>本期发生额</td><td>本期扣除额</td><td>期末余额</td></tr>
<tr><td>1</td><td>2</td><td>3（3≤1＋2之和，且3≤5）</td><td>4＝1＋2－3</td></tr>
<tr><td></td><td></td><td></td><td></td></tr>
<tr><th colspan="4">应税行为（3%征收率）计税销售额计算</th></tr>
<tr><td>全部含税收入（适用3%征收率）</td><td>本期扣除额</td><td>含税销售额</td><td>不含税销售额</td></tr>
<tr><td>5</td><td>6＝3</td><td>7＝5－6</td><td>8＝7÷1.03</td></tr>
<tr><td></td><td></td><td></td><td></td></tr>
<tr><th colspan="4">应税行为（5%征收率）扣除额计算</th></tr>
<tr><td>期初余额</td><td>本期发生额</td><td>本期扣除额</td><td>期末余额</td></tr>
<tr><td>9</td><td>10</td><td>11（11≤9＋10之和，且11≤13）</td><td>12＝9＋10－11</td></tr>
<tr><td></td><td></td><td></td><td></td></tr>
</table>

续表

应税行为（5%征收率）计税销售额计算			
全部含税收入（适用5%征收率）	本期扣除额	含税销售额	不含税销售额
13	14 = 11	15 = 13 - 14	16 = 15 ÷ 1.05

三、申报缴税

（一）直接申报

纳税人按主管税务机关规定的纳税期限携带填列准确无误的申报资料到申报征收窗口办理申报缴款手续。以税务机关填开的“中华人民共和国税收通用缴款书”为完税凭证，作为账务处理依据。

（二）电子申报

小规模纳税人的电子申报缴税方式与一般纳税人相同，小规模纳税人必须在法定申报期内将申报表录入电子申报缴税系统，通过计算机网络进行远程申报，根据“财税库银横向联网系统”协议从纳税人指定的银行账号适时进行税款划缴，以从开户行领取的“电子缴税付款凭证”作为完税单据，进行会计核算。

四、新增值税及附加税的纳税申报

自2021年5月1日起，海南、陕西、大连和厦门开展增值税、消费税分别与城市维护建设税、教育费附加、地方教育附加申报表整合试点，启用“增值税及附加税费申报表（一般纳税人适用）”、“增值税及附加税费申报表（小规模纳税人适用）”、“增值税及附加税费预缴表”及其附列资料和“消费税及附加税费申报表”。

（一）一般纳税人增值税及附加税费申报表及其附列资料

一般纳税人增值税及附加税费申报表及其附列资料，包括：①“增值税及附加税费申报表（一般纳税人适用）（见表2-16）”；②“增值税及附加税费申报表附列资料（一）（本期销售情况明细）（见表2-17）”；③“增值税及附加税费申报表附列资料（二）（本期进项税额明细）（见表2-18）”；④“增值税及附加税费申报表附列资料（三）（服务、不动产和无形资产扣除项目明细）（见表2-19）”；⑤“增值税及附加税费申报表附列资料（四）（税额抵减情况表）（见表2-20）”；⑥增值税及附加税费申报表附列资料（五）（附加税费情况表）（见表2-21）；⑦“增值税减免税申报明细表”（见表2-22）。

表 2-16

增值税及附加税费申报表

（一般纳税人适用）

根据国家税收法律法规及增值税相关规定制定本表。纳税人不论有无销售额，均应按税务机关核定的纳税期限填写本表，并向当地税务机关申报。

税款所属时间：自　　年　　月　　日至　　年　　月　　日　　填表日期：　年　月　日　　金额单位：元（列至角分）

纳税人识别号（统一社会信用代码）：□□□□□□□□□□□□□□□□□□□□　　所属行业：

纳税人名称:		法定代表人姓名		注册地址		生产经营地址	
开户银行及账号			登记注册类型			电话号码	

项　目		栏次	一般项目		即征即退项目	
			本月数	本年累计	本月数	本年累计
销售额	（一）按适用税率计税销售额	1				
	其中：应税货物销售额	2				
	应税劳务销售额	3				
	纳税检查调整的销售额	4				
	（二）按简易办法计税销售额	5				
	其中：纳税检查调整的销售额	6				
	（三）免、抵、退办法出口销售额	7			—	—
	（四）免税销售额	8			—	—
	其中：免税货物销售额	9			—	—
	免税劳务销售额	10			—	—
税款计算	销项税额	11				
	进项税额	12				
	上期留抵税额	13				—
	进项税额转出	14				

续表

项目		栏次	一般项目		即征即退项目	
			本月数	本年累计	本月数	本年累计
税款计算	免、抵、退应退税额	15			—	—
	按适用税率计算的纳税检查应补缴税额	16			—	—
	应抵扣税额合计	17 = 12 + 13 − 14 − 15 + 16		—		—
	实际抵扣税额	18（如 17<11，则为 17，否则为 11）				
	应纳税额	19 = 11 − 18				
	期末留抵税额	20 = 17 − 18				—
	简易计税办法计算的应纳税额	21				
	按简易计税办法计算的纳税检查应补缴税额	22			—	—
	应纳税额减征额	23				
	应纳税额合计	24 = 19 + 21 − 23				
税款缴纳	期初未缴税额（多缴为负数）	25				
	实收出口开具专用缴款书退税额	26			—	—
	本期已缴税额	27 = 28 + 29 + 30 + 31				
	①分次预缴税额	28		—		—
	②出口开具专用缴款书预缴税额	29		—	—	—
	③本期缴纳上期应纳税额	30				

续表

项目		栏次	一般项目		即征即退项目	
			本月数	本年累计	本月数	本年累计
税款缴纳	④本期缴纳欠缴税额	31				
	期末未缴税额（多缴为负数）	32 = 24 + 25 + 26 − 27				
	其中：欠缴税额（≥0）	33 = 25 + 26 − 27		—		—
	本期应补(退)税额	34 = 24 − 28 − 29		—		—
	即征即退实际退税额	35	—	—		
	期初未缴查补税额	36			—	—
	本期入库查补税额	37			—	—
	期末未缴查补税额	38 = 16 + 22 + 36 − 37			—	—
附加税费	城市维护建设税本期应补（退）税额	39			—	—
	教育费附加本期应补（退）费额	40			—	—
	地方教育附加本期应补（退）费额	41			—	—

声明：此表是根据国家税收法律法规及相关规定填写的，本人（单位）对填报内容（及附带资料）的真实性、可靠性、完整性负责。

纳税人（签章）： 年 月 日

经办人：
经办人身份证号：
代理机构签章：
代理机构统一社会信用代码：

受理人：

受理税务机关（章）： 受理日期： 年 月 日

表2-17

增值税及附加税费申报表附列资料（一）

（本期销售情况明细）

税款所属时间：　年　月　日至　年　月　日

纳税人名称：（公章）　　　　金额单位：元（列至角分）

项目及栏次				开具增值税专用发票		开具其他发票		未开具发票		纳税检查调整		合计			服务、不动产和无形资产扣除项目本期实际扣除金额	扣除后	
				销售额	销项（应纳）税额	销售额	销项（应纳）税额	销售额	销项（应纳）税额	销售额	销项（应纳）税额	销售额	销项（应纳）税额	价税合计		含税（免税）销售额	销项（应纳）税额
				1	2	3	4	5	6	7	8	9=1+3+5+7	10=2+4+6+8	11=9+10	12	13=11-12	14=13÷（100%+税率或征收率）×税率或征收率
一、一般计税方法计税	全部征税项目	13%税率的货物及加工修理修配劳务	1											—	—	—	—
		13%税率的服务、不动产和无形资产	2														
		9%税率的货物及加工修理修配劳务	3											—	—	—	—
		9%税率的服务、不动产和无形资产	4														
		6%税率	5														
	其中：即征即退项目	即征即退货物及加工修理修配劳务	6	—	—	—	—	—	—	—	—			—	—	—	—
		即征即退服务、不动产和无形资产	7	—	—	—	—	—	—	—	—						

续表

项目及栏次				开具增值税专用发票		开具其他发票		未开具发票		纳税检查调整		合计			服务、不动产和无形资产扣除项目本期实际扣除金额	扣除后	
				销售额	销项（应纳）税额	销售额	销项（应纳）税额	销售额	销项（应纳）税额	销售额	销项（应纳）税额	销售额	销项（应纳）税额	价税合计		含税（免税）销售额	销项（应纳）税额
				1	2	3	4	5	6	7	8	9=1+3+5+7	10=2+4+6+8	11=9+10	12	13=11－12	14=13÷（100%+税率或征收率）×税率或征收率
二、简易计税方法计税	全部征税项目	6%征收率	8							—	—			—	—	—	—
		5%征收率的货物及加工修理修配劳务	9a							—	—			—	—	—	—
		5%征收率的服务、不动产和无形资产	9b							—	—						
		4%征收率	10							—	—			—	—	—	—
		3%征收率的货物及加工修理修配劳务	11							—	—			—	—	—	—
		3%征收率的服务、不动产和无形资产	12							—	—						
		预征率 %	13a							—	—						
		预征率 %	13b							—	—						
		预征率 %	13c							—	—						
	其中：即征即退项目	即征即退货物及加工修理修配劳务	14	—	—	—	—	—	—	—	—			—	—	—	—
		即征即退服务、不动产和无形资产	15	—	—	—	—	—	—	—	—						
三、免抵退税	货物及加工修理修配劳务		16	—	—		—		—	—	—		—	—	—	—	—
	服务、不动产和无形资产		17	—	—		—		—	—	—		—				—
四、免税	货物及加工修理修配劳务		18				—		—	—	—		—	—	—	—	—
	服务、不动产和无形资产		19	—	—		—		—	—	—		—				—

表 2-18

增值税及附加税费申报表附列资料（二）

（本期进项税额明细）

税款所属时间：　　年　月　日至　　年　月　日

纳税人名称：（公章）　　　　　　　　　　　　　　　　金额单位：元（列至角分）

一、申报抵扣的进项税额				
项目	栏次	份数	金额	税额
（一）认证相符的增值税专用发票	1 = 2 + 3			
其中：本期认证相符且本期申报抵扣	2			
前期认证相符且本期申报抵扣	3			
（二）其他扣税凭证	4 = 5 + 6 + 7 + 8a + 8b			
其中：海关进口增值税专用缴款书	5			
农产品收购发票或者销售发票	6			
代扣代缴税收缴款凭证	7		—	
加计扣除农产品进项税额	8a	—	—	
其他	8b			
（三）本期用于购建不动产的扣税凭证	9			
（四）本期用于抵扣的旅客运输服务扣税凭证	10			
（五）外贸企业进项税额抵扣证明	11	—	—	
当期申报抵扣进项税额合计	12 = 1 + 4 + 11			

续表

二、进项税额转出额		
项目	栏次	税额
本期进项税额转出额	13＝14至23之和	
其中：免税项目用	14	
集体福利、个人消费	15	
非正常损失	16	
简易计税方法征税项目用	17	
免抵退税办法不得抵扣的进项税额	18	
纳税检查调减进项税额	19	
红字专用发票信息表注明的进项税额	20	
上期留抵税额抵减欠税	21	
上期留抵税额退税	22	
异常凭证转出进项税额	23a	
其他应作进项税额转出的情形	23b	

续表

三、待抵扣进项税额				
项目	栏次	份数	金额	税额
（一）认证相符的增值税专用发票	24	—	—	—
期初已认证相符但未申报抵扣	25			
本期认证相符且本期未申报抵扣	26			
期末已认证相符但未申报抵扣	27			
其中：按照税法规定不允许抵扣	28			
（二）其他扣税凭证	29 = 30至33之和			
其中：海关进口增值税专用缴款书	30			
农产品收购发票或者销售发票	31			
代扣代缴税收缴款凭证	32		—	
其他	33			
	34			
四、其他				
项目	栏次	份数	金额	税额
本期认证相符的增值税专用发票	35			
代扣代缴税额	36	—	—	

表 2-19

增值税及附加税费申报表附列资料（三）

（服务、不动产和无形资产扣除项目明细）

税款所属时间：　年　月　日至　年　月　日

纳税人名称：（公章）　　　　金额单位：元（列至角分）

项目及栏次		本期服务、不动产和无形资产价税合计额（免税销售额）	服务、不动产和无形资产扣除项目				
			期初余额	本期发生额	本期应扣除金额	本期实际扣除金额	期末余额
		1	2	3	4＝2＋3	5（5≤1 且 5≤4）	6＝4－5
13% 税率的项目	1						
9% 税率的项目	2						
6% 税率的项目（不含金融商品转让）	3						
6% 税率的金融商品转让项目	4						
5% 征收率的项目	5						
3% 征收率的项目	6						
免抵退税的项目	7						
免税的项目	8						

表 2-20

增值税及附加税费申报表附列资料（四）

（税额抵减情况表）

税款所属时间：　　年　月　日至　　年　月　日

纳税人名称：（公章）　　　　金额单位：元（列至角分）

一、税额抵减情况

序号	抵减项目	期初余额	本期发生额	本期应抵减税额	本期实际抵减税额	期末余额
		1	2	3 = 1 + 2	4≤3	5 = 3 − 4
1	增值税税控系统专用设备费及技术维护费					
2	分支机构预征缴纳税款					
3	建筑服务预征缴纳税款					
4	销售不动产预征缴纳税款					
5	出租不动产预征缴纳税款					

二、加计抵减情况

序号	加计抵减项目	期初余额	本期发生额	本期调减额	本期可抵减额	本期实际抵减额	期末余额
		1	2	3	4 = 1 + 2 − 3	5	6 = 4 − 5
6	一般项目加计抵减额计算						
7	即征即退项目加计抵减额计算						
8	合计						

表 2-21

增值税及附加税费申报表附列资料（五）

（附加税费情况表）

税（费）款所属时间：　　年　月　日至　　年　月　日

纳税人名称：（公章）　　　　　　　　　　　　　　　　金额单位：元（列至角分）

<table>
<tr><th colspan="2" rowspan="3">税（费）种</th><th colspan="3">计税（费）依据</th><th rowspan="2">税（费）率（征收率）(%)</th><th rowspan="2">本期应纳税（费）额</th><th colspan="2">本期减免税（费）额</th><th colspan="2">试点建设培育产教融合型企业</th><th rowspan="2">本期已缴税（费）额</th><th rowspan="2">本期应补（退）税（费）额</th></tr>
<tr><th>增值税税额</th><th>增值税免抵税额</th><th>留抵退税本期扣除额</th><th>减免性质代码</th><th>减免税（费）额</th><th>减免性质代码</th><th>本期抵免金额</th></tr>
<tr><th>1</th><th>2</th><th>3</th><th>4</th><th>5 =（1 − 3 + 2）× 4</th><th>6</th><th>7</th><th>8</th><th>9</th><th>10</th><th>11 = 5 − 7 − 9 − 10</th></tr>
<tr><td>城市维护建设税</td><td>1</td><td></td><td></td><td></td><td></td><td></td><td></td><td></td><td>—</td><td>—</td><td></td><td></td></tr>
<tr><td>教育费附加</td><td>2</td><td></td><td></td><td></td><td></td><td></td><td></td><td></td><td></td><td></td><td></td><td></td></tr>
<tr><td>地方教育附加</td><td>3</td><td></td><td></td><td></td><td></td><td></td><td></td><td></td><td></td><td></td><td></td><td></td></tr>
<tr><td>合计</td><td>4</td><td>—</td><td>—</td><td>—</td><td>—</td><td></td><td>—</td><td></td><td>—</td><td></td><td></td><td></td></tr>
<tr><td colspan="5" rowspan="3">本期是否适用试点建设培育产教融合型企业抵免政策</td><td rowspan="3">□是
□否</td><td colspan="4">当期新增投资额</td><td>5</td><td colspan="2"></td></tr>
<tr><td colspan="4">上期留抵可抵免金额</td><td>6</td><td colspan="2"></td></tr>
<tr><td colspan="4">结转下期可抵免金额</td><td>7</td><td colspan="2"></td></tr>
<tr><td colspan="6" rowspan="3">可用于扣除的增值税留抵退税额使用情况</td><td colspan="4">当期新增可用于扣除的留抵退税额</td><td>8</td><td colspan="2"></td></tr>
<tr><td colspan="4">上期结存可用于扣除的留抵退税额</td><td>9</td><td colspan="2"></td></tr>
<tr><td colspan="4">结转下期可用于扣除的留抵退税额</td><td>10</td><td colspan="2"></td></tr>
</table>

表 2-22

增值税减免税申报明细表

税款所属时间：自　　年　月　日至　　年　月　日

纳税人名称（公章）：　　　　　　金额单位：元（列至角分）

一、减税项目						
减税性质代码及名称	栏次	期初余额	本期发生额	本期应抵减税额	本期实际抵减税额	期末余额
		1	2	3＝1＋2	4≤3	5＝3－4
合计	1					
	2					
	3					
	4					
	5					
	6					

二、免税项目						
免税性质代码及名称	栏次	免征增值税项目销售额	免税销售额扣除项目本期实际扣除金额	扣除后免税销售额	免税销售额对应的进项税额	免税额
		1	2	3＝1－2	4	5
合 计	7					
出口免税	8		—	—	—	
其中：跨境服务	9		—	—	—	
	10				—	
	11				—	
	12				—	
	13				—	
	14				—	
	15				—	
	16				—	

（二）小规模纳税人纳税申报表及其附列资料

小规模纳税人增值税及附加税费申报表及其附列资料包括："增值税及附加税费申报表（小规模纳税人适用）"（见表2-23）、"增值税及附加税费申报表（小规模纳税人适用）附列资料（一）（服务、不动产和无形资产扣除项目明细）"（见表2-24）、"增值税及附加税费申报表（小规模纳税人适用）附列资料（二）（附加税费情况表）"（见表2-25）。

表2-23　增值税及附加税费申报表

（小规模纳税人适用）

纳税人识别号（统一社会信用代码）：□□□□□□□□□□□□□□□□□□□□

纳税人名称：　　　　　　　　　　　　金额单位：元（列至角分）

税款所属期：　年　月　日至　年　月　日　　　　填表日期：　年　月　日

项　目		栏次	本期数		本年累计	
			货物及劳务	服务、不动产和无形资产	货物及劳务	服务、不动产和无形资产
一、计税依据	（一）应征增值税不含税销售额（3%征收率）	1				
	增值税专用发票不含税销售额	2				
	其他增值税发票不含税销售额	3				
	（二）应征增值税不含税销售额（5%征收率）	4	—		—	
	增值税专用发票不含税销售额	5	—		—	
	其他增值税发票不含税销售额	6	—		—	
	（三）销售使用过的固定资产不含税销售额	7（7≥8）		—		—
	其中：其他增值税发票不含税销售额	8		—		—
	（四）免税销售额	9 = 10 + 11 + 12				
	其中：小微企业免税销售额	10				
	未达起征点销售额	11				
	其他免税销售额	12				

续表

<table>
<tr><th colspan="2" rowspan="2">项　目</th><th rowspan="2">栏次</th><th colspan="2">本期数</th><th colspan="2">本年累计</th></tr>
<tr><th>货物及劳务</th><th>服务、不动产和无形资产</th><th>货物及劳务</th><th>服务、不动产和无形资产</th></tr>
<tr><td rowspan="2">一、计税依据</td><td>（五）出口免税销售额</td><td>13（13≥14）</td><td></td><td></td><td></td><td></td></tr>
<tr><td>其中：其他增值税发票不含税销售额</td><td>14</td><td></td><td></td><td></td><td></td></tr>
<tr><td rowspan="8">二、税款计算</td><td>本期应纳税额</td><td>15</td><td></td><td></td><td></td><td></td></tr>
<tr><td>本期应纳税额减征额</td><td>16</td><td></td><td></td><td></td><td></td></tr>
<tr><td>本期免税额</td><td>17</td><td></td><td></td><td></td><td></td></tr>
<tr><td>其中：小微企业免税额</td><td>18</td><td></td><td></td><td></td><td></td></tr>
<tr><td>未达起征点免税额</td><td>19</td><td></td><td></td><td></td><td></td></tr>
<tr><td>应纳税额合计</td><td>20 = 15 − 16</td><td></td><td></td><td></td><td></td></tr>
<tr><td>本期预缴税额</td><td>21</td><td></td><td></td><td>—</td><td>—</td></tr>
<tr><td>本期应补（退）税额</td><td>22 = 20 − 21</td><td></td><td></td><td>—</td><td>—</td></tr>
<tr><td rowspan="3">三、附加税费</td><td>城市维护建设税本期应补（退）税额</td><td>23</td><td colspan="2"></td><td colspan="2"></td></tr>
<tr><td>教育费附加本期应补（退）费额</td><td>24</td><td colspan="2"></td><td colspan="2"></td></tr>
<tr><td>地方教育附加本期应补（退）费额</td><td>25</td><td colspan="2"></td><td colspan="2"></td></tr>
<tr><td colspan="7">声明：此表是根据国家税收法律法规及相关规定填写的，本人（单位）对填报内容（及附带资料）的真实性、可靠性、完整性负责。
纳税人（签章）：　　年　月　日</td></tr>
<tr><td colspan="3">经办人：
经办人身份证号：
代理机构签章：
代理机构统一社会信用代码：</td><td colspan="4">受理人：

受理税务机关（章）：
受理日期：　　年　月　日</td></tr>
</table>

表 2-24　　增值税及附加税费申报表（小规模纳税人适用）附列资料（一）

（服务、不动产和无形资产扣除项目明细）

税款所属期：　　年　月　日至　　年　月　日　　　　填表日期：　年　月　日

纳税人名称：（公章）　　　　金额单位：元（列至角分）

应税行为（3%征收率）扣除额计算			
期初余额	本期发生额	本期扣除额	期末余额
1	2	3（3≤1＋2之和，且3≤5）	4＝1＋2－3
应税行为（3%征收率）计税销售额计算			
全部含税收入（适用3%征收率）	本期扣除额	含税销售额	不含税销售额
5	6＝3	7＝5－6	8＝7÷1.03
应税行为（5%征收率）扣除额计算			
期初余额	本期发生额	本期扣除额	期末余额
9	10	11（11≤9＋10之和，且11≤13）	12＝9＋10－11
应税行为（5%征收率）计税销售额计算			
全部含税收入（适用5%征收率）	本期扣除额	含税销售额	不含税销售额
13	14＝11	15＝13－14	16＝15÷1.05

表2-25 增值税及附加税费申报表（小规模纳税人适用）附列资料（二）

（附加税费情况表）

税（费）款所属时间：　　年 月 日至　　年 月 日

纳税人名称：（公章）　　　　金额单位：元（列至角分）

税（费）种	计税（费）依据	税（费）率（%）	本期应纳税（费）额	本期减免税（费）额		增值税小规模纳税人“六税两费”减征政策		本期已缴税（费）额	本期应补（退）税（费）额
	增值税税额			减免性质代码	减免税（费）额	减征比例（%）	减征额		
	1	2	3＝1×2	4	5	6	7＝（3－5）×6	8	9＝3－5－7－8
城市维护建设税									
教育费附加									
地方教育附加									
合计	—	—		—		—			

项目小结

本项目内容归纳总结见表2-26。

表2-26　本项目内容归纳总结

增值税及附加税费的基本法律知识	1.增值税及附加税费纳税人的确定：一般纳税人和小规模纳税人
	2.增值税及附加税费征收范围的确定：货物、劳务、服务、无形资产和不动产
	3.增值税及附加税费税率的确定：比例税率13%、9%和6%；征收率3%、5%；预定征收率5%、3%和2%；抵扣率9%和10%；城市维护建设税税率分为7%、5%和1%；教育费附加率为3%和地方教育附加率为2%
增值税及附加税费的计算	1.一般纳税人增值税应纳税额的计算：销项税额的计算；进项税额的计算；增值税应纳税额的计算
	2.不动产经营租赁增值税的计算：一般纳税人出租不动产；小规模纳税人出租不动产
	3.建筑服务增值税的计算：采取清包工方式增值税的计算；甲供工程增值税的计算；建筑工程老项目增值税的计算；一般纳税人跨县（市、区）提供建筑服务增值税的计算
	4.销售不动产增值税的计算（非房地产开发企业）：一般纳税人转让其自建的不动产；一般纳税人转让非自建的不动产；小规模纳税人转让其取得的不动产（除个人转让其购买的住房外）
	5.房地产开发企业销售自行开发的房地产项目增值税的计算：（1）一般纳税人增值税的计算：销售自行开发的房地产项目增值税的计算；销售自行开发的房地产老项目增值税的计算；采取预收款方式销售自行开发的房地产项目增值税的计算。（2）小规模纳税人增值税的计算
	6.小规模纳税人应纳税额的计算
	7.进口货物应纳税额的计算
	8.城市维护建设税及教育费附加的计算
增值税及附加税费的会计核算	1.一般纳税人增值税的会计核算：会计科目的设置；销项税额的会计核算；一般销售方式业务的核算；特殊销售方式业务的核算；以物易物方式的核算；带包装物销售货物的核算；销售自己使用过的固定资产的核算；视同销售行为的核算
	2.进项税额的会计核算：一般购进业务的会计核算；购入免税农产品的会计核算；进货退出进项税额的核算；接受应税劳务的进项税额的核算；购入固定资产的进项税额的核算；进口货物进项税额的核算；购进货物、接受应税劳务或服务不得抵扣进项税额的核算
	3.小规模纳税人增值税的会计核算
	4.进口货物、服务增值税的核算
	5. 城市维护建设税及教育费附加的核算
增值税及附加税费的纳税申报	1.纳税期限
	2.纳税地点
	3.纳税申报表的编制：一般纳税人增值税纳税申报表的编制；小规模纳税人增值税纳税申报表的编制；新增值税及附加税费纳税申报表的编制

项目三

消费税

【知识目标】 了解并掌握消费税的基本法律知识；掌握消费税的计算方法；掌握消费税的账务处理方法；掌握消费税纳税申报表的编制方法。

【能力目标】 能够判断哪些项目征收消费税；根据业务资料准确计算消费税；进行消费税的账务处理；正确编制消费税的纳税申报表。

【素质目标】 消费税只对15大类消费品征收税款，因此，在课程教学过程中，着重引导学生要增强环保意识，合理消费，适度消费，同时要诚信纳税，不要因为私利损害国家的利益。此外，学生能够与海关、税务、市场监管、银行等单位进行工作交流、业务沟通，具有团结协作能力和较强的学习能力，能够适应不同的工作环境，具有在未来工作中的探索能力和创新思维能力。

任务一 消费税的基本法律知识

一、消费税的概念

消费税是对在我国境内从事销售、委托加工和进口应税消费品的单位和个人，就其应税消费品的销售额或销售数量征收的一种税。

在我国的税制结构体系中，消费税是增值税的配套税种，它是在普遍征收增值税的基础上，根据国家产业政策的要求，选择消费品中的特殊消费品、奢侈品、高能耗消费品和不可再生的资源消费品征收，从而发挥其特殊的调节作用。

二、消费税的特点

（一）征收范围具有选择性

根据产业政策与消费政策，我国消费税仅选择部分消费品征税。消费税的税目采用正列举法，即只有“消费税税目税率表”上列举的应税消费品才征收消费税。现行消费税共设置15个税目。

（二）征收环节具有单一性

为加强税源控制，防止税款流失，消费税的纳税环节主要确定在销售、批发、零售或进口环节。也就是说，应税消费品在销售、批发、零售环节或进口环节征税，除个别消费品的纳税环节为零售环节外，继续销售该消费品不再征收消费税。以零售环节为纳税环节的应税消费品，在零售环节以前的诸环节都不征收消费税。

（三）征收方法具有灵活性

为适应不同应税消费品的计征要求，消费税采取从价计税、从量计税、从价和从量复合计税三种方法。对一部分价格变化较大、便于按价格计算的应税消费品实行从价计税，对一部分价格变动较小、品种比较单一的应税消费品实行从量计税，对卷烟、白酒实行复合计税。

（四）税负具有转嫁性

增值税是价外税，而消费税是价内税，因此，消费税无论在哪个环节征收，消费品中所含的消费税税款最终都要转嫁到消费者身上，由最终的消费者承担。

三、消费税的纳税人

在我国境内从事销售、委托加工和进口应税消费品的单位和个人，为消费税的纳税人。单位是指国有企业、集体企业、私有企业、股份制企业、其他企业和行政单位、事业单位、军事单位、社会团体及其他单位；个人是指个体经营者及其他个人。

自2009年5月1日起，在我国境内从事卷烟批发业务的单位和个人，销售给纳税人（指从事卷烟批发业务的单位和个人）以外的其他单位和个人的卷烟，按5%的税率征收消费税，此外加收0.005元/支的定额税；自2015年5月10日起，税率由5%提高到

11%。批发企业在计算消费税时不得扣除已含的生产环节的消费税税款；纳税人之间销售的卷烟不缴纳消费税。

四、消费税的征收范围

应税消费品包括烟、酒、高档化妆品、贵重首饰及珠宝玉石、鞭炮焰火、成品油、摩托车、小汽车、高尔夫球及球具、高档手表、游艇、木制一次性筷子、实木地板、电池和涂料15类消费品。

自2015年2月1日起，对电池和涂料征收消费税，对无汞原电池、金属氢化物镍蓄电池（又称“氢镍蓄电池”或“镍氢蓄电池”）、锂原电池、锂离子蓄电池、太阳能电池、燃料电池和全钒液流电池免征消费税。2015年12月31日前对铅蓄电池缓征消费税；自2016年1月1日起，对铅蓄电池征收消费税。

电池，是一种将化学能、光能等直接转换为电能的装置，一般由电极、电解质、容器、极端组成，通常还有隔离层组成的基本功能单元，以及用一个或多个基本功能单元装配成的电池组。范围主要包括：原电池、蓄电池、燃料电池、太阳能电池和其他电池。

涂料是指涂于物体表面能形成具有保护、装饰或特殊性能的固态涂膜的一类液体或固体材料的总称。

涂料由主要成膜物质、次要成膜物质等构成。按主要成膜物质的不同可将涂料分为油脂类、天然树脂类、酚醛树脂类、沥青类、醇酸树脂类、氨基树脂类、硝基类、过滤乙烯树脂类、烯类树脂类、丙烯酸酯类树脂类、聚酯树脂类、环氧树脂类、聚氨酯树脂类、元素有机类、橡胶类、纤维素类、其他成膜物类等。

【同步思考】增值税和消费税的征收范围有什么不同？

五、消费税的税目与税率

按照《中华人民共和国消费税暂行条例》（以下简称《消费税暂行条例》）的规定，目前消费税有烟、酒、高档化妆品等15个税目。多数消费品采用比例税率，最高税率为56%，最低税率为1%；对成品油和黄酒、啤酒等实行定额税率；对卷烟、白酒实行从量定额与从价定率相结合的复合方法计税。具体的消费税税目税率见表3-1。

六、消费税最高税率的适用范围

（1）纳税人兼营不同税率的应税消费品的，应分别核算不同税率应税消费品的销售额或销售数量；未分别核算的，按最高税率征税。

（2）纳税人将应税消费品与非应税消费品以及将不同税率的应税消费品组成成套消费品销售的，应按应税消费品中适用最高税率的消费品税率征税。

表3-1 消费税税目税率（税额）表

税目	税率		
	生产（进口）环节	批发环节	零售环节
一、烟			
1.卷烟			
（1）甲类卷烟	56%加0.003元/支	11%加0.005元/支	
（2）乙类卷烟	36%加0.003元/支		
2.雪茄烟	36%		
3.烟丝	30%		
二、酒			
1.白酒	20%加0.5元/500克（或者500毫升）		
2.黄酒	240元/吨		
3.啤酒			
（1）甲类啤酒	250元/吨		
（2）乙类啤酒	220元/吨		
4.其他酒	10%		
三、高档化妆品（包括高档美容、修饰类化妆品，高档护肤类化妆品和成套化妆品）	15%		
四、贵重首饰及珠宝玉石			
1.金银首饰、铂金首饰和钻石及钻石饰品			5%
2.其他贵重首饰和珠宝玉石	10%		
五、鞭炮焰火	15%		
六、成品油			
1.汽油	1.52元/升		
2.柴油	1.2元/升		
3.航空煤油	1.2元/升		
4.石脑油	1.52元/升		
5.溶剂油	1.52元/升		
6.润滑油	1.52元/升		
7.燃料油	1.2元/升		
七、摩托车			
1.气缸容量250毫升 2.气缸容量在250毫升（不含）以上的	3% 10%		
八、小汽车			
1.乘用车			
（1）气缸容量（排气量，下同）在1.0升（含1.0升）以下的	1%		

续表

税 目	税 率		
	生产（进口）环节	批发环节	零售环节
（2）气缸容量在1.0升以上至1.5升（含1.5升）的	3%		
（3）气缸容量在1.5升以上至2.0升（含2.0升）的	5%		
（4）气缸容量在2.0升以上至2.5升（含2.5升）的	9%		
（5）气缸容量在2.5升以上至3.0升（含3.0升）的	12%		
（6）气缸容量在3.0升以上至4.0升（含4.0升）的	25%		
（7）气缸容量在4.0升以上的	40%		
2.中轻型商用客车	5%		
3.超豪华小汽车	按子税目1和子税目2的规定征收		10%
九、高尔夫球及球具	10%		
十、高档手表	20%		
十一、游艇	10%		
十二、木制一次性筷子	5%		
十三、实木地板	5%		
十四、电池	4%		
十五、涂料	4%		

注：①自2006年4月1日起，取消护肤护发品税目，将原属于护肤护发品征税范围的高档护肤类化妆品列入化妆品税目。

②自2009年1月1日起，航空煤油暂缓征收消费税；对用外购或委托加工收回的已税汽油生产的乙醇汽油免税；子午线轮胎继续免征消费税。

③甲类啤酒：出厂价（含包装物及押金）3 000元以上（含3 000元，不含增值税）；乙类啤酒：出厂价3 000元以下；娱乐业、饮食业自制啤酒，一律按250元/吨征税。

④对生产销售达到低污染排放限值的小轿车、越野车和小客车减征30%的消费税。

⑤自2009年5月1日起，对卷烟产品批发环节征税，税率如下：每标准条调拨价格在70元以上（含70元，不含增值税）的卷烟，税率为56%；每标准条调拨价格在70元以下的卷烟，税率为36%。雪茄烟税率为36%。

⑥自2014年12月1日起，取消气缸容量250毫升（不含）以下的小排量摩托车消费税。气缸容量250毫升的摩托车消费税税率为3%，250毫升（不含）以上的摩托车消费税税率为10%；取消汽车轮胎税目；取消车用含铅汽油消费税，汽油税目不再划分二级子目，统一按照无铅汽油税率征收消费税；取消酒精消费税，“酒及酒精”品目相应改为“酒”，并继续按现行消费税政策执行。

⑦自2015年1月13日起，汽油、石脑油、溶剂油和润滑油的消费税单位税额为1.52元/升，柴油、航空煤油和燃料油的消费税单位税额为1.2元/升。航空煤油继续暂缓征收消费税。

⑧自2016年10月1日起，将化妆品税目更名为高档化妆品，税率为15%。

⑨自2015年5月10日起，批发环节的卷烟税率为11%，另加0.005元/支。

⑩自2016年12月1日起，增设超豪华小汽车子税目，零售环节加征10%的消费税。

（3）卷烟从价计税中适用最高税率的有：①纳税人自产自用的卷烟应当按照纳税人生产的同牌号规格的卷烟销售价格确定征税类别和适用税率，没有同牌号规格卷烟销售价格的，一律按照卷烟最高税率征税；②委托加工的卷烟应按照受托方同牌号规格的卷烟征税类别和适用税率征税，没有同牌号规格卷烟销售价格的，一律按照卷烟最高税率征税；③下列卷烟不分征税类别一律按照卷烟最高税率征税：白包卷烟、手工卷烟、未经国务院批准纳入计划的企业和个人生产的卷烟。

问题解答

问：哪些消费品采用复合办法计税？为什么？

答：国家对卷烟、白酒采用复合办法计税，体现了国家调整产品结构、引导人们消费方向的目的。因为过度消费这些消费品会对人体造成伤害，所以国家在税率的制定方面体现了抑制过度消费的这一意图。

任务二　消费税的计算

一、销售应税消费品应纳税额的计算

销售应税消费品应纳税额的计算一般有三种方法：从价计税、从量计税、从价和从量复合计税。

（一）从价计税

在从价计税下，应纳税额的计算取决于应税消费品的销售额和适用税率两个因素。其计算公式为：

应纳税额 = 应税消费品的销售额 × 适用税率

1.销售额的一般规定

纳税人对外销售生产的应税消费品，应当以销售额为依据计算应纳税额。

这里的销售额是指纳税人销售应税消费品取得的与之相关的对价，包括全部货币或者非货币形式的经济利益。以人民币计算销售额，以人民币以外货币结算的，应当折合成人民币计算。

如果纳税人应税消费品的销售额中含增值税税款，在计算消费税时，应换算成不含增值税的销售额之后计算。其换算公式为：

应税消费品的销售额 = 含增值税的销售额 ÷（1 + 增值税税率或征收率）

问题解答

问：实行从价计税的消费品，其销售额的确定与增值税一样吗？

答：实行从价计税的消费品，其销售额的确定与增值税销售额的确定方法一样，即均为不含增值税而含消费税的销售额。

【做中学3-1】某日化厂于2020年6月销售一批高档化妆品，已知增值税专用发票上注明的价款为100万元。该日化厂本月应纳消费税如下：

应纳消费税税额 = 1 000 000 × 15% = 150 000（元）

2.销售额的特殊规定

（1）包装物及押金的税务处理。应税消费品连同包装物销售的，无论包装物是否单独计价，无论在会计上如何核算，均应并入应税消费品的销售额中缴纳消费税。包装物不作价随同产品销售而是收取押金的，此项押金不并入应税消费品的销售额中纳税。但对因逾期未收回的包装物不再退还和收取一年以上的押金，应并入应税消费品的销售额，按照应税消费品的适用税率缴纳消费税。对既作价随同应税消费品销售，又另外收取押金的包装物，凡在规定的期限内不予退还的，均应并入应税消费品的销售额，按照应税消费品的适用税率缴纳消费税。

对酒类产品生产企业销售的酒类产品（除黄酒、啤酒之外）收取的包装物押金，无论押金是否返还，也无论在会计上如何核算，均应并入酒类产品销售额中，依酒类产品的适用税率征收消费税。

【同步思考】啤酒、黄酒包装物的押金如何征税？

【做中学3–2】某日化厂于2020年6月销售高档化妆品一批，已知增值税专用发票上注明的价款为1 000 000元，本月没收逾期化妆品的包装盒押金22 600元。该日化厂本月应纳消费税如下：

应纳消费税税额 = 1 000 000 × 15% + 22 600 ÷（1+13%） × 15% = 153 000（元）

【做中学3–3】某酒厂销售粮食白酒10吨，不含税销售额为1 000 000元，收取酒桶押金9 040元；销售啤酒50吨，不含税售价为2 000元/吨，收取啤酒桶押金6 960元。该酒厂应纳消费税如下：

销售粮食白酒应纳消费税税额 = ［1 000 000+9 040 ÷（1+13%）］ × 20%+10 × 2 000 × 0.5 = 211 600（元）

销售啤酒应纳消费税税额 = 50 × 220 = 11 000（元）

（2）纳税人通过自设非独立核算门市部销售的自产应税消费品，应当按照门市部对外销售的金额缴纳消费税。

（3）纳税人用于换取生产资料和消费资料、投资入股及抵偿债务等方面的应税消费品，应当以纳税人同类应税消费品的最高销售价格作为计税依据计算消费税。

（二）从量计税

在从量计税下，应纳税额的计算取决于应税消费品的数量和单位税额两个因素。其基本计算公式为：

应纳税额 = 应税消费品销售数量 × 单位税额

1.销售数量的确定

根据应税行为，应税消费品的数量具体规定如下：

（1）销售应税消费品，为应税消费品的销售数量。

（2）纳税人通过自设非独立核算门市部销售自产应税消费品，应当按照门市部对外销售数量征收消费税。

（3）自用应税消费品（用于连续生产应税消费品的除外），为应税消费品的移送使用数量。

（4）委托加工应税消费品，为纳税人收回的应税消费品数量。

（5）进口的应税消费品，为海关核定的应税消费品进口征税数量。

2. 计量单位的换算标准

《消费税暂行条例》规定，黄酒、啤酒以吨为计税单位；汽油、柴油等成品油以升为计税单位。考虑到实际销售过程中，由于销售数量与计税单位有时不一致，为准确计算应纳税额，吨与升两个单位需进行换算（见表3-2）。

表3-2　吨、升换算表

名称	单位换算	名称	单位换算
啤酒	1吨 = 988升	溶剂油	1吨 = 1 282升
黄酒	1吨 = 962升	润滑油	1吨 = 1 126升
汽油	1吨 = 1 388升	燃料油	1吨 = 1 015升
柴油	1吨 = 1 176升	航空煤油	1吨 = 1 246升
石脑油	1吨 = 1 385升		

【做中学3-4】某炼油厂2020年6月销售汽油2 000吨，已知增值税专用发票上注明的价款为3 000元/吨。该炼油厂本月应纳消费税如下：

应纳消费税税额 = 2 000 × 1 388 × 1.52 = 4 219 520（元）

【同步思考】采用从量定额法计算消费税时，征税基数与应税消费品的销售价格或组成计税价格有关系吗?

（三）从价和从量复合计税

现行消费税的征税范围中，实行复合计税方法的消费品有卷烟、白酒。其计算公式为：

应纳税额 = 应税消费品销售额 × 比例税率+应税消费品销售数量 × 单位税额

计税依据中从量定额部分与前面规定相同：销售卷烟、白酒从量定额计税依据为实际销售数量；进口、委托加工、自产自用卷烟、白酒从量定额计税依据分别为海关核定的进口征税数量、委托方收回数量、移送使用数量。

（四）已纳消费税扣除的计算

为了避免重复征税，现行税法规定，将外购的应税消费品用于连续生产应税消费品的，符合下列情形的所纳消费税税款准予按规定抵扣：

1. 扣税范围

（1）烟丝生产卷烟的；

（2）鞭炮、焰火生产鞭炮、焰火的；

（3）杆头、杆身和握把生产高尔夫球杆的；

（4）木制一次性筷子生产木制一次性筷子的；

（5）实木地板生产实木地板的；

（6）石脑油、燃料油生产成品油的；

（7）汽油、柴油、润滑油分别生产汽油、柴油、润滑油的；

（8）集团内部企业间用啤酒液生产啤酒的；

（9）葡萄酒生产葡萄酒的；

（10）高档化妆品生产高档化妆品的。

除第（6）、（7）、（8）项外，上述准予抵扣的情形仅限于进口或从同税目纳税人购进的应税消费品。

自2014年12月13日起，纳税人外购已税汽油、柴油、石脑油、燃料油、润滑油生产的应税成品油，可分别依据所取得的增值税专用发票、“海关进口消费税专用缴款书”和“税收缴款书（代扣代收专用）”，按照现行政策规定计算扣除应税油品已纳消费税税款。其中：纳税人取得增值税专用发票的，依照增值税专用发票开具时成品油消费税税率计算扣除，但该税率与应税油品已纳消费税适用税率不一致的，依照应税油品已纳消费税适用税率计算扣除；纳税人取得“海关进口消费税专用缴款书”和“税收缴款书（代扣代收专用）”的，依据上述凭证注明的消费税税款计算扣除。

自2018年3月1日起，外购、进口和委托加工收回的汽油、柴油、石脑油、燃料油、润滑油用于连续生产应税成品油的，应凭通过增值税发票选择确认平台确认的成品油专用发票、“海关进口消费税专用缴款书”和“税收缴款书（代扣代收专用）”，按规定计算扣除已纳消费税税款，其他凭证不得作为消费税扣除凭证。

外购石脑油、燃料油用于生产乙烯、芳烃类化工产品的，应凭取得的成品油专用发票所载明的石脑油、燃料油的数量，按规定计算退还消费税，其他发票或凭证不得作为计算退还消费税的凭证。

【请注意】除了上述10项规定外，其他利用应税消费品生产应税消费品的，不可以扣除应税消费品的消费税。可以扣税的已税消费品，只限于从工业企业购进的应税消费品和进口环节已缴纳消费税的应税消费品，其他方式取得的应税消费品一律不得扣除。因此，对于接受投资、赠予、抵债等方式取得的已税消费品，其所含的消费税是不能扣除的。

2.扣税方法

上述当期准予扣除外购应税消费品已纳消费税税款的，在计税时按当期生产领用数量计算。

（1）从价计税。

$$\text{当期准予扣除的外购应税消费品已纳税款} = \text{当期准予扣除的外购应税消费品买价} \times \text{外购应税消费品适用税率}$$

$$\text{当期准予扣除的外购应税消费品买价} = \text{期初库存的外购应税消费品买价} + \text{当期购进的外购应税消费品买价} - \text{期末库存的外购应税消费品买价}$$

外购应税消费品的买价是指购货发票上注明的销售额（不包括增值税税款）。

【请注意】纳税人用外购的已税珠宝玉石生产的改在零售环节征收消费税的金银首饰（镶嵌首饰），在计税时一律不得扣除外购珠宝玉石的已纳税款。

【做中学3-5】乙建材有限公司系增值税小规模纳税人，主要从事各种铸造涂料、石墨粉涂料、滑石粉涂料、高铝粉涂料等涂料生产销售业务。2018年2月，发生如下经济业务：生产销售铸造涂料、石墨粉涂料、滑石粉涂料、高铝粉涂料和其他涂料价税合计分别为50万元、40万元、30万元、20万元和10万元。其中，易挥发性有机物且含量低于420克/升（含）的三氯乙烯和四氯乙烯涂料合计28万元。同时，乙建材有限公司委托其他涂料公司加工收回不易挥发的各种涂料60万元（受托方含税计税价格为30万元）。假定不考虑其他因素，乙建材有限公司2月份申报缴纳消费税如下：

2月份全部涂料含税销售收入为210万元（50 + 40 + 30 + 20 + 10 + 60），含税销售收入为152万元（210 − 28 − 30）。

应纳消费税税额 = 152 ÷ 1.03 × 4% = 5.90（万元）

（2）从量计税。

$$\text{当期准予扣除的外购应税消费品已纳税款} = \text{当期准予扣除的外购应税消费品数量} \times \text{外购应税消费品单位税额}$$

$$\text{当期准予扣除的外购应税消费品数量} = \text{期初库存的外购应税消费品数量} + \text{当期购进的外购应税消费品数量} - \text{期末库存的外购应税消费品数量}$$

【做中学3-6】某卷烟厂2020年6月外购价值20万元的烟丝用于生产卷烟，月初库存4万元，月末库存6万元，当月销售卷烟60万元，共10箱。该卷烟厂应纳消费税税额计算如下：

允许扣除的烟丝已纳消费税税额 =（40 000+200 000 − 60 000）×30% = 54 000（元）

每条卷烟价格 = 600 000 ÷（10 × 250）= 240（元）

适用税率为56%。

出售卷烟应纳消费税税额 = 600 000 × 56%+10 × 150 − 54 000 = 283 500（元）

问题解答

问：消费税与增值税的抵扣时间一样吗？

答：对增值税而言，购入或收回时就可以抵扣进项税额；而消费税则是在购入或收回后领用时才能扣减。

二、自用应税消费品应纳税额的计算

（一）自用的含义

所谓自用，是指纳税人生产应税消费品后，用于连续生产应税消费品或用于其他方面，而不是直接用于对外销售。《消费税暂行条例》规定，纳税人用于连续生产应税消费品的，不缴纳消费税；用于其他方面的，于移送使用时缴纳消费税。

上述的连续生产应税消费品，是指将自己生产的应税消费品作为中间产品连续生产应税消费品。用于连续生产应税消费品的，不再征税，体现了税不重征和计税简便的原则。例如，卷烟厂生产的烟丝，如果直接对外销售，应缴纳消费税；如果用于本厂连续生产卷烟，无须缴纳消费税，则应在最终生产出卷烟时缴纳消费税。

上述的用于其他方面，是指纳税人用于生产非应税消费品和在建工程、管理部门、非生产机构、提供劳务，以及用于馈赠、赞助、集资、广告、样品、职工福利、奖励等方面的应税消费品，均应视同销售，依法缴纳消费税。

（二）自用应税消费品计税依据的确定

根据《消费税暂行条例》的规定，纳税人自用未对外销售的应税消费品，凡用于其他方面应当纳税的，其销售额的核算顺序如下：

（1）按照纳税人销售的当月同类消费品的销售价格计算应纳税额。如果当月同类消费品的销售价格不同，应按加权平均价格计算。但销售的应税消费品有下列情况之一的，不得列入加权平均计算：①销售价格明显偏低又无正当理由的；②无销售价格的。

（2）如果当月无销售或者当月未完结，应按照同类消费品最近月份的销售价格计算应纳税额。

（3）如果没有同类消费品销售价格，按照组成计税价格计算。

实行从价计税的组成计税价格公式为：

组成计税价格＝成本×（1+成本利润率）÷（1－消费税税率）

实行复合计税的组成计税价格公式为：

组成计税价格＝（成本+利润+自产自用数量×定额税率）÷（1－消费税比例税率）

式中：成本是指应税消费品的产品生产成本；成本利润率是指应税消费品的全国平均成本利润率，由国家税务总局确定（见表3-3）。

表3-3　应税消费品全国平均成本利润率

货物名称	成本利润率	货物名称	成本利润率
1.雪茄烟	5%	11.贵重首饰、珠宝玉石	6%
2.烟丝	5%	12.涂料	5%
3.甲类卷烟	10%	13.摩托车	6%
4.乙类卷烟	5%	14.高尔夫球及球具	10%
5.粮食白酒	10%	15.高档手表	20%
6.薯类白酒	5%	16.游艇	10%
7.其他酒	5%	17.木制一次性筷子	5%
8.电池	5%	18.实木地板	5%
9.高档化妆品	5%	19.乘用车	8%
10.鞭炮、焰火	5%	20.中轻型商用客车	5%

【请注意】实行复合计税方法的，组成计税价格的公式为：

组成计税价格＝（成本+利润+自用数量×定额税率）÷（1－比例税率）

（三）自用应税消费品应纳税额的计算

1.有同类消费品销售价格的

应纳税额＝同类消费品单位销售价格×自用数量×适用税率

2.没有同类消费品销售价格的

应纳税额＝组成计税价格×适用税率

【请注意】从价计税和从量计税复合方法应纳税额的计算公式为：应纳税额＝组成

计税价格×比例税率+自用数量×定额税率。

【做中学3-7】某化妆品公司将一批自产的高档化妆品作为福利发给职工个人，这批化妆品的成本为10 000元，假设该类化妆品不存在同类消费品销售价格。该化妆品公司应纳消费税税额计算如下：

应纳消费税税额=10 000×（1+5%）÷（1－15%）×15%=1 852.94（元）

【做中学3-8】某酒厂将自产的薯类白酒2吨作为福利发给职工，若该薯类白酒没有同类消费品的销售价格，已知其成本价为5 000元/吨。该厂应纳消费税税额计算如下：

组成计税价格=［10 000×（1+5%）+4 000×0.5］÷（1－20%）=15 625（元）

应纳消费税税额=15 625×20%+4 000×0.5=5 125（元）

问题解答

问：企业将自产的高档化妆品作为福利发给职工，若当月无同类化妆品的售价，应按组成计税价格计算；企业将卷烟作为福利发给职工，若当月没有同类卷烟的售价，也按组成计税价格计算。两者的组成计税价格有什么不同呢？

答：前者的组成计税价格=成本×（1+成本利润率）÷（1－消费税税率）；后者的组成计税价格=（成本+利润+自用数量×定额税率）÷（1－比例税率）。

三、委托加工应税消费品应纳税额的计算

（一）委托加工应税消费品的确定

委托加工应税消费品，是指由委托方提供原材料和主要材料，受托方只收取加工费和代垫部分辅助材料加工的应税消费品。

对于由受托方提供原材料生产的应税消费品，或者受托方先将原材料卖给委托方，然后再接受加工的应税消费品，以及由受托方以委托方名义购进原材料生产的应税消费品，无论纳税人在财务上是否作销售处理，都不得作为委托加工应税消费品，而应当按照销售自制应税消费品缴纳消费税。

问题解答

问：委托加工的应税消费品应具备哪些条件？

答：委托加工的应税消费品必须具备两个条件：一是由委托方提供原料和主要材料；二是受托方只收取加工费和代垫部分辅助材料。无论是委托方还是受托方，凡不符合规定条件的，都不能按委托加工应税消费品进行税务处理。

（二）委托加工应税消费品计税依据的确定

委托加工的应税消费品，按照受托方同类消费品的销售价格计算应纳税额，没有同类消费品销售价格的，按照组成计税价格计算应纳税额。其计算公式为：

组成计税价格=（材料成本+加工费）÷（1－消费税税率）

式中：材料成本是指委托方所提供加工材料的实际成本。委托加工应税消费品的纳税人必须在委托加工合同上如实注明材料成本，凡未注明材料成本的，受托方所在地主管税务机关有权核定其材料成本。可见，税法严格规定委托方提供原料和

主要材料，其目的是防止假冒委托加工应税消费品或少报材料成本，从而逃避纳税。加工费是指受托方向委托方收取的加工费（包括代垫辅助材料的实际成本，不包括增值税税额）。

【请注意】实行复合计税方法的，组成计税价格的公式为：组成计税价格 = （材料成本 + 加工费 + 委托加工数量 × 定额税率）÷（1 − 比例税率）。

问题解答

问：委托加工的应税消费品，其消费税与增值税的计算有什么不同？

答：委托加工的应税消费品在计算消费税时，应按受托方同类应税消费品的销售价格或组成计税价格计算；而在计算增值税时，应按受托方收取的加工费（包括代垫的辅助材料的成本）计算。

（三）委托加工应税消费品应纳税额的计算

1.从价定率征税

应纳税额 = 受托方同类消费品的销售价格或组成计税价格 × 适用税率

2.从量定额征税

应纳税额 = 委托加工数量 × 单位税额

3.复合办法征税

应纳税额 = 受托方同类消费品的销售价格或组成计税价格 × 适用税率 + 委托加工数量 × 单位税额

（四）委托加工应税消费品已纳税款的扣除

委托加工收回的应税消费品，一般由受托方在向委托方交货时代收代缴消费税。委托加工收回的应税消费品，委托方用于连续生产应税消费品的，所纳消费税税款准予按规定抵扣；委托方收回后直接销售的，不再缴纳消费税。纳税人委托个体经营者加工的应税消费品，一律在收回后向所在地主管税务机关缴纳消费税。

【请注意】纳税人委托加工收回的应税消费品，以高于受托方的计税价格出售的，应当按规定申报缴纳消费税，在计税时准予扣除受托方已代收代缴的消费税。

委托加工的应税消费品已由受托方代收代缴消费税，这种扣税方法与外购已税消费品连续生产应税消费品的扣税范围、扣税方法、扣税环节相似。

1.扣税范围

（1）烟丝生产卷烟的；

（2）鞭炮、焰火生产鞭炮、焰火的；

（3）杆头、杆身和握把生产高尔夫球杆的；

（4）木制一次性筷子生产木制一次性筷子的；

（5）实木地板生产实木地板的；

（6）石脑油、燃料油生产成品油的；

（7）汽油、柴油、润滑油分别生产汽油、柴油、润滑油的；

（8）集团内部企业间用啤酒液生产啤酒的；

（9）葡萄酒生产葡萄酒的；

（10）高档化妆品生产高档化妆品的。

自2015年2月1日起，纳税人委托加工收回的汽油、柴油、石脑油、燃料油、润滑油，用于连续生产应税成品油的，可分别依据所取得的增值税专用发票、“海关进口消费税专用缴款书”和“税收缴款书（代扣代收专用）”，按照现行政策规定计算扣除应税油品已纳消费税税款，其中：纳税人取得增值税专用发票的，依照增值税专用发票开具时成品油消费税税率计算扣除，该税率与应税油品已纳消费税适用税率不一致的，依照应税油品已纳消费税适用税率计算扣除。

2.扣税方法

$$\text{当期准予扣除的委托加工应税消费品已纳税款}=\text{期初库存的委托加工应税消费品已纳税款}+\text{当期收回的委托加工应税消费品已纳税款}-\text{期末库存的委托加工应税消费品已纳税款}$$

【请注意】纳税人用委托加工收回的已税珠宝玉石生产的、改在零售环节征收消费税的金银首饰，在计税时一律不得扣除委托加工收回的珠宝玉石的已纳消费税税款。

【做中学3-9】2020年10月，甲公司将外购的200 000元烟叶发给乙公司，委托其加工成烟丝。本月应支付加工费80 000元（不含税）、增值税10 400元。甲公司以银行存款付清全部款项和乙公司代缴的消费税；收回烟丝并全部生产卷烟20箱，该批卷烟全部用于销售，总售价为500 000元，款已收到。甲公司销售卷烟应纳消费税计算如下：

烟丝的组成计税价格 =（200 000+80 000）÷（1－30%）= 400 000（元）

乙公司代收代缴的烟丝消费税税额 = 400 000 × 30% = 120 000（元）

每条卷烟价格 = 500 000 ÷（20 × 250）= 100（元）

适用税率为56%。

销售卷烟应纳消费税税额 = 500 000 × 56%+20 × 150－120 000 = 163 000（元）

四、进口应税消费品应纳税额的计算

消费税由税务机关征收，但进口的应税消费品，消费税由税务机关委托海关代征。

（一）进口一般货物应纳税额的计算

1.实行从价定率办法应纳税额的计算

$$\text{应纳税额}=\text{组成计税价格}\times\text{消费税税率}$$

$$\text{组成计税价格}=(\text{关税完税价格}+\text{关税})\div(1-\text{消费税税率})$$

式中：关税完税价格是指海关核定的关税计税价格；组成计税价格包括关税完税价格（即到岸价格）、关税和消费税三个部分，到岸价格包括货价及货物运抵我国境内地点起卸前的运费、包装费、保险费和其他费用。

2.实行从量定额办法应纳税额的计算

$$\text{应纳税额}=\text{应税消费品数量}\times\text{消费税单位税额}$$

3.实行从价定率和从量定额复合计税办法应纳税额的计算

$$\text{应纳税额}=\text{组成计税价格}\times\text{消费税税率}+\text{应税消费品数量}\times\text{消费税单位税额}$$

$$\text{组成计税价格}=(\text{关税完税价格}+\text{关税}+\text{进口数量}\times\text{定额税率})\div(1-\text{比例税率})$$

【请注意】进口环节消费税除国务院另有规定外，一律不得给予减税、免税。

【做中学3-10】某企业从韩国进口一批高档化妆品，关税完税价格为200 000元，关税税率为40%。进口该批化妆品海关代征消费税计算如下：

进口化妆品的组成计税价格＝200 000×（1＋40%）÷（1－15%）＝329 411.77（元）

海关代征的化妆品消费税税额＝329 411.77×15%＝49 411.77（元）

注意：纳税人申报的应税消费品的计税价格和数量明显偏低且不具有合理商业目的的，税务机关、海关有权核定其计税价格和数量。

（二）进口应税消费品已纳的消费税税款的扣除

用进口已税产品连续生产应税消费品计算征税时，准予扣除进口应税消费品已纳的消费税税款。准予扣除的范围同“外购已税消费品连续生产应税消费品后销售”的扣除范围。

$$\text{当期准予扣除的进口应税消费品已纳税款}=\text{期初库存的进口应税消费品已纳税款}+\text{当期进口应税消费品已纳税款}-\text{期末库存的进口应税消费品已纳税款}$$

进口应税消费品已纳税款为“海关进口消费税专用缴款书”注明的进口环节消费税。

（三）进口卷烟应纳消费税税额的计算

1.确定进口卷烟消费税适用比例税率

为统一进口卷烟与国产卷烟的消费税政策，进口卷烟消费税适用比例税率按以下办法确定：

（1）$$\text{每标准条进口卷烟确定消费税适用比例税率的价格}=(\text{关税完税价格}+\text{关税}+\text{消费税定额税率})\div(1-\text{进口卷烟消费税适用比例税率})$$

式中：关税完税价格和关税为每标准条的关税价格及关税税额；消费税定额税率为每标准条0.6元（依据现行消费税定额税率折算而成）；进口卷烟消费税适用比例税率固定为30%。

（2）每标准条进口卷烟确定消费税适用比例税率的价格≥70元人民币的，适用的比例税率为56%；每标准条进口卷烟确定消费税适用比例税率的价格＜70元人民币的，适用的比例税率为36%。

2.计算进口卷烟消费税组成计税价格和应纳消费税税额

依据上述确定的消费税适用比例税率，计算进口卷烟消费税组成计税价格和应纳消费税税额。

（1）$$\text{进口卷烟消费税组成计税价格}=(\text{关税完税价格}+\text{关税}+\text{消费税定额税额})\div(1-\text{进口卷烟消费税适用比例税率})$$

（2）$$\text{应纳消费税税额}=\text{进口卷烟消费税组成计税价格}\times\text{进口卷烟消费税适用比例税率}+\text{消费税定额税额}$$

式中：消费税定额税额＝海关核定的卷烟数量×消费税定额税率。

消费税定额税率与国内相同，每标准箱（50 000支）为150元。

【做中学3-11】2020年10月，甲公司从国外进口卷烟200箱（每箱250条，每条200支），支付买价1 800 000元，支付到达我国海关前的运输费用150 000元、保险费用50 000元，关税税率为20%，款项全部以银行存款付清。该批卷烟应纳消费税计算如下：

每条进口卷烟消费税适用比例税率的价格 = ［（1 800 000+150 000+50 000）÷（200 × 250）×（1+20%）+0.6］÷（1 − 30%）= 69.43（元）

每条卷烟价格小于70元，适用消费税税率为36%。

海关代征的卷烟消费税税额 = 200 × 250 × 69.43 × 36%+200 × 250 × 0.6 = 1 279 740（元）

五、特殊环节应纳消费税的计算

（一）卷烟批发环节应纳消费税的计算

自2009年5月1日起，在卷烟批发环节加征5%的消费税。自2015年5月10日起，卷烟批发环节从价税税率由5%提高至11%，并按0.005元/支加征从量税。

【做中学3-12】甲卷烟批发企业是增值税一般纳税人，2020年6月销售卷烟50标准箱，即12 500条。开具增值税专用发票，每条不含税售价113元。甲卷烟批发企业2020年6月应纳消费税税额计算如下：

应纳消费税 = 113 × 12 500 × 11% + 50 × 250 × 200× 0.005 = 167 875（元）

（二）超豪华小汽车零售环节应纳消费税的计算

自2016年12月1日起，在生产（进口）环节按现行税率征收消费税的基础上，对超豪华小汽车零售环节加征10%的消费税。应纳消费税的计算公式为：

应纳消费税 = 零售环节销售额（不含税）× 零售环节税率

国内汽车生产企业直接销售给消费者的超豪华小汽车，消费税税率按照生产环节税率和零售环节税率加总计算。应纳消费税的计算公式为：

应纳消费税 = 销售额（不含税）×（生产环节税率 + 零售环节税率）

任务设计

情境资料：2020年6月，某高校会计学专业毕业生杨静到唐山鑫达股份有限公司报税岗位进行顶岗实习。该公司主要生产经营酒类、卷烟和高档化妆品，当月发生下列经济业务：

（1）3日，批发高档化妆品，开具的增值税专用发票上注明的价款为50 000元，税额为6 500元，款已收到；零售高档化妆品，开具的普通发票上注明的价款为2 825元。

（2）6日，销售散装粮食白酒10吨，增值税专用发票上注明价款200万元，收取酒桶押金11 300元；销售啤酒100吨，不含税售价为2 000元/吨，另收取酒桶押金5 650元。

（3）12日，用自产粮食白酒20吨抵偿八方超市货款140 000元，不足或多余部分不再结算。该粮食白酒本月每吨售价在5 500元至6 500元之间浮动，平均售价为6 000元。

（4）15日，将自产的啤酒20吨销售给华盛超市，货款已收到；将10吨让客户及顾客免费品尝。该啤酒出厂价为3 500元/吨，成本为2 500元/吨。

（5）20日，向陈氏超市销售用上月外购烟丝生产的卷烟20标准箱（每标准箱250标准条），每标准条调拨价格为100元，共计500 000元（购入烟丝支付含增值税价款

113 000元)，采取托收承付结算方式，货已发出并办妥托收手续。

（6）24日，将一批自产的高档化妆品作为福利发给职工，这批化妆品的成本为40 000元。假设该类化妆品不存在同类消费品销售价格。

（7）6月1日，将外购的100 000元烟叶发给华润公司，委托其加工成烟丝。华润公司代垫4 000元辅助材料（款已付），本月应支付加工费36 000元（不含税）、增值税4 680元。6月5日，以银行存款付清全部款项及消费税；6日，收回已加工的烟丝并全部生产卷烟10箱；26日，该批卷烟全部用于销售，总售价为300 000元，款已收到。

（8）27日，从国外购进成套高档化妆品，关税完税价格为60 000美元，关税税率为50%。假定当日美元对人民币的汇率为1∶6.40，货款全部以银行存款付清。

要求：计算该公司6月应缴纳的消费税。

操作步骤：

第一步：判断经济业务类型。

属于直接对外销售应税消费品业务的有：(1)、(2)、(4) 和 (5)；属于自产自用应税消费品业务的有 (3)、(4) 和 (6)；属于委托加工应税消费品业务的有 (7)；属于进口应税消费品业务的有 (8)。

第二步：分别计算应纳消费税税额。

（1）销售高档化妆品应纳消费税税额 = 50 000 × 15% + 2 825 ÷（1+13%） × 15%
= 7 875（元）

（2）销售粮食白酒应纳消费税税额 = ［2 000 000 + 11 300 ÷（1+13%）］× 20% + 10× 2 000 × 0.5 = 412 000（元）

销售啤酒应纳消费税税额 = 100 × 220 = 22 000（元）

（3）抵偿货款白酒应纳消费税税额 = 6 500 × 20 × 20%+20 × 2 000 × 0.5
= 46 000（元）

（4）啤酒应纳消费税税额 = (20 + 10) × 250 = 7 500（元）

（5）外购烟丝已纳消费税税额 = 113 000 ÷（1+13%） × 30% = 30 000（元）

出售卷烟应纳消费税税额 = （500 000 × 56% + 20 × 150）− 30 000 = 253 000（元）

（6）自用高档化妆品应纳消费税税额 = 40 000 × （1 + 5%）÷（1 − 15%） × 15%
= 7 411.76（元）

（7）烟丝组成计税价格 = （100 000 + 4 000 + 36 000）÷（1 − 30%） = 200 000（元）

华润公司代收代缴的烟丝消费税税额 = 200 000 × 30% = 60 000（元）

每条卷烟价格 = 300 000 ÷（10 × 250） = 120（元）

适用税率为56%。

卷烟应纳消费税税额 = 300 000 × 56%+10 × 150 − 60 000 = 109 500（元）

（8）进口高档化妆品的组成计税价格 = 60 000 × 6.40 × （1 + 50%）÷（1 − 15%）
= 677 647.06（元）

海关代征的化妆品消费税税额 = 677 647.06 × 15% = 101 647.06（元）

第三步：汇总计算本月应纳的消费税税额。

唐山鑫达股份有限公司6月应申报的消费税 = 7 875+412 000+22 000+46 000+7 500+

253 000+7 411.76+109 500 = 865 286.76（元）

海关代征的消费税税额 = 101 647.06元

任务三 消费税的会计核算

一、会计核算的依据

消费税的会计核算依据有三种：

（一）销货发票

发票是纳税行为发生的原始依据，发票分增值税专用发票和普通发票两种，两者均可作为计算缴纳消费税的依据。

（二）应税凭证

应税凭证是“消费税纳税申报表”，它是确定本期应纳、已纳和未纳消费税以及是否正确计算应纳消费税税额的记账依据。

（三）完税凭证

完税凭证是“海关进口增值税专用缴款书”，企业缴纳消费税后，以加盖收款专用章的“收据联”所载金额作为完成纳税义务和账务处理的依据。

二、会计科目的设置

为了正确反映和核算消费税有关纳税事项，纳税人应在“应交税费”科目下设置“应交消费税”二级科目。计算应交消费税时，借记“税金及附加”“其他业务成本”“长期股权投资”“在建工程”“营业外支出”“应付职工薪酬”“应付账款”“销售费用”等科目，贷记“应交税费——应交消费税”科目。

（一）“应交税费——应交消费税”科目

“应交税费——应交消费税”科目的借方反映企业实际缴纳的消费税和待抵扣的消费税；贷方反映按规定应缴纳的消费税；期末贷方余额，反映尚未缴纳的消费税，期末借方余额，反映多交或待抵扣的消费税。

（二）“税金及附加”科目

消费税属于价内税，企业应将消费税作为成本费用，设置“税金及附加”科目进行核算。该科目主要核算消费税、城市维护建设税、教育费附加、资源税、土地增值税、房产税、车船税、城镇土地使用税、印花税等，借方核算纳税人按规定计提的应由主营业务负担的税金及附加，贷方核算收到出口退税或减免退回的税金，期末将余额转入“本年利润”科目，结转后该科目无余额。

三、会计核算实务

（一）一般销售的核算

企业销售应税消费品时，借记“税金及附加”科目，贷记“应交税费——应交消费税”科目；实际缴纳消费税时，借记“应交税费——应交消费税”科目，贷记“银行存款”科目；发生销货退回及退税时编制相反的会计分录。

【做中学3-13】某日化厂2020年6月批发高档化妆品20套，增值税专用发票上注明的价款为200 000元，税额为26 000元，款项已收到。根据上述资料编制会计分录如下：

（1）销售化妆品，确认收入时：

借：银行存款　　226 000
　　贷：主营业务收入　　200 000
　　　　应交税费——应交增值税（销项税额）　　26 000

（2）计提消费税时：

借：税金及附加　　30 000
　　贷：应交税费——应交消费税　　30 000

（二）视同销售的核算

1.用于在建工程或者直接转为固定资产

纳税人将自产的应税消费品用于在建工程或者直接转为固定资产时，应于货物移送使用时，按同类消费品的平均销售价格或组成计税价格计算应纳消费税和应纳增值税，贷记“应交税费——应交消费税”“应交税费——应交增值税”科目；按移送的货物成本，贷记“库存商品”科目；按应缴纳的增值税、消费税和移送货物的成本之和，借记“在建工程”“固定资产”科目。

【做中学3-14】某石化厂将自产的1 000升90号含铅汽油用于本厂在建工程。该标号汽油的单位售价为6.5元/升，单位成本为3.2元/升。根据上述资料编制会计分录如下：

应纳消费税税额＝1 000×1.52＝1 520（元）

应纳增值税销项税额＝6.5×1 000×13%＝845（元）

借：在建工程　　5 565
　　贷：库存商品　　3 200
　　　　应交税费——应交增值税（销项税额）　　845
　　　　　　　　——应交消费税　　1 520

2.用于捐赠、赞助、广告、集体福利

纳税人将自产的应税消费品用于捐赠、赞助和广告的，应于货物移送使用时，按同类消费品的平均销售价格或组成计税价格计算应纳消费税和应纳增值税，贷记“应交税费——应交消费税”“应交税费——应交增值税”科目；按移送的货物成本，贷记“库存商品”科目；按应缴纳的增值税、消费税和移送货物的成本之和，借记“营业外支出”“销售费用”科目。

【做中学3-15】某汽车制造厂将一辆自产的中轻型商用客车捐赠给儿童福利院。该型号客车的售价为50 000元/辆，成本为32 000元/辆。根据上述资料编制会计分录如下：

应纳消费税税额＝50 000×5%＝2 500（元）

应纳增值税销项税额＝50 000×13%＝6 500（元）

借：营业外支出 41 000
　　贷：库存商品 32 000
　　　　应交税费——应交增值税（销项税额） 6 500
　　　　　　　　——应交消费税 2 500

【做中学3-16】某啤酒厂将自产的啤酒20吨销售给华盛超市，货款已收到；另将10吨啤酒作为样品让客户及顾客免费品尝。该啤酒出厂价为3 500元/吨，成本为2 500元/吨。根据上述资料编制会计分录如下：

（1）销售啤酒给华盛超市时：

借：银行存款 79 100
　　贷：主营业务收入 70 000
　　　　应交税费——应交增值税（销项税额） 9 100
借：税金及附加 5 000
　　贷：应交税费——应交消费税 5 000

（2）将啤酒给客户及顾客免费品尝时：

借：营业外支出 32 050
　　贷：库存商品 25 000
　　　　应交税费——应交增值税（销项税额） 4 550
　　　　　　　　——应交消费税 2 500

3.将自产的应税消费品用于个人消费

纳税人将自产的应税消费品用于职工个人福利的，应于货物移送使用时，按同类消费品的平均销售价格或组成计税价格计算应纳增值税，借记“应付职工薪酬”科目，贷记“主营业务收入”“应交税费——应交增值税（销项税额）”科目；按移送的货物成本，贷记“库存商品”科目；按同类消费品的平均销售价格或组成计税价格计算应纳消费税，借记“税金及附加”科目，贷记“应交税费——应交消费税”科目。

【做中学3-17】某日化厂将一批自产的高档化妆品作为福利发给职工，这批化妆品的成本为40 000元。假设该类化妆品不存在同类消费品销售价格。根据上述资料编制会计分录如下：

（1）化妆品作为福利发给职工个人时：

借：应付职工薪酬 55 835.29
　　贷：主营业务收入 49 411.76
　　　　应交税费——应交增值税（销项税额） 6 423.53

（2）计提消费税时：

借：税金及附加 7 411.76
　　贷：应交税费——应交消费税 7 411.76

4.以应税消费品换取生产资料、消费资料、投资入股、抵偿债务

纳税人以自产的应税消费品换取生产资料和消费资料，均应视同销售，计提增值税和消费税。以换出或抵债的应税消费品当月同类产品的平均价格确定销售额和增值税，借记“应付账款”等科目，贷记“应交税费——应交增值税（销项税额）”科目；以换

出或抵债的应税消费品当月同类消费品的最高销售价格计算消费税，借记“税金及附加”科目，贷记“应交税费——应交消费税”等科目。

【做中学3-18】某酒厂用自产粮食白酒20吨抵偿八方超市货款140 000元，不足或多余部分不再结算。该粮食白酒本月每吨售价在5 500元至6 500元之间浮动，平均售价为6 000元。根据上述资料编制会计分录如下：

（1）偿还外债时：

借：应付账款——八方超市　140 000

　　贷：主营业务收入　120 000

　　　　应交税费——应交增值税（销项税额）　15 600

　　　　营业外收入——债务重组收益　4 400

（2）计提消费税时：

借：税金及附加　46 000

　　贷：应交税费——应交消费税　46 000

（三）包装物押金的核算

1.随同商品出售但单独计价的包装物

随同商品出售但单独计价的包装物，其收入记入“其他业务收入”科目的贷方；按规定计提的消费税，借记“税金及附加”科目，贷记“应交税费——应交消费税”科目；同时结转包装物的成本。

2.出租、出借包装物逾期的押金

纳税人出租、出借包装物逾期未退还的包装物押金，应从“其他应付款”科目转入“其他业务收入”科目，并按照应缴纳的消费税，借记“税金及附加”科目，贷记“应交税费——应交消费税”科目。

【做中学3-19】某酒厂销售散装粮食白酒10吨，增值税专用发票上注明的价款为2 000 000元，收取酒桶押金11 300元；销售啤酒100吨，不含税售价为2 000元/吨，另收取啤酒桶押金5 650元。根据上述资料编制会计分录如下：

（1）销售粮食白酒时：

借：银行存款　2 260 000

　　贷：主营业务收入　2 000 000

　　　　应交税费——应交增值税（销项税额）　260 000

（2）计提白酒的消费税时：

借：税金及附加　410 000

　　贷：应交税费——应交消费税　410 000

（3）收到酒桶押金时：

借：银行存款　11 300

　　贷：其他应付款　11 300

（4）计提酒桶押金的增值税时：

借：其他应付款　1 300

　　贷：应交税费——应交增值税（销项税额）　1 300

（5）计提酒桶押金的消费税时：

借：税金及附加　　2 000

　　贷：应交税费——应交消费税　　2 000

（6）销售啤酒时：

借：银行存款　　226 000

　　贷：主营业务收入　　200 000

　　　　应交税费——应交增值税（销项税额）　　26 000

（7）计提啤酒的消费税时：

借：税金及附加　　22 000

　　贷：应交税费——应交消费税　　22 000

（8）收到啤酒桶押金时：

借：银行存款　　5 650

　　贷：其他应付款　　5 650

（四）委托加工应税消费品的核算

委托加工的应税消费品，由受托方向所在地主管税务机关解缴消费税税款；委托个人加工的应税消费品，由委托方向其机构所在地或者居住地主管税务机关申报纳税。

1.委托方的账务处理

（1）委托加工的应税消费品，收回后直接销售的，不再征收消费税。委托方应将受托方代收代缴的消费税计入委托加工的应税消费品成本，借记“委托加工物资”等科目，贷记“银行存款”“应付账款”等科目。

（2）委托加工的应税消费品收回后用于连续生产应税消费品按规定准予抵扣的，委托方应按受托方代收代缴的消费税税额，借记“应交税费——应交消费税”科目，贷记“银行存款”“应付账款”等科目。待加工成最终应税消费品销售时，按最终应税消费品应缴纳的消费税，借记“税金及附加”科目，贷记“应交税费——应交消费税”科目。

2.受托方的账务处理

受托方按应收的消费税税额，借记“银行存款”“应收账款”等科目，贷记“应交税费——应交消费税”科目。

【做中学3-20】某卷烟厂将外购的100 000元烟叶发给甲公司，委托其加工成烟丝。甲公司代垫4 000元辅助材料（款已付），本月应支付加工费36 000元（不含税）、增值税4 680元。本月5日，以银行存款付清全部款项及消费税；6日，收回已加工的烟丝并全部生产卷烟10箱；26日，该批卷烟全部用于销售，总售价为300 000元，款已收到。根据上述资料编制会计分录如下：

（1）发出委托加工材料时：

借：委托加工物资　　100 000

　　贷：原材料——烟叶　　100 000

（2）支付辅助材料费、加工费及增值税时：

借：委托加工物资　　40 000

　　应交税费——应交增值税（进项税额）　　4 680

　　贷：银行存款　　44 680

（3）支付消费税时：

借：应交税费——应交消费税　　60 000

　　贷：银行存款　　60 000

（4）卷烟完工入库时：

借：库存商品　　140 000

　　贷：委托加工物资　　140 000

（5）销售卷烟时：

借：银行存款　　339 000

　　贷：主营业务收入　　300 000

　　　　应交税费——应交增值税（销项税额）　　39 000

（6）计提消费税时：

借：税金及附加　　169 500

　　贷：应交税费——应交消费税　　169 500

（五）进口应税消费品的核算

进口应税消费品时，由海关代征的进口消费税应计入应税消费品的成本，根据海关完税凭证上注明的消费税税额，借记“固定资产”“物资采购”“库存商品”“应交税费——应交增值税（进项税额）”等科目，贷记“银行存款”“应付账款”等科目。

【做中学3-21】某企业从国外购进成套高档化妆品，关税完税价格为60 000美元，关税税率为50%。假定当日美元对人民币的汇率为1∶6.40，货款全部以银行存款付清。根据上述资料编制会计分录如下：

（1）进口化妆品，支付货款时：

借：物资采购　　384 000

　　贷：银行存款　　384 000

（2）支付关税时：

借：物资采购　　192 000

　　贷：银行存款　　192 000

（3）支付增值税、消费税时：

借：物资采购　　101 647.06

　　应交税费——应交增值税（进项税额）　　88 094.12

　　贷：银行存款　　189 741.18

任务四 消费税的纳税申报

一、消费税的征收管理

（一）纳税义务发生时间

纳税人销售的应税消费品应于销售时纳税，进口应税消费品应于报关进口环节纳税，但金银首饰、钻石及钻石饰品在零售环节纳税。

（1）纳税人销售应税消费品，纳税义务发生时间为收讫销售款项或者取得索取销售款项凭据的当天；先开具发票的，为开具发票的当天。

（2）委托加工应税消费品，除受托方为个人外，由受托方在向委托方交货时代收代缴税款，纳税义务发生时间为受托方向委托方交货的当天。

（3）未对外销售，自用应税消费品纳税义务发生时间为移送货物的当天。

（4）进口应税消费品，纳税义务发生时间为进入关境的当天。

（二）计税期间和纳税期限

消费税的计税期间分别为10日、15日、一个月、一个季度或者半年。纳税人的具体计税期间，由主管税务机关根据纳税人应纳税额的大小分别核定；不能按照固定计税期间纳税的，可以按次纳税。

纳税人以一个月、一个季度或者半年为一个计税期间的，自期满之日起15日内申报纳税；以10日或者15日为一个计税期间的，自期满之日起5日内预缴税款，于次月1日起15日内申报纳税并结清上月应纳税款。

扣缴义务人解缴税款的计税期间和申报纳税期限，依照前两款规定执行。

纳税人进口应税消费品，应当自海关填发海关进口消费税专用缴款书之日起15日内缴纳税款。

（三）纳税地点

（1）纳税人销售应税消费品的，以及自用应税消费品的，除国务院财政、税务主管部门另有规定外，应当向纳税人机构所在地或者居住地的主管税务机关申报纳税。

（2）委托加工应税消费品的，除受托方为个人外，由受托方向机构所在地的主管税务机关解缴消费税税款。

（3）进口应税消费品的，应当向报关地海关申报纳税。消费税由税务机关征收，进口的应税消费品的消费税由税务机关委托海关代征。海关应当将受托代征消费税的信息和货物出口报关的信息共享给税务机关。个人携带或者邮寄进境的应税消费品的消费税计征办法由国务院制定。

二、纳税申报

（一）原消费税纳税申报表

纳税人无论当期有无销售或是否盈利，均应在次月1日至15日内根据应税消费品分别填写“烟类应税消费品消费税纳税申报表”，见表3-4；“酒类应税消费品消费税纳税申报表”，见表3-5；“成品油消费税纳税申报表”见表3-6；“电池消费税纳税申报表”，见表3-7；“涂料消费税纳税申报表”，见表3-8；“小汽车消费税纳税申报表”，见表3-9；“其他应税消费品消费税纳税申报表”，见表3-10，向主管税务机关进行纳税申报。

任务设计

情境资料：沿用本项目任务二【任务设计】的资料。

要求：编制唐山鑫达股份有限公司6月消费税的纳税申报表。具体填写情况见表3-4至表3-10。

表3-4　　烟类应税消费品消费税纳税申报表

税款所属时间：自2020年6月1日至2020年6月30日

纳税人名称：（公章）唐山鑫达股份有限公司

纳税人识别号（统一社会信用代码）：□□□□□□□□□□□□□□□□□□

填表日期：2020年7月5日　　单位：卷烟万支、雪茄烟支、烟丝千克；金额单位：元（列至角分）

项目 应税消费品名称	适用税率		销售数量	销售额	应纳税额
	定额税率	比例税率			
甲类卷烟	30元/万支	56%	150	800 000	452 500
乙类卷烟	30元/万支	36%			
雪茄烟	—	36%			
烟丝	—	30%			
合计	—	—	—	—	452 500

本期准予扣除税额：90 000	**声明** 此纳税申报表是根据国家税收法律的规定填报的，我确定它是真实的、可靠的、完整的。 经办人（签章）： 财务负责人（签章）： 联系电话：
本期减（免）税额：	
期初未缴税额：	
本期缴纳前期应纳税额：	（如果你已委托代理人申报，请填写） **授权声明** 为代理一切税务事宜，现授权________（地址）____________________为本纳税人的代理申报人，任何与本申报表有关的往来文件，都可寄与此人。 授权人签章：
本期预缴税额：	
本期应补（退）税额：362 500	
期末未缴税额：	

以下由税务机关填写

受理人（签章）：　　受理日期：　年　月　日　　受理税务机关（章）：

操作步骤：

第一步：分析经济业务内容，选择纳税申报表。

采用烟类应税消费品的消费税纳税申报表的业务有（5）和（7）；

采用酒类应税消费品的消费税纳税申报表的业务有（2）、（3）和（4）；

采用其他应税消费品的消费税纳税申报表的业务有（1）和（6）。

第二步：分别编制消费税的纳税申报表。

表 3-5　酒类应税消费品消费税纳税申报表

税款所属时间：自2020年6月1日至2020年6月30日

纳税人名称：（公章）唐山鑫达股份有限公司

纳税人识别号（统一社会信用代码）：□□□□□□□□□□□□□□□□□□

填表日期：2020年7月5日　　　　金额单位：元（列至角分）

项目 应税消费品名称	适用税率		销售数量	销售额	应纳税额
	定额税率	比例税率			
粮食白酒	0.5元/斤	20%	60 000	2 140 000	458 000
薯类白酒	0.5元/斤	20%			
甲类啤酒	250元/吨	—	30		7 500
乙类啤酒	220元/吨	—	100		22 000
黄酒	240元/吨	—			
其他酒	—	10%			
合计	—	—	—	—	487 500

本期准予扣除税额：	**声明** 此纳税申报表是根据国家税收法律的规定填报的，我确定它是真实的、可靠的、完整的。 经办人（签章）： 财务负责人（签章）： 联系电话：
本期减（免）税额：	
期初未缴税额：	
本期缴纳前期应纳税额：	（如果你已委托代理人申报，请填写） **授权声明** 为代理一切税务事宜，现授权＿＿＿＿＿＿＿＿（地址）＿＿＿＿＿＿为本纳税人的代理申报人，任何与本申报表有关的往来文件，都可寄与此人。 授权人签章：
本期预缴税额：	
本期应补（退）税额：487 500	
期末未缴税额：	

以下由税务机关填写

受理人（签章）：　　受理日期：　　年　　月　　日　　受理税务机关（章）：

自税款所属期2018年3月起，纳税人申报成品油消费税时应填写新的“成品油消费税纳税申报表”及其附列资料（见附件）。享受成品油消费税减免税优惠政策的纳税人，在纳税申报时应同时填写“本期减（免）税额明细表”。

表3-6　　成品油消费税纳税申报表

税款所属时间：自　　年　　月　　日至　　年　　月　　日

纳税人名称：（公章）

纳税人识别号（统一社会信用代码）：□□□□□□□□□□□□□□□□□□

填表日期：　　年　　月　　日　　　　计量单位：升；金额单位：元（列至角分）

<table>
<tr><th>项目
应税消费品名称</th><th>适用税率（元/升）</th><th>销售数量</th><th>应纳税额</th></tr>
<tr><td>汽油</td><td></td><td></td><td></td></tr>
<tr><td>柴油</td><td></td><td></td><td></td></tr>
<tr><td>石脑油</td><td></td><td></td><td></td></tr>
<tr><td>溶剂油</td><td></td><td></td><td></td></tr>
<tr><td>润滑油</td><td></td><td></td><td></td></tr>
<tr><td>燃料油</td><td></td><td></td><td></td></tr>
<tr><td>航空煤油</td><td></td><td></td><td></td></tr>
<tr><td>1.合计</td><td>—</td><td>—</td><td></td></tr>
<tr><td colspan="3">2.本期减（免）税额：</td><td rowspan="7">声明
此纳税申报表是根据国家税收法律、法规规定填报的，我确定它是真实的、可靠的、完整的。
声明人签字：</td></tr>
<tr><td colspan="3">3.期初留抵税额：</td></tr>
<tr><td colspan="3">4.本期准予扣除税额：</td></tr>
<tr><td colspan="3">5.本期应抵扣税额：</td></tr>
<tr><td colspan="3">6.期初未缴税额：</td></tr>
<tr><td colspan="3">7.期末留抵税额：</td></tr>
<tr><td colspan="3">8.本期实际抵扣税额：</td></tr>
<tr><td colspan="3">9.本期缴纳前期应纳税额：</td><td rowspan="4">（如果你已委托代理人申报，请填写）
授权声明
为代理一切税务事宜，现授权________________（地址）______________为本纳税人的代理申报人，任何与本申报表有关的往来文件，都可寄与此人。
授权人签字：</td></tr>
<tr><td colspan="3">10.本期预缴税额：</td></tr>
<tr><td colspan="3">11.本期应补（退）税额：</td></tr>
<tr><td colspan="3">12.期末未缴税额：</td></tr>
</table>

以下由税务机关填写

受理人（签章）：　　受理日期：　　年　　月　　日　　受理税务机关（章）：

表 3-7 电池消费税纳税申报表

税款所属时间：自　　年　　月　　日至　　年　　月　　日

纳税人名称：（公章）

纳税人识别号（统一社会信用代码）：□□□□□□□□□□□□□□□□□□

填表日期：　　年　　月　　日　　　　计量单位：只　金额单位：元（列至角分）

<table>
<tr><th>项目
应税消费品名称</th><th>适用税率</th><th>销售数量</th><th>销售额</th><th>应纳税额</th></tr>
<tr><td>电池（不含铅蓄电池）</td><td>4%</td><td></td><td></td><td></td></tr>
<tr><td>铅蓄电池</td><td>4%</td><td></td><td></td><td></td></tr>
<tr><td>合计</td><td>—</td><td></td><td></td><td></td></tr>
<tr><td colspan="2">本期准予扣除税额：</td><td colspan="3" rowspan="3">声明
此纳税申报表是根据国家税收法律规定填报的，我确定它是真实的、可靠的、完整的。
经办人（签章）：
财务负责人（签章）：
联系电话：</td></tr>
<tr><td colspan="2">本期减（免）税额：</td></tr>
<tr><td colspan="2">期初未缴税额：</td></tr>
<tr><td colspan="2">本期缴纳前期应纳税额：</td><td colspan="3" rowspan="4">（如果你已委托代理人申报，请填写）
授权声明
为代理一切税务事宜，现授权＿＿＿＿＿＿＿＿（地址）＿＿＿＿＿＿＿＿为本纳税人的代理申报人，任何与本申报表有关的往来文件，都可寄与此人。
授权人签章：</td></tr>
<tr><td colspan="2">本期预缴税额：</td></tr>
<tr><td colspan="2">本期应补（退）税额：</td></tr>
<tr><td colspan="2">期末未缴税额：</td></tr>
</table>

以下由税务机关填写

受理人（签章）：　　受理日期：　　年　　月　　日　　受理税务机关（章）：

表 3-8 涂料消费税纳税申报表

税款所属时间：自　　年　　月　　日至　　年　　月　　日

纳税人名称：（公章）

纳税人识别号（统一社会信用代码）：□□□□□□□□□□□□□□□□□□

填表日期：　　年　　月　　日　　　　计量单位：吨　金额单位：元（列至角分）

<table>
<tr><th>项目</th><th>适用税率</th><th>销售数量</th><th>销售额</th><th>应纳税额</th></tr>
<tr><td>涂料</td><td>4%</td><td></td><td></td><td></td></tr>
<tr><td colspan="3">本期准予扣除税额：</td><td colspan="2" rowspan="3">声明
此纳税申报表是根据国家税收法律的规定填报的，我确定它是真实的、可靠的、完整的。
经办人（签章）：
财务负责人（签章）：
联系电话：</td></tr>
<tr><td colspan="3">本期减（免）税额：</td></tr>
<tr><td colspan="3">期初未缴税额：</td></tr>
<tr><td colspan="3">本期缴纳前期应纳税额：</td><td colspan="2" rowspan="4">（如果你已委托代理人申报，请填写）
授权声明
为代理一切税务事宜，现授权＿＿＿＿＿＿＿＿（地址）＿＿＿＿＿＿＿＿为本纳税人的代理申报人，任何与本申报表有关的往来文件，都可寄与此人。
授权人签章：</td></tr>
<tr><td colspan="3">本期预缴税额：</td></tr>
<tr><td colspan="3">本期应补（退）税额：</td></tr>
<tr><td colspan="3">期末未缴税额：</td></tr>
</table>

以下由税务机关填写

受理人（签章）：　　受理日期：　　年　　月　　日　　受理税务机关（章）：

表 3-9　　　　　　　　　　　小汽车消费税纳税申报表

税款所属时间：自　　年　　月　　日至　　年　　月　　日

纳税人名称：(公章)

纳税人识别号（统一社会信用代码）：□□□□□□□□□□□□□□□□□□

填表日期：　　年　　月　　日　　　　　　　　　　　　单位：辆、元（列至角分）

应税消费品名称 \ 项目		适用税率	销售数量	销售额	应纳税额
乘用车	气缸容量≤1.0升	1%			
	1.0升＜气缸容量≤1.5升	3%			
	1.5升＜气缸容量≤2.0升	5%			
	2.0升＜气缸容量≤2.5升	9%			
	2.5升＜气缸容量≤3.0升	12%			
	3.0升＜气缸容量≤4.0升	25%			
	气缸容量＞4.0升	40%			
中轻型商用客车		5%			
合计		—	—	—	

<table>
<tr><td>本期准予扣除税额：</td><td rowspan="3">声明
此纳税申报表是根据国家税收法律的规定填报的，我确定它是真实的、可靠的、完整的。
经办人（签章）：
财务负责人（签章）：
联系电话：</td></tr>
<tr><td>本期减（免）税额：</td></tr>
<tr><td>期初未缴税额：</td></tr>
<tr><td>本期缴纳前期应纳税额：</td><td rowspan="4">（如果你已委托代理人申报，请填写）
授权声明
为代理一切税务事宜，现授权__________（地址）__________为本纳税人的代理申报人，任何与本申报表有关的往来文件，都可寄与此人。
授权人签章：</td></tr>
<tr><td>本期预缴税额：</td></tr>
<tr><td>本期应补（退）税额：</td></tr>
<tr><td>期末未缴税额：</td></tr>
</table>

以下由税务机关填写

受理人（签章）：　　　受理日期：　　年　　月　　日　　　受理税务机关（章）：

表3-10　　其他应税消费品消费税纳税申报表

税款所属时间：自2020年6月1日至2020年6月30日

纳税人名称：（公章）唐山鑫达股份有限公司

纳税人识别号（统一社会信用代码）：□□□□□□□□□□□□□□□□□□

填表日期：2020年7月5日　　　　金额单位：元（列至角分）

项目 应税消费品名称	适用税率	销售数量	销售额	应纳税额
高档化妆品	15%		101 911.76	15 286.76
合计	—	—	—	15 286.76

<table>
<tr><td>本期准予抵减税额：</td><td rowspan="3">声明
此纳税申报表是根据国家税收法律的规定填报的，我确定它是真实的、可靠的、完整的。
经办人（签章）：
财务负责人（签章）：
联系电话：</td></tr>
<tr><td>本期减（免）税额：</td></tr>
<tr><td>期初未缴税额：</td></tr>
<tr><td>本期缴纳前期应纳税额：</td><td rowspan="4">（如果你已委托代理人申报，请填写）
授权声明
为代理一切税务事宜，现授权______（地址）______为本纳税人的代理申报人，任何与本申报表有关的往来文件，都可寄与此人。
授权人签章：</td></tr>
<tr><td>本期预缴税额：</td></tr>
<tr><td>本期应补（退）税额：15 286.76</td></tr>
<tr><td>期末未缴税额：</td></tr>
</table>

以下由税务机关填写

受理人（签章）：　　受理日期：　年　月　日　　受理税务机关（章）：

（二）新消费税及附加税费申报表

自2021年5月1日起，海南、陕西、大连和厦门开展消费税分别与城市维护建设税、教育费附加、地方教育附加申报表整合试点，启用“消费税及附加税费申报表”。纳税人无论当期有无销售或是否盈利，均应在次月1日至15日内根据应税消费品填写“消费税及附加税费申报表”及其附表。其中“消费税及附加税费申报表”主表，见表3-11；附表1-1“本期准予扣除税额计算表”，见表3-12；附表1-2“本期准予扣除税额计算表”，见表3-13；附表2“本期减（免）税额明细表”，见表3-14；附表3“本期委托加工收回情况报告表”，见表3-15；附表4“卷烟批发企业月份销售明细清单”，见表3-16；附表5“卷烟生产企业合作生产卷烟消费税情况报告表”，见表3-17；附表6“消费税附加税费计算表”，见表3-18。

表3-11 **消费税及附加税费申报表**

税款所属期：自　　年　月　日至　　年　月　日

纳税人识别号（统一社会信用代码）：□□□□□□□□□□□□□□□□□□

纳税人名称：　　　　　　　　　　　　　　　　　金额单位：人民币元（列至角分）

项目 应税消费品名称	适用税率		计量单位	本期销售数量	本期销售额	本期应纳税额
	定额税率	比例税率				
	1	2	3	4	5	6 = 1 × 4+2 × 5
合计						

	栏次	本期税费额
本期减（免）税额	7	
期初留抵税额	8	
本期准予扣除税额	9	
本期应扣除税额	10 = 8+9	
本期实际扣除税额	11［若10<（6 − 7），则为10，否则为（6 − 7）］	
期末留抵税额	12 = 10 − 11	
本期预缴税额	13	
本期应补（退）税额	14 = 6 − 7 − 11 − 13	
城市维护建设税本期应补（退）税额	15	
教育费附加本期应补（退）费额	16	
地方教育附加本期应补（退）费额	17	

声明：此表是根据国家税收法律法规及相关规定填写的，本人（单位）对填报内容（及附带资料）的真实性、可靠性、完整性负责。

纳税人（签章）：　　　年　月　日

经办人： 经办人身份证号： 代理机构签章： 代理机构统一社会信用代码：	受理人： 受理税务机关（章）： 受理日期：　　年　月　日

表3-12　　本期准予扣除税额计算表

金额单位：元（列至角分）

<table>
<tr><td colspan="4">准予扣除项目 \ 应税消费品名称</td><td></td><td></td><td></td><td>合计</td></tr>
<tr><td colspan="2" rowspan="5">一、本期准予扣除的委托加工应税消费品已纳税款计算</td><td>期初库存委托加工应税消费品已纳税款</td><td>1</td><td></td><td></td><td></td><td></td></tr>
<tr><td>本期收回委托加工应税消费品已纳税款</td><td>2</td><td></td><td></td><td></td><td></td></tr>
<tr><td>期末库存委托加工应税消费品已纳税款</td><td>3</td><td></td><td></td><td></td><td></td></tr>
<tr><td>本期领用不准予扣除委托加工应税消费品已纳税款</td><td>4</td><td></td><td></td><td></td><td></td></tr>
<tr><td>本期准予扣除委托加工应税消费品已纳税款</td><td>5 = 1+2 − 3 − 4</td><td></td><td></td><td></td><td></td></tr>
<tr><td rowspan="13">二、本期准予扣除的外购应税消费品已纳税款计算</td><td rowspan="6">（一）从价计税</td><td>期初库存外购应税消费品买价</td><td>6</td><td></td><td></td><td></td><td></td></tr>
<tr><td>本期购进应税消费品买价</td><td>7</td><td></td><td></td><td></td><td></td></tr>
<tr><td>期末库存外购应税消费品买价</td><td>8</td><td></td><td></td><td></td><td></td></tr>
<tr><td>本期领用不准予扣除外购应税消费品买价</td><td>9</td><td></td><td></td><td></td><td></td></tr>
<tr><td>适用税率</td><td>10</td><td></td><td></td><td></td><td></td></tr>
<tr><td>本期准予扣除外购应税消费品已纳税款</td><td>11 = （6+7 − 8 − 9）× 10</td><td></td><td></td><td></td><td></td></tr>
<tr><td rowspan="7">（二）从量计税</td><td>期初库存外购应税消费品数量</td><td>12</td><td></td><td></td><td></td><td></td></tr>
<tr><td>本期外购应税消费品数量</td><td>13</td><td></td><td></td><td></td><td></td></tr>
<tr><td>期末库存外购应税消费品数量</td><td>14</td><td></td><td></td><td></td><td></td></tr>
<tr><td>本期领用不准予扣除外购应税消费品数量</td><td>15</td><td></td><td></td><td></td><td></td></tr>
<tr><td>适用税率</td><td>16</td><td></td><td></td><td></td><td></td></tr>
<tr><td>计量单位</td><td>17</td><td></td><td></td><td></td><td></td></tr>
<tr><td>本期准予扣除的外购应税消费品已纳税款</td><td>18 = （12+13 − 14 − 15）× 16</td><td></td><td></td><td></td><td></td></tr>
<tr><td colspan="3">三、本期准予扣除税款合计</td><td>19 = 5+11+18</td><td></td><td></td><td></td><td></td></tr>
</table>

表 3-13 本期准予扣除税额计算表

（成品油消费税纳税人适用）

金额单位：元（列至角分）

一、扣除税额及库存计算

扣除油品类别	上期库存数量	本期外购入库数量	委托加工收回连续生产数量	本期准予扣除数量	本期准予扣除税额	本期领用未用于连续生产不准予扣除数量	期末库存数量
1	2	3	4	5	6	7	8＝2+3+4－5－7
汽油							
柴油							
石脑油							
润滑油							
燃料油							
合计							

二、润滑油基础油（废矿物油）和变性燃料乙醇领用存

产品名称	上期库存数量	本期入库数量	本期生产领用数量	期末库存数量
1	2	3	4	5＝2+3－4
润滑油基础油（废矿物油）				
变性燃料乙醇				

表 3-14 本期减（免）税额明细表

金额单位：元（列至角分）

项目 应税消费品名称	减（免）性质代码	减（免）项目名称	减（免）税销售额	适用税率（从价定率）	减（免）税销售数量	适用税率（从量定额）	减（免）税额
1	2	3	4	5	6	7	8＝4×5＋6×7
出口免税	—	—		—		—	—
合计	—	—	—	—	—	—	

表 3-15　　本期委托加工收回情况报告表

金额单位：元（列至角分）

一、委托加工收回应税消费品代收代缴税款情况

应税消费品名称	商品和服务税收分类编码	委托加工收回应税消费品数量	委托加工收回应税消费品计税价格	适用税率		受托方已代收代缴的税款	受托方（扣缴义务人）名称	受托方（扣缴义务人）识别号	税收缴款书（代扣代收专用）号码	税收缴款书（代扣代收专用）开具日期
				定额税率	比例税率					
1	2	3	4	5	6	7 = 3 × 5+ 4 × 6	8	9	10	11

二、委托加工收回应税消费品领用存情况

应税消费品名称	商品和服务税收分类编码	上期库存数量	本期委托加工收回入库数量	本期委托加工收回直接销售数量	本期委托加工收回用于连续生产数量	本期结存数量
1	2	3	4	5	6	7 = 3+4 − 5 − 6

表 3-16　　卷烟批发企业月份销售明细清单

（卷烟批发环节消费税纳税人适用）

卷烟条包装商品条码	卷烟牌号规格	卷烟类别	卷烟类型	销售价格	销售数量	销售额	备注
1	2	3	4	5	6	7	8

表3-17 卷烟生产企业合作生产卷烟消费税情况报告表

（卷烟生产环节消费税纳税人适用）

品牌输出方		品牌输入方		卷烟条包装商品条码	卷烟牌号规格	销量	销售价格	销售额	品牌输入方已缴纳税款
企业名称	统一社会信用代码	企业名称	统一社会信用代码						
1	2	3	4	5	6	7	8	9	10
合计									

表3-18 消费税附加税费计算表

税（费）种	计税（费）依据	税（费）率（征收率）（%）	本期应纳税（费）额	本期减免税（费）额		本期是否适用增值税小规模纳税人“六税两费”减征政策		本期已缴税（费）额	本期应补（退）税（费）额
						□是□否			
	消费税税额			减免性质代码	减免税（费）额	减征比例（%）	减征额		
	1	2	3＝1×2	4	5	6	7＝（3－5）×6	8	9＝3－5－7－8
城市维护建设税									
教育费附加									
地方教育附加									
合计									

项目小结

本项目内容归纳总结见表3-19。

表3-19　本项目内容归纳总结

消费税的基本法律知识	1.消费税纳税人的确定
	2.消费税征收范围的确定：15类消费品
	3.消费税税率的确定：比例税率、定额税率和复合税率
消费税的计算	1.生产销售应税消费品应纳税额的计算：从价定率方法应纳税额的计算；从量定额方法应纳税额的计算；从价定率和从量定额复合计税方法应纳税额的计算；已纳消费税扣除的计算
	2.自产自用应税消费品应纳税额的计算：自产自用应税消费品计税依据的确定；自产自用应税消费品应纳税额的计算
	3.委托加工应税消费品应纳税额的计算：委托加工应税消费品计税依据的确定；委托加工应税消费品应纳税额的计算；委托加工应税消费品已纳税款的扣除
	4.进口应税消费品应纳税额的计算：进口一般货物应纳税额的计算；进口应税消费品已纳的消费税税款的扣除；进口卷烟应纳消费税税额的计算
消费税的会计核算	1.会计科目的设置
	2.会计核算实务：一般销售的核算；视同销售的核算；包装物押金的核算；委托加工应税消费品的核算；进口应税消费品的核算
消费税及附加税费的纳税申报	1.纳税期限
	2.纳税地点
	3.纳税申报表的编制

项目四
关　税

【知识目标】 掌握进出口商品关税的计算；熟悉关税的会计处理；理解关税的基本法律知识。

【能力目标】 能够利用相关资料计算关税；填制进出口商品关税专用缴款书；根据进出口业务进行关税的账务处理。

【素质目标】 能够与海关、税务、市场监管、银行等单位进行工作交流、业务沟通，具有团结协作能力和较强的学习能力，能够适应不同的工作环境，具有在未来工作中的探索能力和创新思维能力。

任务一 关税的基本法律知识

一、关税的概念及分类

（一）关税的概念

关税是对进出我国国境或关境的货物和物品征收的一种税。其中：国境是指一个主权国家行使行政权力的领土界域，包括领土、领海、领空；关境，又称“海关境域”或“关税领域”，是指一个主权国家行使关税权力的领土界域，两者通常情况下是一致的。但在特殊情况下，有时关境大于国境，有时关境小于国境。

问题解答

问：关境和国境有什么关系？

答：关境和国境通常情况下是一致的。但某国境内若存在自由港、自由贸易区，则会使关境小于国境，如我国存在香港、澳门单独关税区；而几个国家若结成关税同盟，实施统一的关税法令和海关进出口税，则又会使关境大于国境，如欧盟。

（二）关税的分类

各国关税制度复杂、形式多样，按不同的分类标准和依据，可以划分为不同的种类。

1.按征税货物流向划分

按征税货物流向划分，关税分为进口税、出口税和过境税。

进口税，是对进口货物征收的关税。进口关税是各国关税的最主要形式，是各国政府维护国家主权、保护本国产业、增加财政收入的重要工具。

出口税，是对出口货物征收的关税。为了降低出口货物的成本，增加本国货物在国际市场上的竞争力，世界各国一般不征或少征出口关税，只对少数国家限制出口的资源产品征税。

过境税，是对外国货物通过本国国境或关境销往第三国时征收的关税。过境税征收的主要目的是增加财政收入，但由于其妨碍国际贸易和交通的发展，各国相继取消了过境关税。

2.按征税目的划分

按征税目的划分，关税分为财政关税和保护关税。

财政关税，是指以增加财政收入为主要目的而征收的关税。财政关税过高会阻碍进出口贸易的发展，达不到增加财政收入的目的，随着经济的发展，财政关税的地位大大下降。

保护关税，是指以保护本国经济发展为主要目的而征收的关税。保护关税主要是进口关税，通过征收高额的进口关税，使进口商品成本增高，削弱其在进口国市场的竞争力，以达到保护民族产业的目的。

3.按计征方法划分

按计征方法划分，关税分为从价关税、从量关税、混合关税、选择关税、滑动关税。

从价关税，以进出口货物的价格，即海关审定的完税价格为计税依据，根据一定比率的税率计征的关税。

从量关税，是以进出口货物的数量（按标准计税单位计量）为计税依据，按单位数量的应纳税额计征的关税。

混合关税，是指对进出口货物既从价征收，又从量征收，两者之和为应纳关税税额。

选择关税，是指关税税则对同一货物规定有从价和从量两种计税办法，征税时由海关选择。

滑动关税，又称滑准税，是从价税的一种，在关税税则中，对同一进出口货物事先按其价格高低设定若干档不同税率，海关计征时，当货物价格较高时使用较低税率，当货物价格较低时使用较高税率。

4.按差别待遇和特定的实施情况划分

按差别待遇和特定的实施情况划分，关税分为进口附加税、差价税、特惠税和普遍优惠制税。

进口附加税，是一国对进口货物，除了征收一般进口税外，根据某种目的再加征的额外关税。进口附加税主要有反补贴税和反倾销税。

差价税，又称差额税，当某种国产产品的国内价高于同类进口商品的价格时，为了削弱进口商品的竞争力，保护国内生产和国内市场，按国内价格与进口价的差额征收关税，称差价税。

特惠税，又称优惠税，它是指对从特定国家与地区输入的进口商品，全部或部分给予低关税或免征关税待遇的一种优惠关税。它不适用于从非优惠国家或地区进口的商品。特惠税可以是互惠的，也可以是非互惠的。

普遍优惠制税，简称普惠制税，它是指发达国家对从发展中国家或地区输入的产品，特别是制成品和半制成品普遍给予优惠的关税待遇。普惠关税包含普遍、非歧视和非互惠三项原则。“普遍”是指发达国家应对发展中国家出口的制成品和半制成品普遍给予优惠待遇；“非歧视”是指发达国家应使所有发展中国家都不受歧视，无例外地享受普遍优惠待遇；“非互惠”是指发达国家应单方面给予发展中国家关税优惠，而不应要求发展中国家给予同等的优惠待遇。

二、纳税人和征税对象

（一）纳税人

关税纳税人为进口货物的收货人、出口货物的发货人、进出境物品的所有人。进出口货物的收、发货人是指依法取得对外贸易经营权，并进口或者出口货物的法人或其他社会团体。进出境物品的所有人包括该物品的所有人和推定为所有人的人。一般情况下，对携带进境的物品，推定其携带人为所有人；对分离运输的行李，推定相应的进出境旅客为所有人；对以邮递方式进境的物品，推定其收件人为所有人；以邮递或其他运输方式出境的物品，推定其收件人或托运人为所有人。

（二）征税对象

关税的征税对象为进出境的应税货物和物品。货物是指贸易性商品；物品是指入境旅客随身携带的行李物品、个人邮递物品、各种运输工具上的服务人员携带进口的自用物品、馈赠物品，以及以其他方式进境的个人物品。

三、关税税率

（一）进口关税税率

我国加入世界贸易组织之后，自2002年1月1日起，我国进口税设有最惠国税率、协定税率、特惠税率、普通税率、暂定税率、配额税率等形式，对进口货物在一定期限内可以实行暂定税率。

（1）最惠国税率。最惠国税率适用原产于与我国共同适用最惠国待遇条款的世界贸易组织成员国或地区的进口货物，或原产于与我国签订有相互给予最惠国待遇条款的双边贸易协定的国家或地区的进口货物，以及原产于我国境内的进口货物。

（2）协定税率。协定税率适用原产于与我国签订含有关税优惠条款的区域性贸易协定的国家或地区的进口货物。

（3）特惠税率。特惠税率适用原产于与我国签订有特殊优惠关税协定的国家或地区的进口货物。

（4）普通税率。普通税率适用原产于与上述国家或地区以外的其他国家或地区的进口货物，以及原产地不明的进口货物。

（5）暂定税率。暂定税率是在海关进出口税则规定的进口优惠税率基础上，对进口的某些重要的工农业生产原材料和机电产品关键部位和出口的特定货物实施的更为优惠的关税税率。

（6）配额税率。配额税率是指对实行关税配额管理的进口货物，关税配额内的，适用关税配额税率；关税配额外的，按不同情况分别适用最惠国税率、协定税率、特惠税率或普通税率。

（二）进境货物税率

自2019年4月9日起，除另有规定外，我国对准予应税进口的旅客行李物品、个人邮寄物品以及其他个人自用物品，均由海关征收关税、代征进口环节增值税、消费税等进口税。

四、关税的减免

关税减免是对某些纳税人和征税对象给予鼓励和照顾的一种特殊调节手段。关税减免分为法定减免、特定减免和临时减免。

（一）法定减免

法定减免是税法中明确列出的减税或免税。符合税法规定可予减免税的进出口货物，纳税人无须提出申请，海关可按规定直接予以减免税。海关对法定减免税的货物一般不进行后续管理。《中华人民共和国海关法》（以下简称《海关法》）和《中华人民共和国货物进出口管理条例》明确规定下列货物、物品予以减免税：

（1）关税税额在人民币50元以下的一票货物，可免征关税。

（2）无商业价值的广告品和货样，可免征关税。

（3）外国政府、国际组织无偿赠送的物资，可免征关税。

（4）进出境运输工具装载的途中必需的燃料、物料和饮食用品，可予免税。

（5）经海关核准暂时进境或者出境，并在6个月内复运出境或者进境的货样、展览品、施工机械、工程车辆、工程船舶、供安装设备时使用的仪器和工具、电视或者电影摄制器械、盛装货物的容器以及剧团服装道具，在货物收、发货人向海关缴纳相当于税款的保证金或者提供担保后，准予暂时免税。

（6）为境外厂商加工、装配的成品和为制造外销产品而进口的原材料、辅料、零件、部件、配套件和包装物料，海关按照实际加工出口的成品数量免征进口关税；或者对进口料件先征进口关税，再按实际加工出口的成品数量予以退税。

（7）因故退还的中国出口货物，经海关审查属实，可予免征进口关税，但已征收的出口关税不予退还。

（8）因故退还的境外进口货物，经海关审查属实，可予免征出口关税，但已征收的进口关税不予退还。

（9）进口货物如有以下情形，经海关查明属实，可酌情减免进口关税：在境外运输中或在起卸时，遭受损坏或者损失的；起卸后海关放行前，因不可抗力遭受损坏或者损失的；海关查验时已经破漏、损坏或者腐烂，经证明不是保管不慎造成的。

（10）无代价抵偿货物，可以免税，即进口货物在征税放行后，发现货物残损、短少或品质不良，而由国外承运人、发货人或保险公司免费补偿后更换同类货物，可以免税。但有残损或质量问题的原进口货物如未退运国外，其进口的无代价抵偿货物应照章征税。

（二）特定减免

特定减免也称政策性减免，在法定减免税之外，国家按照国际通行规则和我国实际情况，制定发布的有关进出口货物减免关税的政策，称为特定或政策性减免税。特定减免税货物一般有地区、企业和用途的限制，海关需要进行后续管理，也需要进行减免税统计。特定减免主要有科教用品、残疾人专用品、扶贫物资、慈善性捐赠物资、加工贸易产品（加工装配和补偿贸易、进料加工）、边境贸易进口物资、保税区进出口货物、出口加工区进出口货物、进口设备、特定行业或用途的减免税政策等。

（三）临时减免

临时减免是指法定减免和特定减免以外的其他减免，即由国务院根据《海关法》对某个单位、某类商品、某个项目或某批进出口货物的特殊情况给予的关税减免。

临时减免一般必须在货物进出口前，向所在地海关提出书面申请，并随附必要的证明资料，经所在地海关审核后，转报海关总署或海关总署会同国家税务总局、财政部审核批准。

任务二 关税的计算

一、进口货物关税的计算

（一）进口货物完税价格的确定

进口货物完税价格，是指由海关以该货物的实际成交价格为基础审定的完税价格。实际成交价格不能确定时，完税价格由海关依法估定。纳税人向海关申报的价格不一定等于完税价格，只有经海关审核并接受的申报价格才能作为完税价格。

1.以实际成交价为基础的完税价格

进口货物以海关审定的成交价格为基础的到岸价格为完税价格。完税价格包括货物的货价、货物运抵我国境内输入地起卸前的运输及其相关费用、保险费。我国境内输入地为入境海关地，包括内陆河（江）口岸，一般为第一口岸。货物的货价以成交价为基础。进口货物的成交价格，是指买方为进口该货物并按《中华人民共和国海关审定进出口货物完税价格办法》（以下简称《完税价格办法》）的有关规定调整的实付、应付的价格，包括直接支付的价款和间接支付的价款。

问题解答

问：第一口岸是指什么？

答：海运进口货物，计算至该货物运抵境内的卸货口岸，如果该货物的卸货口岸是内陆河（江），则应当计算至内陆河（江）口岸；陆运进口货物，计算至该货物运抵境内的第一口岸，如果该货物的目的地为境内的第一口岸外的其他口岸，则计算至目的地口岸；空运进口货物，计算至该货物运抵境内的第一口岸，如果该货物的目的地为境内的第一口岸外的其他口岸，则计算至目的地口岸。

（1）确认完税价格应注意的问题。

进口货物的成交价格应当符合下列条件：①买方对进口货物的处置或使用不受限制，但国内法律、行政法规规定实施的限制和对货物转售地域的限制及对货物价格无实质性影响的限制除外；②货物的价格不得受到使该货物成交价格无法确定的条件或因素的影响；③卖方不得从买方处直接或者间接获得因买方转售、处置或者使用进口货物而产生的任何收益，除非能够按照《完税价格办法》的相关规定作出调整；④买卖双方没有特殊关系，或者虽有特殊关系但未对成交价格产生影响。

下列费用或价值未包含在进口货物的成交价格中，应一并计入完税价格：①除购货佣金以外，由买方负担的佣金和经纪费；②由买方负担的与该货物视为一体的容器费用；③由买方负担的包装材料和包装劳务费用；④由买方以免费或低于成本的方式提供并可以按适当比例分摊的料件、工具、模具等的价款；⑤与该货物有关并作为卖方向我国销售该货物的一项条件，应当由买方直接或间接支付的特许权使用费；⑥卖方直接或间接从买方对该货物进口后转售、处置或使用所得中获得的收益。

下列费用，如能与该货物实付或者应付价格区分的，不得计入完税价格：①厂房、机械、设备等货物进口后的基建、安装、装配、维修和技术服务的费用；②货物运抵境内输入地点之后的运输费、保险费和其他相关费用；③进口关税及其他国内税收。

进口货物完税价格中的运输及其相关费用、保险费的确定：①陆运、空运和海运进口货物的运费和保险费，应当按照实际支付的费用计算。如果进口货物的运费无法确定或未实际发生，海关应当按照该货物进口同期运输行业公布的运费率（额）计算运费，按照“货价加运费”两者总额的3‰计算保险费。②邮运的进口货物，应当以邮费作为运输及其相关费用、保险费。③以境外边境口岸价格条件成交的铁路或公路运输的进口货物，海关应当按照货价的1%计算运输及其相关费用、保险费。④作为进口货物的自驾进口运输工具，海关在审定完税价格时，可以不另行计入运费。

（2）完税价格确认的具体情况。

①以我国口岸到岸价格（Cost Insurance and Freight，CIF，即成本加保险费加运杂费的价格）成交。进口货物以我国口岸到岸价格成交的，其成交价格即为完税价格。

【做中学4-1】甲公司从美国进口钢材200吨，进口申报价为CIF京唐港150 000美元，当时外汇牌价为USD 100 = CNY 680，货款暂欠。进口关税税率为10%，代征增值税税率为13%。根据海关开出的专用缴款书，以转账支票付讫税款。完税价格计算如下：

完税价格 = 150 000 × 6.80 = 1 020 000（元）

②以境外口岸离岸价格（Free on Board，FOB，即船上交货。一般来说：CIF = FOB + 运杂费 + 保险费）成交。进口货物以境外口岸离岸价格成交的，应另加从境外口岸或者境外交货口岸运到我国口岸以前实际支付的运杂费、保险费为完税价格，即完税价格 = FOB + 运杂费 + 保险费。

【请注意】在国外口岸成交的情况下，完税价格中包括的运杂费、保险费，原则上应按实际支付的金额计算，若无法得到实际支付金额，以外贸系统海运进口运杂费率或协商规定的固定运杂费率计算运杂费，保险费按中国人民保险公司的保险费率计算，即完税价格 =（FOB + 运杂费）÷（1 − 保险费率）。

【做中学4-2】乙公司从韩国进口钢材，进口申报价为FOB釜山120 000美元，运抵我国口岸支付的运费为300美元，保险费率为0.3%。当时外汇牌价为USD 100 = CNY 680。进口关税税率为10%，代征增值税税率为13%。根据海关开出的专用缴款书，以转账支票付讫税款。完税价格计算如下：

完税价格 =（120 000 + 300）× 6.80 ÷（1 − 0.3%）= 820 501.50（元）

③以离岸价加运杂费价格（Cost and Freight，CFR，即成本加运杂费）成交。进口货物以离岸价加运杂费价格成交的，应当另加保险费作为完税价格，即完税价格 = CFR ÷（1 − 保险费率）。

【请注意】CIF = CFR + 保险费。

【做中学4-3】丙公司从日本进口电子设备1台，该设备的总成交价为CFR京唐港

1 800 000日元，保险费率为0.3%。进口关税税率为10%，代征增值税税率为13%。根据海关开出的专用缴款书，以转账支票付讫税款。当时外汇牌价为JPY 100 = CNY 8.75。完税价格计算如下：

完税价格 = 1 800 000 × 0.0875 ÷（1 − 0.3%） = 157 973.92（元）

2.进口货物的海关估价方法

进口货物的成交价格经海关审查未能确定的，应当依次以下列价格为基础，估定完税价格。

（1）相同或类似货物成交价格法，即以从该进口货物的同一出口国（地区）购进的相同或类似货物的成交价格作为被估货物完税价格的依据。

（2）倒扣价格方法，即以该进口货物的相同或类似货物在国内市场的批发价格，减去进口关税和进口环节其他税费，以及进口后的正常运输、储存、营业费用及利润后的价格。

（3）计算价格法，即以生产该货物的原材料加上出口国境内销售同类货物的一般费用和利润，以及货物运抵境内输入地起卸前的运费及相关费用、保险费。

（4）其他合理方法，如果按上述几种方法顺序估价仍不能确定其完税价格，则可由海关按照规定的估价原则，采用其他合理方法估定完税价格。

3.特殊进口货物的完税价格

（1）加工贸易进口料件和制成品。①进口时需征税的进料加工进口料件，以该料件申报进口时的价格估定。②内销的进料加工进口料件或其制成品（包括残次品、副产品），以料件原进口时的价格估定；制成品因故转为内销时，以制成品所含料件原进口时的价格确定。③内销的来料加工进口料件或其制成品（包括残次品、副产品），以料件申报内销时的价格估定。④出口加工区内的加工企业内销的制成品（包括残次品、副产品），以制成品申报内销时的价格确定。⑤保税区内的加工企业内销的进口料件或其制成品（包括残次品、副产品），分别以料件或制成品申报内销时的价格估定。如果内销的制成品中含有从境外采购的料件，则以所含从境外购入的料件原进口时的价格确定。⑥加工贸易企业加工过程中产生的边角料，以申报内销时的价格确定。

（2）保税区、出口加工区的货物。从保税区或出口加工区销往区外、从保税仓库出库内销的进口货物（加工贸易进口料件及其制成品除外），以海关审定的从保税区或出口加工区销往区外、从保税仓库出库内销的价格估定完税价格。

（3）运往境外修理的货物。运往境外修理的机械器具、运输工具或其他货物，出境时已向海关报明，并在海关规定期限内复运进境的，海关以审定的境外修理费和料件费，以及该货物复运进境的运输及其相关费用、保险费确定完税价格。

（4）运往境外加工的货物。运往境外加工的货物，出境时已向海关报明，并在海关规定期限内复运进境的，应当以海关审定的境外加工费和料件费，以及该货物复运进境的运输及其相关费用、保险费确定完税价格。

（5）暂时进境货物。对于经海关批准的暂时进境的货物，应当按照一般进口货物估价办法确定完税价格。

（6）租赁方式进口货物。以租金方式对外支付的租赁货物，在租赁期间以海关审定的租金作为完税价格；留购的租赁货物，以海关审定的留购价格作为完税价格；承租人申请一次性缴纳税款的，经海关同意，按照一般进口货物估价办法确定完税价格。

（7）留购的进口货样、展览品和广告陈列品。对于境内留购的进口货样、展览品和广告陈列品，以海关审定的留购价格作为完税价格。

（8）予以补税的减免税货物。减税或免税进口的货物需予补税时，海关以审定的该货物原进口时的价格，扣除折旧部分价值作为完税价格。

（9）其他方式进口的货物。以易货贸易、寄售、捐赠、赠送等其他方式进口的货物，海关按照一般进口货物估价办法的规定，估定完税价格。

（二）进口货物关税税率的确定

我国进口关税设置法定税率、暂定税率、配额税率及特别关税。

1.法定税率

根据《中华人民共和国进出口关税条例》（以下简称《进出口关税条例》）的规定，我国进口关税的法定税率包括最惠国税率、协定税率、特惠税率和普通税率。

（1）最惠国税率。最惠国税率适用原产于与我国共同适用最惠国待遇条款的世界贸易组织成员国或地区的进口货物；或原产于与我国签订有相互给予最惠国待遇条款的双边贸易协定的国家或地区的进口货物；以及原产于我国境内的进口货物。

（2）协定税率。协定税率适用原产于与我国签订含有关税优惠条款的区域性贸易协定的有关缔约方的进口货物。目前，我国对原产于韩国、斯里兰卡和孟加拉国——三个曼谷协定成员的739个税目的进口商品实行曼谷协定税率。

（3）特惠税率。特惠税率适用原产于与我国签订有特殊优惠关税协定的国家或地区的进口货物。目前，我国对原产于孟加拉国的20个税目的进口商品实行《曼谷协定》中的特惠税率。

（4）普通税率。普通税率适用原产于与上述国家或地区以外的其他国家和地区的进口货物，或者原产地不明的进口货物。

2.暂定税率

根据《进出口关税条例》的规定，对特定进口货物可以实行暂定税率。实施暂定税率的货物、税率、期限，由国务院关税税则委员会决定、海关总署公布。

3.配额税率

配额内关税是对一部分实行关税配额的货物，按低于配额外税率的进口税率征收的关税。按照国家规定实行关税配额管理的进口货物，关税配额内的，适用关税配额税率；关税配额外的，其税率的适用范围按照前述规定执行。

4.特别关税

特别关税包括报复性关税、反倾销税与反补贴税、保障性关税。征收特别关税的货物适用国别、税率、期限和征收办法，由国务院关税税则委员会决定，由海关总署负责实施。

（1）报复性关税。报复性关税是指为报复他国对本国出口货物的关税歧视，而对相关国家的进口货物征收的一种进口附加税。任何国家或者地区对其进口的原产于我国的货物征收歧视性关税或者给予其他歧视性待遇的，我国对原产于该国或者地区的进口货物征收报复性关税。

（2）反倾销税与反补贴税。反倾销税与反补贴税是指进口国海关对外国的倾销或被补贴的商品，在征收关税的同时附加征收的一种特别关税，其目的在于反对不正当竞争或者抵销他国补贴。倾销是指正常贸易过程中以低于正常价值的出口价格，大量输出商品到另一国家或地区市场的行为，是一种不公平的贸易做法。补贴是指出口国（或地区）政府或任何公共机构提供的并为接受者带来利益的财政资助以及任何形式的对收入或者价格的支持，是一种比较隐蔽的降低经营者经营成本的措施。

（3）保障性关税。当某类商品进口量剧增，对我国相关产业造成巨大威胁或损害时，可按有关法规规定，采取保障措施，征收保障性关税。

（三）进口货物应纳关税税额的计算

1. 从价税应纳税额的计算

关税税额 = 应税进口货物数量 × 单位完税价格 × 适用税率

【做中学4-4】沿用【做中学4-1】、【做中学4-2】和【做中学4-3】的资料。

应纳进口关税计算如下：

（1）应纳进口关税 = 1 020 000 × 10% = 102 000（元）

（2）应纳进口关税 = 820 501.50 × 10% = 82 050.15（元）

（3）应纳进口关税 = 157 973.92 × 10% = 15 797.39（元）

2. 从量税应纳税额的计算

关税税额 = 应税进口货物数量 × 单位货物税额

3. 复合税应纳税额的计算

关税税额 = 应税进口货物完税价格 × 税率 + 应税进口货物数量 × 单位货物税额

4. 滑准税应纳税额的计算

关税税额 = 应税进口货物完税价格 × 滑准税税率

二、出口货物关税的计算

（一）出口货物完税价格的确定

1. 以成交价为基础的完税价格

出口货物的完税价格，由海关以该货物向境外销售的成交价格，以及该货物运至我国境内输出地点装载前的运输费及其相关费用、保险费为基础审定，但不包括出口关税税额。

其具体核定方法为：

（1）以我国口岸离岸价格（FOB）成交的出口货物：

完税价格 = FOB ÷（1 + 出口关税税率）

（2）以离岸价加运费（CFR 国外口岸）成交的出口货物，其完税价格应扣除离开我国口岸的运费：

完税价格 =（CFR－运费）÷（1＋出口关税税率）

（3）以国外口岸到岸价格（CIF）成交的出口货物，其完税价格应扣除离开我国口岸的运费和保险费：

完税价格 =（CIF－保险费－运费）÷（1＋出口关税税率）

【做中学4-5】丁公司出口纺织品一批，其在我国京唐港口岸FOB价格为人民币720 000元，价款未收。出口关税税率为20%，根据海关开出的专用缴款书，以转账支票付讫税款。完税价格计算如下：

完税价格 = 720 000 ÷（1＋20%）= 600 000（元）

2.海关估定的完税价格

出口货物的成交价格不能确定时，完税价格由海关依次使用下列方法估定：

（1）同时或大约同时向同一国家或地区出口的相同或类似货物的成交价格。

（2）根据境内生产相同或类似货物的成本、利润和一般费用、境内发生的运输及其相关费用、保险费计算所得的价格。

（3）按照合理方法估定的价格。

（二）出口货物关税税率的确定

我国出口税则为一栏税率，即出口税率。我国仅对少数资源性产品及易于竞相杀价、盲目出口的，需要规范出口秩序的半制成品征收出口关税。目前主要是对鳗鱼苗、部分有色金属矿砂及其精矿、生锑、磷、氟钽酸钾、苯、山羊板皮、部分铁合金、钢铁废碎料、铜和铝原料及其制品、镍锭、锌锭、锑锭等30多种商品征收出口关税。对上述范围内的20多种商品实行0～20%的暂定税率，10多种商品为零关税，事实上我国真正征收出口关税的商品只有近20种，其税率都很低。

（三）出口货物应纳关税税额的计算

1.从价税应纳税额的计算

应纳税额 = 应税出口货物数量 × 单位完税价格 × 适用税率

【做中学4-6】沿用【做中学4-5】的资料。应纳关税税额计算如下：

应纳关税税额 = 600 000 × 20% = 120 000（元）

2.从量税应纳税额的计算

应纳税额 = 应税出口货物数量 × 单位货物税额

3.混合税应纳税额的计算

我国目前实行的混合税都是先计征从量税，再计征从价税。

应纳税额 = 应税出口货物数量 × 单位货物税额 + 应税出口货物完税价格 × 适用税率

4.滑准税应纳税额的计算

应纳税额 = 应税出口货物完税价格 × 滑准税税率

三、行李和邮递物品进口税的计算

行李和邮递物品进口税，简称行邮税，是海关对入境旅客行李物品和个人邮递物品征收的进口税，其包含了在进口环节征收的增值税、消费税；也是对个人非贸易性入境物品征收的进口关税和进口工商税收的总称。

行邮税的课税对象包括入境物品、运输工具、服务人员携带的应税行李物品、个人邮递物品、馈赠物品，以及其他方式入境的个人物品等，简称进口物品。

对准许入境的旅客行李物品、个人邮递物品以及其他个人自用物品，依据“入境旅客行李物品和个人邮递物品进口税税则归类表”征收行邮税。其应税个人自用物品，不包括汽车、摩托车及其配件、附件。对进口应税个人自用汽车、摩托车及其配件、附件，以及超过海关规定自用合理数量部分的应税物品应按货物进口程序办理报关验放手续。

（一）行李和邮递物品进口税的税率

目前，我国行邮税税率分为50%、30%、20%、10%四个档次：

（1）属于50%税率的物品，包括烟、酒、化妆品。

（2）属于30%税率的物品，包括高尔夫球及球具、高档手表。

（3）属于20%税率的物品，包括纺织品及其制成品、摄像机、摄录一体机、数码相机及其他电器用具，以及照相机、自行车、手表、钟表（含配件、附件）。

（4）属于10%税率的物品，包括报纸、刊物、教育专用电影片、幻灯片、原版录音带、录像带，以及金、银及其制品，食品、饮料和其他商品。

（二）行李和邮递物品进口税的计算

行邮税采用从价计征，完税价格由海关参照该物品的境外正常零售平均价格确定。完税价格乘以进口税税率，即为应缴纳的进口税税额。

任务三　关税的会计核算

一、自营进出口业务关税的核算

（一）会计科目设置

自营进口业务计缴的关税，在会计核算上通过设置“应交税费——应交进口关税”“在途物资”“材料采购”科目加以反映。企业按应缴纳的关税，借记“在途物资”“材料采购”科目，贷记“应交税费——应交进口关税”科目；实际缴纳时，借记“应交税费——应交进口关税”科目，贷记“银行存款”科目。

自营出口业务计缴的关税，在会计核算上通过设置“应交税费——应交出口关税”和“税金及附加”科目加以反映。企业按应缴纳的关税，借记“税金及附加”科目，贷记“应交税费——应交出口关税”科目；实际缴纳时，借记“应交税费——应交出口关税”科目，贷记“银行存款”科目。

（二）会计核算

【做中学4-7】沿用【做中学4-1】的资料。进口关税和增值税的计算，以及相关账务处理如下：

完税价格 = 150 000 × 6.80 = 1 020 000（元）

关税税额 = 1 020 000 × 10% = 102 000（元）

代征增值税 =（1 020 000+102 000）× 13% = 145 860（元）

（1）进口报关时：

借：在途物资　　1 122 000

　　贷：应交税费——应交进口关税　　102 000

　　　　应付账款　　1 020 000

（2）实际缴纳税款时：

借：应交税费——应交增值税（进项税额）　　145 860

　　　　　　——应交进口关税　　102 000

　　贷：银行存款　　247 860

（3）商品验收入库时：

借：库存商品　　1 122 000

　　贷：在途物资　　1 122 000

【做中学4-8】沿用【做中学4-3】的资料。进口关税和增值税的计算，以及相关会计分录如下：

完税价格 = 1 800 000 × 0.0875 ÷（1 − 0.3%）= 157 973.92（元）

关税税额 = 157 973.92 × 10% = 15 797.39（元）

代征增值税 =（157 973.92+15 797.39）× 13% = 22 590.27（元）

（1）支付设备款时：

借：固定资产　　173 771.31

　　贷：应交税费——应交进口关税　　15 797.39

　　　　银行存款　　157 973.92

（2）支付税款时：

借：应交税费——应交增值税（进项税额）　　22 590.27

　　　　　　——应交进口关税　　15 797.39

　　贷：银行存款　　38 387.66

【做中学4-9】沿用【做中学4-5】的资料。出口关税的计算及相关会计分录如下：

（1）出口时：

借：应收账款　　720 000

　　贷：主营业务收入　　720 000

（2）计算应交关税：

关税税额 = 600 000 × 20% = 120 000（元）

借：税金及附加　　120 000

　　贷：应交税费——应交出口关税　　120 000

（3）实际缴纳时：

借：应交税费——应交出口关税　　120 000

　　贷：银行存款　　120 000

二、代理进出口业务关税的核算

（一）会计科目设置

代理进出口业务，一般由外贸企业代理委托单位承办。外贸企业对代理的进出口业务不负担盈亏，只收取一定的手续费。因此，代理进出口业务发生的关税，只是由外贸企业代征代缴而已，日后仍要向委托方收取。

代理进出口业务所计缴的关税，在会计核算上可以通过设置“应交税费——应交进（出）口关税”科目来核算，其对应科目是“应收账款”“银行存款”科目。

（二）会计核算

【做中学4-10】某公司接受唐山伟业有限公司委托进口彩电一批，进口商品货款为人民币5 000 000元，已汇入公司存款账户。该商品在我国京唐港口岸CIF价为500 000美元，进口关税税率为20%，当日的外汇牌价为1美元＝6.80元人民币，代理手续费按货价的2%收取。该批商品已到达，向委托公司办理结算。

计算并编制相关会计分录如下：

该批商品的人民币货价＝500 000×6.80＝3 400 000（元）

进口关税＝3 400 000×20%＝680 000（元）

代理手续费＝3 400 000×2%＝68 000（元）

（1）收到委托单位划来进口货款时：

借：银行存款　　5 000 000

　　贷：应付账款——唐山伟业有限公司　　5 000 000

（2）对外付汇进口商品时：

借：应付账款——唐山伟业有限公司　　3 400 000

　　贷：银行存款　　3 400 000

（3）支付进口关税时：

借：应付账款——唐山伟业有限公司　　680 000

　　贷：应交税费——应交进口关税　　680 000

借：应交税费——应交进口关税　　680 000

　　贷：银行存款　　680 000

（4）将进口商品交付委托单位并收取手续费时：

借：应付账款——唐山伟业有限公司　　68 000

　　贷：主营业务收入——手续费　　68 000

（5）将委托单位剩余的进口货款退回时：

借：应付账款——唐山伟业有限公司　　852 000

　　贷：银行存款　　852 000

【做中学4-11】某公司代理华美工厂出口一批商品，其在我国京唐港口岸FOB价为人民币1 200 000元，出口关税税率为20%，手续费为30 000元。

计算并编制相关会计分录如下：

出口关税＝1 200 000÷（1+20%）×20%＝200 000（元）

（1）缴纳关税时：

借：应收账款——华美工厂　200 000

　　贷：应交税费——应交出口关税　200 000

借：应交税费——应交出口关税　200 000

　　贷：银行存款　200 000

（2）计算应收手续费时：

借：应收账款——华美工厂　30 000

　　贷：主营业务收入——手续费　30 000

（3）收到委托单位付来的税款及手续费时：

借：银行存款　230 000

　　贷：应收账款——华美工厂　230 000

任务四　关税缴纳与征收管理

一、货物报关

（一）报关期限

进口货物自运输工具申报进境之日起14日内，向货物的进境地海关申报，如实填写海关进口货物报关单；出口货物是在货物运抵海关装货的24小时以前（海关特准的除外）填报出口货物报关单。为方便纳税人，经申请且海关同意，进（出）口货物的纳税人可在设有海关的指运地（启运地）办理货物报关手续。

（二）报关提交的资料

进出口商向海关报关时，须提交以下资料：（1）中华人民共和国海关进（出）口货物报关单（见表4-1和表4-2）；（2）发票；（3）陆运单、空运单和海运进口的提货单、海运出口的装货单；（4）装箱清单；（5）合同；（6）载货清单；（7）其他有关单证，包括减免税证明、进出口许可证件等。

二、关税缴纳

（一）关税缴纳的期限

纳税义务人应当自海关填发税款缴款书之日起15日内，向指定银行缴纳税款。如果关税缴纳期限的最后1日是周末或法定节假日，则关税缴纳期限顺延至周末或法定节假日过后的第1个工作日。

表 4-1　　中华人民共和国海关进口货物报关单

预录入编号：　　　　　　　　　　　　　　　　海关编号：

进口口岸	备案号	进口日期	申报日期	
经营单位	运输方式	运输工具名称	提运单号	
收货单位	贸易方式	征免性质	征税比例	
许可证号	起运国（地区）	装货港	境内目的地	
批准文号	成交方式	运费	保费	杂费
合同协议号	件数	包装种类	毛重（千克）	净重（千克）
集装箱号	随附单据	用途		
标记号码及备注				
项号　商品编号　商品名称　规格型号　数量及单位　原产国（地区）　单价　总价　币制　征免				
税费征收情况				
录入员　录入单位	兹申明以上申报无讹，并承担法律责任	海关审单批注及放行日期（签章）		
报关员 单位地址	申报单位（签章）	审单　审价		
邮编　电话	填制日期	征税　统计		
		查验　放行		

表4-2　　中华人民共和国海关出口货物报关单

预录入编号：　　　　　　　　　　　　　　　　　　海关编号：

出口口岸	备案号	出口日期		申报日期				
经营单位	运输方式	运输工具名称		提运单号				
发货单位	贸易方式		征免性质	结汇方式				
许可证号	运抵国（地区）	指运港		境内货源地				
批准文号	成交方式	运费	保费	杂费				
合同协议号	件数	包装种类	毛重（千克）	净重（千克）				
集装箱号	随附单据	生产厂家						
标记号码及备注								
项目	商品编号	商品名称	数量及单位	最终目的国（地区）	单价	总价	币制	征免
税费征收情况								
录入员　录入单位	兹申明以上申报无讹，并承担法律责任	海关审单批注及放行日期（签章）						
报关员 单位地址	申报单位（签章）	审单　审价						
		征税　统计						
邮编　电话	填制日期	查验　放行						

关税纳税义务人因不可抗力或者在国家税收政策调整的情形下，不能按期缴纳税款的，经海关总署批准，可以延期缴纳税款，但最长不得超过6个月。

（二）关税缴纳地点

海关在征收关税时，根据纳税人的申请及进出口商品的情况，可以在关境地征收，也可以在主管地征收。纳税人在缴纳关税时，需要填写“海关进（出）口关税专用缴款书”（见表4-3）。

表4-3 海关进（出）口关税专用缴款书（收据联）

收入系统： 填发日期： 年 月 日 NO.

<table>
<tr><td rowspan="3">收款单位</td><td>收入机关</td><td colspan="3"></td><td rowspan="3">缴款单位（人）</td><td>名称</td><td colspan="2"></td></tr>
<tr><td>科目</td><td></td><td>预算级次</td><td></td><td>账号</td><td colspan="2"></td></tr>
<tr><td>收款国库</td><td colspan="3"></td><td>开户银行</td><td colspan="2"></td></tr>
<tr><td>税号</td><td colspan="2">货物名称</td><td>数量</td><td>单位</td><td colspan="2">完税价格（¥）</td><td>税率（%）</td><td>税额（¥）</td></tr>
<tr><td></td><td colspan="2"></td><td></td><td></td><td colspan="2"></td><td></td><td></td></tr>
<tr><td colspan="7">金额人民币（大写）</td><td>合计（¥）</td><td></td></tr>
<tr><td>申请单位编号</td><td colspan="2"></td><td colspan="2">报关单编号</td><td></td><td colspan="2">填制单位</td><td rowspan="4">收缴国库（银行）</td></tr>
<tr><td>合同（批文）号</td><td colspan="2"></td><td colspan="2">运输工具（号）</td><td></td><td colspan="2" rowspan="3">制单人____
复核人____</td></tr>
<tr><td>缴款日期</td><td colspan="2">年 月 日</td><td colspan="2">提/装货单号</td><td></td></tr>
<tr><td>备注</td><td colspan="5"></td></tr>
</table>

第一联：（收据）国库收款签章后交缴款单位或缴款人

三、关税的征收管理

（一）关税的强制执行

纳税人未在关税缴纳期限内缴纳税款，构成关税滞纳。为保证海关决定的有效执行和国家财政收入的及时入库，《海关法》赋予海关对滞纳关税的纳税人强制执行的权力。强制措施主要有两类：

1.征收滞纳金

滞纳金自关税缴纳期限届满滞纳之日起，至纳税人缴纳关税之日止，按滞纳税款万分之五的比例按日征收，周末或法定节假日不予扣除。其计算公式为：

关税滞纳金金额 = 滞纳关税税额 × 滞纳金征收比率 × 滞纳天数

2.强制征收

纳税人自海关填发缴款书之日起3个月仍未缴纳税款的，经海关关长批准，海关可以采取强制扣缴和变价抵扣等强制措施。强制扣缴是指海关从纳税人的开户银行或者其他金融机构的存款中扣缴税款。变价抵扣是指海关将应税货物依法变卖，以变卖所得价款抵缴应纳税款。

（二）关税退还

关税的退还是关税纳税人缴纳税款后，因某种原因的出现，海关将实际征收多于应当征收的税款（即溢征关税）退还给原纳税人的一种行政行为。根据《海关法》的规定，对于海关多征的税款，海关发现后应当立即退还。

有下列情形之一的，纳税人可以自缴纳税款之日起1年内，书面声明理由，连同原纳税收据向海关申请退还税款并加算银行同期活期存款利息，逾期不予受理：

（1）因海关误征，多纳税款的。

（2）海关核准免验进口的货物，在完税后发现有短缺情况，经海关审查认可的。

（3）已征出口关税的货物，因故未装运出口，申报退关，经海关查明属实的。

对已征出口关税的出口货物和已征进口关税的进口货物，因货物品种或规格原因（非其他原因）原状复运进境或出境的，经海关查验属实的，也应退还已征关税，海关应当在受理退税申请之日起30日内作出书面答复并通知退税申请人。

（三）关税的补征和追征

关税的补征和追征是海关在纳税人按海关规定缴纳关税后，发现实际征收税额少于应当征收的税额（即短征关税）时，责令纳税人补缴所差税款的一种行政行为。关税的补征是非因纳税人违反海关规定造成的少征关税。关税的追征是由于纳税人违反海关规定造成的少征关税。根据《海关法》的规定，进出境货物或物品放行后，海关发现少征或漏征税款，应当自缴纳税款或者货物、物品放行之日起1年内，向纳税人补征。因纳税人违反规定而造成的少征或者漏征的税款，自纳税人应缴纳税款之日起3年内可以追征，并从缴纳税款之日起按日加收少征或者漏征税款万分之五的滞纳金。

项目小结

本项目内容归纳总结见表4-4。

表4-4 本项目内容归纳总结

关税的基本法律知识	1.关税的概念及分类
	2.纳税人和征税对象
	3.关税的减免：法定减免、特定减免、临时减免
关税的计算	1.进口货物关税的计算：进口货物完税价格的确定；进口货物关税税率的确定；进口货物应纳关税税额的计算
	2.出口货物关税的计算：出口货物完税价格的确定；出口货物关税税率的确定；出口货物应纳关税税额的计算
	3.行李和邮递物品进口税的计算
关税的会计核算	1.自营进出口业务关税的核算
	2.代理进出口业务关税的核算
关税缴纳与征收管理	1.货物报关
	2.关税缴纳
	3.关税的征收管理

项目五

企业所得税

【知识目标】 理解企业所得税的基本法律知识；掌握企业所得税的计算方法；掌握企业所得税纳税申报表的编制方法；掌握企业所得税的会计核算方法；掌握企业所得税的网上申报过程及方法。

【能力目标】 能判断居民企业和非居民企业，熟练计算企业所得税；能准确编制企业所得税纳税申报表（企业所得税预缴纳税申报表和企业所得税年度纳税申报表）；能够结合涉税资料进行账务处理，并能进行网上纳税申报。

【素质目标】 企业所得税的税率较高，一般企业所得税税率为25%，小型微利企业满足一定条件按20%的税率征收，高新技术企业的所得税税率为15%。不管是哪种类型的企业，除了按季度预缴，到了年末要进行企业所得税的汇算清缴。因此在授课过程中，要时刻告诫学生，不要因为企业的利益而冒险失信，断送了自己的税务前途。此外，要培养学生与海关、税务、市场监管、银行等单位进行业务沟通、工作交流，适应不同的工作环境。

任务一 企业所得税的基本法律知识

一、企业所得税的概念及特点

（一）企业所得税的概念

企业所得税是指对我国境内的企业和其他取得收入的组织（以下统称企业）所取得的生产经营所得和其他所得征收的一种税。它是国家参与企业利润分配的重要手段。现行企业所得税的基本规范是2007年3月16日第十届全国人民代表大会第五次会议通过的《中华人民共和国企业所得税法》（以下简称《企业所得税法》），其统一了内资、外资企业所得税，自2008年1月1日起施行。

（二）企业所得税的特点

1.实行综合所得税制

综合所得税制是指对纳税人各种所得按照同一征收方式和同一税率征收的法律制度。国家在立法时考虑了纳税人的综合负担能力。

2.计税依据为应纳税所得额

应纳税所得额为纳税人的收入总额扣除各项成本、费用、税金、损失后的余额。它既不等于企业的会计利润，也不是企业的增值额或销售额。它以应税所得为计税额，当会计处理与税收规定相抵触时，应以税收规定为准。

3.征收方法复杂

企业所得税实行按年计算、分期预缴、年终汇算清缴、多退少补的方法。

【同步思考】世界各国企业所得税的类型有几种?

二、纳税人

企业所得税的纳税人为我国境内的企业和其他取得收入的组织。按照国际惯例，企业所得税的纳税人分为居民企业和非居民企业。

（一）居民企业

居民企业是指依法在中国境内成立，或者依照外国（地区）法律成立但实际管理机构在中国境内的企业，具体包括企事业单位、社会团体、其他组织等。例如，在我国注册成立的沃尔玛（中国）公司、通用汽车（中国）公司，就是我国的居民企业；在英国、百慕大群岛等国家和地区注册，但实际管理机构在我国境内的公司，也是我国的居民企业。

（二）非居民企业

非居民企业是指依照外国（地区）法律成立且实际管理机构不在中国境内，但在中国境内设立机构、场所的，或者在中国境内未设立机构、场所，但有来源于中国境内所得的企业。例如，在我国设立代表处及其他分支机构等的外国企业是非居民企业。

问题解答

问：如何理解非居民企业有关机构、场所的含义？

答：①在中国境内设立的从事生产经营活动的机构、场所，包括设立的管理机构、营业机构、办事机构，工厂、农场、开采自然资源的场所，提供劳务的场所，从事建筑、安装、装配、修理、勘探等工程作业的场所；②委托营业代理人的，视同设立机构、场所。

三、征税对象和征税范围

企业所得税的征税对象是企业取得的生产经营所得、其他所得和清算所得。所得包括：销售货物所得，提供劳务所得，转让财产所得，股息、红利等权益性投资所得，利息所得，租金所得，特许权使用费所得，接受捐赠所得和其他所得。

居民企业应就来源于中国境内、境外的所得作为征税对象；非居民企业在中国境内设立机构、场所的，应当就其来源于中国境内的所得，以及发生在中国境外但与其所设机构、场所有实际联系的所得缴纳企业所得税；非居民企业在中国境内未设立机构、场所的，或者虽设立机构、场所但取得的所得与其所设机构、场所没有实际联系的，应当就其来源于中国境内的所得缴纳企业所得税。

问题解答

问：应该如何判断境内、境外所得？

答：①销售货物所得，按照交易活动发生地确定；②提供劳务所得，按照劳务发生地确定；③转让财产所得，不动产转让所得按照不动产所在地确定，动产转让所得按照转让动产的企业或者机构、场所所在地确定，权益性投资资产转让所得按照被投资企业所在地确定；④股息、红利等权益性投资所得，按照分配所得的企业所在地确定；⑤利息所得、租金所得、特许权使用费所得，按照负担、支付所得的企业或者机构、场所所在地确定，或者按照负担、支付所得的个人的住所地确定；⑥其他所得，由国务院财政、税务主管部门确定。

四、税率

我国企业所得税实行比例税率，具体规定如下：

（一）基本税率

我国企业所得税基本税率为25%，适用于居民企业和在中国境内设有机构、场所且其所得与所设机构、场所有实际联系的非居民企业。

（二）适用20%税率

自2019年1月1日至2021年12月31日，对小型微利企业年应纳税所得额不超过100万元的部分，减按25%计入应纳税所得额，按20%的税率缴纳企业所得税；对年应纳税所得额超过100万元但不超过300万元的部分，减按50%计入应纳税所得额，按20%的税率缴纳企业所得税。

上述小型微利企业是指从事国家非限制和禁止行业，且同时符合以下三个条件的企业：

（1）年度应纳税所得额不超过300万元。

（2）从业人数不超过300人。

（3）资产总额不超过5 000万元。

问题解答

问：小型微利企业的从业人数和资产总额如何确定？

答：从业人数，包括与企业建立劳动关系的职工人数和企业接受的劳务派遣用工人数。从业人数和资产总额指标，应按企业全年的季度平均值确定。其具体计算公式如下：季度平均值＝（季初值＋季末值）÷2；全年季度平均值＝全年各季度平均值之和÷4。

年度中间开业或者终止经营活动的，以其实际经营期作为一个纳税年度确定上述相关指标。

自工商登记注册之日起3年内，对安排残疾人就业未达到规定比例、在职职工总数在20人以下（含20人）的小微企业，免征残疾人就业保障金。

（三）适用15%税率

1.国家需要重点扶持的高新技术企业，减按15%的税率征收企业所得税

国家需要重点扶持的高新技术企业，是指拥有核心自主知识产权，并同时符合下列条件的企业：

（1）企业申请认定时须注册成立一年以上。

（2）企业通过自主研发、受让、受赠、并购等方式，获得对其主要产品（服务）在技术上发挥核心支持作用的知识产权的所有权。

（3）产品（服务）属于《国家重点支持的高新技术领域》规定的范围。

（4）企业从事研发和相关技术创新活动的科技人员占企业当年职工总数的比例不低于10%，具有大专以上学历的科技人员占企业当年职工总数的30%以上。

（5）企业近3个会计年度（实际经营期不满3年的按实际经营时间计算）的研究开发费用占销售收入的比例符合下列条件：最近一年销售收入小于5 000万元的企业，比例不低于6%；最近一年销售收入在5 000万元至20 000万元的企业，比例不低于4%；最近一年销售收入在20 000万元以上的企业，比例不低于3%。其中，企业在中国境内发生的研究开发费用占全部研发费用的比例不低于60%。

（6）近一年高新技术产品（服务）收入占企业总收入的比例不低于60%。

（7）企业创新能力评价应达到相应要求。

（8）企业申请认定前一年内未发生重大安全、重大质量事故或严重环境违法行为。

2.技术先进型服务企业

对经认定的技术先进型服务企业，减按15%的税率征收企业所得税。

技术先进型服务企业必须同时符合以下条件：

（1）在中国境内注册的法人企业。

（2）具有大专以上学历的员工占企业职工总数的50%以上。

（3）技术先进型服务业务取得的收入占企业当年总收入的50%以上。

（4）从事离岸服务外包业务取得的收入不低于企业当年总收入的35%。

3.横琴新区等地区现代服务业合作区的鼓励类产业企业

对设在横琴新区、平潭综合实验区和前海深港现代服务业合作区的鼓励类产业企业减按15%的税率征收企业所得税。

4.西部地区鼓励类产业

对设在西部地区以《西部地区鼓励类产业目录》中新增鼓励类产业项目为主营业务，且其当年度主营业务收入占企业收入总额70%以上的企业，自2021年至2030年，可减按15%的税率缴纳企业所得税。

5.集成电路产业和软件产业

（1）国家鼓励的集成电路线宽小于28纳米（含），且经营期在15年以上的集成电路生产企业或项目，第1年至第10年免征企业所得税；国家鼓励的集成电路线宽小于65纳米（含），且经营期在15年以上的集成电路生产企业或项目，第1年至第5年免征企业所得税，第6年至第10年按照25%的法定税率减半征收企业所得税；国家鼓励的集成电路线宽小于130纳米（含），且经营期在10年以上的集成电路生产企业或项目，第1年至第2年免征企业所得税，第3年至第5年按照25%的法定税率减半征收企业所得税。

（2）国家鼓励的线宽小于130纳米（含）的集成电路生产企业，属于国家鼓励的集成电路生产企业清单年度之前5个纳税年度发生的尚未弥补完的亏损，准予向以后年度结转，总结转年限最长不得超过10年。

（3）国家鼓励的集成电路设计、装备、材料、封装、测试企业和软件企业，自获利年度起，第1年至第2年免征企业所得税，第3年至第5年按照25%的法定税率减半征收企业所得税。

（4）国家鼓励的重点集成电路设计企业和软件企业，自获利年度起，第1年至第5年免征企业所得税，接续年度减按10%的税率征收企业所得税。

上述政策自2020年1月1日起执行。

6.在海南自由贸易港注册并运营的企业

自2020年至2024年，对注册在海南自由贸易港并实质性运营的鼓励类产业、企业减按10%的税率征收企业所得税。

7.从事污染防治的第三方企业

自2019年1月1日起至2021年12月31日止，对符合条件的从事污染防治的第三方企业，减按15%的税率征收企业所得税。

（四）适用10%税率

在中国境内未设立机构、场所，或者虽设立机构、场所但取得的所得与其所设机构、场所没有实际联系的非居民企业，预提所得税税率为20%，实际征税时减半，适用10%的税率。

任务二 企业所得税的计算

一、应纳税所得额的确定

应纳税所得额，是指纳税人每一纳税年度的收入总额减除不征税收入、免税收入、各项扣除及允许弥补的以前年度亏损后的余额。其计算公式（直接法）为：

$$\text{应纳税所得额}=\text{收入总额}-\text{不征税收入}-\text{免税收入}-\text{准予扣除项目金额}-\text{允许弥补以前年度的亏损}$$

按照新的企业所得税申报办法，应纳税所得额是在企业利润总额的基础上，对相关纳税事项进行调整确定而得。其计算公式（间接法）为：

$$\text{应纳税所得额}=\text{利润总额}+\text{纳税调整增加额}-\text{纳税调整减少额}+\text{境外应税所得弥补境内所得}-\text{弥补以前年度亏损}$$

问题解答

问：应纳税所得额与会计利润有什么关系？

答：应纳税所得额与会计利润是两个不同的概念，两者既有联系又有区别。应纳税所得额是一个税收概念，是根据税法确定的纳税人在一定时期内的计税所得，即企业所得税的计税依据。而会计利润则是一个会计核算概念，反映的是企业一定时期内生产经营的财务成果。它关系到企业经营成果、投资者的权益以及企业与职工的利益。会计利润是确定应纳税所得额的基础，但是不能等同于应纳税所得额。企业依照国家统一会计制度的规定计算的会计利润，根据税收规定进行相应调整后，才能作为企业的应纳税所得额。

（一）利润总额的确定

利润总额，是指企业依照国家统一会计制度的规定计算的年度会计利润。利润总额数据可从利润表中获得。其计算公式为：

$$\text{利润总额}=\text{营业收入}-\text{营业成本}-\text{税金及附加}-\text{期间费用}-\text{资产减值损失}+\text{公允价值变动收益}+\text{投资收益}+\text{营业外收入}-\text{营业外支出}$$

1. 营业收入

营业收入是指纳税人当期发生的以货币形式和非货币形式从各种来源取得的收入，包括主营业务收入和其他业务收入。

（1）主营业务收入，包括销售货物收入、提供劳务收入、让渡资产使用权收入和建造合同收入。

销售货物收入是指工商企业销售产品、商品等货物所取得的收入。

提供劳务收入是指企业从事建筑安装、交通运输、金融保险、邮电通信、文化体育、娱乐、旅游服务等劳务服务活动取得的收入。

让渡资产使用权收入是指让渡无形资产使用权（如商标权、专利权、专有技术使用权、版权、专营权等）而取得的使用费收入，以及出租固定资产、无形资产、投资性房地产在主营业务收入中核算取得的租金收入。

建造合同收入是指纳税人建造房屋、道路、桥梁、水坝等建筑物，以及船舶、飞机、大型机械设备等的主营业务收入。

（2）其他业务收入，包括材料销售收入、代购代销手续费收入、包装物出租收入和其他收入。

材料销售收入是指销售材料、下脚料、废料、废旧物资等取得的收入。

代购代销手续费收入是指从事代购代销、受托代销商品收取的手续费收入。

【请注意】专门从事代理业务的纳税人收取的手续费收入应列入主营业务收入。

包装物出租收入是指出租包装物的租金收入。

其他收入是指企业取得的除上述收入以外的收入。

2.营业成本

营业成本是纳税人经营主要业务和其他业务发生的成本总额，包括主营业务成本和其他业务成本。

（1）主营业务成本包括销售货物成本、提供劳务成本、让渡资产使用权成本和建造合同成本。

（2）其他业务成本包括材料销售成本、代购代销费用、包装物出租成本和其他支出。

3.税金及附加

税金及附加是指企业发生的除企业所得税和允许抵扣的增值税以外的各项税金及其附加，包括消费税、城市维护建设税、资源税、土地增值税和教育费附加等。

4.期间费用

期间费用是指企业每一纳税年度为生产、经营商品和提供劳务等所发生的销售费用、管理费用和财务费用。

销售费用是指企业因销售商品而发生的费用，包括运输费、包装费、展览费、广告费等，以及企业专设的销售机构发生的差旅费、职工薪酬、业务费等经营费用。

管理费用是指企业行政管理部门为组织和管理企业生产经营活动所发生的费用。

财务费用是指企业为筹集生产经营所需资金等而发生的费用。

5.资产减值损失

资产减值损失是指企业计提的各项资产减值准备所形成的损失。

6.公允价值变动收益

公允价值变动收益是指企业交易性金融资产、交易性金融负债、采取公允价值模式计量的投资性房地产、套期保值业务等公允价值变动形成的应计入当期损益的利得（或损失）。

7.投资收益

投资收益是指企业以各种方式对外投资所取得的收益（或发生的损失）。企业持有的交易性金融资产处置和转让时，处置收益部分，包括境外投资应纳税所得额，应当自“公允价值变动收益”项目转入本项目。

8.营业外收入

营业外收入是指企业发生的与其经营活动无直接关系的各项收入，包括非流动资产处置利得、非货币性资产交换利得、债务重组利得、政府补助、盘盈利得、捐赠利得等。

9.营业外支出

营业外支出是指纳税人发生的与其经营活动无直接关系的各项支出，包括非流动资产处置损失、非货币性资产交换损失、债务重组损失、公益性捐赠支出、非常损失、盘亏损失等。

（二）纳税调整项目的确定

按照《企业所得税法》的规定，企业在计算应纳税所得额时，对企业会计准则、会计制度规定与税收规定不一致的项目，应当进行纳税调整。纳税调整项目分为收入类调整项目、扣除类调整项目、资产类调整项目、准备金类调整项目、预售收入的预计利润调整项目和特别纳税调整项目等。

1.收入类调整项目

（1）收入类调整增加的项目。其具体包括：

①视同销售收入。它是指会计上不作为销售核算，而在税收上作为应税收入缴纳企业所得税的收入，主要包括非货币性交易视同销售收入，货物、财产、劳务视同销售收入和其他视同销售收入。

非货币性交易视同销售收入，是指执行企业会计制度或会计准则的纳税人对不具有商业实质或交换涉及资产的公允价值均不能可靠计量的非货币性资产交换，按照税收规定应视同销售确认的收入。

货物、财产、劳务视同销售收入，是指企业将货物、财产、劳务用于捐赠、偿债、赞助、集资、广告、样品、职工福利或利润分配等用途的，按照税收规定应视同销售货物、转让财产或者提供劳务确认的收入。

【请注意】视同货物移库，将存货用于在建工程、管理部门、分公司等不确认收入。

其他视同销售收入，是指税法规定的上述货物、财产、劳务之外的其他视同销售收入。

②接受捐赠收入。它是指企业接受的其他企业、组织或者个人无偿赠予的货币性资产、非货币性资产，其按照实际收到捐赠资产的日期确认收入的实现。

问题解答

问：企业接受捐赠的非货币性资产，如何确认收入？

答：企业接受捐赠的非货币性资产，如存货、固定资产、无形资产，按接受捐赠时资产的入账价值确认捐赠收入，并计入当期应纳税所得额。接受捐赠的非货币性资产计入应纳税所得额的内容包括受赠资产价值和由受赠方企业代为支付的增值税。

【做中学5-1】某企业2020年7月接收捐赠设备一台，已知增值税专用发票上注明的价款为10万元，增值税为1.3万元，企业另支付运费1万元。该项资产的计税价值计算如下：

固定资产原值 = 10+1 = 11（万元）

应纳税所得额 = 10+1.3 = 11.3（万元）

③不符合税收规定的折扣销售。它是指企业发生折扣销售时未按税收规定开具发票，应当进行纳税调整的金额。按照税收规定，企业将折扣额另开发票的，不得从销售额中减除折扣额，应调增应纳税所得额。

④不允许扣除的境外投资损失。它是指纳税人境外投资除合并、撤销、依法清算外形成的损失。按照税收规定，境外投资损失除了前述规定可以扣除的外，其他均不得在税前扣除。

（2）收入类调整减少的项目。其具体包括：

①权益法下对初始投资成本调整产生的收益。它是指纳税人在权益法核算下，初始投资成本小于取得投资时应享有被投资单位可辨认净资产公允价值的份额，两者之间的差额计入投资当期形成的营业外收入。税收规定对这部分收入不征税，调减应纳税所得额。

②境外应税所得。它是指纳税人来自境外的收入总额（包括生产经营所得和其他所得），扣除按税收规定允许扣除的在境外发生的成本费用后的金额。

③不征税收入。它包括财政拨款、行政事业性收费、政府性基金及其他不征税收入。

a.财政拨款。它是指各级人民政府对纳入预算管理的事业单位、社会团体等组织拨付的财政资金，但国务院和国务院财政、税务主管部门另有规定的除外。

b.行政事业性收费。它是指纳税人依照法律、行政法规等有关规定，按照国务院规定程序批准，在实施社会公共管理和向公民、法人或者其他组织提供特定公共服务过程中，向特定对象收取并纳入财政管理的费用。

c.政府性基金。它是指纳税人依照法律、行政法规等有关规定，代政府收取的具有专项用途的财政资金。

d.其他不征税收入。它是指纳税人取得的，由国务院财政、税务主管部门规定专项用途并经国务院批准的财政性资金。

财政性资金是指企业取得的来源于政府及其有关部门的财政补助、补贴、贷款贴息，以及其他各类财政专项资金，包括直接减免的增值税和即征即退、先征后退、先征后返的各种税收，但不包括企业按规定取得的出口退税款。

④免税收入。它是指纳税人本年度发生的根据税收规定免征企业所得税的收入和所得，具体包括国债利息收入，居民企业之间的股息、红利等权益性投资收益，符合条件的非营利组织的收入和其他免税收入。

a.国债利息收入。它是指企业持有国务院财政部门发行的国债取得的利息收入。

b.居民企业之间的股息、红利等权益性投资收益。它是指居民企业直接投资于另一居民企业所取得的投资收益，不包括连续持有居民企业公开发行并上市流通的股票不足12个月取得的投资收益。税法规定，对来自所有非上市企业，以及连续持有上市公司股票12个月以上取得的股息、红利等投资收益，予以免税。

c.符合条件的非营利组织的收入。它是指同时符合下列条件的收入：依法履行非营利组织登记手续；从事公益性或非营利性活动；取得的收入除用于与该组织有关的合理的支出外，全部用于登记核定或章程规定的公益性或者非营利性事业；财产及其孳息不用于分配。

d.其他免税收入。它是指纳税人除上述已列明免税收入以外的其他收入。

⑤减计收入。纳税人以《资源综合利用企业所得税优惠目录》内的资源作为主要原材料，生产国家非限制和禁止并符合国家和行业相关标准的产品所取得的收入，减按90%计入收入总额。

⑥减、免税项目所得。它是指按照税收规定减征、免征企业所得税项目的所得，主要包括农、林、牧、渔业项目的免税所得，公共基础设施项目投资经营所得，环境保护、节能节水项目所得，技术转让所得和其他免税项目所得。

a.农、林、牧、渔业项目的免税所得。它是指纳税人从事下列项目的所得：蔬菜、谷物、薯类、油料、豆类、棉花、麻类、糖料、水果、坚果的种植；农作物新品种的选育；中药材的种植；林木的培育和种植；牲畜、家禽的饲养；林产品的采集；灌溉、农产品初加工、兽医、农技推广、农机作业和维修等农、林、牧、渔服务业项目；远洋捕捞。农、林、牧、渔业项目的减税所得，是指纳税人从事下列项目减半征收企业所得税：花卉、茶及其他饮料作物和香料作物的种植；海水养殖、内陆养殖。

b.公共基础设施项目投资经营所得。它是指纳税人从事《公共基础设施项目企业所得税优惠目录》规定的港口码头、机场、铁路、公路、电力、水利等国家重点扶持项目的投资经营所得。按照税收规定，从事国家重点扶持的公共基础设施项目投资经营的所得，自项目取得第一笔生产经营收入所属纳税年度起，第1年至第3年免征企业所得税，第4年至第6年减半征收企业所得税。

c.环境保护、节能节水项目所得。它是指从事符合条件的公共污水处理、公共垃圾处理、沼气综合开发利用、节能减排技术改造、海水淡化等项目的所得。按照税收规定，从事符合条件的环境保护、节能节水项目的所得，自项目取得第一笔生产经营收入所属纳税年度起，第1年至第3年免征企业所得税，第4年至第6年减半征收企业所得税。

d.技术转让所得。它是指居民企业技术转让的所得。按照税收规定，一个纳税年度内，居民企业技术转让所得不超过500万元的部分，免征企业所得税；超过500万元的部分，减半征收企业所得税。

e.其他免税项目所得。除上述之外的所得项目。

⑦抵扣应纳税所得额。抵扣应纳税所得额，是指创业投资企业采取股权投资方式投资于未上市的中小高新技术企业2年以上的，可以按照其投资额的70%在股权持有满2年的当年抵扣该创业投资企业的应纳税所得额；当年不足抵扣的，可以在以后纳税年度结转抵扣。

问题解答

问：创业投资企业需具备哪些条件？

答：创业投资企业需符合以下条件：经营范围符合《创业投资企业管理暂行办法》；工商登记为“创业投资有限责任公司”或“创业投资股份有限公司”；职工人数不超过500人，年销售额不超过2亿元，资产总额不超过2亿元。

【做中学5-2】A公司是创业投资企业，B公司是未上市的中小高科技企业。2017年2月，A公司以股权投资方式向B公司投资2 000万元。2018—2020年，A公司的应纳税所得额分别为200万元、600万元和1 000万元。

A公司2018—2020年的应纳所得税税额计算如下：

A公司2018年应纳所得税税额＝200×25%＝50（万元）

A公司2019年应纳税所得额＝600－2 000×70%＝－800（万元）

A公司2019年不需缴纳企业所得税。2019年应纳税所得额不足抵扣的部分，可以继续在2020年进行抵扣。

A公司2020年应纳所得税税额＝（1 000－800）×25%＝50（万元）

（3）收入类调整视情况增减的项目。其具体包括：

①未按权责发生制原则确认的收入。它是指会计上按照权责发生制原则确认、计税时按照收付实现制确认的收入，如分期收款销售商品销售收入、税收规定按收付实现制确认的收入、持续时间超过12个月的收入、利息收入、租金收入等。对这类收入，因企业会计处理办法与税收规定不一致而产生的暂时性差异，应进行纳税调整。按税收规定确认的收入大于按会计准则确认的收入部分，应调整增加应纳税所得额；反之，则应调整减少应纳税所得额。

②按权益法核算的长期股权投资持有期间的投资损益。它是指企业根据《企业所得税法》《企业所得税法实施条例》，以及《企业会计制度》《企业会计准则》核算的长期股权投资持有收益、处置收益中，会计核算与税收规定之间的差额。会计核算确认的投资收益大于按税收规定确认的收入的部分，应调整减少应纳税所得额；反之，则应调整增加应纳税所得额。

《企业所得税法实施条例》规定，对来自所有非上市企业，以及连续持有上市公司股票12个月以上取得的股息、红利收入，予以免税；纳税人因收回、转让或清算处置股权投资发生的股权投资损失，可以在税前扣除，但在每一纳税年度扣除的股权投资损失，不得超过当年实现的股权投资收益和投资转让所得，超过部分可按规定向以后年度结转扣除。

③特殊重组和一般重组。特殊重组是指非同一控制下的企业合并、免税改组产生的企业会计处理办法与税收规定不一致应进行纳税调整的金额；一般重组是指同一控制下的企业合并产生的企业会计处理办法与税收规定不一致应进行纳税调整的金额。

重组过程中，会计处理确认的收入大于税收规定的收入的部分，应调整减少应纳税所得额；反之，则应调整增加应纳税所得额。

④公允价值变动净收益。它是指企业以公允价值计量且其变动计入当期损益的金融

资产、金融负债及投资性房地产的公允价值，其税收规定的计税基础与会计处理不一致的，应进行纳税调整的金额。

当纳税人所有按照公允价值计量且其变动计入当期损益的金融资产、金融负债及投资性房地产按照税收规定确认的期末与期初的差额大于根据会计准则确认的期末与期初的差额时，其差额应调整增加应纳税所得额；反之，则应调整减少应纳税所得额。

⑤确认为递延收益的政府补助。它是指纳税人收到不属于税收规定的不征税收入、免税收入的其他政府补助，在会计处理上应计入递延收益、按税收规定应计入应纳税所得额征收企业所得税而产生的差异，应进行纳税调整的金额。

会计处理确认为递延收益的政府补助收入大于税收规定的收入的部分，应调整减少应纳税所得额；反之，则应调整增加应纳税所得额。

2.扣除类调整项目

（1）扣除类调整增加的项目。其具体包括：

①工资、薪金支出。它是指企业每一纳税年度支付给在本企业任职或者受雇的员工的所有现金形式或者非现金形式的劳动报酬，包括基本工资、奖金、津贴、补贴、年终加薪、加班工资，以及与员工任职或受雇有关的其他支出。企业发生的合理工资、薪金支出，准予据实扣除，对明显不合理的工资、薪金，则不予扣除。对一般雇员而言，企业按市场原则所支付的报酬应该认为是合理的，但也可能出现一些特殊情况，如在企业内任职的股东及与其有密切关系的亲属通过多发工资变相分配股利的，或者国有及国有控股企业管理层的工资违反国有资产管理部门的规定变相提高的，不得在税前扣除，应调增应纳税所得额。

问题解答

问：什么是合理的工资、薪金？界定合理工资、薪金的标准有哪些？

答：合理的工资、薪金，是指企业按照股东（大）会、董事会、薪酬委员会或相关管理机构制定的工资、薪金制度规定实际发给员工的工资、薪金。

税务机关可按以下原则对工资、薪金进行合理性确认：企业制定了较为规范的员工工资、薪金制度；企业所制定的工资、薪金制度符合行业及地区水平；企业在一定时期内发放的工资、薪金是相对固定的，工资、薪金的调整是有序进行的；企业对实际发放的工资、薪金依法履行了代扣代缴个人所得税义务；有关工资、薪金的安排，不以减少或逃避税款为目的。

②工会经费、职工福利费、职工教育经费。纳税人的工会经费、职工福利费分别按照工资、薪金总额的2%、14%计算扣除，超过部分应调增应纳税所得额；纳税人的职工教育经费按工资总额的8%计算扣除，超过部分准予在以后纳税年度结转扣除，本年度应调增应纳税所得额。

根据《财政部 国家税务总局关于进一步鼓励软件产业和集成电路产业发展企业所得税政策的通知》（财税〔2012〕27号）的规定，集成电路设计企业和符合条件的软件企业的职工培训费用，应单独进行核算并按实际发生额在计算应纳税所得额时扣除。

【请注意】计算可扣除工会经费、职工福利费、职工教育经费的工资总额，是指企业实际发放的工资、薪金总和，不包括企业的工会经费、职工福利费、职工教育经费，以及养老保险费、医疗保险费、失业保险费、工伤保险费和生育保险费等社会保险费和住房公积金。

③业务招待费。企业发生的与生产经营活动有关的业务招待费支出，按照发生额的60%计算扣除，但最高不得超过当年销售（营业）收入的5‰，超过部分应调增应纳税所得额。

税法视野

国际上有关国家对企业招待费税前扣除的做法

业务招待是正常的商业做法，但业务招待又不可避免地包括个人消费的成分。在许多情况下，无法将业务招待与个人消费区分开。因此，国际上许多国家对业务招待费支出采取在税前打折扣除的做法。比如，在意大利，业务招待费的30%属于商业招待，可在税前扣除；加拿大的这个比例为80%；美国、新西兰的这个比例为50%。借鉴国际做法，结合原税法按销售收入的一定比例限制扣除的经验，我国相关条例规定，将企业发生的与生产经营活动有关的业务招待费，按照发生额的60%在税前扣除，且扣除额全年最高不得超过当年销售收入的5‰。

【做中学5-3】某企业2020年全年销售收入为30 000万元，发生业务招待费200万元。业务招待费的纳税调增额计算如下：

200 × 60% = 120（万元）

扣除限额 = 30 000 × 5‰ = 150（万元）

因此，该企业2020年业务招待费可税前扣除120万元，需纳税调增80万元（200 − 120）。

④广告宣传费。企业发生的符合条件的广告费和业务宣传费支出，除国务院财政、税务主管部门另有规定外，不超过当年销售（营业）收入15%的部分，准予扣除；超过部分，准予在以后纳税年度结转扣除。

【请注意】自2021年1月1日至2025年12月31日，对化妆品制造或销售、医药制造和饮料制造（不含酒类制造）企业发生的广告费和业务宣传费支出，不超过当年销售（营业）收入30%的部分，准予扣除；超过部分，准予在以后纳税年度结转扣除。对签订广告费和业务宣传费分摊协议（以下简称分摊协议）的关联企业，其中一方发生的不超过当年销售（营业）收入税前扣除限额比例的广告费和业务宣传费支出可以在本企业扣除，也可以将其中的部分或全部按照分摊协议归集至另一方扣除。另一方在计算本企业广告费和业务宣传费支出的企业所得税税前扣除限额时，可按照上述办法将归集至本企业的广告费和业务宣传费不计算在内。烟草企业的烟草广告费和业务宣传费支出，一律不得在计算应纳税所得额时扣除。

【做中学5-4】某企业2021年全年销售收入为6 000万元，发生广告宣传费1 000万元。广告宣传费的纳税调增额计算如下：

广告宣传费扣除限额 = 6 000 × 15% = 900（万元），可税前扣除900万元，因此纳税调增额为100万元（1 000 − 900）。

问题解答

问：企业申报扣除的广告费支出应具备哪些条件？

答：企业申报扣除的广告费支出，必须符合下列条件：广告是通过市场监督管理部门批准的专门机构制作的；已实际支付费用、取得相应发票；通过一定的媒体传播。

⑤捐赠支出。捐赠支出分为公益性捐赠支出和非公益性捐赠支出。公益性捐赠是指企业通过公益性社会团体或者县级以上人民政府及其部门，用于《中华人民共和国公益事业捐赠法》规定的公益事业的捐赠。

企业发生的公益性捐赠支出，不超过年度会计利润总额12%的部分，准予据实扣除；超过部分和非公益性捐赠支出不允许税前扣除，应调增应纳税所得额。

自2016年9月1日起，企业发生的捐赠支出可以享受3年结转优惠，超出年利润总额12%的部分可以在以后3年内继续在税前扣除。

自2019年1月1日至2022年12月31日，企业通过公益性社会组织或者县级（含县级）以上人民政府及其组成部门和直属机构，用于“目标脱贫地区”的扶贫捐赠支出，准予在计算企业所得税应纳税所得额时据实扣除。“目标脱贫地区”包括832个国家扶贫开发工作重点县、集中连片特困地区县（新疆阿克苏地区6县1市享受片区政策）和建档立卡贫困村。

企业同时发生扶贫捐赠支出和其他公益性捐赠支出，在计算公益性捐赠支出年度扣除限额时，符合上述条件的扶贫捐赠支出不计算在内。

企业发生对“目标脱贫地区”的捐赠支出时，应及时要求开具方在公益事业捐赠票据中注明目标脱贫地区的具体名称，并妥善保管该票据。

问题解答

问：用于公益事业的捐赠支出包括哪些？公益性社会组织应具备哪些条件？

答：用于公益事业的捐赠支出，包括用于救助灾害、救济贫困、扶助残疾人等困难的社会群体和个人的活动，教育、科学、文化、卫生、体育事业，环境保护、社会公共设施建设，促进社会进步的其他社会公共和福利事业的捐赠支出。

公益性社会组织，包括依法设立或登记并按规定条件和程序取得公益性捐赠税前扣除资格的慈善组织、其他社会组织和群众团体。

公益性群众团体是指同时符合十项条件：（1）依法登记，具有法人资格；（2）以发展公益事业为宗旨，且不以营利为目的；（3）全部资产及其增值为该法人所有；（4）收益和营运结余主要用于符合该法人设立目的的事业；（5）终止后的剩余财产不归属任何个人或者营利组织；（6）不经营与其设立目的无关的业务；（7）有健全的财务会计制度；（8）捐赠者不以任何形式参与社会团体财产的分配；（9）县级以上各级机构编制部门直接管理其机构编制；（10）对接受捐赠的收入以及用捐赠收入进行的支出单独进行核算，且申请前连续3年接受捐赠的总收入中用于公益事业的支出比例不低于70%。

在民政部门依法登记的慈善组织和其他社会组织（以下统称社会组织），取得公益性捐赠税前扣除资格应当同时符合以下规定：（1）符合企业所得税法1至8项规定条件；（2）每年应当在3月31日前按要求向登记管理机关报送经审计的上年度专项信息报告；（3）具有公开募捐资格的社会组织，前两年度每年用于公益慈善事业的支出占上年总收入的比例均不得低于70%。计算该支出比例时，可以用前三年收入的平均数代替上年总收入

问题解答

问：企业除了用于“目标脱贫地区”的扶贫捐赠支出外，同时还发生扶贫捐赠和其他公益性捐赠，如何进行税前扣除处理？

答：企业发生的公益性捐赠支出准予按年度利润总额的12%在税前扣除，超过部分在准予结转以后3年内扣除。企业发生的符合条件的扶贫捐赠支出准予据实扣除。企业同时发生扶贫捐赠支出和其他公益性捐赠支出的，符合条件的扶贫捐赠支出不计算在公益性捐赠支出的年度扣除限额内。

问题解答

问：如何获知“目标脱贫地区”的具体名单？

答：“目标脱贫地区”包括832个国家扶贫开发工作重点县、集中连片特困地区县（新疆阿克苏地区6县1市享受片区政策)和建档立卡贫困村。“目标脱贫地区”的具体名单由县级以上政府的扶贫工作部门掌握。考虑到建档立卡贫困村数量众多，且实施动态管理，企业如有需要可向当地扶贫工作部门查阅或问询。

【做中学5-5】企业2020年度的利润总额为100万元，当年度发生符合条件的扶贫方面的公益性捐赠15万元，发生符合条件的教育方面的公益性捐赠12万元。2020年度该企业的公益性捐赠支出税前扣除处理如下：

2020年度该企业的公益性捐赠支出税前扣除限额为12万元（100×12%），教育捐赠支出12万元在扣除限额内，可以全额扣除；扶贫捐赠无须考虑税前扣除限额，准予全额税前据实扣除。2020年度，该企业的公益性捐赠支出共计27万元，均可在税前全额扣除。

【做中学5-6】某企业2019年共发生公益性捐赠支出90万元，其中符合条件的扶贫捐赠为50万元，其他公益性捐赠为40万元。当年利润总额为400万元；2020年，该企业共发生公益性捐赠支出120万元，其中符合条件的扶贫捐赠为50万元，其他公益性捐赠为70万元。当年利润总额为500万元。2019年度、2020年度该企业公益性捐赠税前扣除处理如下：

2019年度公益性捐赠税前扣除限额为48万元（400×12%），当年税前扣除48万元，其余42万元向2020年度结转。对于2019年度的其他公益性捐赠40万元，由于在当年限额扣除范围内，可在2019年度税前全额扣除，限额范围内的8万元可作为扶贫捐赠扣除，则2019年度尚有42万元的扶贫捐赠支出未全额税前扣除，需结转到2020年。

2020年度公益性捐赠税前扣除限额为60万元（500×12%）。对于2020年发生的其他公益性捐赠70万元，有60万元在扣除限额内，超过扣除限额的10万元需结转以后年度扣除，而2020年发生的扶贫捐赠50万元未得到全额扣除。因此2019年度和2020年度共有92万元的扶贫捐赠支出尚未得到全额扣除，需填写年度申报表的“纳税调整项目明细表”的“其他”行次，实现全额扣除。

⑥利息支出。企业在生产经营活动中发生的借款费用，按下列规定扣除：

a.非金融企业向金融企业借款的利息支出、金融企业的各项存款利息支出和同业拆借利息支出、企业经批准发行债券的利息支出，允许按照实际发生数扣除。

b.非金融企业向非金融企业借款的利息支出，不超过按照金融企业同期同类贷款利率计算的数额部分可据实扣除，超过部分不允许扣除。此外，纳税人逾期归还银行贷款，向银行支付的加收罚息，不属于行政性罚款，允许在税前扣除。

其中，金融机构是指各类银行、保险公司及经中国人民银行批准从事金融业务的非银行金融机构；非金融机构是指除上述金融机构以外的所有企业、事业单位及社会团体等企业或组织。

c.关联企业利息支出的扣除。企业从其关联方接受的债权性投资与权益性投资的比例超过规定标准而发生的利息支出，不得在计算应纳税所得额时扣除。在计算应纳税所得额时，企业实际支付给关联方的利息支出，不超过按规定比例（金融企业为5∶1，其他企业为2∶1）和《企业所得税法》《企业所得税法实施条例》有关规定计算的部分，准予扣除；超过的部分不得在发生当期和以后年度扣除。

d.向自然人借款的利息支出的扣除。企业向股东或其他与企业有关联关系的自然人借款的利息支出，应比照企业关联方利息费用扣除标准执行；企业向内部职工或其他人员借款的利息支出，其利息支出不超过按照金融企业同期同类贷款利率计算数额的部分，准予扣除。

⑦借款费用。企业在生产经营活动中发生的合理的不需要资本化的借款费用，准予扣除。企业为购置、建造固定资产和无形资产，以及经过12个月以上的建造才能达到预定可销售状态的存货发生借款的，在有关资产购置、建造期间发生的合理借款费用，应当作为资本性支出计入有关资产的成本；有关资产交付使用后发生的借款利息，可在发生当期扣除。

⑧住房公积金。纳税人在国家规定范围内缴纳的住房公积金，允许在税前扣除；超过规定的部分，应调增应纳税所得额。

⑨罚金、罚款和被没收财物的损失。纳税人因违反国家法律、法规和规章，被有关部门处以的罚款、被没收财物的损失，以及因违反税收规定被处以的滞纳金、罚金，不得扣除，应调增应纳税所得额。

⑩社会保险费。企业依照国务院有关主管部门或者省级人民政府规定的范围和标准为职工缴纳的“五险一金”，即基本养老保险费、基本医疗保险费、失业保险费、工伤保险费、生育保险费等基本社会保险费和住房公积金，准予扣除；超过规定范围和标准的部分，应调增应纳税所得额。

除企业依照国家有关规定为特殊工种职工支付的人身安全保险费和国务院财政、税务主管部门可以扣除的其他商业保险费外，企业为投资者或者职工支付的商业保险费不得扣除，应调增应纳税所得额。

⑪与未实现融资收益相关的在当期应确认的财务费用。根据企业会计准则，对于具有融资性质的分期收款销售商品，企业应当按照应收的合同或协议价款的公允价值确定收入金额，即按照其未来现金流量现值或商品现销价格计算确定，合同或协议价款与其公允价值之间的差额，应当在合同协议期间，按照实际利率法摊销，分期冲减财务费用。按税收规定，分期收款销售商品应按合同或协议确定的时间确认收入，不存在未实现融资收益抵减当期财务费用问题，企业发生与未实现融资收益相关的应在当期确认的财务费用时，应调增应纳税所得额。

⑫与收入无关的支出。它是指纳税人实际发生的与取得收入无关的支出，如企业已出售给职工个人的住房的折旧费、维修管理费，各种非广告性质的赞助支出，应调增应纳税所得额。如果是广告性质的赞助支出，可参照广告宣传费的相关规定扣除。

⑬与不征税收入相关的支出。它是指纳税人本年度实际发生的与不征税收入相关的支出，应调增应纳税所得额。

⑭其他调增项目。其他调增项目是指纳税人因会计处理与税收规定存在差异，需要调整增加的其他扣除类项目，如分期收款销售方式下应结转的存货成本、一般重组和特殊重组的相关扣除项目调整等。

（2）扣除类调整减少的项目。其具体包括：

①视同销售成本。视同销售成本是指纳税人按税收规定计算的与视同销售收入相关的成本。每一笔被确认为视同销售的经济事项，在确认应税收入的同时，均应确认与其相配比的应税成本。视同销售成本主要包括非货币性交易视同销售成本，货物、财产、劳务视同销售成本和其他视同销售成本。

②本年扣除的以前年度结转额。当本年度允许税前扣除的广告宣传费实际发生额小于本年度扣除限额时，可将以前年度发生的还没有结转的广告宣传费在本年度结转，但结转后不得超过本年度扣除限额；当本年度允许税前扣除的职工教育经费实际发生额小于本年度扣除限额时，可将以前年度发生的还没有结转的职工教育经费在本年度结转，但结转后不得超过本年度扣除限额。

③未列入当期费用的各类保险基金、统筹基金。本年度实际发生的各类基本社会保障性缴款，包括基本养老保险费、基本医疗保险费、失业保险费、工伤保险费和生育保险费、补充养老保险费、补充医疗保险费等，在会计核算时未列入当期费用，按税收规定允许当期扣除的金额，应调减应纳税所得额。

④加计扣除。加计扣除包括研究开发费用的加计扣除和企业安置残疾人员所支付工资的加计扣除两项内容。

a.研究开发费用的加计扣除。研究开发费用，是指企业为开发新技术、新产品、新工艺发生的研究开发费用，包括新产品的设计费、新工艺规程制定费，以及与研究开发活动直接相关的技术图书资料费、资料翻译费，从事研究开发活动直接耗用的材料、燃料和动力费用，研究机构人员的工资、奖金、津贴，用于研究开发活动的仪器、设备的折旧费或租赁费等。对于研究开发费用，计入当期损益未形成无形资产的，在据实扣除的基础上，按照研究开发费用的75%加计扣除；形成无形资产的，按照无形资产成本的175%摊销。

自2021年1月1日起，制造业企业研发费用加计扣除比例由75%提高到100%，形成无形资产的，按照无形资产成本的200%摊销。

【做中学5-7】某科技型中小企业在2018年1月通过研发形成无形资产，计税基础为100万元，摊销年限为10年。假设其计税基础所归集的研发费用均属于允许加计扣除的范围，则该企业2018—2020年可税前摊销计算如下：

2018—2020年每年可税前摊销17.5万元（10×175%）。

b.企业安置残疾人员所支付工资的加计扣除。企业在按照支付给残疾职工的工资据实扣除的基础上，按照支付给残疾职工工资的100%加计扣除。残疾人员的范围按照《中华人民共和国残疾人保障法》的有关规定予以确定。

问题解答

问：企业安置残疾职工工资100%加计扣除，应同时具备哪些条件？

答：依法与安置的每位残疾人签订了1年以上（含1年）的劳动合同或服务协议，并且安置的每位残疾人在企业实际上岗工作；为安置的每位残疾人按月足额缴纳了企业所在区县人民政府根据国家政策规定的基本养老保险、基本医疗保险、失业保险和工伤保险等社会保险；定期通过银行等金融机构向安置的每一位残疾人支付了不低于企业所在区县适用的经省级人民政府批准的最低工资标准的工资。

企业安置国家鼓励的其他就业人员所支付的工资，可以在计算应纳税所得额时加计扣除。国家鼓励安置的其他就业人员是指下岗失业人员、军队转业干部、城镇退役士兵、随军家属等。

⑤其他调减项目。其他调减项目是指纳税人因会计处理与税收规定存在差异，需要调整减少的其他扣除类项目，如分期收款销售方式下会计核算一次性结转成本时，按税收规定应冲减的存货成本等。

3.资产类调整项目

（1）财产损失的纳税调整。企业资产发生永久性或实质性损害的，按下列规定处理，允许在税前扣除，超过税务机关批准的财产损失部分不得扣除，应调增应纳税所得额：

①当有确凿证据表明企业的存货、固定资产、无形资产和投资已形成财产损失或者已发生永久性或实质性损害时，应在扣除变价收入、可收回金额及责任和保险赔款后，确认为财产损失。可收回金额可以由中介机构评估确定，未经中介机构评估的，固定资产和长期投资的可收回金额一律暂定为账面余额的5%，存货为账面价值的1%。已按永久性或实质性损害确认财产损失的各项资产必须保留会计记录，在实际清理报废这些资产时，应根据实际清理报废情况和已预计的可收回金额确认损益。

②企业的各项财产损失，应在损失发生当年申报扣除，不得提前或延后。非因计算错误或其他客观原因，企业未及时申报的财产损失，逾期不得扣除。确因税务机关原因未能按期扣除的，经税务机关批准后，应调整该财产损失发生年度的纳税申报表，并相

应抵退税款，不得改变财产损失所属纳税年度。

③企业申报扣除各项财产损失时，均应提供能够证明财产损失确已实际发生的合法证据，包括具有法律效力的外部证据、具有法定资质的中介机构的经济鉴证证明和特定事项的企业内部证据。

④存货出现下列一种或若干情形时，应当确认为发生永久性或实质性损害：已霉烂变质；已过期且无转让价值；经营中已不再需要，并且已无使用价值和转让价值；其他足以证明已无使用价值和转让价值的情形。

⑤固定资产出现下列情形之一时，应当确认为发生永久性或实质性损害：长期闲置不用且已无转让价值；由于技术进步原因已经不可使用；已遭毁损，不再具有使用价值和转让价值；因本身原因使用后导致企业产生大量不合格的产品；其他实质上已经不能再给企业带来经济利益的情形。

⑥无形资产出现下列一种或若干情形时，应当确认为发生永久性或实质性损害：已被其他新技术所替代，且已无使用价值和转让价值；已超过法律保护期限，且已不能为企业带来经济利益；其他足以证明已经丧失使用价值和转让价值的情形。

⑦投资出现下列一种或若干情形时，应当确认为发生永久性或实质性损害：被投资方已依法宣告破产、撤销、关闭或被注销、吊销营业执照；被投资方财务状况严重恶化，累计发生巨额亏损，已连续停止经营3年以上且无重新恢复经营的改组计划等；被投资方的股票从证券交易市场摘牌，停止交易1年或1年以上；被投资方财务状况严重恶化，累计发生巨额亏损，已进行清算。

⑧资产盘亏、毁损净损失。纳税人当期发生的固定资产和流动资产盘亏、毁损净损失，由其提供清查盘存资料，经主管税务机关审核后，准予扣除；纳税人因存货盘亏、毁损、报废等原因不得从销项税额中抵扣的进项税额，应视同企业财产损失，准予与存货损失一起在企业所得税前按规定进行扣除；除国家规定允许从事信贷业务的金融保险企业外，其他企业直接借出的款项，由于债务人破产、关闭、死亡等原因无法收回或逾期无法收回的，一律不得作为财产损失在税前进行扣除；其他企业委托按照国家规定允许从事信贷业务的金融保险企业借出的款项，由于债务人破产、关闭、死亡等原因无法收回或逾期无法收回的，准予作为财产损失在税前进行扣除。

（2）固定资产的纳税调整。固定资产是指企业为生产产品、提供劳务、出租或者经营管理而持有、使用时间超过12个月的非货币性资产，包括房屋、建筑物、机器、机械、运输工具及其他与生产经营活动有关的设备、器具、工具等。未作为固定资产管理的工具、器具等，作为低值易耗品，可以一次或分期扣除。固定资产的纳税调整涉及下列内容：

①固定资产的计税基础。外购的固定资产，以购买价款和支付的相关税费，以及直接归属于该资产达到预定用途而发生的其他支出为计税基础；自行建造的固定资产，以竣工结算前发生的支出为计税基础；融资租入的固定资产，以租赁合同约定的付款总额和承租人在签订租赁合同过程中发生的相关费用为计税基础，租赁合同未约定付款总额的，以该资产的公允价值和承租人在签订租赁合同过程中发生的相关费用为计税基础；盘盈的固定资产，以同类固定资产的重置完全价值为计税基础；通过捐赠、投资、非货

币性资产交换、债务重组等方式取得的固定资产，以该资产的公允价值和支付的相关税费为计税基础；改建的固定资产，以改建过程中发生的改建支出增加计税基础。

固定资产的价值确定后，除国家统一规定的清产核资、将固定资产的一部分拆除、固定资产发生永久性损害后（经批准可调整至固定资产可收回金额，并确认损失），根据实际价值调整原暂估价值或发现原计价有错误的情况以外，不得调整其价值。

②固定资产折旧的范围。它包括房屋、建筑物；在用的机器设备、运输车辆、器具、工具；季节性停用和大修理停用的机器设备；以经营租赁方式租出的固定资产；以融资租赁方式租入的固定资产；财政部规定的其他应当计提折旧的固定资产。

③不得提取折旧的固定资产。它包括房屋、建筑物以外未投入使用的固定资产；以经营租赁方式租入的固定资产；以融资租赁方式租出的固定资产；已足额提取折旧，仍继续使用的固定资产；与经营活动无关的固定资产；单独估价、作为固定资产入账的土地；财政部规定的其他不得计算折旧扣除的固定资产。

④固定资产折旧方法和年限。纳税人的固定资产应当从投入使用月份的次月起计提折旧；停止使用的固定资产，应当从停止使用月份的次月起停止计提折旧。企业应当根据固定资产的性质和使用情况，合理确定固定资产的预计净残值，固定资产的预计净残值一经确定，不得变更。固定资产一般按照直线法计提折旧，对于因技术进步等原因，确需加速折旧的固定资产，即技术进步、产品更新换代较快或常年处于强震动、高腐蚀状态的固定资产，可以缩短折旧年限，采取双倍余额递减法或年数总和法计提折旧。采取缩短折旧年限方法的，最低折旧年限不得低于规定折旧年限的60%。除国务院财政、税务主管部门另有规定外，固定资产计算折旧的最低年限为：房屋、建筑物为20年；飞机、火车、轮船、机器、机械和其他生产设备为10年；与生产经营活动有关的器具、工具、家具等为5年；飞机、火车、轮船以外的运输工具为4年；电子设备为3年。

计提固定资产折旧时，如会计核算与税收规定不一致，需要按税收规定进行纳税调整。

对生物药品制造业，专用设备制造业，铁路、船舶、航空航天和其他运输设备制造业，计算机、通信和其他电子设备制造业，仪器仪表制造业，信息传输、软件和信息技术服务业等行业企业（简称“六大行业”），2014年1月1日后购进的固定资产（包括自行建造），允许按不低于《企业所得税法实施条例》规定折旧年限的60%缩短折旧年限，或者选择采取双倍余额递减法或年数总和法进行加速折旧。

“六大行业”的小型微利企业2014年1月1日后购进的研发和生产经营共用的仪器、设备，单位价值不超过100万元的，允许一次性计入当期成本费用，在计算应纳税所得额时扣除，不再分年度计算折旧；单位价值超过100万元的，可缩短折旧年限或采取加速折旧的方法。

企业专门用于研发活动的仪器、设备已享受上述优惠政策的，在享受研发费加计扣除时，就已经进行会计处理的折旧、费用等金额进行加计扣除。

“六大行业”企业采取缩短折旧年限方法的，对其购置的新固定资产，最低折旧年限不得低于《企业所得税法实施条例》第六十条规定的最低折旧年限的60%；企业购置已使用过的固定资产，其最低折旧年限不得低于《企业所得税法实施条例》规定的最低折旧年限减去已使用年限后剩余年限的60%。最低折旧年限一经确定，一般不得变更。

对所有行业企业2014年1月1日后新购进的专门用于研发的仪器、设备，单位价值不超过100万元的，允许一次性计入当期成本费用，在计算应纳税所得额时扣除，不再分年度计算折旧；单位价值超过100万元的，可缩短折旧年限或采取加速折旧的方法，允许按不低于《企业所得税法实施条例》规定折旧年限的60%缩短折旧年限，或选择采取双倍余额递减法或年数总和法进行加速折旧。

为支持制造业企业加快技术改造和设备更新，自2019年1月1日起，固定资产加速折旧优惠的行业范围扩大至全部制造业领域。

对所有行业企业持有的单位价值不超过5 000元的固定资产，允许一次性计入当期成本费用，在计算应纳税所得额时扣除，不再分年度计算折旧。企业在2013年12月31日前持有的单位价值不超过5 000元的固定资产，其折余价值部分，在2014年1月1日以后可以一次性在计算应纳税所得额时扣除。

（3）无形资产的纳税调整。无形资产是指企业为生产产品、提供劳务、出租或者经营管理而持有的、没有实物形态的非货币性长期资产，包括专利权、商标权、著作权、土地使用权、非专利技术、商誉等。无形资产的纳税调整涉及下列内容：

①无形资产的计税基础。外购的无形资产，以购买价款和支付的相关税费，以及直接归属于该资产达到预定用途发生的其他支出为计税基础；自行开发的无形资产，以开发过程中该资产符合资本化条件后至达到预定用途前发生的支出为计税基础；通过捐赠、投资、非货币性资产交换、债务重组等方式取得的无形资产，以该资产的公允价值和支付的相关税费为计税基础。

②无形资产的摊销。按照直线法摊销，其摊销年限不得低于10年；作为投资或者受让的无形资产，有关法律规定或者合同约定了使用年限的，可以按照规定或约定的使用年限分期摊销。外购商誉的支出，在企业整体转让或者清算时，准予扣除。

问题解答

问：哪些无形资产不得在税前扣除费用摊销额？

答：下列无形资产不得计算摊销费用扣除：①自行开发的支出已在计算应纳税所得额时扣除的无形资产；②自创商誉；③与经营活动无关的无形资产；④其他不得计算摊销费用扣除的无形资产。

无形资产摊销时，如会计核算与税收规定不一致，则需要按税收规定进行纳税调整。

（4）长期待摊费用的纳税调整。长期待摊费用是指不能全部计入当年损益，应当在以后年度内分期摊销的各项费用，包括已提足折旧的固定资产的改建支出、租入固定资产的改建支出、固定资产的大修理支出等。

①已提足折旧的固定资产的改建支出，是指改变房屋或者建筑物结构、延长使用年限等发生的支出，按照固定资产预计尚可使用年限分期摊销。

②租入固定资产的改建支出，按照合同约定的剩余租赁期限分期摊销；其他改建的固定资产延长使用年限的，应当适当延长折旧年限。

③固定资产的大修理支出，按照固定资产尚可使用年限分期摊销。

问题解答

问：固定资产的大修理支出，应具备哪些条件？

答：固定资产的大修理支出，必须同时满足下列条件：①修理支出达到取得固定资产时的计税基础50%以上；②修理后固定资产的使用年限延长2年以上。

其他应当作为长期待摊费用的支出，自支出发生月份的次月起，分期摊销，摊销年限不得低于3年。

对长期待摊费用的摊销，当会计核算与税收规定不一致时，需要按税收规定进行纳税调整。

（5）生产性生物资产的纳税调整。生产性生物资产是指企业为生产农产品、提供劳务或者出租等而持有的生物资产，包括经济林、薪炭林、产畜和役畜等。生产性生物资产的纳税调整涉及下列内容：

①生产性生物资产的计税基础。外购的生产性生物资产，以购买价款和支付的相关税费为计税基础；通过捐赠、投资、非货币性资产交换、债务重组等方式取得的生产性生物资产，以该资产的公允价值和支付的相关税费为计税基础。

②生产性生物资产的计提折旧。按照直线法计提折旧，企业应当自生产性生物资产投入使用月份的次月起计提折旧；停止使用的生产性生物资产，应当自停止使用月份的次月起停止计提折旧。企业应当根据生产性生物资产的性质和使用情况，合理确定生产性生物资产的预计净残值，预计净残值一经确定，不得变更。生产性生物资产计提折旧的最低年限为：林木类生产性生物资产，为10年；畜类生产性生物资产，为3年。

当会计核算与税收规定不一致时，对于生产性生物资产折旧需要按税收规定进行纳税调整。

（6）以前年度结转的投资转让、处置损失的纳税调整。当本年度实际发生的股权投资损失小于本年度实现的股权投资收益、投资转让所得时，可将以前年度发生的未结转的股权投资转让、处置损失在本年度结转，但结转后不得超过本年度扣除限额。

（7）其他调整项目。其他调整项目是指纳税人因会计核算与税收规定存在差异需要调整的其他资产类项目。

4.准备金类调整项目

纳税人未经财政、税务部门核实的准备金，如存货跌价准备金、固定资产减值准备金、长期投资减值准备金、无形资产减值准备金，以及税法规定可提取的准备金之外的任何形式的准备金，不得扣除，应调增纳税所得额。企业按会计准则因价值恢复、资产转让等原因转回准备金时，调减纳税所得额。企业资产损失实际发生时，经报主管税务机关核定后，在实际发生年度按其发生额扣除。

5.预售收入的预计利润调整项目

预售收入的预计利润是指从事房地产业务的纳税人本期取得的预售收入，按照税收规定的预售收入利润率计算的预计利润。

各种经济性质的内资房地产开发企业及从事房地产开发业务的其他内资企业，开发、建造的用于以后出售的住宅、商业用房，以及其他建筑物、附着物、配套设施等，应根据收入来源的性质和销售方式，按下列原则分别确认收入的实现：

（1）开发产品销售收入的确认。采取一次性全额收款方式销售开发产品的，应于实际收讫价款或取得索取价款凭据之日确认收入；采取分期付款方式销售开发产品的，应按销售合同或协议约定付款日确认收入，付款方提前付款的，在实际付款日确认收入；采取银行按揭方式销售的，其首付款应于实际收到日确认收入，余款在银行按揭贷款办理转账之日确认收入。

（2）开发产品预售收入的确认。房地产开发企业采取预售方式销售开发产品的，其当期取得的预售收入先按规定的利润率计算出预计营业利润额，调增当期应纳税所得额，统一计算缴纳企业所得税；待开发产品完工，将预售收入转为销售收入时，将其结转的预售收入已按税收规定的预计营业利润率计算的预计利润额转回，调减应纳税所得额。

$$预计营业利润额=预售开发产品收入\times利润率$$

6.特别纳税调整项目

特别纳税调整是税务机关出于反避税目的而对纳税人特定纳税事项所做的调整，包括针对纳税人转让定价、资本弱化、避税港避税及其他情况所进行的税务调整。

（1）企业与其关联方之间的业务往来，不符合独立交易原则而减少企业或者其关联方应纳税收入或所得额的，税务机关有权按照合理方法进行调整。

（2）企业与其关联方共同开发、受让无形资产，或者共同提供、接受劳务发生的成本，在计算应纳税所得额时应当按照独立交易原则进行分摊。企业与其关联方分摊成本时，应当按照成本与预期收益相配比的原则进行，并在税务机关规定的期限内，按照税务机关的要求报送有关资料。企业与其关联方分摊成本时违反独立交易原则或配比原则的，其自行分摊的成本不得在计算应纳税所得额时扣除。

企业可以向税务机关提出与其关联方之间业务往来的定价原则和计算方法，税务机关与企业协商、确认后，达成预约定价安排。预约定价安排，是指企业就其未来年度关联交易的定价原则和计算方法向税务机关提出申请，与税务机关协商、确认后达成的协议。企业向税务机关报送年度企业所得税纳税申报表时，应当就其与关联方之间的业务往来，附送年度关联业务往来报告表。税务机关在进行关联业务调查时，企业及其关联方，以及与关联业务调查有关的其他企业，应当按照规定提供相关资料；企业不提供与其关联方之间业务往来资料，或者提供虚假、不完整资料，未能真实反映其关联业务往来情况的，税务机关有权依法按合理的方法核定其应纳税所得额。

（3）由居民企业或者由居民企业和中国居民控制的设立在实际税负明显低于我国法定税率水平，即低于我国法定税率50%的国家（地区）的企业，并非由于合理的经营需要而对利润不作分配或者减少分配的，上述利润中应归属于该居民企业的部分，应当计入该居民企业的当期收入。

（4）企业从其关联方接受的债权性投资与权益性投资的比例超过规定标准而发生的利息支出，不得在计算应纳税所得额时扣除。

企业实施其他不具有合理商业目的的安排而减少其应纳税收入或者所得额的，税务机关有权按照合理方法调整。经税务机关作出纳税调整，需要补缴税款的，应当补缴税款，并按照规定加收利息。

税务机关根据规定对企业作出特别纳税调整的，自税款所属纳税年度的次年6月1日起至补缴税款之日止的期间，按日加收利息，并按照税款所属纳税年度中国人民银行公布的与补税期间同期的人民币贷款基准利率加5个百分点计算；企业按规定提供有关资料的，可以只按规定的人民币贷款基准利率计算利息。加收的利息，不得在计算应纳税所得额时扣除。

企业与其关联方之间的业务往来，不符合独立交易原则，或者企业实施其他不具有合理商业目的的安排的，税务机关有权自该业务发生的纳税年度起10年内，进行纳税调整。

问题解答

问：在计算应纳税所得额时，不得扣除的项目有哪些？

答：向投资者支付的股息、红利等权益性投资收益款项；企业所得税税款；税收滞纳金；罚金、罚款和被没收的财物损失；超过规定标准的捐赠支出；各种非广告性质的赞助支出；未经核定的准备金支出；企业之间支付的管理费、企业内营业机构之间支付的租金和特许权使用费，以及非银行企业内营业机构之间支付的利息。

（三）弥补亏损

1.境外应税所得弥补境内亏损

境外应税所得弥补境内亏损是指纳税人在计算缴纳企业所得税时，其境外营业机构的盈利可以弥补境内营业机构的亏损。当“利润总额”加“纳税调整增加额”减“纳税调整减少额”为负数时，境外应税所得可以用于弥补境内亏损，最多不得超过企业当年的全部境外应税所得；当其为正数时，如以前年度无亏损额，则不需要补亏。如以前年度有亏损额，则可以弥补以前年度亏损，最多不得超过企业当年的全部境外应税所得。

2.弥补以前年度亏损

弥补以前年度亏损是指纳税人按税收规定可以税前弥补的以前年度亏损额。税法中的亏损称为应税亏损，是指会计利润按税法调整后为负数的应纳税所得额。按照税收规定，企业当年发生的亏损可以用下一年度的所得弥补；下一年度的所得不足以弥补的，可以逐年延续弥补，但最长不超过5年。自2018年1月1日起，当年具备高新技术企业或科技型中小企业资格的企业，其具备资格年度之前5个纳税年度发生的尚未弥补完的亏损，准予结转以后年度弥补，最长结转年限为10年。亏损弥补应注意以下问题：

（1）亏损弥补期应连续计算，无论盈利还是亏损。

（2）若纳税人连续发生亏损，按先亏先补的顺序弥补，不能将每个亏损年度的亏损额相加。

（3）企业境外业务（指同一国）之间的盈亏可以相互弥补，按弥补以后的所得额依法缴纳税款。

二、应纳企业所得税额的计算

（一）预缴所得税额的计算

企业所得税实行按年计征、分月（季）预缴、年终汇算清缴、多退少补的办法。

1.小型微利企业所得税的计算

（1）小型微利企业的确定。

从2019年度开始，在预缴企业所得税时，企业可直接按当年度截至本期末的资产总额、从业人数、应纳税所得额等情况判断是否为小型微利企业。

具体判断方法为：资产总额、从业人数指标比照“全年季度平均值”的计算公式，计算截至本期末的季度平均值；年应纳税所得额指标按截至本期末不超过300万元。

【做中学5-8】A企业2017年成立，从事国家非限制和禁止行业，2019年各季度的资产总额、从业人数及累计应纳税所得额情况见表5-1。

表5-1　A企业从业人数及累计应纳税所得额

季度	从业人数		资产总额（万元）		应纳税所得额（累计值，万元）
	季初	季末	季初	季末	
第1季度	120	200	2 000	4 000	150
第2季度	400	500	4 000	6 600	200
第3季度	350	200	6 600	7 000	280
第4季度	220	210	7 000	2 500	350

A企业在预缴2019年度企业所得税时，判断是否符合小型微利企业条件的具体过程见表5-2。

表5-2　判断小型微利企业条件的具体过程

指标		第1季度	第2季度	第3季度	第4季度
从业人数	季初	120	400	350	220
	季末	200	500	200	210
	季度平均值	（120+200）÷2＝160	（400+500）÷2＝450	（350+200）÷2＝275	（220+210）÷2＝215
	截至本期末季度平均值	160	（160+450）÷2＝305	（160+450+275）÷3＝295	（160+450+275+215）÷4＝275
资产总额（万元）	季初	2 000	4 000	6 600	7 000
	季末	4 000	6 600	7 000	2 500
	季度平均值	（2 000+4 000）÷2＝3 000	（4 000+6 600）÷2＝5 300	（6 600+7 000）÷2＝6 800	（7 000+2 500）÷2＝4 750
	截至本期末季度平均值	3 000	（3 000+5 300）÷2＝4 150	（3 000+5 300+6 800）÷3＝5 033.33	（3 000+5 300+6 800+4 750）÷4＝4 962.50
应纳税所得额（累计值，万元）		150	200	280	350
判断结果		符合	不符合（从业人数超标）	不符合（资产总额超标）	不符合（应纳税所得额超标）

【做中学5-9】B企业2019年5月成立，从事国家非限制和禁止行业，2019年各季度的资产总额、从业人数及累计应纳税所得额情况见表5-3。

表5-3 B企业2019年各季度的资产总额、从业人数及累计应纳税所得额

季度	从业人数		资产总额（万元）		应纳税所得额（累计值，万元）
	季初	季末	季初	季末	
第2季度	100	200	1 500	3 000	200
第3季度	260	300	3 000	5 000	350
第4季度	280	330	5 000	6 000	280

B企业在预缴2019年度企业所得税时，判断是否符合小型微利企业条件的具体过程见表5-4。

表5-4 判断小型微利企业条件的具体过程

指标		第2季度	第3季度	第4季度
从业人数	季初	100	260	280
	季末	200	300	330
	季度平均值	（100+200）÷2＝150	（260+300）÷2＝280	（280+330）÷2＝305
	截至本期末季度平均值	150	（150+280）÷2＝215	（150+280+305）÷3＝245
资产总额（万元）	季初	1 500	3 000	5 000
	季末	3 000	5 000	6 000
	季度平均值	（1 500+3 000）÷2＝2 250	（3 000+5 000）÷2＝4 000	（5 000+6 000）÷2＝5 500
	截至本期末季度平均值	2 250	（2 250+4 000）÷2＝3 125	（2 250+4 000+5 500）÷3＝3 916.67
应纳税所得额（累计值，万元）		200	350	280
判断结果		符合	不符合（应纳税所得额超标）	符合

（2）小型微利企业预缴所得税的计算。

根据规定，小型微利企业年应纳税所得额不超过100万元、超过100万元但不超过300万元的部分，分别减按25%、50%计入应纳税所得额，按20%的税率缴纳企业所得税。

【做中学5-10】C企业2019年第1季度预缴企业所得税时，经过判断不符合小型微

利企业条件，但是此后的第2季度和第3季度预缴企业所得税时，经过判断符合小型微利企业条件。第1季度至第3季度预缴企业所得税时，相应的累计应纳税所得额分别为50万元、100万元、200万元。

C企业在预缴2019年第1季度至第3季度企业所得税时，实际应纳所得税额和减免税额的计算过程见表5-5。

表5-5 C企业实际应纳所得税额和减免税额

计算过程	第1季度	第2季度	第3季度
预缴时，判断是否为小型微利企业	不符合小型微利企业条件	符合小型微利企业条件	符合小型微利企业条件
应纳税所得额（累计值，万元）	50	100	200
实际应纳所得税额（累计值，万元）	50 × 25% = 12.5	100 × 25% × 20% = 5	100 × 25% × 20%+（200 − 100） × 50% × 20% = 15
本期应补（退）所得税额（万元）	12.5	0（5 − 12.5 < 0，本季度应缴税款为0）	15 − 12.5 = 2.5
已纳所得税额（累计值，万元）	12.5	12.5+0 = 12.5	12.5+0+2.5 = 15
减免所得税额（累计值，万元）	50 × 25% − 12.5 = 0	100 × 25% − 5 = 20	200 × 25% − 15 = 35

2.按照月（季）实际利润额预缴

实行查账征收方式申报企业所得税的居民纳税人及在中国境内设立机构的非居民纳税人在月（季）度预缴企业所得税时可采用下列方法计算缴纳：

$$\begin{matrix}\text{本月(季)}\\\text{应缴所得税额}\end{matrix}=\begin{matrix}\text{本月(季)}\\\text{累计利润}\end{matrix}\times\text{税率}-\begin{matrix}\text{减免}\\\text{所得税额}\end{matrix}-\begin{matrix}\text{已累计预缴的}\\\text{所得税额}\end{matrix}$$

本月（季）累计利润，是指纳税人按会计制度核算的利润总额，包括房地产开发企业按本期取得的预售收入计算出的预计营业利润等。平时预缴时，先按会计利润计算，暂不作纳税调整，待会计年度终了再作纳税调整。

税率统一按照《企业所得税法》规定的25%计算应纳所得税额。

减免所得税额是指纳税人当期实际享受的减免所得税额，包括享受减免税优惠过渡期的税收优惠、小型微利企业的税率优惠、高新技术企业的税率优惠及经税务机关审批或备案的其他减免税优惠。

3.按照上一纳税年度应纳税所得额的月（季）度平均额预缴

按照月（季）度实际利润额预缴有困难的，可以按照上一纳税年度应纳税所得额的月（季）度平均额预缴。

本月（季）应缴所得税额 = 上一纳税年度应纳税所得额 ÷ 12（4） × 税率

按上一纳税年度应纳税所得额实际数除以12（4）得出每月（季）应纳税所得额；上一纳税年度所得额中不包括纳税人的境外所得，税率统一为25%。

（二）应纳所得税额的年终汇算

企业所得税纳税人实行在分月（季）预缴的基础上，年终汇算清缴、多退少补的办法。其计算公式如下：

$$\frac{实际应纳}{所得税额}=\frac{应纳税}{所得额}\times税率-\frac{减免}{所得税额}-\frac{抵免}{所得税额}+\frac{境外所得}{应纳所得税额}-\frac{境外所得}{抵免所得税额}$$

本年应补（退）的所得税额＝实际应纳所得税额－本年累计实际已预缴的所得税额

应纳税所得额在企业会计利润总额的基础上，加减纳税调整额后计算得出，税率为25%。

1.减免所得税额

减免所得税额是指纳税人按照税收优惠政策规定实际减免的企业所得税额，主要有：

（1）小型微利企业的减征税额。小型微利企业按20%的税率征收企业所得税。

小型微利企业的减征税额＝应纳税所得额 ×（25%－20%）

（2）高新技术企业的减征税额。纳税人从事国家需要重点扶持的高新技术企业，减按15%的税率征收企业所得税。

高新技术企业的减征税额＝应纳税所得额×（25%－15%）

（3）民族自治地方企业的减征税额。民族自治地方的自治机关对本民族自治地方的企业应缴纳的企业所得税中属于地方分享的部分，可以决定减征或者免征。自治州、自治县决定减征或者免征的，须报省、自治区、直辖市人民政府批准。

（4）西部大开发的税收优惠。对设在西部地区的国家鼓励类产业的内资企业，在2001—2010年期间，减按15%的税率征收企业所得税。

对在西部地区新办的交通、电力、水利、邮政、广播电视企业，上述项目业务收入占企业总收入70%以上的，可以享受下列优惠：内资企业自开始生产经营之日起，第1年至第2年免征企业所得税，第3年至第5年减半征收企业所得税。

上述西部地区，包括重庆市、四川省、贵州省、云南省、西藏自治区、陕西省、甘肃省、宁夏回族自治区、青海省等。

2.抵免所得税额

纳税人购置并实际使用《环境保护专用设备企业所得税优惠目录》《节能节水专用设备企业所得税优惠目录》《安全生产专用设备企业所得税优惠目录》中规定的环境保护、节能节水、安全生产等专用设备的，该专用设备投资额的10%可以从企业当年的应纳税额中抵免；当年不足抵免的，可以在以后5个纳税年度结转抵免。

享受上述企业所得税优惠的企业，应当实际购置并自身实际投入使用规定的专用设备；企业购置上述专用设备在5年内转让、出租的，应当停止享受企业所得税优惠，并补缴已经抵免的企业所得税税款。

【做中学5-11】2019年度，甲公司购置了《环境保护专用设备企业所得税优惠目录》内价值200万元的设备，该年度的应纳税额为10万元；2020年度又购置了《环境保护专用设备企业所得税优惠目录》内价值300万元的设备，该年度的应纳税额为100万元。甲公司2019年和2020年应纳企业所得税额计算如下：

甲公司2019年可以抵免的税额为20万元（200×10%），由于本年度应纳税额为10万元，因此2019年度的应纳税额为0，尚未抵扣的10万元可以在以后5个纳税年度结转抵免。

2020年可以抵免的税额为40万元（300×10%+10），由于本年度应纳税额为100万元，因此2020年度的应纳税额为60万元（100－40）。

3.境外所得应补税额

纳税人来源于中国境外的所得已在境外缴纳的所得税税款，准予在汇总纳税时从其应纳税额中扣除，但是扣除额不得超过其境外所得依照我国税收规定计算的应纳税额，该应纳税额即扣除限额。其计算公式如下：

境外所得应补税额＝境外所得应纳所得税额－境外所得抵免所得税额

（1）境外所得应纳所得税额的计算。

境外所得应纳所得税额＝（境外所得换算为含境外企业所得税的所得－弥补以前年度境外亏损－境外免税所得－境外所得弥补境内亏损）×税率

境外所得换算为含境外企业所得税的所得＝适用所在国家（地区）所得税税率的境外所得÷（1－适用所在国家（地区）所得税税率）＋适用所在国家（地区）预提所得税税率的境外所得÷（1－适用所在国家（地区）预提所得税税率）

弥补以前年度境外亏损，是指纳税人境外所得按税收规定弥补以前年度的境外亏损额。

境外免税所得，是指境外所得中按税收规定予以免税的部分。

境外所得弥补境内亏损，是指境外所得按税收规定弥补境内亏损的部分。

（2）境外所得抵免所得税额的计算。

境外所得抵免所得税额＝本年可抵免的境外所得税税款＋本年可抵免的以前年度所得税额

境外所得税税款的抵免限额为该项所得依照我国税收规定计算的应纳税额，超过抵免限额的部分，可以在以后5个年度内，用每年度抵免限额抵免当年应抵税额后的余额进行抵补。除国务院财政、税务主管部门另有规定外，境外所得税税款的抵免限额应当“分国（地区）不分项”计算，公式如下：

境外所得税税款的抵免限额＝中国境内、境外所得依照税收规定计算的应纳税总额×来源于某国（地区）的应纳税所得额÷中国境内、境外应纳税所得总额

纳税人来源于境外的所得在境外实际缴纳的所得税税款，低于按照税收规定计算的抵免限额时，可以从应纳税额中据实扣除，若有前5年境外所得已缴税款未抵扣的余额，可在限额内扣除；高于抵免限额的，其超过部分不得从本年度的应纳税额中扣除，也不得列为费用支出，但可用以后年度税额抵免后的余额补扣，补扣期限最长不得超过5年。

【做中学5-12】某企业2020年度境内所得为2 000万元，在A、B两国设有分公司。该企业在A国当年应税所得为600万元，其中：生产经营所得为500万元，税率为40%；特许权使用费所得为100万元，税率为20%。该企业在B国当年应税所得为400万元，

其中：生产经营所得为250万元，税率为30%；租金所得为150万元，税率为10%。2020年度该企业的应纳所得税额计算如下：

A国所得已纳税款 = 500 × 40% + 100 × 20% = 220（万元）

A国所得抵免限额 = 600 × 25% = 150（万元）

在A国实际缴纳所得税220万元，高于抵免限额150万元，只能扣除150万元，超过限额的70万元当年不得抵扣，可以在以后5年进行抵免。

B国所得已纳税款 = 250 × 30% + 150 × 10% = 90（万元）

B国所得抵免限额 = 400 × 25% = 100（万元）

在B国实际缴纳所得税90万元，低于抵免限额100万元，可以扣除90万元。

境外所得抵免限额 = 150 + 100 = 250（万元）

境外所得抵免所得税额 = 150 + 90 = 240（万元）

三、企业所得税的核定征收

为了加强企业所得税的征收管理，对部分中小企业采取核定征收的办法计算应纳所得税额。税务机关应根据纳税人具体情况，对核定征收企业所得税的纳税人，通过核定应税所得率或者核定应纳所得税额确定其纳税义务。

问题解答

问：纳税人在哪些情形下，应采取核定征收方式征收企业所得税？

答：(1) 依照法律、行政法规的规定可以不设置账簿的；

(2) 依照法律、行政法规的规定应当设置但未设置账簿的；

(3) 擅自销毁账簿或者拒不提供纳税资料的；

(4) 虽设置账簿，但账目混乱，或者成本资料、收入凭证、费用凭证残缺不全，难以查账的；

(5) 发生纳税义务，未按照规定的期限办理纳税申报，经税务机关责令限期申报，逾期仍不申报的；

(6) 申报的计税依据明显偏低，又无正当理由的。

(一) 定额征收

定额征收是税务机关按照一定的标准、程序和方法，直接核定纳税人年度应纳所得税额，由纳税人按规定申报缴纳的办法。

税务机关可采用下列方法核定征收企业所得税：

(1) 参照当地同类行业或者类似行业中经营规模和收入水平相近的纳税人的税负水平核定；

(2) 参照应税收入额或成本费用支出额定率核定；

(3) 按照耗用的原材料、燃料、动力等推算或测算核定。

(二) 核定应税所得率征收

核定应税所得率征收是税务机关按照一定的标准、程序和方法，预先核定纳税人的应税所得率，再由纳税人根据纳税年度应税收入总额或成本费用等项目的实际发生额，按预先核定的应税所得率计算缴纳企业所得税的办法。

应纳税所得额计算公式如下：

应纳税所得额 = 应税收入总额 × 应税所得率

或者：　　应纳税所得额 = 成本费用支出额 ÷（1 – 应税所得率）× 应税所得率

应纳所得税额 = 应纳税所得额 × 适用税率

应税所得率统一执行标准见表5-6。

表5-6　　应税所得率统一执行标准

行　业	应税所得率（%）
农、林、牧、渔业	3~10
制造业	5~15
批发和零售贸易业	4~15
交通运输业	7~15
建筑业	8~20
饮食业	8~25
娱乐业	15~30
其他行业	10~30

企业经营多种行业时，无论其经营项目是否单独核算，均由主管税务机关根据其主营项目核定其适用某一行业的应税所得率。

（三）核定征收企业所得税的鉴定

根据《企业所得税核定征收办法（试行）》，主管税务机关应及时向纳税人送达"企业所得税核定征收鉴定表"（见表5-7），及时完成对其核定征收企业所得税的鉴定工作。其具体程序如下：

表5-7　　企业所得税核定征收鉴定表

纳税人编码　　鉴定期：　　年度　　金额单位：元

申报单位			
地　址			
经济性质		行业类别	
开户银行		账号	
邮政编码		联系电话	
上年收入总额		上年成本费用额	
上年注册资本		上年原材料耗用量	
上年职工人数		上年燃料、动力耗用量	

续表

<table>
<tr><td>上年固定资产原值</td><td></td><td>上年商品销售额</td><td></td></tr>
<tr><td>上年所得税额</td><td></td><td>上年征收方式</td><td></td></tr>
<tr><td>行 次</td><td>项 目</td><td>纳税人自报情况</td><td>主管税务机关审核情况</td></tr>
<tr><td>1</td><td>账簿设置情况</td><td></td><td></td></tr>
<tr><td>2</td><td>收入总额核算情况</td><td></td><td></td></tr>
<tr><td>3</td><td>成本费用核算情况</td><td></td><td></td></tr>
<tr><td>4</td><td>纳税申报情况</td><td></td><td></td></tr>
<tr><td>5</td><td>纳税义务履行情况</td><td></td><td></td></tr>
<tr><td>6</td><td>其他情况</td><td></td><td></td></tr>
<tr><td colspan="2">纳税人对征收方式的意见：
经办人签章：（公章）
年 月 日</td><td colspan="2">主管税务机关意见：
经办人签章：（公章）
年 月 日</td></tr>
<tr><td colspan="4">县级税务机关审核意见：
纳税人签章：（公章）
年 月 日</td></tr>
</table>

（1）纳税人应在收到“企业所得税核定征收鉴定表”后10个工作日内，填好该表并报送主管税务机关。“企业所得税核定征收鉴定表”一式三联，主管税务机关和县税务机关各执一联，另一联送达纳税人执行。主管税务机关还可根据实际工作需要，适当增加联次备用。

（2）主管税务机关应在受理“企业所得税核定征收鉴定表”后20个工作日内，分类逐户审查核实，提出鉴定意见，并报县税务机关复核、认定。

（3）县税务机关应在收到“企业所得税核定征收鉴定表”后30个工作日内，完成复核、认定工作。

纳税人收到“企业所得税核定征收鉴定表”后，未在规定期限内填列、报送的，税务机关视同纳税人已经报送，按上述程序进行复核认定。

税务机关应在每年6月底前对上年度实行核定征收企业所得税的纳税人进行重新鉴定。重新鉴定工作完成前，纳税人可暂按上年度的核定征收方式预缴企业所得税；重新鉴定工作完成后，按重新鉴定的结果进行调整。

任务设计

情境资料：唐山鑫达股份有限公司为高新技术企业，其总部设在中国，在美国、法两国设立分支机构。其2020年全年预缴企业所得税150万元，境内发生下列经营业务：

（1）取得销售商品收入2 500万元。

（2）取得销售材料收入500万元。

（3）处置固定资产取得净收入300万元，转让无形资产所有权取得净收入100万元。

（4）获得股息收入100万元，其中：国债利息收入20万元；4月以公允价值1 000万元的设备投资于A公司，获得股息收入60万元；6月购买B公司的流通股，获得股息收入20万元。

（5）取得运费收入100万元。

（6）接受乙公司无偿赠送的机械设备，该机械设备的市场价格为200万元。

（7）由于债权人的原因，所欠丙公司的20万元货款确实无法支付。

（8）获得财政拨款收入200万元。

（9）将自产的产品发给职工，成本为50万元，市场价格为100万元，企业未确认收入。

（10）收到C企业违反合同支付的违约金10万元。

（11）发生销售成本1 300万元，其中其他业务成本200万元。

（12）缴纳税金260万元，其中含增值税180万元。

（13）发生销售费用670万元，其中广告费500万元。发生管理费用480万元，其中业务招待费20万元、自主研发人员工资20万元、材料费用20万元。发生财务费用80万元（向金融机构借款500万元，年利率为6%；向其他企业借款500万元，年利率为10%）。

（14）计入成本、费用中的实发工资总额为200万元，其中企业残疾人员工资10万元，符合100%加计扣除条件。拨缴工会经费5万元、职工福利费30万元、职工教育经费17万元、社会保险费60万元。

（15）发生营业外支出50万元。其中：税收滞纳金1万元，罚款支出5万元，公益救济性捐赠30万元。

（16）8月购置了《环境保护专用设备企业所得税优惠目录》内的价值200万元的设备。

唐山鑫达股份有限公司2019年境外发生下列经营业务：

（1）从美国分支机构分回利润350万元，缴纳所得税150万元。

（2）从法国分支机构分回利润1 300万元，缴纳所得税200万元。

要求：计算2020年该公司应纳企业所得税额。

操作步骤：

第一步：计算利润总额。

利润总额 = 2 500 + 500 + 300 + 100（无形资产净收入）+ 100（股息收入）+ 100（运费收入）+ 200（接受捐赠）+ 20+ 200（财政拨款）+ 10 + 350 + 1 300 − 1 300 − 80 − 670 − 480 − 80 − 50 = 3 020（万元）

第二步：分析纳税调整项目，计算纳税调整额，确定境内应纳税所得额。

（1）收入类调整项目。

收入项目调增 = 100万元（将自产的产品发给职工）

收入项目调减 = 20（国债利息不纳税）+ 60（直接投资股息免税）+ 200（不征税收入）+ 350+1 300（境外分得利润） = 1 930（万元）

（2）扣除类调整项目。

①扣除项目调增如下：

广告费调增20万元（500 − 3 200 × 15%）；

业务招待费调增8万元（招待费按照发生额的60%扣除12万元（20 × 60%），但最高不得超过当年销售收入的5‰，即16万元（3 200 × 5‰），所以允许扣除12万元）；

公益救济性捐赠调增0（3 020 × 12% = 362.40万元 > 30万元）；

职工工会经费调增1万元，职工福利费调增2万元，职工教育经费调增1万元；

财务费用调增20万元（500 × （10% − 6%））；

税收滞纳金调增1万元，罚款支出调增5万元。

扣除项目调增 = 20 + 8 + 1 + 2 + 1 + 20 + 1 + 5 = 58（万元）

②扣除项目调减如下：

发放职工产品，视同销售成本50万元；

新技术的研究开发费用调减30万元（40 × 75%）；

残疾人员工资调减10万元。

扣除项目调减 = 50 + 30 + 10 = 90（万元）

所以，境内应纳税所得额 = 3 020 + 100 − 1 930 + 58 − 90 = 1 158（万元）。

第三步：计算应纳所得税税额。

（1）境内所得应纳所得税税额计算。

境内所得应纳所得税额 = 应纳税所得额 × 税率 − 减免所得税额 − 抵免所得税额

= 1 158 × 25% − 1 158 × （25% − 15%）− 200 × 10%

= 153.70（万元）

（2）境外所得应纳所得税税额计算。

美国所得抵免限额 = （350+150） × 15% = 75（万元）

法国所得抵免限额 = （1 300+200） × 15% = 225（万元）

境外所得应纳所得税总额 = 75+225 = 300（万元）

（3）境外所得可扣除所得税额计算。在美国实际缴纳所得税150万元，高于抵免限额75万元，只能扣除75万元，超过限额的75万元当年不得扣除，可以在2019—2023年进行抵免。在法国实际缴纳所得税200万元，低于抵免限额225万元，可以扣除200万元。

境外所得可扣除所得税额 = 75+200 = 275（万元）

【请注意】美、法两国应纳所得税额不能合并计算。

（4）全年应纳所得税额计算。

全年应纳所得税额 = 境内所得应纳所得税额 + 境外所得应纳所得税额 − 境外所得抵免所得税额

= 153.70+300 − 275 = 178.70（万元）

第四步：应补缴企业所得税额。

应补缴企业所得税额 = 全年应纳所得税额 − 本年累计实际已预缴的所得税额

= 178.70 − 150 = 28.70（万元）

任务三　企业所得税的会计核算

一、资产负债表债务法的核算

资产负债表债务法是从资产负债表出发，比较资产负债表上列示的资产、负债按照《企业会计准则》规定确定的账面价值与按照税收规定确定的计税基础，对于两者之间的差额，应分别按应纳税暂时性差异或可抵扣暂时性差异确认相关的递延所得税资产或递延所得税负债，并在此基础上确定每一期间利润表中的所得税费用。

（一）计税基础和暂时性差异

1.计税基础

计税基础是一项资产或负债据以计税的基础，是指计税时归属于该项资产或负债的金额，即按照税收规定所确定的一项资产或负债的金额。企业在取得资产、负债时，应当确定其计税基础。

（1）资产的计税基础。资产的计税基础，是指企业收回资产账面价值的过程中，在计算应纳税所得额时按照税法规定可以自应税经济利益中抵扣的金额，即：

资产的计税基础 = 某一项资产在未来期间计税时可以税前扣除的金额

通常情况下，资产取得时其入账价值与计税基础是相同的，后续计量因会计准则规定与税法规定不同，可能造成账面价值与计税基础的差异。常见的有以下资产项目：

①固定资产。以各种方式取得的固定资产，在初始确认时入账价值基本上是被税法认可的，即取得时其入账价值一般等于计税基础。但固定资产在持有期间进行后续计量时，由于会计与税法规定在折旧方法、折旧年限以及固定资产减值准备的提取等方面不同，可能造成固定资产的账面价值与计税基础的差异。

【同步思考】会计与税法对固定资产的减值损失的规定有什么不同？

②无形资产。除内部研究开发形成的无形资产之外，以其他方式取得的无形资产，在初始确认时其入账价值与税法规定的计税基础之间一般不存在差异。无形资产的差异主要产生于内部研究开发形成的无形资产和使用寿命不确定的无形资产。

对于内部研究开发形成的无形资产，按企业会计准则的规定，其成本为开发阶段符合资本化条件以后至达到预定用途前发生的支出。除此之外，研究开发过程中发生的其他支出应当费用化计入当期损益。税法规定，企业研究开发形成的无形资产，以开发过程中该资产符合资本化条件后至达到预定用途前发生的支出为计税基础。同时，税法规定企业为开发新产品、新技术、新工艺发生的研究开发费用，未形成无形资产的计入当期损益，在按照规定据实扣除的基础上，可按研究开发费用的75%加计扣除；形成无形资产的，按照无形资产成本的175%摊销。

无形资产在后续计量时，会计与税收的差异主要产生于对无形资产是否需要摊销及无形资产减值准备的提取。

③以公允价值计量且其变动计入当期损益的金融资产。按照企业会计准则规定，对

于以公允价值计量且其变动计入当期损益的金融资产，应以某一会计期末的账面价值为其公允价值；如果税法规定按照企业会计准则确认的公允价值变动损益在计税时不予考虑，即有关金融资产在某一会计期末的计税基础为其取得成本，会造成该类金融资产账面价值与其计税基础之间的差异。

（2）负债的计税基础。负债的计税基础，是指负债的账面价值减去未来期间计算应纳税所得额时按照税法规定可予抵扣的金额。负债的计税基础与账面价值的关系式为：

负债的计税基础 = 账面价值 - 未来期间可予税前扣除的金额

一般而言，短期借款、应付票据、应付账款等负债的确认和偿还，不会对当期损益和应纳税所得额产生影响，其计税基础为账面价值。在某些情况下，负债的确认可能会涉及损益，进而影响不同期间的应纳税所得额，使得其计税基础与账面价值之间产生差额。常见的有以下负债项目：

①预计负债。企业因销售商品提供售后服务等原因确认的预计负债，按企业会计准则的规定，企业应将预计提供售后服务发生的支出在销售当期确认为费用，同时确认预计负债；而按照税收规定，与预计负债相关的费用在实际发生时可税前扣除。所以，该类负债的计税基础为零。

②预收账款。企业在收到客户预付的款项时，因不符合收入确认条件，会计上将其确认为负债。税法上对于收入的确认原则一般与会计规定相同，即会计上未确认收入时，计税时一般也不计入应纳税所得额，该部分经济利益在未来期间计税时可予税前扣除的金额为零，计税基础等于账面价值。如果不符合企业会计准则规定的收入确认条件，但按照税收规定应计入当期应纳税所得额，则预收账款的计税基础为零，因为其产生时已经计算缴纳所得税，未来期间可全额税前扣除，计税基础为账面价值减去在未来期间可全额税前扣除的金额，即其计税基础为零。

③应付职工薪酬。企业会计准则规定，企业为获得职工提供的服务所给予的各种形式的报酬及其他相关支出，均应作为企业的成本费用，在未支付之前确认为负债。按照税收规定，对于合理的职工薪酬允许税前扣除，但税法中规定了税前扣除标准的，按照企业会计准则规定计入成本费用的金额超过规定标准的部分，应进行纳税调整。因超过部分在发生当期不允许扣除，在以后期间也不允许税前扣除，即这部分差额对未来期间计税不产生影响，所以应付职工薪酬的账面价值与计税基础相等。

④其他负债。企业应缴的罚款和滞纳金等，在尚未支付之前按企业会计准则规定确认为费用，同时作为负债反映。按照税收规定，罚款和滞纳金不能税前扣除，其计税基础为账面价值减去未来期间计税时可予税前扣除的金额（零）之间的差额，即计税基础等于账面价值。

2. 暂时性差异

暂时性差异是指资产或负债的账面价值与计税基础之间的差额。暂时性差异分为两类：应纳税暂时性差异和可抵扣暂时性差异。

（1）应纳税暂时性差异。应纳税暂时性差异，是指在确定未来收回资产或清偿负债期间的应纳税所得额时，将导致产生应税金额的暂时性差异。该差异在未来期间转回时，会增加转回期间的应纳税所得额和应缴所得税额，在其产生当期应当确认相关的递延所得税负债。应纳税暂时性差异通常产生于以下两种情况：

①资产的账面价值大于其计税基础。资产的账面价值代表的是企业在持续使用或最终出售该项资产时会取得的经济利益总额，而计税基础代表的是资产在未来期间可予税前扣除的总金额。资产的账面价值大于计税基础，意味着该项资产未来期间产生的经济利益不能全部税前扣除，两者之间的差额需要交税，产生应纳税暂时性差异。

【做中学5-13】某企业2018年12月8日取得某项固定资产，原价为400万元，使用年限为10年，会计上采用直线法提取折旧，净残值为零。假定按照税收规定，该企业在计税时采用双倍余额递减法，净残值为零，未发生固定资产减值。2020年12月31日，该项固定资产的暂时性差异计算如下：

该项固定资产的账面价值 = 400 − 40 × 2 = 320（万元）

该项固定资产的计税基础 = 400 − 400 × 20% − 320 × 20% = 256（万元）

该项固定资产账面价值320万元与其计税基础256万元之间产生差额64万元，意味着企业将于未来期间增加应纳税所得额和应交所得税，属于应纳税暂时性差异，应确认相应的递延所得税负债。

②负债的账面价值小于其计税基础。负债的账面价值为企业预计在未来期间清偿该项负债时的经济利益流出，而计税基础代表账面价值在扣除未来期间允许税前扣除的金额之后的差额。负债的账面价值小于其计税基础，则意味着该项负债在未来期间可以税前抵扣的金额为负数，即应在未来期间应纳税所得额的基础上调增，增加应纳税所得额和应交所得税，产生应纳税暂时性差异。一般情况下不会产生这种情况。

（2）可抵扣暂时性差异。可抵扣暂时性差异，是指在确定未来收回资产或清偿负债期间的应纳税所得额时，将导致产生可抵扣金额的暂时性差异。该差异在未来期间转回时会减少转回期间的应纳税所得额和应交所得税，在可抵扣暂时性差异产生当期，应当确认相关的递延所得税资产。可抵扣暂时性差异一般产生于以下两种情况：

①资产的账面价值小于其计税基础。从经济含义来看，资产在未来期间产生的经济利益少，按照税收规定允许税前扣除的金额多，则企业在未来期间可以减少应纳税所得额并减少应交所得税，形成可抵扣暂时性差异。

【做中学5-14】某企业2019年12月20日以400万元购入一项固定资产，会计上规定的使用年限为10年，按税收规定确认的使用年限为20年，假定会计与税法均按直线法计提折旧，净残值为零。该项资产2020年12月31日的账面价值及计税基础计算如下：

账面价值 = 400 − 400 ÷ 10 = 360（万元）

计税基础 = 400 − 400 ÷ 20 = 380（万元）

该项固定资产的账面价值360万元与其计税基础380万元之间产生差额20万元，因其在未来期间会减少企业的应纳税所得额和应交所得税，所以为可抵扣暂时性差异。在符合有关确认条件的情况下，应确认与其相关的递延所得税资产。

②负债的账面价值大于其计税基础。负债的账面价值与其计税基础不同而产生的暂时性差异，实质上是该项负债按税收规定可以在未来期间税前扣除的金额。

负债的账面价值大于其计税基础，意味着未来期间按照税收规定构成负债的全部或部分金额可以从未来应税经济利益中扣除，减少未来期间的应交所得税，产生可抵扣暂时性差异。

【做中学5-15】甲企业2020年因销售产品承诺提供3年的保修服务，在2020年度利润表中确认了200万元的销售费用，同时确认为预计负债，当年未发生任何保修费用。假定按税收规定，与产品售后服务相关的费用在实际发生时允许税前扣除。该预计负债在甲企业2020年12月31日的账面价值为200万元。该企业的递延所得税资产确认如下：

按税收规定，与产品保修相关的费用在未来期间实际发生时才允许全额税前扣除，该项负债的计税基础为账面价值扣除未来期间计算应纳税所得额按税法可予抵扣的金额，即该负债的计税基础 = 200 − 200 = 0。

该预计负债的账面价值200万元与其计税基础0之间形成暂时性差异200万元，该暂时性差异在未来期间转回时会减少企业的应纳税所得额，使企业未来期间的应交所得税减少，产生可抵扣暂时性差异，在其产生期间，在符合有关确认条件的情况下，应确认与其相关的递延所得税资产。

（二）会计科目的设置

在采用资产负债表债务法时，应设置“应交税费——应交所得税”“递延所得税资产”“递延所得税负债”“所得税费用”科目。

（1）“应交税费——应交所得税”科目，用来核算企业按照税收规定计算的应缴纳的企业所得税。计算应缴纳的企业所得税时，借记“所得税费用”科目，贷记“应交税费——应交所得税”等科目；缴纳企业所得税时，借记“应交税费——应交所得税”科目，贷记“银行存款”等科目。该科目如为贷方余额，表明企业有尚未缴纳的企业所得税；如为借方余额，则表明企业有多交或尚未抵扣的企业所得税。

（2）“递延所得税资产”科目，用来核算企业根据《企业会计准则第18号——所得税》确认的可抵扣暂时性差异产生的所得税资产，并按照产生可抵扣暂时性差异的项目进行明细核算。按照税收规定可用以后年度税前利润弥补的亏损及税款抵减产生的所得税资产，也在本科目核算。

资产负债表日，企业按根据《企业会计准则第18号——所得税》应予确认的递延所得税资产，借记“递延所得税资产”科目，贷记“所得税费用——递延所得税费用”“资本公积——其他资本公积”等科目。本期应予确认的递延所得税资产大于其账面余额的，应按其差额确认；本期应予确认的递延所得税资产小于其账面余额的，编制相反的会计分录。

“递延所得税资产”科目期末如有借方余额，反映企业已确认的递延所得税资产的余额。

（3）“递延所得税负债”科目，核算企业由于应纳税暂时性差异确认的递延所得税负债。在资产负债表日，企业按根据《企业会计准则第18号——所得税》应予确认的递延所得税负债，借记“所得税费用——递延所得税费用”“资本公积——其他资本公积”等科目，贷记“递延所得税负债”科目。本期应予确认的递延所得税负债大于其账面余额的，借记“所得税费用——递延所得税费用”“资本公积——其他资本公积”等科目，贷记“递延所得税负债”科目；应予确认的递延所得税负债小于其账面余额的，编制相反的会计分录。

“递延所得税负债”科目期末如有贷方余额，反映企业已确认的递延所得税负债的余额。

（4）“所得税费用”科目，核算企业确认的应从当期利润总额中扣除的所得税费用，下设“当期所得税费用”“递延所得税费用”明细科目进行明细核算。

在资产负债表日，企业按照税法计算确定的当期应交所得税，借记“所得税费用——当期所得税费用”科目，贷记“应交税费——应交所得税”科目。

在资产负债表日，根据《企业会计准则第18号——所得税》应予确认的递延所得税资产大于“递延所得税资产”科目余额的差额，借记“递延所得税资产”科目，贷记“所得税费用——递延所得税费用”“资本公积——其他资本公积”等科目；应予确认的递延所得税资产小于“递延所得税资产”科目余额的差额，编制相反的会计分录。企业应予确认的递延所得税负债的变动，应当比照上述原则调整“所得税费用”“递延所得税负债”科目及有关科目。会计期末将“所得税费用”科目的余额转入“本年利润”科目，结转后“所得税费用”科目应无余额。

（三）会计核算的程序

资产负债表债务法下会计核算包括下列程序：

（1）按照企业会计准则规定，确定资产负债表中除递延所得税资产和递延所得税负债以外的其他资产和负债的账面价值。其中，资产和负债的账面价值，是指企业按照相关会计准则的规定进行核算后在资产负债表中列示的金额。

（2）按照企业会计准则中对于资产和负债计税基础的确定方法，以适用的税收法规为基础，确定资产负债表中有关资产、负债的计税基础。

（3）比较资产、负债的账面价值与计税基础，对于两者之间的差异，应分别按应纳税暂时性差异和可抵扣暂时性差异确定资产负债表日与应纳税暂时性差异及可抵扣暂时性差异相关的递延所得税负债和递延所得税资产的应有金额，并将该金额与期初递延所得税负债和递延所得税资产的余额相比，确定当期应予进一步确认的递延所得税负债和递延所得税资产的金额和应予转销的金额，作为利润表中所得税费用的递延所得税。

（4）确认利润表中的所得税费用。利润表中的所得税费用包括当期所得税和递延所得税两部分。其中，当期所得税是指当期发生的交易或事项按照适用的税收规定计算确定的当期应交所得税；递延所得税是当期确认的递延所得税资产和递延所得税负债金额或予以转销的金额的综合结果。

（四）账务处理

1.递延所得税资产

（1）递延所得税资产的确认。在确认递延所得税资产时，要注意以下两点：①递延所得税资产的确认，应以未来期间可能取得的应纳税所得额为限。资产、负债的账面价值与其计税基础不同产生可抵扣暂时性差异的，当估计未来期间能够取得足够的应纳税所得额用以抵扣该可抵扣暂时性差异时，应以很可能取得的用以抵扣可抵扣暂时性差异的应纳税所得额为限，确认相关的递延所得税资产。在可抵扣暂时性差异转回的未来期间内，若企业无法产生足够的应纳税所得额用以抵扣可抵扣暂时性差异的影响，使得与递延所得税资产相关的经济利益无法实现，该部分递延所得税资产不应确认。②按照税收规定可以结转以后年度的未弥补亏损和税款抵减，应视同可抵扣暂时性差异处理。在预计可利用弥补亏损或税款抵减的未来期间内能够取得足够的应纳税所得额时，应当以很可能取得的应纳税所得额为限，确认相应的递延所得税资产，同时减少确认当期的所得税费用。

（2）递延所得税资产的计算。其计算公式如下：

$$\text{递延所得税资产的余额}=\text{该时点可抵扣暂时性差异}\times\text{企业所得税税率}$$

$$\begin{matrix}\text{当期递延所得税}\\\text{资产变动额}\end{matrix}=\left(\begin{matrix}\text{期末可抵扣}\\\text{暂时性差异}\end{matrix}-\begin{matrix}\text{期初可抵扣}\\\text{暂时性差异}\end{matrix}\right)\times\begin{matrix}\text{企业所得税}\\\text{税率}\end{matrix}$$

如果所得税税率发生变化，则：

$$\begin{matrix}\text{当期递延所得税}\\\text{资产变动额}\end{matrix}=\begin{matrix}\text{期末可抵扣}\\\text{暂时性差异}\end{matrix}\times\begin{matrix}\text{新的企业}\\\text{所得税税率}\end{matrix}-\begin{matrix}\text{期初可抵扣}\\\text{暂时性差异}\end{matrix}\times\begin{matrix}\text{旧的企业}\\\text{所得税税率}\end{matrix}$$

【做中学5-16】甲企业2014年年末购入一项固定资产，原值为60 000元，预计使用年限为3年，按税收规定确认的折旧年限为6年，均采用直线法计提折旧（不考虑净残值）。该企业2015—2017年各年利润总额均为50 000元，2018—2020年各年利润总额均为60 000元，企业所得税税率为25%。该企业预计在未来期间能够产生足够的应纳税所得额用来抵扣可抵扣暂时性差异。甲企业2015—2020年各年的企业所得税会计处理如下：

具体分析见表5-8。

表5-8 甲企业各年可抵扣暂时性差异及该项差异对所得税的影响 单位：元

年限	账面价值	计税基础	账面价值与计税基础的差额	可抵扣暂时性差异	递延所得税资产	会计利润	应税所得
2014年年末	60 000	60 000	—	—	—	—	—
2015年年末	40 000	50 000	10 000	10 000	2 500	50 000	60 000
2016年年末	20 000	40 000	20 000	10 000	2 500	50 000	60 000
2017年年末	0	30 000	30 000	10 000	2 500	50 000	60 000
2018年年末	0	20 000	20 000	- 10 000	- 2 500	60 000	50 000
2019年年末	0	10 000	10 000	- 10 000	- 2 500	60 000	50 000
2020年年末	0	0	0	- 10 000	- 2 500	60 000	50 000

（1）2015—2017年各年会计核算如下：

①确认应交所得税：

借：所得税费用——当期所得税费用 15 000

　　贷：应交税费——应交所得税 15 000

②按《企业会计准则第18号——所得税》计提递延所得税资产：

借：递延所得税资产 2 500

　　贷：所得税费用——递延所得税费用 2 500

（2）2018—2020年各年会计核算如下：

①确认应交所得税：

借：所得税费用——当期所得税费用　　12 500

　　贷：应交税费——应交所得税　　12 500

②按《企业会计准则第18号——所得税》转回递延所得税资产：

借：所得税费用——递延所得税费用　　2 500

　　贷：递延所得税资产　　2 500

2. 递延所得税负债

（1）递延所得税负债的确认。应纳税暂时性差异在转回期间将增加企业的应纳税所得额和应交所得税，导致企业经济利益的流出，从其发生当期来看，构成企业应支付税金的义务，应作为递延所得税负债确认。除直接计入所有者权益的交易或事项及企业合并外，在确认递延所得税负债的同时，应增加利润表中的所得税费用。

（2）递延所得税负债的计算。其计算公式如下：

递延所得税负债的余额 = 该时点应纳税暂时性差异 × 企业所得税税率

$$\text{当期递延所得税负债变动额} = (\text{期末应纳税暂时性差异} - \text{期初应纳税暂时性差异}) \times \text{企业所得税税率}$$

如果企业所得税税率发生变化，则：

$$\text{当期递延所得税负债变动额} = \text{期末应纳税暂时性差异} \times \text{新的企业所得税税率} - \text{期初应纳税暂时性差异} \times \text{旧的企业所得税税率}$$

3. 所得税费用的确认和计算

利润表中的所得税费用由当期所得税和递延所得税两个部分组成。其计算公式如下：

所得税费用 = 当期所得税 + 递延所得税

当期所得税，是指企业按照税收规定计算确定的针对当期发生的交易和事项应缴纳的所得税。

递延所得税，是指按照《企业会计准则第18号——所得税》的规定应予确认的递延所得税资产和递延所得税负债金额，即递延所得税资产及递延所得税负债当期发生额的综合结果，但不包括计入所有者权益交易事项及企业合并的所得税影响。其计算公式如下：

$$\text{递延所得税} = (\text{递延所得税负债的期末余额} - \text{递延所得税负债的期初余额}) - (\text{递延所得税资产的期末余额} - \text{递延所得税资产的期初余额})$$

【做中学5-17】2015年12月31日，A企业购入价值5 000万元的设备，预计使用年限为5年，无残值。会计规定采用直线法计提折旧，年折旧1 000万元；税法规定采用双倍余额递减法计提折旧，2016—2020年每年的折旧额分别为2 000万元、1 200万元、720万元、540万元、540万元。各年的利润总额均为11 000万元，企业所得税税率为15%。A企业2016—2020年各年的企业所得税会计处理如下：

具体分析见表5-9。

表5-9　　A企业各年应纳税暂时性差异及该项差异对所得税的影响　　单位：万元

年　限	账面价值	计税基础	账面价值与计税基础的差额	应纳税暂时性差异	递延所得税负债	会计利润	应税所得
2015年年末	5 000	5 000	—	—	—	—	—
2016年年末	4 000	3 000	1 000	1 000	150	11 000	10 000
2017年年末	3 000	1 800	1 200	200	30	11 000	10 800
2018年年末	2 000	1 080	920	－280	－42	11 000	11 280
2019年年末	1 000	540	460	－460	－69	11 000	11 460
2020年年末	0	0	0	－460	－69	11 000	11 460

第一步，确定产生暂时性差异的项目。

第二步，确定各年的暂时性差异。

第三步，确定各年暂时性差异对所得税的影响。

第四步，确定所得税费用。

（1）2016年会计核算如下：

①本年应交所得税：

借：所得税费用——当期所得税费用　　15 000 000

　　贷：应交税费——应交所得税　　15 000 000

②计提的递延所得税负债：

借：所得税费用——递延所得税费用　　1 500 000

　　贷：递延所得税负债　　1 500 000

（2）2017年会计核算如下：

①本年应交所得税：

借：所得税费用——当期所得税费用　　16 200 000

　　贷：应交税费——应交所得税　　16 200 000

②计提的递延所得税负债：

借：所得税费用——递延所得税费用　　300 000

　　贷：递延所得税负债　　300 000

（3）2018年会计核算如下：

①本年应交所得税：

借：所得税费用——当期所得税费用　　16 920 000

　　贷：应交税费——应交所得税　　16 920 000

②转回的递延所得税负债：

借：递延所得税负债　　420 000

贷：所得税费用——递延所得税费用　420 000

（4）2019年会计核算如下：

①本年应交所得税：

借：所得税费用——当期所得税费用　17 190 000

贷：应交税费——应交所得税　17 190 000

②转回的递延所得税负债：

借：递延所得税负债　690 000

贷：所得税费用——递延所得税费用　690 000

（5）2020年会计核算如下：

①本年应交所得税：

借：所得税费用——当期所得税费用　17 190 000

贷：应交税费——应交所得税　17 190 000

②转回的递延所得税负债：

借：递延所得税负债　690 000

贷：所得税费用——递延所得税费用　690 000

【做中学5-18】沿用【做中学5-17】的资料。假设从2018年起A企业所得税税率调为20%。A企业各年相应的会计处理如下：

（1）2016年、2017年会计核算同上。

（2）2018年会计核算如下：

①税率变化影响的递延所得税负债：

借：所得税费用——递延所得税费用　600 000

贷：递延所得税负债　600 000

②本年应交所得税：

借：所得税费用——当期所得税费用　22 560 000

贷：应交税费——应交所得税　22 560 000

③转回的递延所得税负债：

借：递延所得税负债　560 000

贷：所得税费用——当期所得税费用　560 000

（3）2019年会计核算如下：

①本年应交所得税：

借：所得税费用——当期所得税费用　22 920 000

贷：应交税费——应交所得税　22 920 000

②转回的递延所得税负债：

借：递延所得税负债　920 000

贷：所得税费用——递延所得税费用　920 000

（4）2020年会计核算如下：

①本年应交所得税：

借：所得税费用——当期所得税费用　22 920 000

贷：应交税费——应交所得税 22 920 000

②转回的递延所得税负债：

借：递延所得税负债 920 000

贷：所得税费用——递延所得税费用 920 000

【做中学5-19】某公司2020年度利润表中的利润总额为1 200万元，该公司适用的所得税税率为25%，假定该公司2019年年末资产负债表各项目的账面价值与计税基础一致。

2020年发生的有关交易和事项中，会计处理与税收处理存在下列差异：

（1）2020年1月开始计提折旧的一项固定资产，原值为600万元，使用年限为10年，净残值为零，会计按双倍余额递减法计提折旧，税法按直线法计提折旧。假定税法与会计规定的使用年限、净残值相同。

（2）向关联企业捐赠现金200万元。

（3）应付环保部门罚款100万元。

（4）期末对存货计提了30万元的存货跌价准备。

对该公司2020年度的企业所得税进行会计处理如下：

（1）2020年度当期应交所得税：

应纳税所得额 = 1 200 + 60 + 200 + 100 + 30 = 1 590（万元）

应纳所得税额 = 1 590 × 25% = 397.50（万元）

该公司2020年12月31日资产负债表的相关项目账面价值与计税基础分析见表5-10。

表5-10 2020年12月31日资产负债表的相关项目账面价值与计税基础分析 单位：万元

项　目	账面价值	计税基础	应纳税暂时性差异	可抵扣暂时性差异
存　货	800	830		30
固定资产原价	600	600		
减：累计折旧	120	60		
固定资产减值准备	0	0		
固定资产账面价值	480	540		60
其他应付款	100	100		
总　计				90

（2）2020年度递延所得税资产：

递延所得税资产 = 90 × 25% = 22.50（万元）

（3）相关会计分录如下：

①本年应交所得税：

借：所得税费用——当期所得税费用 3 975 000

贷：应交税费——应交所得税 3 975 000

②确认递延所得税资产：

借：递延所得税资产　　225 000

　　贷：所得税费用——递延所得税费用　　225 000

二、应付税款法的会计处理

企业会计准则规定，上市公司应采用资产负债表法核算所得税，非上市企业可以执行《企业会计制度》或《小企业会计准则》的规定，因而大多数非上市企业采用应付税款法核算所得税费用。

应付税款法是指企业不确认暂时性差异对所得税的影响金额，将当期计算的应交所得税确认为所得税费用的方法。在这种情况下，当期所得税费用等于当期应交所得税。该核算方法的特点是：本期所得税费用为按照本期应纳税所得额与适用的所得税税率计算的应纳所得税额，即本期从净利润中扣除的所得税费用等于本期应交所得税。暂时性差异产生的影响所得税的金额均在本期确认所得税费用，或在本期抵减所得税费用，在会计报表中不反映为一项负债或一项资产。例如，按照我国税收规定，企业固定资产一般应按直线法提取折旧，但企业会计准则规定企业的固定资产采用什么方法提取折旧由企业自行确定。在这种情况下，按直线法提取折旧额计算的应纳税所得额和采用加速折旧法提取折旧额计算的税前会计利润之间必然产生一个差额。在采用应付税款法进行处理时，应按税收规定，就存在的差额对本期税前会计利润进行调整，将其调整为应税所得，按照应税所得计算的本期应交所得税，作为本期的所得税费用。

【做中学5-20】某企业2020年实际发生的职工福利费总额为120 000元，按税收规定，职工福利费的税前扣除限额为100 000元。固定资产折旧采用双倍余额递减法，本年折旧额为65 000元；按税收规定，采用直线法计提折旧，本年折旧额为50 000元。该企业2020年度利润表上反映的税前会计利润为450 000元，假定企业所得税税率为25%。

编制相关的会计分录如下：

该企业本期应纳所得税额和本期所得税费用如下：

（1）应纳税所得额 = 税前会计利润 + 永久性差异 + 暂时性差异

= 450 000 + 20 000 + 15 000 = 485 000（元）

企业所得税税率为25%，则：

本期应纳所得税额 = 485 000 × 25% = 121 250（元）

所以，本期所得税费用为121 250元。

（2）2020年计提所得税的会计分录为：

借：所得税费用——当期所得税费用　　121 250

　　贷：应交税费——应交所得税　　121 250

（3）实际上缴所得税时：

借：应交税费——应交所得税　　121 250

　　贷：银行存款　　121 250

（4）会计报表附注说明：

本期发生会计折旧65 000元，按税收规定可在应纳税所得额前扣除的折旧费用为50 000元，差异为15 000元，如按照企业执行的所得税税率25%计算，影响当期所得税费用的金额为3 750元。

在应付税款法下，本期发生的暂时性差异不单独核算，与本期发生的永久性差异同样处理。也就是说，不管税前会计利润是多少，在计算缴纳所得税时均应按税收规定对税前会计利润进行调整，将其调整为应纳税所得额，再按应纳税所得额计算出本期应纳所得税额，作为本期所得税费用，即本期所得税费用等于本期应纳所得税额。

三、减免所得税的会计处理

按税收规定，企业享受税收减免优惠时，应将减免的应纳税额入账，并按规定申报。

1.先提后退

（1）计提所得税时：

借：所得税费用

　　贷：应交税费——应交所得税

（2）减免所得税时：

借：应交税费——应交所得税

　　贷：所得税费用

2.先缴后退

（1）计提所得税时：

借：所得税费用

　　贷：应交税费——应交所得税

（2）上缴所得税时：

借：应交税费——应交所得税

　　贷：银行存款

（3）收到退税款时：

借：银行存款

　　贷：所得税费用

3.法定直接减免

对法定直接减免所得税，不作会计处理。

任务四　企业所得税的纳税申报

一、企业所得税的征收管理

（一）纳税期限

企业所得税按年计算，按月或季预缴（小微企业按季预缴），年终汇算清缴，多退少补。纳税年度一般为公历年度，即公历1月1日至12月31日为一个纳税年度；纳税人在一个纳税年度的中间开业，或由于合并、关闭等原因使该纳税年度的实际经营期不足12个月的，以其实际经营期为一个纳税年度；纳税人破产清算时，以清算期为一个纳税年度。

纳税人应当在月份或季度终了后15日内，向其所在地主管税务机关报送预缴所得税申报表，预缴税款。企业自年度终了之日起5个月内，无论盈利或亏损，均应向税务机关报送年度企业所得税纳税申报表、财务会计报告和其他有关资料并汇算清缴，结清应缴、应退税款。少预缴的所得税税额，应在下一年度内补缴；多预缴的所得税税额，在下一年度内抵缴；抵缴后仍有结余，或下一年度发生亏损的，应及时办理退库。

企业在年度中间终止经营活动的，应当自实际经营终止之日起60日内，向税务机关办理当期企业所得税汇算清缴。

扣缴义务人每次代扣的税款，应当自代扣之日起7日内缴入国库，并向所在地的税务机关报送扣缴企业所得税报告表。

纳税人按月（季）度预缴所得税时，应按纳税期限的实际数预缴。按实际数预缴有困难的，可按上一年度应纳税所得额的1/12或1/4，或经当地税务机关认可的其他方法预缴所得税。预缴方法一经确定，不得随意改变。

企业进行清算时，应当在办理注销工商登记之前，办理所得税申报。企业若在年度中间合并、分立、终止时，应当在停止生产经营之日起60日内，向当地税务机关办理当期所得税汇算清缴。

（二）纳税地点

居民企业以企业登记注册地（依照国家有关规定登记注册的住所地）为纳税地点；登记注册地在境外的，以实际管理机构所在地为纳税地点；居民企业在中国境内设立不具有法人资格的营业机构的，应当汇总计算并缴纳企业所得税。

非居民企业在中国境内设立机构、场所的，应当就其机构、场所取得的来源于中国境内的所得，以及发生在中国境外但与其所设机构、场所有实际联系的所得，以机构、场所所在地为纳税地点；非居民企业在中国境内设立两个或者两个以上机构、场所的，经税务机关审核批准，可以选择由其主要机构、场所汇总缴纳企业所得税；非居民企业在中国境内未设立机构、场所，或者虽设立机构、场所但取得的所得与其所设机构、场所没有实际联系的，以扣缴义务人所在地为纳税地点。

二、企业所得税的纳税申报

（一）企业所得税预缴纳税申报

1.居民企业所得税预缴纳税申报

查账征收企业所得税的居民企业，在月（季）度预缴企业所得税时，应填制“中华人民共和国企业所得税月（季）度预缴纳税申报表（A类）”（见表5-11）；实行核定征收管理办法（包括核定应税所得率和核定税额征收方式）缴纳企业所得税的企业，在月（季）度申报缴纳企业所得税时，应填制“中华人民共和国企业所得税月（季）度预缴和年度纳税申报表（B类）”（见表5-12）。

表5-11　　中华人民共和国企业所得税月（季）度预缴纳税申报表（A类）

税款所属期间：　　年　月　日至　　年　月　日

纳税人识别号（统一社会信用代码）：□□□□□□□□□□□□□□□□□□□□□□

纳税人名称：　　　　　　　　　　　　　　　　金额单位：人民币元（列至角分）

<table>
<tr><td colspan="11">优惠及附报事项有关信息</td></tr>
<tr><td colspan="2" rowspan="2">项　目</td><td colspan="2">一季度</td><td colspan="2">二季度</td><td colspan="2">三季度</td><td colspan="2">四季度</td><td rowspan="2">季度平均值</td></tr>
<tr><td>季初</td><td>季末</td><td>季初</td><td>季末</td><td>季初</td><td>季末</td><td>季初</td><td>季末</td></tr>
<tr><td colspan="2">从业人数</td><td></td><td></td><td></td><td></td><td></td><td></td><td></td><td></td><td></td></tr>
<tr><td colspan="2">资产总额（万元）</td><td></td><td></td><td></td><td></td><td></td><td></td><td></td><td></td><td></td></tr>
<tr><td colspan="2">国家限制或禁止行业</td><td colspan="4">□是　□否</td><td colspan="4">小型微利企业</td><td>□是　□否</td></tr>
<tr><td colspan="10">附报事项名称</td><td>金额或选项</td></tr>
<tr><td colspan="2">事项1</td><td colspan="8">（填写特定事项名称）</td><td></td></tr>
<tr><td colspan="2">事项2</td><td colspan="8">（填写特定事项名称）</td><td></td></tr>
<tr><td colspan="11">预缴税款计算</td></tr>
<tr><td>行次</td><td colspan="9">项　目</td><td>本年累计金额</td></tr>
<tr><td>1</td><td colspan="9">营业收入</td><td></td></tr>
<tr><td>2</td><td colspan="9">营业成本</td><td></td></tr>
<tr><td>3</td><td colspan="9">利润总额</td><td></td></tr>
<tr><td>4</td><td colspan="9">加：特定业务计算的应纳税所得额</td><td></td></tr>
<tr><td>5</td><td colspan="9">减：不征税收入</td><td></td></tr>
<tr><td>6</td><td colspan="9">减：资产加速折旧、摊销（扣除）调减额（填写A201020）</td><td></td></tr>
<tr><td>7</td><td colspan="9">减：免税收入、减计收入（7.1＋7.2＋…）</td><td></td></tr>
<tr><td>7.1</td><td colspan="9">（填写优惠事项名称）</td><td></td></tr>
<tr><td>7.2</td><td colspan="9">（填写优惠事项名称）</td><td></td></tr>
<tr><td>8</td><td colspan="9">所得减免（8.1+8.2...）</td><td></td></tr>
<tr><td>8.1</td><td colspan="9">（填写优惠事项名称）</td><td></td></tr>
<tr><td>8.2</td><td colspan="9">（填写优惠事项名称）</td><td></td></tr>
<tr><td>9</td><td colspan="9">减：弥补以前年度亏损</td><td></td></tr>
<tr><td>10</td><td colspan="9">实际利润额（3＋4－5－6－7－8－9）\按照上一纳税年度应纳税所得额平均额确定的应纳税所得额</td><td></td></tr>
</table>

续表

<table>
<tr><th>行次</th><th colspan="4">项　目</th><th>本年累计金额</th></tr>
<tr><td>11</td><td colspan="4">税率（25%）</td><td></td></tr>
<tr><td>12</td><td colspan="4">应纳所得税额（9 × 10）</td><td></td></tr>
<tr><td>13</td><td colspan="4">减：减免所得税额（13.1+13.2+…）</td><td></td></tr>
<tr><td>13.1</td><td colspan="4">（填写优惠事项名称）</td><td></td></tr>
<tr><td>13.2</td><td colspan="4">（填写优惠事项名称）</td><td></td></tr>
<tr><td>14</td><td colspan="4">减：实际已缴纳所得税额</td><td></td></tr>
<tr><td>15</td><td colspan="4">减：特定业务预缴（征）所得税额</td><td></td></tr>
<tr><td>16</td><td colspan="4">本期应补（退）所得税额（12 − 13 − 14 − 15）\ 税务机关确定的本期应纳所得税额</td><td></td></tr>
<tr><td colspan="6">汇总纳税企业总分机构税款计算</td></tr>
<tr><td>17</td><td rowspan="4">总机构填报</td><td colspan="3">总机构本期分摊应补（退）所得税额（18 + 19 + 20）</td><td></td></tr>
<tr><td>18</td><td colspan="3">其中：总机构分摊应补（退）所得税额（16 × 总机构分摊比例__%）</td><td></td></tr>
<tr><td>19</td><td colspan="3">财政集中分配应补（退）所得税额（16 × 财政集中分配比例__%）</td><td></td></tr>
<tr><td>20</td><td colspan="3">总机构具有主体生产经营职能的部门分摊所得税额（16 × 全部分支机构分摊比例__% × 总机构具有主体生产经营职能部门分摊比例__%）</td><td></td></tr>
<tr><td>21</td><td>分支机构</td><td colspan="3">分支机构本期分摊比例</td><td></td></tr>
<tr><td colspan="6">附报信息</td></tr>
<tr><td colspan="2">高新技术企业</td><td>□是 □否</td><td colspan="2">科技型中小企业</td><td>□是 □否</td></tr>
<tr><td colspan="2">技术入股递延纳税事项</td><td>□是 □否</td><td colspan="2"></td><td></td></tr>
<tr><td colspan="6">谨声明：本纳税申报表是根据国家税收法律法规及相关规定填报的，是真实的、可靠的、完整的。
纳税人（签章）：　　年　月　日</td></tr>
<tr><td colspan="3">经办人：
经办人身份证号：
代理机构签章：
代理机构统一社会信用代码：</td><td colspan="3">受理人：
受理税务机关（章）：
受理日期：　　年　月　日</td></tr>
</table>

国家税务总局监制

表5-12 中华人民共和国企业所得税月（季）度预缴和年度纳税申报表（B类）

税款所属期间： 年 月 日至 年 月 日

纳税人识别号（统一社会信用代码）：□□□□□□□□□□□□□□□□□□□□

纳税人名称： 金额单位：人民币元（列至角分）

<table>
<tr><td>核定征收方式</td><td colspan="9">□核定应税所得率（能核算收入总额的） □核定应税所得率（能核算成本费用总额的）
□核定应纳所得税额</td></tr>
<tr><td colspan="10">按 季 度 填 报 信 息</td></tr>
<tr><td rowspan="2">项 目</td><td colspan="2">一季度</td><td colspan="2">二季度</td><td colspan="2">三季度</td><td colspan="2">四季度</td><td rowspan="2">季度平均值</td></tr>
<tr><td>季初</td><td>季末</td><td>季初</td><td>季末</td><td>季初</td><td>季末</td><td>季初</td><td>季末</td></tr>
<tr><td>从业人数</td><td></td><td></td><td></td><td></td><td></td><td></td><td></td><td></td><td></td></tr>
<tr><td>资产总额（万元）</td><td></td><td></td><td></td><td></td><td></td><td></td><td></td><td></td><td></td></tr>
<tr><td>国家限制或禁止行业</td><td colspan="4">□是 □否</td><td colspan="2">小型微利企业</td><td colspan="3">□是 □否</td></tr>
<tr><td colspan="10">按 年 度 填 报 信 息</td></tr>
<tr><td>从业人数
（填写平均值）</td><td colspan="4"></td><td colspan="3">资产总额
（填写平均值，单位：万元）</td><td colspan="2"></td></tr>
<tr><td>国家限制或禁止行业</td><td colspan="4">□是 □否</td><td colspan="3">小型微利企业</td><td colspan="2">□是 □否</td></tr>
</table>

行次	项 目	本年累计金额
1	收入总额	
2	减：不征税收入	
3	减：免税收入（4 + 5 + 10 + 11）	
4	国债利息收入免征企业所得税	
5	符合条件的居民企业之间的股息、红利等权益性投资收益免征企业所得税（6 + 7.1 + 7.2 + 8 + 9）	
6	其中：一般股息红利等权益性投资收益免征企业所得税	
7.1	通过沪港通投资且连续持有H股满12个月取得的股息红利所得免征企业所得税	
7.2	通过深港通投资且连续持有H股满12个月取得的股息红利所得免征企业所得税	
8	居民企业持有创新企业CDR取得的股息红利所得免征企业所得税	
9	符合条件的居民企业之间属于股息、红利性质的永续债利息收入免征企业所得税	

续表

行次	项目	本年累计金额
10	投资者从证券投资基金分配中取得的收入免征企业所得税	
11	取得的地方政府债券利息收入免征企业所得税	
12	应税收入额（1－2－3）\ 成本费用总额	
13	税务机关核定的应税所得率（%）	
14	应纳税所得额（第12×13行）\［第12行÷（1－第13行）×第13行］	
15	税率（25%）	
16	应纳所得税额（14×15）	
17	减：符合条件的小型微利企业减免企业所得税	
18	减：实际已缴纳所得税额	
L19	减：符合条件的小型微利企业延缓缴纳所得税额（是否延缓缴纳所得税　□是　□否）	
19	本期应补（退）所得税额（16－17－18－L19）\ 税务机关核定本期应纳所得税额	
20	民族自治地方的自治机关对本民族自治地方的企业应缴纳的企业所得税中属于地方分享的部分减征或免征（□免征　□减征：减征幅度____%）	
21	本期实际应补（退）所得税额	

谨声明：本纳税申报表是根据国家税收法律法规及相关规定填报的，是真实的、可靠的、完整的。

纳税人（签章）：　　年　月　日

经办人： 经办人身份证号： 代理机构签章： 代理机构统一社会信用代码：	受理人： 受理税务机关（章）： 受理日期：　　年　月　日

国家税务总局监制

2. 非居民企业所得税预缴纳税申报

非居民企业在月（季）度预缴企业所得税时，应填制“中华人民共和国非居民企业所得税预缴申报表（2019年版）”，见表5-13，其附表为“非居民企业机构、场所汇总缴纳所得税税款分配表”和“非居民企业机构、场所核定计算明细表”。本报表自2020年度第一季度企业所得税预缴申报起启用。非居民企业机构、场所自2019年度起汇总纳税的，本报表自办理2019年度第一季度企业所得税预缴申报起启用。

表5-13　　中华人民共和国非居民企业所得税预缴申报表

税款所属期间：　　年　月　日至　　年　月　日

纳税人识别号（统一社会信用代码）：□□□□□□□□□□□□□□□□□□

纳税人境内名称：　　　　　　　　　　　　　金额单位：人民币元（列至角分）

境外成立地代码		在境外成立地法定名称		境外成立地纳税人识别号	
预缴方式	□按照实际利润额预缴		□按照上一纳税年度应纳税所得额平均额预缴		□按照税务机关确定的其他方法预缴
企业类型	□单独纳税机构、场所		□汇总纳税主要机构、场所		□汇总纳税其他机构、场所
计税方式	□据实计算		□核定征收		
预缴税款计算					

行次	项　目	据实计算本年累计金额	核定征收本年累计金额
1	利润总额		
2	加：特定业务计算的应纳税所得额		
3	减：不征税收入		
4	减：免税、减计收入、加计扣除及所得减免优惠金额		
5	其中：项目①____（减免性质代码）		
6	项目②____（减免性质代码）		
7	项目③____（减免性质代码）		
8	减：固定资产加速折旧（扣除）调减额		
9	其中：项目______（减免性质代码）		
10	减：弥补以前年度亏损		
11	实际利润额/按上一纳税年度应纳税所得额平均额确定的应纳税所得额		
12	税率（25%）		
13	应纳所得税额（11×12）		
14	减：减免所得税额		

续表

<table>
<tr><th>行次</th><th colspan="2">项　　目</th><th>据实计算本年累计金额</th><th>核定征收本年累计金额</th></tr>
<tr><td>15</td><td colspan="2">其中：项目①____（减免性质代码）</td><td></td><td></td></tr>
<tr><td>16</td><td colspan="2">项目②____（减免性质代码）</td><td></td><td></td></tr>
<tr><td>17</td><td colspan="2">项目③____（减免性质代码）</td><td></td><td></td></tr>
<tr><td>18</td><td colspan="2">减：享受协定待遇减免税额</td><td></td><td></td></tr>
<tr><td>19</td><td colspan="2">减：本年实际已预缴所得税额</td><td></td><td></td></tr>
<tr><td>20</td><td colspan="2">减：特定业务预缴（征）所得税额</td><td></td><td></td></tr>
<tr><td>21</td><td colspan="2">本期应补（退）所得税额/税务机关确定的本期应纳所得税额</td><td colspan="2"></td></tr>
<tr><td colspan="5">汇总纳税税款分配</td></tr>
<tr><td>22</td><td rowspan="4">主要机构、场所填报</td><td>主要机构、场所应补（退）所得税额（23+24+25）</td><td colspan="2"></td></tr>
<tr><td>23</td><td>其中：主要机构、场所直接分摊所得税额</td><td colspan="2"></td></tr>
<tr><td>24</td><td>主要机构、场所财政集中分配所得税额</td><td colspan="2"></td></tr>
<tr><td>25</td><td>主要机构、场所从事主体生产经营业务分摊所得税额</td><td colspan="2"></td></tr>
<tr><td>26</td><td rowspan="2">其他机构、场所填报</td><td>分配比例</td><td colspan="2"></td></tr>
<tr><td>27</td><td>应补（退）所得税额</td><td colspan="2"></td></tr>
<tr><td colspan="5">声明：此表是根据国家税收法律法规及相关规定填写的，对填报内容（及附带资料）的真实性、可靠性、完整性负责。
纳税人（签章）：　　年　月　日</td></tr>
<tr><td colspan="3">经办人签字：
经办人身份证件号码：
代理机构签章：
代理机构统一社会信用代码：</td><td colspan="2">受理人：
受理税务机关（章）：
受理日期：　　年　月　日</td></tr>
</table>

国家税务总局监制

3.非居民企业扣缴企业所得税报告表

“中华人民共和国扣缴企业所得税报告表（2019年版）”见表5-14，适用于源泉扣缴和指定扣缴的扣缴义务人，以及扣缴义务人未依法扣缴或者无法履行扣缴义务情况下自行申报的纳税人，按次或按期扣缴或申报企业所得税税款时填报。该报表自2019年10月1日起启用。

表5-14　　中华人民共和国扣缴企业所得税报告表

○法定源泉扣缴申报　　○指定扣缴申报　　○自行申报

纳税人识别号（统一社会信用代码）：□□□□□□□□□□□□□□□□□□ 金额单位：人民币元（列至角分）

名　称	中文：		外文：		
地　址	中文：		外文：		
联系人		联系方式		邮政编码	
纳 税 人 基 本 信 息					
纳税人识别号（统一社会信用代码）：	□□□□□□□□□□□□□□□□□□				
境外成立地代码		境外成立地纳税人识别号			
境内名称	中文：		外文：		
在境外成立地法定名称	中文：		外文：		
在境外成立地地址	中文：		外文：		
申报所得类型及代码					
联系人		联系方式		邮政编码	
法 定 源 泉 扣 缴 和 自 行 申 报 情 况					
合同名称		合同编号			
合同执行起始时间		合同执行终止时间		合同总金额		币种	
扣缴义务发生时间：　○支付　支付日期：　年　月　日　○到期应支付					

行次	项目			依法申报数据
1	本次申报收入	人民币金额		
2		外币	名称	
3			金额	
4			汇率	
5			折算人民币金额　5＝3×4	
6		收入合计　6＝1+5		
7	应纳税所得额的计算	扣除额		
8		应纳税所得额　8＝6－7		
9	应纳企业所得税额的计算	适用税率（10%）		
10		应缴纳的企业所得税额　10＝8×9		
11		减免企业所得税额　11＝12+13		
12		其中：享受协定待遇	项目____（减免性质代码）	
13		享受国内税收优惠	项目____（减免性质代码）	
14		实际应缴纳的企业所得税额　14＝10－11		

主 管 税 务 机 关 指 定 扣 缴 情 况		
指定扣缴文书编号		税款计算方法：○按核定利润率计算，核定利润率水平：___% ○其他
扣缴义务发生时间：○支付　支付日期：　年　月　日　支付金额（人民币）：　元　○其他		
本次扣缴税款金额（人民币）		

声明：此表是根据国家税收法律法规及相关规定填写的，对填报内容（及附带资料）的真实性、可靠性、完整性负责。

纳税人或扣缴义务人（签章）：　　年　月　日

经办人签字： 经办人身份证件号码： 代理机构签章： 代理机构统一社会信用代码：	受理人： 受理税务机关（章）： 受理日期：　年　月　日

国家税务总局监制

（二）企业所得税税年度纳税申报表

1.非居民企业所得税年度申报表

根据《中华人民共和国企业所得税法》及其实施条例，非居民企业预缴企业所得税时，需填报“中华人民共和国非居民企业所得税预缴申报表”（见表5-15）；非居民企业年度企业所得税汇算清缴时，需填报“中华人民共和国非居民企业所得税年度纳税申报表”（见表5-16），其附表为“纳税调整项目明细表”（见表5-17），“企业所得税弥补亏损明细表”（见表5-18），“对外合作开采石油企业勘探开发费用年度明细表”，“非居民企业机构、场所汇总缴纳所得税税款分配表”，“非居民企业机构、场所核定计算明细表”；源泉扣缴和指定扣缴的扣缴义务人，以及扣缴义务人未依法扣缴或者无法履行扣缴义务情况下自行申报的纳税人，按次或按期扣缴或申报企业所得税税款时需要填报“中华人民共和国扣缴企业所得税报告表”（见表5-19）。

表5-15　　中华人民共和国非居民企业所得税预缴申报表

税款所属期间：　　年　月　日至　　年　月　日

纳税人识别号（统一社会信用代码）：□□□□□□□□□□□□□□□□□□□□

纳税人境内名称：　　　　　　　　　　　　　　　　金额单位：人民币元（列至角分）

<table>
<tr><td colspan="2">境外成立地代码</td><td></td><td>在境外成立地法定名称</td><td></td><td>境外成立地纳税人识别号</td><td></td></tr>
<tr><td colspan="2">预缴方式</td><td colspan="5">□按照实际利润额预缴　□按照上一纳税年度应纳税所得额平均额预缴
□按照税务机关确定的其他方法预缴</td></tr>
<tr><td colspan="2">企业类型</td><td colspan="5">□单独纳税机构、场所　□汇总纳税主要机构、场所
□汇总纳税其他机构、场所</td></tr>
<tr><td colspan="2">计税方式</td><td colspan="2">□据实计算</td><td colspan="2">□核定征收</td><td></td></tr>
<tr><td colspan="7">预缴税款计算</td></tr>
<tr><td>行次</td><td colspan="4">项　目</td><td>据实计算本年累计金额</td><td>核定征收本年累计金额</td></tr>
<tr><td>1</td><td colspan="4">利润总额</td><td></td><td></td></tr>
<tr><td>2</td><td colspan="4">加：特定业务计算的应纳税所得额</td><td></td><td></td></tr>
<tr><td>3</td><td colspan="4">减：不征税收入</td><td></td><td></td></tr>
<tr><td>4</td><td colspan="4">减：免税、减计收入、加计扣除及所得减免优惠金额</td><td></td><td></td></tr>
<tr><td>5</td><td colspan="4">其中：项目①____（减免性质代码）</td><td></td><td></td></tr>
<tr><td>6</td><td colspan="4">项目②____（减免性质代码）</td><td></td><td></td></tr>
<tr><td>7</td><td colspan="4">项目③____（减免性质代码）</td><td></td><td></td></tr>
<tr><td>8</td><td colspan="4">减：固定资产加速折旧（扣除）调减额</td><td></td><td></td></tr>
<tr><td>9</td><td colspan="4">其中：项目_____（减免性质代码）</td><td></td><td></td></tr>
<tr><td>10</td><td colspan="4">减：弥补以前年度亏损</td><td></td><td></td></tr>
</table>

续表

<table>
<tr><th>行次</th><th colspan="2">项　　目</th><th>据实计算本年累计金额</th><th>核定征收本年累计金额</th></tr>
<tr><td>11</td><td colspan="2">实际利润额/按上一纳税年度应纳税所得额平均额确定的应纳税所得额</td><td></td><td></td></tr>
<tr><td>12</td><td colspan="2">税率（25%）</td><td></td><td></td></tr>
<tr><td>13</td><td colspan="2">应纳所得税额（11×12）</td><td></td><td></td></tr>
<tr><td>14</td><td colspan="2">减：减免所得税额</td><td></td><td></td></tr>
<tr><td>15</td><td colspan="2">其中：项目①____（减免性质代码）</td><td></td><td></td></tr>
<tr><td>16</td><td colspan="2">项目②____（减免性质代码）</td><td></td><td></td></tr>
<tr><td>17</td><td colspan="2">项目③____（减免性质代码）</td><td></td><td></td></tr>
<tr><td>18</td><td colspan="2">减：享受协定待遇减免税额</td><td></td><td></td></tr>
<tr><td>19</td><td colspan="2">减：本年实际已预缴所得税额</td><td></td><td></td></tr>
<tr><td>20</td><td colspan="2">减：特定业务预缴（征）所得税额</td><td></td><td></td></tr>
<tr><td>21</td><td colspan="2">本期应补（退）所得税额/税务机关确定的本期应纳所得税额</td><td colspan="2"></td></tr>
<tr><td colspan="5">汇总纳税税款分配</td></tr>
<tr><td>22</td><td rowspan="4">主要机构、场所填报</td><td>主要机构、场所应补（退）所得税额（23+24+25）</td><td colspan="2"></td></tr>
<tr><td>23</td><td>其中：主要机构、场所直接分摊所得税额</td><td colspan="2"></td></tr>
<tr><td>24</td><td>主要机构、场所财政集中分配所得税额</td><td colspan="2"></td></tr>
<tr><td>25</td><td>主要机构、场所从事主体生产经营业务分摊所得税额</td><td colspan="2"></td></tr>
<tr><td>26</td><td rowspan="2">其他机构、场所填报</td><td>分配比例</td><td colspan="2"></td></tr>
<tr><td>27</td><td>应补（退）所得税额</td><td colspan="2"></td></tr>
<tr><td colspan="5">声明：此表是根据国家税收法律法规及相关规定填写的，对填报内容（及附带资料）的真实性、可靠性、完整性负责。
纳税人（签章）：　　年　月　日</td></tr>
<tr><td colspan="3">经办人签字：
经办人身份证件号码：
代理机构签章：
代理机构统一社会信用代码：</td><td colspan="2">受理人：
受理税务机关（章）：
受理日期：　　年　月　日</td></tr>
</table>

国家税务总局监制

表5-16　　中华人民共和国非居民企业所得税年度纳税申报表

税款所属期间：　　年　月　日至　　年　月　日

纳税人识别号（统一社会信用代码）：□□□□□□□□□□□□□□□□□□□□

纳税人境内名称：　　　　　　　　　　　　　　金额单位：人民币元（列至角分）

<table>
<tr><td>境外成立地代码</td><td></td><td>在境外成立地法定名称</td><td></td><td>境外成立地纳税人识别号</td><td></td></tr>
<tr><td>企业类型</td><td colspan="5">□单独纳税机构、场所 □汇总纳税主要机构、场所 □汇总纳税其他机构、场所</td></tr>
<tr><td>计税方式</td><td colspan="5">□据实计算　　□核定征收</td></tr>
</table>

<table>
<tr><td colspan="4">年 度 税 款 计 算</td></tr>
<tr><td>行次</td><td>项　目</td><td>据实计算申报金额</td><td>核定征收申报金额</td></tr>
<tr><td>1</td><td>一、利润总额</td><td></td><td></td></tr>
<tr><td>2</td><td>减：境外所得</td><td></td><td></td></tr>
<tr><td>3</td><td>加：纳税调整增加额（填报F210）</td><td></td><td></td></tr>
<tr><td>4</td><td>减：纳税调整减少额（填报F210）</td><td></td><td></td></tr>
<tr><td>5</td><td>减：免税、减计收入及加计扣除</td><td></td><td></td></tr>
<tr><td>6</td><td>其中：项目①_____（减免性质代码）</td><td></td><td></td></tr>
<tr><td>7</td><td>项目②_____（减免性质代码）</td><td></td><td></td></tr>
<tr><td>8</td><td>项目③_____（减免性质代码）</td><td></td><td></td></tr>
<tr><td>9</td><td>项目④_____（减免性质代码）</td><td></td><td></td></tr>
<tr><td>10</td><td>项目⑤_____（减免性质代码）</td><td></td><td></td></tr>
<tr><td>11</td><td>加：境外应税所得抵减境内亏损</td><td></td><td></td></tr>
<tr><td>12</td><td>二、纳税调整后所得（1－2+3－4－5+11）</td><td></td><td></td></tr>
<tr><td>13</td><td>减：所得减免</td><td></td><td></td></tr>
<tr><td>14</td><td>其中：项目①_____（减免性质代码）</td><td></td><td></td></tr>
<tr><td>15</td><td>项目②_____（减免性质代码）</td><td></td><td></td></tr>
<tr><td>16</td><td>减：弥补以前年度亏损（填报F220）</td><td></td><td></td></tr>
<tr><td>17</td><td>减：抵扣应纳税所得额</td><td></td><td></td></tr>
<tr><td>18</td><td>其中：项目_____（减免性质代码）</td><td></td><td></td></tr>
<tr><td>19</td><td>三、应纳税所得额（12－13－16－17）</td><td></td><td></td></tr>
<tr><td>20</td><td>税率（25%）</td><td></td><td></td></tr>
<tr><td>21</td><td>四、应纳所得税额（19×20）</td><td></td><td></td></tr>
<tr><td>22</td><td>减：减免所得税额</td><td></td><td></td></tr>
</table>

续表

<table>
<tr><th>行次</th><th colspan="2">项　　目</th><th>据实计算申报金额</th><th>核定征收申报金额</th></tr>
<tr><td>23</td><td colspan="2">　　其中：项目①_____（减免性质代码）</td><td></td><td></td></tr>
<tr><td>24</td><td colspan="2">　　　　　项目②_____（减免性质代码）</td><td></td><td></td></tr>
<tr><td>25</td><td colspan="2">减：抵免所得税额</td><td></td><td></td></tr>
<tr><td>26</td><td colspan="2">　　其中：项目①_____（减免性质代码）</td><td></td><td></td></tr>
<tr><td>27</td><td colspan="2">　　　　　项目②_____（减免性质代码）</td><td></td><td></td></tr>
<tr><td>28</td><td colspan="2">五、应纳税额（21－22－25）</td><td></td><td></td></tr>
<tr><td>29</td><td colspan="2">加：境外所得应纳所得税额</td><td></td><td></td></tr>
<tr><td>30</td><td colspan="2">减：境外所得抵免所得税额</td><td></td><td></td></tr>
<tr><td>31</td><td colspan="2">减：享受协定待遇减免税额</td><td></td><td></td></tr>
<tr><td>32</td><td colspan="2">六、实际应纳所得税额（28+29－30－31）</td><td></td><td></td></tr>
<tr><td>33</td><td colspan="2">减：本年累计实际已缴纳的所得税额</td><td></td><td></td></tr>
<tr><td>34</td><td colspan="2">七、本年应补（退）所得税额（32－33）</td><td colspan="2"></td></tr>
<tr><td colspan="5">汇　总　纳　税　税　款　分　配</td></tr>
<tr><td>35</td><td rowspan="6">主要机构、场所填报</td><td>本机构、场所本年应分摊所得税额（36+37+38）</td><td colspan="2"></td></tr>
<tr><td>36</td><td>　其中：主要机构、场所直接分摊所得税额</td><td colspan="2"></td></tr>
<tr><td>37</td><td>　　　　主要机构、场所财政集中分配所得税额</td><td colspan="2"></td></tr>
<tr><td>38</td><td>　　　　主要机构、场所从事主体生产经营业务分摊所得税额</td><td colspan="2"></td></tr>
<tr><td>39</td><td>减：本机构、场所本年累计实际已缴纳的所得税额</td><td colspan="2"></td></tr>
<tr><td>40</td><td>本机构、场所本年应补（退）所得税额（35－39）</td><td colspan="2"></td></tr>
<tr><td>41</td><td rowspan="3">其他机构、场所填报</td><td>本机构、场所本年应分摊所得税额</td><td colspan="2"></td></tr>
<tr><td>42</td><td>减：本机构、场所本年累计实际已缴纳的所得税额</td><td colspan="2"></td></tr>
<tr><td>43</td><td>本机构、场所本年应补（退）所得税额（41－42）</td><td colspan="2"></td></tr>
<tr><td colspan="5">　　声明：此表是根据国家税收法律法规及相关规定填写的，对填报内容（及附带资料）的真实性、可靠性、完整性负责。
纳税人（签章）：　　年　月　日</td></tr>
<tr><td colspan="3">经办人签字：
经办人身份证件号码：
代理机构签章：
代理机构统一社会信用代码：</td><td colspan="2">受理人：
受理税务机关（章）：
受理日期：　年　月　日</td></tr>
</table>

国家税务总局监制

表 5-17　纳税调整项目明细表

行次	项　　目	账载数额	税收数额	调增数额	调减数额
		1	2	3	4
1	一、收入类调整项目（2+…+10）	*	*		
2	（一）视同销售收入	*			*
3	（二）未按权责发生制原则确认的收入				
4	（三）投资收益				
5	（四）按权益法核算长期股权投资对初始投资成本调整确认收益	*	*	*	
6	（五）交易性金融资产初始投资调整	*	*		*
7	（六）公允价值变动净损益		*		
8	（七）不征税收入	*	*		
9	（八）销售折扣、折让和退回				
10	（九）其他				
11	二、扣除类调整项目（12+…+30）	*	*		
12	（一）视同销售成本	*		*	
13	（二）职工薪酬				
14	（三）业务招待费支出				*
15	（四）广告费和业务宣传费支出				
16	（五）捐赠支出				
17	（六）利息支出				
18	（七）罚金、罚款和被没收财物的损失		*		*
19	（八）税收滞纳金、加收利息		*		*
20	（九）赞助支出		*		*
21	（十）与未实现融资收益相关在当期确认的财务费用				
22	（十一）佣金和手续费支出				*
23	（十二）不征税收入用于支出所形成的费用	*	*		*

续表

行次	项　　目	账载数额	税收数额	调增数额	调减数额
		1	2	3	4
24	（十三）跨期扣除项目				
25	（十四）与取得收入无关的支出		*		*
26	（十五）境外所得分摊的共同支出	*	*		*
27	（十六）分摊境外总机构费用				*
28	（十七）向其他机构、场所分摊费用				*
29	（十八）分摊资源勘探开发费用	*		*	
30	（十九）其他				
31	三、资产类调整项目（32+34+35+36）	*	*		
32	（一）资产折旧、摊销				
33	其中：固定资产加速折旧（扣除）调减额［项目（减免性质代码）］	*	*	*	
34	（二）资产减值准备金		*		
35	（三）资产损失				
36	（四）其他				
37	四、特殊事项调整项目（38+…+43）	*	*		
38	（一）企业重组及递延纳税事项				
39	（二）政策性搬迁	*	*		
40	（三）特殊行业准备金				
41	（四）房地产开发企业特定业务计算的纳税调整额	*			
42	（五）合伙企业法人合伙人应分得的应纳税所得额				
43	（六）其他	*	*		
44	五、特别纳税调整应税所得	*	*		
45	六、其他	*	*		
46	合计（1+11+31+37+44+45）	*	*		

国家税务总局监制

表 5-18　　**企业所得税弥补亏损明细表**　　金额单位：元

行次	项目	年度	当年境内所得额	分立转出的亏损额	合并、分立转入的亏损额		弥补亏损企业类型	上年及本年结转的可弥补亏损额	当年待弥补的亏损额	用本年度所得额弥补的以前年度亏损额		当年可结转以后年度弥补的亏损额
					可弥补年限5年	可弥补年限10年				使用境内所得弥补	使用境外所得弥补	
		1	2	3	4	5	6	7	8	9	10	11
1	前十年度											*
2	前九年度											
3	前八年度											
4	前七年度											
5	前六年度											
6	前五年度											
7	前四年度											
8	前三年度											
9	前二年度											
10	前一年度											
11	本年度											
12	可结转以后年度弥补的亏损额合计											

国家税务总局监制

表 5-19　　中华人民共和国扣缴企业所得税报告表

○法定源泉扣缴申报　○指定扣缴申报　○自行申报　　　　金额单位：人民币元（列至角分）

扣 缴 义 务 人 基 本 信 息					
纳税人识别号（统一社会信用代码）：	□□□□□□□□□□□□□□□□□□□□□□□□				
名　称	中文：		外文：		
地　址	中文：		外文：		
联系人		联系方式		邮政编码	

纳 税 人 基 本 信 息			
纳税人识别号（统一社会信用代码）：	□□□□□□□□□□□□□□□□□□□□□□□□		
境外成立地代码		境外成立地纳税人识别号	
境内名称	中文：	外文：	
在境外成立地法定名称	中文：	外文：	
在境外成立地地址	中文：	外文：	
申报所得类型及代码			
联系人		联系方式		邮政编码	

法 定 源 泉 扣 缴 和 自 行 申 报 情 况						
合同名称			合同编号			
合同执行起始时间		合同执行终止时间		合同总金额		币　种	
扣缴义务发生时间：○支付，支付日期：　年　月　日　　○到期应支付						

行次	项　目			依法申报数据
1	本次申报收入	人民币金额		
2		外　币	名称	
3			金额	
4			汇率	
5			折算人民币金额　5 = 3 × 4	
6		收入合计　6 = 1+5		
7	应纳税所得额的计算	扣除额		
8		应纳税所得额　8 = 6 − 7		
9	应纳企业所得税额的计算	适用税率（10%）		
10		应缴纳的企业所得税额　10 = 8 × 9		
11		减免企业所得税额　11 = 12+13		
12		其中：享受协定待遇	项目____（减免性质代码）	
13		享受国内税收优惠	项目____（减免性质代码）	
14		实际应缴纳的企业所得税额　14 = 10 − 11		

主 管 税 务 机 关 指 定 扣 缴 情 况		
指定扣缴文书编号		税款计算方法：○按核定利润率计算，核定利润率水平：__% ○其他
扣缴义务发生时间：○支付　支付日期：　年　月　日　支付金额（人民币）：　元　　○其他		
本次扣缴税款金额（人民币）		

声明：此表是根据国家税收法律法规及相关规定填写的，对填报内容（及附带资料）的真实性、可靠性、完整性负责。

纳税人或扣缴义务人（签章）：　　　年　月　日

经办人签字： 经办人身份证件号码： 代理机构签章： 代理机构统一社会信用代码：	受理人： 受理税务机关（章）： 受理日期：　年　月　日

国家税务总局监制

2.居民企业所得税年度纳税申报

查账征收企业所得税的纳税人在年度汇算清缴时，无论盈利或亏损，都必须在规定的期限内进行纳税申报，填写企业所得税纳税年度申报表及其有关附表。“企业所得税年度纳税申报表填报表单”见表5–22。

3.小型微利企业所得税年度纳税申报

为切实减轻小型微利企业纳税申报负担，进一步深化税务系统“放管服”改革，推出简化小型微利企业年度纳税申报措施。2018年度及以后年度企业所得税汇算清缴时，实行查账征收企业所得税的小型微利企业，应填报“中华人民共和国企业所得税年度纳税申报表（A类，2017年版）”及其相关附表。

其中，“中华人民共和国企业所得税年度纳税申报表（A类）”为小型微利企业必填表单。“企业所得税年度纳税申报基础信息表”中的“基本经营情况”为小型微利企业必填项目；“有关涉税事项情况”为选填项目，存在或者发生相关事项时小型微利企业必须填报；“主要股东及分红情况”为小型微利企业免填项目。企业免于填报“一般企业收入明细表”“金融企业收入明细表”“一般企业成本支出明细表”“金融企业支出明细表”“事业单位、民间非营利组织收入、支出明细表”“期间费用明细表”6张表。上述表单相关数据应当在“中华人民共和国企业所得税年度纳税申报表（A类）”中直接填写。

（三）开具税收缴款书缴纳税款

纳税人在向税务机关报送企业所得税月（季）度预缴纳税申报表或年度纳税申报表后，应在规定期限内向税务机关指定为代理金库的银行缴纳税款。缴纳税款时，应开具税收缴款书。税收缴款书共六联，纳税人缴纳税款后，以经国库经收处收款签章后的“收据联”作为完税凭证，证明纳税义务完成，并据此作为会计核算的依据。

税收（企业所得税）缴款书的格式和内容见表5–20。

表5–20 中华人民共和国税收（企业所得税）缴款书 国缴字（甲）

隶属关系NO：4455582

收入机关： 填发日期： 年 月 日 经济类型：

无银行收讫章无效

<table>
<tr><td rowspan="4">缴款单位（人）</td><td>代 码</td><td colspan="2"></td><td rowspan="3">预算科目</td><td colspan="2">款</td><td colspan="7"></td></tr>
<tr><td>全 称</td><td colspan="2"></td><td colspan="2">项</td><td colspan="7"></td></tr>
<tr><td>开户银行</td><td colspan="2"></td><td colspan="2">级次</td><td colspan="7"></td></tr>
<tr><td>账 号</td><td colspan="2"></td><td colspan="3">收款国库</td><td colspan="7"></td></tr>
<tr><td colspan="4">税款所属日期： 年 月 日</td><td colspan="10">税款限缴日期： 年 月 日</td></tr>
<tr><td>项目</td><td>计税所得额</td><td>税率</td><td>所得税额</td><td>已预缴税额</td><td colspan="9">实缴税额</td></tr>
<tr><td></td><td></td><td></td><td></td><td></td><td>百</td><td>十</td><td>万</td><td>千</td><td>百</td><td>十</td><td>元</td><td>角</td><td>分</td></tr>
<tr><td></td><td></td><td></td><td></td><td></td><td></td><td></td><td></td><td></td><td></td><td></td><td></td><td></td><td></td></tr>
<tr><td></td><td></td><td></td><td></td><td></td><td></td><td></td><td></td><td></td><td></td><td></td><td></td><td></td><td></td></tr>
<tr><td></td><td></td><td></td><td></td><td></td><td></td><td></td><td></td><td></td><td></td><td></td><td></td><td></td><td></td></tr>
<tr><td>金额合计</td><td colspan="4">人民币（大写）</td><td></td><td></td><td></td><td></td><td></td><td></td><td></td><td></td><td></td></tr>
<tr><td colspan="2">缴款单位（人）盖章

经办人（章）</td><td colspan="2">税务机关（盖章）

填票人（章）</td><td colspan="7">上列款项已收妥并划转收款单位账户
（国库银行）盖章
年 月 日</td><td colspan="3">备注</td></tr>
</table>

第一联（收据）国库收款盖章后退缴款单位（人）作完税凭证

任务设计

情境资料：沿用本项目任务二【任务设计】的资料。

要求：编制唐山鑫达股份有限公司2019年度纳税申报表及其附表。填报情况见表5-21至表5-39。

操作步骤：

第一步：填写“中华人民共和国企业所得税年度纳税申报表（A类，2017年版）封面”（见表5-21）、“企业所得税年度纳税申报表填报表单”（见表5-22）和“企业所得税年度纳税申报基础信息表”（见表5-23），填报“一般企业收入明细表”（见表5-24）、“一般企业成本支出明细表”（见表5-25）和“期间费用明细表”（见表5-26）。根据收入、支出和费用的会计核算资料填写。

第二步：填报“免税、减计收入及加计扣除优惠明细表”（见表5-27）、“符合条件的居民企业之间的股息、红利等权益性投资收益优惠明细表”（见表5-28）、“研发费用加计扣除优惠明细表”（见表5-29）、“所得减免优惠明细表”（见表5-30）、“减免所得税优惠明细表”（见表5-31）、“境外所得税收抵免明细表”（见表5-32）、“境外所得纳税调整后所得明细表”（见表5-33）、“广告费和业务宣传费等跨年度纳税调整明细表”（见表5-34）、“职工薪酬支出及纳税调整明细表”（见表5-35）和“捐赠支出及纳税调整明细表”（见表5-36）。

表5-21　　中华人民共和国企业所得税年度纳税申报表封面

（A类，2017年版）

税款所属期间：　　年　月　日至　　年　月　日

纳税人识别号（统一社会信用代码）：□□□□□□□□□□□□□□□□□□□□

纳税人名称：　　　　金额单位：人民币元（列至角分）

谨声明：本纳税申报表是根据国家税收法律法规及相关规定填报的，是真实的、可靠的、完整的。

纳税人（签章）：　　年　月　日

经办人： 经办人身份证号： 代理机构签章：	受理人： 受理税务机关（章）： 受理日期：　　年　月　日

国家税务总局监制

表 5-22　　企业所得税年度纳税申报表填报表单

表单编号	表单名称	是否填报
A000000	企业所得税年度纳税申报基础信息表	☑
A100000	中华人民共和国企业所得税年度纳税申报表（A类）	☑
A101010	一般企业收入明细表	☐
A101020	金融企业收入明细表	☐
A102010	一般企业成本支出明细表	☐
A102020	金融企业支出明细表	☐
A103000	事业单位、民间非营利组织收入、支出明细表	☐
A104000	期间费用明细表	☐
A105000	纳税调整项目明细表	☐
A105010	视同销售和房地产开发企业特定业务纳税调整明细表	☐
A105020	未按权责发生制确认收入纳税调整明细表	☐
A105030	投资收益纳税调整明细表	☐
A105040	专项用途财政性资金纳税调整明细表	☐
A105050	职工薪酬支出及纳税调整明细表	☐
A105060	广告费和业务宣传费跨年度纳税调整明细表	☐
A105070	捐赠支出及纳税调整明细表	☐
A105080	资产折旧、摊销及纳税调整明细表	☐
A105090	资产损失税前扣除及纳税调整明细表	☐
A105100	企业重组及递延纳税事项纳税调整明细表	☐
A105110	政策性搬迁纳税调整明细表	☐
A105120	贷款损失准备金及纳税调整明细表	☐
A106000	企业所得税弥补亏损明细表	☐
A107010	免税、减计收入及加计扣除优惠明细表	☐
A107011	符合条件的居民企业之间的股息、红利等权益性投资收益优惠明细表	☐
A107012	研发费用加计扣除优惠明细表	☐
A107020	所得减免优惠明细表	☐
A107030	抵扣应纳税所得额明细表	☐
A107040	减免所得税优惠明细表	☐
A107041	高新技术企业优惠情况及明细表	☐
A107042	软件、集成电路企业优惠情况及明细表	☐
A107050	税额抵免优惠明细表	☐
A108000	境外所得税收抵免明细表	☐
A108010	境外所得纳税调整后所得明细表	☐
A108020	境外分支机构弥补亏损明细表	☐
A108030	跨年度结转抵免境外所得税明细表	☐
A109000	跨地区经营汇总纳税企业年度分摊企业所得税明细表	☐
A109010	企业所得税汇总纳税分支机构所得税分配表	☐
说明：企业应当根据实际情况选择需要填报的表单		

表 5-23　　企业所得税年度纳税申报基础信息表

基本经营情况（必填项目）			
101纳税申报企业类型（填写代码）		102分支机构就地纳税比例（%）	
103资产总额（填写平均值，单位：万元）		104从业人数（填写平均值，单位：人）	
105所属国民经济行业（填写代码）		106从事国家限制或禁止行业	□是□否
107适用的会计准则或会计制度（填写代码）		108采用一般企业财务报表格式（2019年版）	□是□否
109小型微利企业	□是□否	110上市公司	是（□境内□境外）□否

有关涉税事项情况（存在或者发生下列事项时必填）					
201从事股权投资业务		□是	202存在境外关联交易		□是
203境外所得信息	203－1选择采用的境外所得抵免方式		□分国（地区）不分项 □不分国（地区）不分项		
	203－2海南自由贸易港新增境外直接投资信息		□是（产业类别：□旅游业□现代服务业□高新技术产业）		
204有限合伙制创业投资企业的法人合伙人		□是	205创业投资企业		□是
206技术先进型服务企业类型（填写代码）			207非营利组织		□是
208软件、集成电路企业类型（填写代码）			209集成电路生产项目类型		□130纳米 □65纳米 □28纳米
210科技型中小企业	210－1__年（申报所属期年度）入库编号1			210－2入库时间1	
	210－3__年（所属期下一年度）入库编号2			210－4入库时间2	
211高新技术企业申报所属期年度有效的高新技术企业证书	211－1证书编号1			211－2发证时间1	
	211－3证书编号2			211－4发证时间2	
212重组事项税务处理方式	□一般性□特殊性		213重组交易类型（填写代码）		
214重组当事方类型（填写代码）			215政策性搬迁开始时间		__年__月
216发生政策性搬迁且停止生产经营无所得年度		□是	217政策性搬迁损失分期扣除年度		□是
218发生非货币性资产对外投资递延纳税事项		□是	219非货币性资产对外投资转让所得递延纳税年度		□是
220发生技术成果投资入股递延纳税事项		□是	221技术成果投资入股递延纳税年度		□是
222发生资产（股权）划转特殊性税务处理事项		□是	223债务重组所得递延纳税年度		□是

主要股东及分红情况（必填项目）					
股东名称	证件种类	证件号码	投资比例（%）	当年（决议日）分配的股息、红利等权益性投资收益金额	国籍（注册地址）
其余股东合计	—	—			—

表 5-24　一般企业收入明细表　金额单位：元

行次	项目	金额
1	一、营业收入（2+9）	31 000 000
2	（一）主营业务收入（3+5+6+7+8）	25 000 000
3	1. 销售商品收入	25 000 000
4	其中：非货币性资产交换收入	
5	2. 提供劳务收入	
6	3. 建造合同收入	
7	4. 让渡资产使用权收入	
8	5. 其他	
9	（二）其他业务收入（10+12+13+14+15）	6 000 000
10	1. 销售材料收入	5 000 000
11	其中：非货币性资产交换收入	
12	2. 出租固定资产收入	
13	3. 出租无形资产收入	
14	4. 出租包装物和商品收入	
15	5. 其他	1 000 000
16	二、营业外收入（17+18+19+20+21+22+23+24+25+26）	8 300 000
17	（一）非流动资产处置利得	4 000 000
18	（二）非货币性资产交换利得	
19	（三）债务重组利得	
20	（四）政府补助利得	2 000 000
21	（五）盘盈利得	
22	（六）捐赠利得	2 000 000
23	（七）罚没利得	100 000
24	（八）确实无法偿付的应付款项	200 000
25	（九）汇兑收益	
26	（十）其他	

表5-25 一般企业成本支出明细表 金额单位：元

行次	项　　目	金　额
1	一、营业成本（2+9）	13 000 000
2	（一）主营业务成本（3+5+6+7+8）	11 000 000
3	1.销售商品成本	11 000 000
4	其中：非货币性资产交换成本	
5	2.提供劳务成本	
6	3.建造合同成本	
7	4.让渡资产使用权成本	
8	5.其他	
9	（二）其他业务成本（10+12+13+14+15）	2 000 000
10	1.材料销售成本	1 000 000
11	其中：非货币性资产交换成本	
12	2.出租固定资产成本	
13	3.出租无形资产成本	
14	4.包装物出租成本	
15	5.其他	1 000 000
16	二、营业外支出（17+18+19+20+21+22+23+24+25+26）	500 000
17	（一）非流动资产处置损失	
18	（二）非货币性资产交换损失	
19	（三）债务重组损失	
20	（四）非常损失	
21	（五）捐赠支出	300 000
22	（六）赞助支出	
23	（七）罚没支出	60 000
24	（八）坏账损失	
25	（九）无法收回的债券股权投资损失	
26	（十）其他	140 000

表 5-26 期间费用明细表 金额单位：元

行次	项　　目	销售费用	其中：境外支付	管理费用	其中：境外支付	财务费用	其中：境外支付
		1	2	3	4	5	6
1	一、职工薪酬		*	410 000	*	*	*
2	二、劳务费					*	*
3	三、咨询顾问费					*	*
4	四、业务招待费		*	200 000	*	*	*
5	五、广告费和业务宣传费	5 000 000	*		*	*	*
6	六、佣金和手续费						
7	七、资产折旧摊销费		*		*	*	*
8	八、财产损耗、盘亏及毁损损失		*		*	*	*
9	九、办公费		*		*	*	*
10	十、董事会费		*		*	*	*
11	十一、租赁费					*	*
12	十二、诉讼费		*		*	*	*
13	十三、差旅费		*		*	*	*
14	十四、保险费		*		*	*	*
15	十五、运输、仓储费					*	*
16	十六、修理费					*	*
17	十七、包装费		*		*	*	*
18	十八、技术转让费					*	*
19	十九、研究费用			400 000		*	*
20	二十、各项税费		*	800 000	*	*	*
21	二十一、利息收支	*	*	*	*	800 000	
22	二十二、汇兑差额	*	*	*	*		
23	二十三、现金折扣	*	*	*	*		*
24	二十四、党组织工作经费	*	*		*	*	*
25	二十五、其他	1 700 000		2 990 000			
26	合计（1+2+3+…+25）	6 700 000		4 800 000		800 000	

表5-27 免税、减计收入及加计扣除优惠明细表 金额单位：元

行次	项目	金额
1	一、免税收入（2+3+6+7+8+9+10+11+12+13+14+15+16）	800 000
2	（一）国债利息收入免征企业所得税	200 000
3	（二）符合条件的居民企业之间的股息、红利等权益性投资收益免征企业所得税（填写A107011）	600 000
4	其中：内地居民企业通过沪港通投资且连续持有H股满12个月取得的股息红利所得免征企业所得税（填写A107011）	
5	内地居民企业通过深港通投资且连续持有H股满12个月取得的股息红利所得免征企业所得税（填写A107011）	
6	（三）符合条件的非营利组织的收入免征企业所得税	
7	（四）符合条件的非营利组织（科技企业孵化器）的收入免征企业所得税	
8	（五）符合条件的非营利组织（国家大学科技园）的收入免征企业所得税	
9	（六）中国清洁发展机制基金取得的收入免征企业所得税	
10	（七）投资者从证券投资基金分配中取得的收入免征企业所得税	
11	（八）取得的地方政府债券利息收入免征企业所得税	
12	（九）中国保险保障基金有限责任公司取得的保险保障基金等收入免征企业所得税	
13	（十）中国奥委会取得北京冬奥组委支付的收入免征企业所得税	
14	（十一）中国残奥委会取得北京冬奥组委分期支付的收入免征企业所得税	
15	（十二）其他1	
16	（十三）其他2	
17	二、减计收入（18+19+23+24）	
18	（一）综合利用资源生产产品取得的收入在计算应纳税所得额时减计收入	
19	（二）金融、保险等机构取得的涉农利息、保费减计收入（20+21+22）	
20	1.金融机构取得的涉农贷款利息收入在计算应纳税所得额时减计收入	
21	2.保险机构取得的涉农保费收入在计算应纳税所得额时减计收入	
22	3.小额贷款公司取得的农户小额贷款利息收入在计算应纳税所得额时减计收入	
23	（三）取得铁路债券利息收入减半征收企业所得税	
24	（四）其他	
25	三、加计扣除（26+27+28+29+30）	400 000
26	（一）开发新技术、新产品、新工艺发生的研究开发费用加计扣除（填写A107012）	300 000
27	（二）科技型中小企业开发新技术、新产品、新工艺发生的研究开发费用加计扣除（填写A107012）	
28	（三）企业为获得创新性、创意性、突破性的产品进行创意设计活动而发生的相关费用加计扣除	
29	（四）安置残疾人员所支付的工资加计扣除	100 000
30	（五）其他	
31	合计（1+17+25）	1 200 000

表 5-28 符合条件的居民企业之间的股息、红利等权益性投资收益优惠明细表

金额单位：元

行次	被投资企业	被投资企业统一社会信用代码（纳税人识别号）	投资性质	投资成本	投资比例	被投资企业利润分配确认金额		被投资企业清算确认金额			撤回或减少投资确认金额						合计
						被投资企业作出利润分配或转股决定时间	依决定归属于本公司的股息、红利等权益性投资收益金额	分得的被投资企业清算剩余资产	被清算企业累计未分配利润和累计盈余公积应享有部分	应确认的股息所得	从被投资企业撤回或减少投资取得的资产	减少投资比例	收回初始投资成本	取得资产中超过收回初始投资成本部分	撤回或减少投资应享有被投资企业累计未分配利润和累计盈余公积	应确认的股息所得	
	1	2	3	4	5	6	7	8	9	10（8与9孰小）	11	12	13（4×12）	14（11－13）	15	16（14与15孰小）	17（7+10+16）
1	A公司						600 000										600 000
2																	
3																	
4																	
5																	
6																	
7							600 000										600 000
8	合计																
9	其中：直接投资或非H股票投资																
10	股票投资——沪港通H股																
11	股票投资——深港通H股																
12	创新企业CDR																
13	永续债																

表5-29 研发费用加计扣除优惠明细表

行次	项　目	金额（元）
1	本年可享受研发费用加计扣除项目数量	
2	一、自主研发、合作研发、集中研发（3+7+16+19+23+28+34）	400 000
3	（一）人员人工费用（4+5+6）	200 000
4	1.直接从事研发活动人员工资薪金	200 000
5	2.直接从事研发活动人员五险一金	
6	3.外聘研发人员的劳务费用	
7	（二）直接投入费用（8+9+10+11+12+13+14+15）	200 000
8	1.研发活动直接消耗材料费用	200 000
9	2.研发活动直接消耗燃料费用	
10	3.研发活动直接消耗动力费用	
11	4.用于中间试验和产品试制的模具、工艺装备开发及制造费	
12	5.用于不构成固定资产的样品、样机及一般测试手段购置费	
13	6.用于试制产品的检验费	
14	7.用于研发活动的仪器、设备的运行维护、调整、检验、维修等费用	
15	8.通过经营租赁方式租入的用于研发活动的仪器、设备租赁费	
16	（三）折旧费用（17+18）	
17	1.用于研发活动的仪器的折旧费	
18	2.用于研发活动的设备的折旧费	
19	（四）无形资产摊销（20+21+22）	
20	1.用于研发活动的软件的摊销费用	
21	2.用于研发活动的专利权的摊销费用	
22	3.用于研发活动的非专利技术（包括许可证、专有技术、设计和计算方法等）的摊销费用	
23	（五）新产品设计费等（24+25+26+27）	
24	1.新产品设计费	
25	2.新工艺规程制定费	
26	3.新药研制的临床试验费	

续表

行次	项　目	金额（元）
27	4.勘探开发技术的现场试验费	
28	（六）其他相关费用（29+30+31+32+33)	
29	1.技术图书资料费、资料翻译费、专家咨询费、高新科技研发保险费	
30	2.研发成果的检索、分析、评议、论证、鉴定、评审、评估、验收费用	
31	3.知识产权的申请费、注册费、代理费	
32	4.职工福利费、补充养老保险费、补充医疗保险费	
33	5.差旅费、会议费	
34	（七）经限额调整后的其他相关费用	
35	二、委托研发（36+37+39)	
36	（一）委托境内机构或个人进行研发活动所发生的费用	
37	（二）委托境外机构进行研发活动发生的费用	
38	其中：允许加计扣除的委托境外机构进行研发活动发生的费用	
39	（三）委托境外个人进行研发活动发生的费用	
40	三、年度研发费用小计（2+36×80%+38)	400 000
41	（一）本年费用化金额	400 000
42	（二）本年资本化金额	
43	四、本年形成无形资产摊销额	
44	五、以前年度形成无形资产本年摊销额	
45	六、允许扣除的研发费用合计（41+43+44）	400 000
46	减：特殊收入部分	
47	七、允许扣除的研发费用抵减特殊收入后的金额（45－46)	400 000
48	减：当年销售研发活动直接形成产品（包括组成部分）对应的材料部分	
49	减：以前年度销售研发活动直接形成产品（包括组成部分）对应材料部分结转金额	
50	八、加计扣除比例（%）	75%
51	九、本年研发费用加计扣除总额（47－48－49）×50	300 000
52	十、销售研发活动直接形成产品（包括组成部分）对应材料部分结转以后年度扣减金额（当47－48－49≥0，本行＝0；当47－48－49＜0，本行＝47－48－49的绝对值)	

表 5-30 所得减免优惠明细表

金额单位：元

行次	减免项目	项目名称	优惠事项名称	优惠方式	项目收入	项目成本	相关税费	应分摊期间费用	纳税调整额	项目所得额		减免所得额
										免税项目	减半项目	
		1	2	3	4	5	6	7	8	9	10	11（9+10×50%）
1	一、农、林、牧、渔业项目											
2												
3		小计	*	*								
4	二、国家重点扶持的公共基础设施项目											
5												
6		小计	*	*								
7	三、符合条件的环境保护、节能节水项目											
8												
9		小计	*	*								
10	四、符合条件的技术转让项目		*	*						*	*	*
11			*	*						*	*	*
12		小计		*								
13	五、清洁发展机制项目		*									
14			*									
15		小计	*	*								

续表

行次	减免项目	项目名称	优惠事项名称	优惠方式	项目收入	项目成本	相关税费	应分摊期间费用	纳税调整额	项目所得额		减免所得额
										免税项目	减半项目	
		1	2	3	4	5	6	7	8	9	10	11（9+10×50%）
16	六、符合条件的节能服务公司实施的合同能源管理项目		*									
17			*									
18		小计	*	*								
19	七、线宽小于130纳米（含）的集成电路生产项目		*									
20			*									
21		小计	*	*								
22	八、线宽小于65纳米（含）或投资额超过150亿元的集成电路生产项目											
23												
24		小计	*	*								
25	九、线宽小于28纳米（含）的集成电路生产项目		*									
26			*									
27		小计	*	*								
28	十、其他											
29												
30		小计	*	*								
31	合计	*	*	*								

表 5-31 减免所得税优惠明细表 金额单位：元

行次	项　目	金额
1	一、符合条件的小型微利企业减免企业所得税	
2	二、国家需要重点扶持的高新技术企业减按15%的税率征收企业所得税（填写A107041）	
3	三、经济特区和上海浦东新区新设立的高新技术企业在区内取得的所得定期减免企业所得税（填写A107041）	
4	四、受灾地区农村信用社免征企业所得税	*
5	五、动漫企业自主开发、生产动漫产品定期减免企业所得税	
6	六、线宽小于0.8微米（含）的集成电路生产企业减免企业所得税（填写A107042）	
7	七、线宽小于0.25微米的集成电路生产企业减按15%税率征收企业所得税（填写A107042）	*
8	八、投资额超过80亿元的集成电路生产企业减按15%税率征收企业所得税（填写A107042）	*
9	九、线宽小于0.25微米的集成电路生产企业减免企业所得税（填写A107042）	
10	十、投资额超过80亿元的集成电路生产企业减免企业所得税（填写A107042）	
11	十一、新办集成电路设计企业减免企业所得税（填写A107042）	
12	十二、国家规划布局内集成电路设计企业可减按10%的税率征收企业所得税（填写A107042）	*
13	十三、符合条件的软件企业减免企业所得税（填写A107042）	
14	十四、国家规划布局内重点软件企业可减按10%的税率征收企业所得税（填写A107042）	*
15	十五、符合条件的集成电路封装、测试企业定期减免企业所得税（填写A107042）	
16	十六、符合条件的集成电路关键专用材料生产企业、集成电路专用设备生产企业定期减免企业所得税（填写A107042）	
17	十七、经营性文化事业单位转制为企业的免征企业所得税	
18	十八、符合条件的生产和装配伤残人员专门用品企业免征企业所得税	
19	十九、技术先进型服务企业（服务外包类）减按15%的税率征收企业所得税	
20	二十、技术先进型服务企业（服务贸易类）减按15%的税率征收企业所得税	
21	二十一、设在西部地区的鼓励类产业企业减按15%的税率征收企业所得税（主营业务收入占比____%）	
22	二十二、新疆困难地区新办企业定期减免企业所得税	
23	二十三、新疆喀什、霍尔果斯特殊经济开发区新办企业定期免征企业所得税	
24	二十四、广东横琴、福建平潭、深圳前海等地区的鼓励类产业企业减按15%税率征收企业所得税	

续表

行次	项　　目	金额
25	二十五、北京冬奥组委、北京冬奥会测试赛赛事组委会免征企业所得税	
26	二十六、线宽小于130纳米（含）的集成电路生产企业减免企业所得税（原政策，填写A107042）	
27	二十七、线宽小于65纳米（含）或投资额超过150亿元的集成电路生产企业减免企业所得税（原政策，填写A107042）	
28	二十八、其他（28.1+28.2+28.3+28.4+28.5+28.6）	
28.1	（一）从事污染防治的第三方企业减按15%的税率征收企业所得税	
28.2	（二）上海自贸试验区临港新片区的重点产业企业减按15%的税率征收企业所得税	
28.3	（三）海南自由贸易港鼓励类企业减按15%税率征收企业所得税	
28.4	（四）国家鼓励的集成电路和软件企业减免企业所得税政策（28.4.1+…+28.4.10）	
28.4.1	1.线宽小于28纳米（含）集成电路生产企业减免企业所得税（填写A107042）	
28.4.2	2.线宽小于65纳米（含）集成电路生产企业减免企业所得税（填写A107042）	
28.4.3	3.线宽小于130纳米（含）集成电路生产企业减免企业所得税（填写A107042）	
28.4.4	4.集成电路设计业减免企业所得税（填写A107042）	
28.4.5	5.重点集成电路设计企业减免企业所得税（填写A107042）	
28.4.6	6.集成电路装备企业减免企业所得税（填写A107042）	
28.4.7	7.集成电路材料企业减免企业所得税（填写A107042）	
28.4.8	8.集成电路封装、测试企业减免企业所得税（填写A107042）	
28.4.9	9.软件企业减免企业所得税（填写A107042）	
28.4.10	10.重点软件企业减免企业所得税（填写A107042）	
28.5	（五）其他1	
28.6	（六）其他2	
29	二十九、减：项目所得额按法定税率减半征收企业所得税叠加享受减免税优惠	
30	三十、支持和促进重点群体创业就业企业限额减征企业所得税（30.1+30.2）	
30.1	（一）企业招用建档立卡贫困人口就业扣减企业所得税	
30.2	（二）企业招用登记失业半年以上人员就业扣减企业所得税	
31	三十一、扶持自主就业退役士兵创业就业企业限额减征企业所得税	
32	三十二、符合条件的公司型创投企业按照企业年末个人股东持股比例减免企业所得税（个人股东持股比例____%）	
33	三十三、民族自治地方的自治机关对本民族自治地方的企业应缴纳的企业所得税中属于地方分享的部分减征或免征（免征减征：减征幅度____%）	
34	合计（1+2+…+28－29+30+31+32+33）	

表 5-32　境外所得税收抵免明细表

金额单位：元

行次	国家（地区）	境外税前所得	境外所得纳税调整后所得	弥补境外以前年度亏损	境外应纳税所得额	抵减境内亏损	抵减境内亏损后的境外应纳税所得额	税率	境外所得应纳税额	境外所得可抵免税额	境外所得抵免限额	本年可抵免境外所得税额	未超过境外所得税抵免限额的余额	本年可抵免以前年度未抵免境外所得税额	按简易办法计算：按低于12.5%的实际税率计算的抵免额	按简易办法计算：按12.5%计算的抵免额	按简易办法计算：按25%计算的抵免额	按简易办法计算：小计	境外所得抵免所得税额合计
	1	2	3	4	5（3-4）	6	7（5-6）	8	9（7×8）	10	11	12	13（11-12）	14	15	16	17	18（15+16+17）	19（12+14+18）
1	美国	5 000 000	5 000 000		5 000 000		5 000 000	15%	750 000	1 500 000	750 000	750 000	750 000						750 000
2	法国	15 000 000	15 000 000		15 000 000		15 000 000	15%	2 250 000	2 000 000	2 250 000	2 000 000							2 000 000
3																			
4																			
5																			
6																			
7																			
8																			
9																			
10	合计	20 000 000	20 000 000		20 000 000		20 000 000		3 000 000	3 500 000	3 000 000	2 750 000	750 000						2 750 000

表 5-33　　境外所得纳税调整后所得明细表　　金额单位：元

行次	国家（地区）	境外税后所得								境外所得可抵免的所得税额				境外税前所得	境外分支机构收入与支出纳税调整额	境外分支机构调整分摊扣除的有关成本费用	境外所得对应调整的相关成本费用支出	境外所得纳税调整后所得	其中：海南自由贸易港企业新增境外直接投资所得							
																			新设境外分支机构所得					新增境外直接投资相对应的股息所得		境外享受免税政策的所得小计
		分支机构营业利润所得	股息、红利等权益性投资所得	利息所得	租金所得	特许权使用费所得	财产转让所得	其他所得	小计	直接缴纳的所得税额	间接负担的所得税额	享受税收饶让抵免税额	小计						营业利润	调整分摊扣除的有关成本费用	纳税调整额	纳税调整后所得	境外所得税额	对应的股息所得	对应的股息境外所得税额	
	1	2	3	4	5	6	7	8	9（2+…+8）	10	11	12	13（10+11+12）	14（9+10+11）	15	16	17	18）14+15-16-17）	19	20	21	22（19-20+21）	23	24	25	26（22+24）
1	美国	3 500 000							3 500 000	1 500 000			1 500 000	5 000 000				5 000 000								
2	法国	13 000 000							13 000 000	2 000 000			2 000 000	15 000 000				15 000 000								
3																										
4																										
5																										
6																										
7																										
8																										
9																										
10	合计																									

表 5-34　　广告费和业务宣传费跨年度纳税调整明细表　　金额单位：元

行次	项目	广告费和业务宣传费	保险企业手续费及佣金支出
		1	2
1	一、本年支出	5 000 000	
2	减：不允许扣除的支出		
3	二、本年符合条件的支出（1－2）	5 000 000	
4	三、本年计算扣除限额的基数	32 000 000	
5	乘：税收规定扣除率	15%	
6	四、本企业计算的扣除限额（4×5）	4 800 000	
7	五、本年结转以后年度扣除额（3＞6，本行＝3－6；3≤6，本行＝0）	200 000	
8	加：以前年度累计结转扣除额		
9	减：本年扣除的以前年度结转额［3＞6，本行＝0；3≤6，本行＝8与（6－3）孰小值］	0	
10	六、按照分摊协议归集至其他关联方的金额（10≤3与6孰小值）		*
11	按照分摊协议从其他关联方归集至本企业的金额		*
12	七、本年支出纳税调整金额（3＞6，本行＝2+3－6+10－11；3≤6，本行＝2+10－11－9）	200 000	
13	八、累计结转以后年度扣除额（7+8－9）	0	

表 5-35　　职工薪酬支出及纳税调整明细表　　金额单位：元

行次	项目	账载金额	实际发生额	税收规定扣除率	以前年度累计结转扣除额	税收金额	纳税调整金额	累计结转以后年度扣除额
		1	2	3	4	5	6（1－5）	7（2+4－5）
1	一、工资薪金支出	2 000 000		*	*	2 000 000		*
2	其中：股权激励			*	*			*
3	二、职工福利费支出	300 000			*	280 000	20 000	*
4	三、职工教育经费支出	170 000		*		160 000	10 000	
5	其中：按税收规定比例扣除的职工教育经费							
6	按税收规定全额扣除的职工培训费用				*			*
7	四、工会经费支出	50 000			*	40 000	10 000	*
8	五、各类基本社会保障性缴款	600 000		*	*	600 000	0	*
9	六、住房公积金			*	*			*
10	七、补充养老保险				*			*
11	八、补充医疗保险				*			*
12	九、其他			*	*			*
13	合计（1+3+4+7+8+9+10+11+12）	3 120 000		*		3 080 000	40 000	

表 5-36

捐赠支出及纳税调整明细表

金额单位：元

行次	项目	账载金额	以前年度结转可扣除的捐赠额	按税收规定计算的扣除限额	税收金额	纳税调增金额	纳税调减金额	可结转以后年度扣除的捐赠额
		1	2	3	4	5	6	7
1	一、非公益性捐赠		*	*	*		*	*
2	二、限额扣除的公益性捐赠（3+4+5+6）							
3	前三年度（　　年）	*		*	*	*		*
4	前二年度（　　年）	*		*	*	*		
5	前一年度（　　年）	*		*	*	*		
6	本年（　　年）	300 000	*	3 624 000	300 000	0	*	
7	三、全额扣除的公益性捐赠		*	*		*	*	*
8	1.		*	*		*	*	*
9	2.		*	*		*	*	*
10	3.		*	*		*	*	*
11	合计（1+2+7）	300 000		3 624 000	300 000	0		
附列资料	2015 年度至本年发生的公益性扶贫捐赠合计金额		*	*		*	*	*

第三步：填报“纳税调整项目明细表”（见表5-37），根据表5-23至表5-36填列。

表5-37

纳税调整项目明细表

金额单位：元

行次	项目	账载金额	税收金额	调增金额	调减金额
		1	2	3	4
1	一、收入类调整项目（2+3+…8+10+11）	*	*	1 000 000	2 000 000
2	（一）视同销售收入（填写A105010）	*	1 000 000	1 000 000	*
3	（二）未按权责发生制原则确认的收入（填写A105020）				
4	（三）投资收益（填写A105030）				
5	（四）按权益法核算长期股权投资对初始投资成本调整确认收益	*	*	*	
6	（五）交易性金融资产初始投资调整	*	*		*
7	（六）公允价值变动净损益		*		
8	（七）不征税收入	*	*		2 000 000
9	其中：专项用途财政性资金（填写A105040）	*	*		
10	（八）销售折扣、折让和退回				
11	（九）其他				
12	二、扣除类调整项目（13+14+…24+26+27+28+29+30）	*	*	580 000	500 000
13	（一）视同销售成本（填写A105010）	*		*	500 000
14	（二）职工薪酬（填写A105050）	3 120 000	3 080 000	40 000	
15	（三）业务招待费支出	200 000	120 000	80 000	*
16	（四）广告费和业务宣传费支出（填写A105060）	*	*	200 000	

续表

行次	项目	账载金额	税收金额	调增金额	调减金额
		1	2	3	4
17	（五）捐赠支出（填写A105070）	300 000	3 624 000	0	
18	（六）利息支出	800 000	600 000	200 000	
19	（七）罚金、罚款和被没收财物的损失	50 000	*	50 000	*
20	（八）税收滞纳金、加收利息	10 000	*	10 000	*
21	（九）赞助支出		*		*
22	（十）与未实现融资收益相关在当期确认的财务费用				
23	（十一）佣金和手续费支出（保险企业填写A105060）				
24	（十二）不征税收入用于支出所形成的费用	*	*		*
25	其中：专项用途财政性资金用于支出所形成的费用（填写A105040）	*	*		*
26	（十三）跨期扣除项目				
27	（十四）与取得收入无关的支出		*		*
28	（十五）境外所得分摊的共同支出	*	*		*
29	（十六）党组织工作经费				
30	（十七）其他				
31	三、资产类调整项目（32+33+34+35）	*	*		
32	（一）资产折旧、摊销（填写A105080）				
33	（二）资产减值准备金		*		
34	（三）资产损失（填写A105090）	*	*		

续表

行次	项目	账载金额	税收金额	调增金额	调减金额
		1	2	3	4
35	（四）其他				
36	四、特殊事项调整项目（37+38+…+43）	*	*		
37	（一）企业重组及递延纳税事项（填写 A105100）				
38	（二）政策性搬迁（填写 A105110）	*	*		
39	（三）特殊行业准备金（39.1+39.2+39.4+39.5+39.6+39.7）	*	*		
39.1	1. 保险公司保险保障基金				
39.2	2. 保险公司准备金				
39.3	其中：已发生未报案未决赔款准备金				
39.4	3. 证券行业准备金				
39.5	4. 期货行业准备金				
39.6	5. 中小企业融资（信用）担保机构准备金				
39.7	6. 金融企业、小额贷款公司准备金（填写 A105120）	*	*		
40	（四）房地产开发企业特定业务计算的纳税调整额（填写 A105010)	*			
41	（五）合伙企业法人合伙人应分得的应纳税所得额				
42	（六）发行永续债利息支出				
43	（七）其他	*	*		
44	五、特别纳税调整应税所得	*	*		
45	六、其他	*	*		
46	合计（1+12+31+36+44+45）	*	*	1 580 000	2 500 000

第四步：填报“中华人民共和国企业所得税年度纳税申报表（A类）”（见表5-38）。“中华人民共和国企业所得税年度纳税申报表（A类）”是纳税申报表的主表，根据表5-23至表5-37填写。

表5-38　　中华人民共和国企业所得税年度纳税申报表（A类）　　金额单位：元

行次	类别	项　目	金　额
1	利润总额计算	一、营业收入（填写A101010\101020\103000）	31 000 000
2		减：营业成本（填写A102010\102020\103000）	13 000 000
3		减：税金及附加	800 000
4		减：销售费用（填写A104000）	6 700 000
5		减：管理费用（填写A104000）	4 800 000
6		减：财务费用（填写A104000）	800 000
7		减：资产减值损失	
8		加：公允价值变动收益	
9		加：投资收益	17 500 000
10		二、营业利润（1－2－3－4－5－6－7+8+9）	22 400 000
11		加：营业外收入（填写A101010\101020\103000）	8 300 000
12		减：营业外支出（填写A102010\102020\103000）	500 000
13		三、利润总额（10+11－12）	30 200 000
14	应纳税所得额计算	减：境外所得（填写A108010）	16 500 000
15		加：纳税调整增加额（填写A105000）	1 580 000
16		减：纳税调整减少额（填写A105000）	2 500 000
17		减：免税、减计收入及加计扣除（填写A107010）	1 200 000
18		加：境外应税所得抵减境内亏损（填写A108000）	
19		四、纳税调整后所得（13－14+15－16－17+18）	11 580 000
20		减：所得减免（填写A107020）	
21		减：弥补以前年度亏损（填写A106000）	
22		减：抵扣应纳税所得额（填写A107030）	
23		五、应纳税所得额（19－20－21－22）	11 580 000
24	应纳税额计算	税率（25%）	25%
25		六、应纳所得税额（23×24）	2 895 000
26		减：减免所得税额（填写A107040）	1 158 000
27		减：抵免所得税额（填写A107050）	200 000
28		七、应纳税额（25－26－27）	1 537 000
29		加：境外所得应纳所得税额（填写A108000）	3 000 000
30		减：境外所得抵免所得税额（填写A108000）	2 750 000
31		八、实际应纳所得税额（28＋29－30）	1 787 000
32		减：本年累计实际已缴纳的所得税额	1 500 000
33		九、本年应补（退）的所得税额（31－32）	287 000
34		其中：总机构分摊本年应补（退）所得税额（填写A109000)	
35		财政集中分配本年应补（退）所得税额（填写A109000)	
36		总机构主体生产经营部门分摊本年应补（退）所得税额（填写A109000）	

第五步：填写“税额抵免优惠明细表”（见表5-39）。

表5-39 税额抵免优惠明细表

金额单位：元

行次	项目	年度	本年抵免前应纳税额	本年允许抵免的专用设备投资额	本年可抵免税额	以前年度已抵免额						本年实际抵免的各年度税额	可结转以后年度抵免的税额
						前五年度	前四年度	前三年度	前二年度	前一年度	小计		
		1	2	3	4 = 3 × 10%	5	6	7	8	9	10 = 5+…+9	11	12 = 4 - 10 - 11
1	前五年度					—	—	—	—	—			*
2	前四年度					*	—	—	—	—			
3	前三年度					*	*	—	—	—			
4	前二年度					*	*	*	—	—			
5	前一年度					*	*	*	*	—			
6	本年度			2 000 000	200 000	*	*	*	*	*	*		0
7	本年实际抵免税额合计											—	*
8	可结转以后年度抵免的税额合计												0
9	专用设备投资情况	本年允许抵免的环境保护专用设备投资额								2 000 000			
10		本年允许抵免的节能节水专用设备投资额								—			
11		本年允许抵免的安全生产专用设备投资额								2 000 000			

项目小结

本项目内容归纳总结见表5-40。

表5-40　　本项目内容归纳总结

企业所得税的基本法律知识	企业所得税纳税人的确定：居民企业和非居民企业
	企业所得税的征税对象和征税范围：生产经营所得、其他所得和清算所得
	企业所得税税率的确定：基本税率25%、优惠税率20%和15%、预提所得税税率20%
企业所得税的计算	应纳税所得额的确定：利润总额的确定；纳税调整项目的确定，包括收入类调整项目、扣除类调整项目、资产类调整项目、准备金类调整项目等；弥补亏损，包括境外应税所得弥补境内亏损和弥补以前年度亏损
	预缴所得税额的计算：按照月（季）实际利润额预缴；按照上一纳税年度应纳税所得额的月（季）平均额预缴
	年终企业应纳所得税税额的计算：全年应纳所得税税额的计算，包括减免所得税额、抵免所得税额、境外所得应补税额；全年应补所得税额的计算
	企业所得税的核定征收：定额征收和核定应税所得率征收
企业所得税的会计核算	资产负债表债务法的核算：计税基础和暂时性差异；会计科目的设置；会计核算的程序；递延所得税资产、递延所得税负债、所得税费用的确认和计算
	应付税款法的会计处理：不确认暂时性差异对企业所得税的影响
	减免所得税的会计处理
企业所得税的纳税申报	纳税期限：月（季）后15日内预缴，年度终了后5个月内汇算清缴
	纳税地点
	月（季）预缴所得税纳税申报表的编制，企业所得税年度纳税申报表的编制

项目六

个人所得税

【知识目标】 理解个人所得税的基本法律知识；掌握个人所得税的计算方法；掌握个人所得税纳税申报表的编制方法；熟悉个人所得税的账务处理。

【能力目标】 能够判断哪些项目征收个人所得税；正确计算个人所得税；准确编制个人所得税的纳税申报表；能够结合业务资料进行代扣代缴个人所得税的会计处理。

【素质目标】 工资、薪金所得个人所得税的起征点上调，并由员工本人如实填写六项专项附加扣除项目，体现了国家对员工个人诚信纳税的重视以及信任。在课程教学过程中，除了强调国家的利好政策外，也要提醒学生，作为纳税人，首先以身作则，如实填报纳税。利用案例分析告诫学生，个人所得税的偷税、漏税行为会被纳入不诚信纳税的黑名单，造成个人身败名裂。

任务一　个人所得税的基本法律知识

一、个人所得税的概念及特点

（一）个人所得税的概念

个人所得税是以个人（自然人）取得的各类应税所得为征税对象而征收的一种所得税，是政府利用税收对个人收入进行调节的一种手段。个人所得税的纳税人不仅包括个人，还包括具有自然人性质的企业。

（二）个人所得税的特点

针对个人所得税的特殊性，我国的个人所得税有以下几个特点：

1.实行综合与分类相结合的混合所得税制

世界各国的个人所得税制有三种类型，即分类所得税制、综合所得税制和混合所得税制。我国目前采用的是分类与综合相结合的混合所得税制，即把个人应税所得划分成9类，其中对于居民个人取得的工资、薪金所得，劳务报酬所得，稿酬所得及特许权使用费所得（以下称综合所得），按月或者按次分项预缴个人所得税，年终将这四项所得合并汇算清缴个人所得税，多退少补；非居民个人取得的这四项所得，按月或者按次分项计算个人所得税；纳税人取得的其余各项所得，分别采用不同的费用减除标准、不同的税率和不同的计税方法，分别计算个人所得税。

2.累进税率和比例税率并用

我国实行综合与分类相结合的混合所得税制，由于各类所得的性质和特点不同，采取累进税率和比例税率并用的方式计算个人所得税。对工资、薪金所得，经营所得，劳务报酬所得实行累进税率；对稿酬所得，特许权使用费所得，财产转让所得，财产租赁所得，利息、股息、红利所得，偶然所得等采用比例税率。

3.定额与定率相结合

目前，我国个人所得税的费用扣除方式有定额扣除、定率扣除两种方式。对于居民个人的工资、薪金所得，由扣缴义务人按照累计预扣法计算预扣税款，并按月办理扣缴申报，每月减除费用5 000元。对于劳务报酬、稿酬、特许权使用费等所得，由扣缴义务人向居民个人支付劳务报酬所得、稿酬所得、特许权使用费所得时，按次或按月预扣预缴税款：居民个人取得的劳务报酬所得、稿酬所得、特许权使用费所得每次收入不超过4 000元的，减除费用按800元计算；每次收入4 000元以上的，减除费用按收入的20%计算，其中，稿酬所得的收入额减按70%计算。

4.源泉扣缴和自行申报

我国个人所得税主要实行源泉课征制度，但在同类所得被不同源泉课征者扣缴时，就会产生多重费用扣除和降低税率等征收不公平的问题，而且在不存在源泉扣缴者或源泉不扣缴的情况下，同样也会造成税负不公。因此，对符合源泉课征要求的所得项目必须由源泉扣缴者扣缴税款，对不能使用源泉扣缴方法、扣缴税款不彻底和未扣缴税款的所得项目，就必须要求纳税人自行申报纳税。

二、个人所得税的纳税人

个人所得税的纳税人，包括中国公民、个体工商户、个人独资企业、合伙企业投资者、在中国有所得的外籍人员（包括无国籍人员，下同）和中国香港、澳门、台湾等地区的同胞。上述纳税人依据住所和居住时间两个标准，分为居民纳税人和非居民纳税人，分别承担不同的纳税义务。

（一）居民纳税人

居民纳税人是指在中国境内有住所，或者无住所而在一个纳税年度内居住累计满183天的个人。居民纳税人负有无限纳税义务。其取得的应纳税所得，无论是来源于中国境内还是境外，都要在中国缴纳个人所得税。

所谓在中国境内有住所的个人，是指因户籍、家庭、经济利益关系，而在中国境内习惯性居住的个人。这里所说的“习惯性居住”，是指个人因学习、工作、探亲等原因消除之后，没有理由在其他地方继续居住所要回到的地方，而不是指实际居住或在某一个特定时期内的居住地。习惯性居住地是判定纳税人属于居民还是非居民的一个重要依据。

所谓在境内居住累计满183天，是指在一个纳税年度（即公历1月1日至12月31日）内，在中国境内居住累计满183日。

在现实生活中，居民纳税人有两类：一是在中国境内定居的中国公民和外国侨民，但不包括虽具有中国国籍但并没有在中国大陆定居，而是侨居海外的华侨和居住在中国香港、澳门、台湾的同胞。

二是在一个纳税年度内（公历1月1日至12月31日），在中国境内累计居住满183天的个人，包括外籍人员、海外侨胞和中国香港、澳门、台湾等地区的同胞。

现行《个人所得税法》中“中国境内”的概念，是指中国大陆地区，不包括中国香港、澳门、台湾地区。

（二）非居民纳税人

非居民纳税人，是指在中国境内无住所又不居住，或者无住所而一个年度内在境内居住累计不满183天的个人。非居民纳税人承担有限纳税义务，即仅就其来源于中国境内的所得，向中国缴纳个人所得税。

在现实生活中，非居民纳税人实际上是在一个纳税年度内，没有在中国境内居住或者在中国境内居住累计不满183天的个人，包括外籍人员，华侨，中国香港、澳门和台湾等地区的同胞。

自2019年1月1日起，无住所个人一个纳税年度内在中国境内累计居住天数，按照个人在中国境内累计停留的天数计算。在中国境内停留的当天满24小时的，计入中国境内居住天数，在中国境内停留的当天不足24小时的，不计入中国境内居住天数。比如，李先生为香港居民，在深圳工作，每周一早上来深圳上班，周五晚上回香港。周一和周五当天停留都不足24小时，因此不计入境内居住天数，再加上周六、周日2天也不计入，因此每周可计入的天数仅为3天，按全年52周计算，李先生全年在境内居住天数为156天，未超过183天，不构成居民个人，李先生在中国境内取得的全部境外所得，就可免缴个人所得税。

问题解答

问：居民纳税人和非居民纳税人在纳税义务上有什么不同？

答：居民纳税人负无限纳税义务，应就其来源于中国境内和境外的应税所得缴纳个人所得税。对在中国境内无住所，但居住累计满183天而未超过6年的个人，其来源于中国境外的所得，经主管税务机关批准，可以只就中国境内公司、企业及其他经济组织或者个人支付的部分缴纳个人所得税；居住超过5年的个人，从第6年起，应当就其来源于中国境外的全部所得缴纳个人所得税。非居民纳税人负有限纳税义务，应就其来源于中国境内的所得，向中国缴纳个人所得税。

这里的"个人在中国境内居住满5年"，是指个人在中国境内连续居住满5年。

三、个人所得税的征税对象

个人所得税的征税对象是个人取得的各项应税所得，包括9项所得：

（一）工资、薪金所得

工资、薪金所得，是指个人因任职或受雇而取得的工资、薪金、奖金、年终加薪、劳动分红、津贴、补贴以及与任职或受雇有关的其他所得。

下列所得不属于工资、薪金性质的所得，不予征税。这些项目包括：①独生子女补贴；②执行公务员工资制度未纳入基本工资总额的补贴、津贴差额和家属成员副食品补贴；③托儿补助费；④差旅费津贴、误餐补助。其中，误餐补助是指按照财政部规定，个人因公在城区、郊区工作，不能在工作单位或者返回就餐的，根据实际误餐顿数，按规定的标准领取的误餐费；⑤外国来华留学生，领取的生活津贴费、奖学金，不属于工资薪金范畴，不征收个人所得税。

（二）劳务报酬所得

劳务报酬所得，是指个人独立从事各种非雇用的各种劳务活动所取得的所得，包括从事设计、装潢、安装、制图、化验、测试、医疗、法律、会计、咨询、讲学、新闻、广播、翻译、审稿、书画、雕刻、影视、录音、录像、演出、表演、广告、展览、技术服务、介绍服务、经纪服务、代办服务及其他劳务。

在实际操作过程中，还可能出现难以判断一项所得是属于工资、薪金所得，还是属于劳务报酬所得的情况。这两者的区别在于：工资、薪金所得属于非独立个人劳务活动，而劳务报酬所得，则是个人独立从事各种技艺、提供各项劳务取得的所得。

【请注意】个人担任董事职务取得的董事费收入，属于劳务报酬性质，按劳务报酬所得征税。

（三）稿酬所得

稿酬所得是指个人因其作品以图书、报刊形式出版、发表而取得的所得。不以图书、报刊形式出版、发表的翻译、审稿、书画所得属于劳务报酬所得。对于作者去世后，财产继承人取得的遗作稿酬，应征收个人所得税。

（四）特许权使用费所得

特许权使用费所得是指个人提供专利权、商标权、著作权、非专利技术及其他特许权的使用权取得的所得。

专利权，是由国家专利主管机关依法授予专利申请人或其权力继承人在一定期间内实施其发明创造的专有权。商标权，即商标注册人享有的商标专用权。著作权，即版权，是作者依法对文学艺术和科学作品享有的专有权。

（五）经营所得

经营所得主要包括：

（1）个体工商户从事生产、经营活动取得的所得，个人独资企业投资人、合伙企业的个人合伙人来源于境内注册的个人独资企业、合伙企业生产、经营的所得；

（2）个人依法从事办学、医疗、咨询，以及其他有偿服务活动取得的所得；

（3）个人对企业、事业单位承包经营、承租经营，以及转包、转租取得的所得；

（4）个人从事其他生产、经营活动取得的所得。

注意：个体工商户和从事生产经营的个人，取得与生产经营活动无关的其他各项应税所得，应分别按照其他应税项目的有关规定，计征个人所得税；个人独资企业、合伙企业的个人投资者以企业资金为本人、家庭成员及其相关人员支付与企业生产经营无关的消费性支出及购买汽车、住房等财产性支出，视为企业对个人投资者的利润分配，并入投资者个人的生产经营所得，依照“经营所得”项目计征个人所得税。

（六）财产租赁所得

财产租赁所得是指个人出租不动产、机器设备、车船，以及其他财产取得的所得。个人取得的财产转租收入，也属于财产租赁所得的征税范围，由财产转租人缴纳个人所得税。在确认纳税人时，应以产权凭证为依据；对无产权凭证的，由主管税务机关根据实际情况确定。产权所有人死亡，在未办理产权继承手续期间，该财产出租取得租金收入的，以领取租金的个人为纳税义务人。

（七）财产转让所得

财产转让所得是指个人转让有价证券、股权、合伙企业中的财产份额、不动产、机器设备、车船，以及其他财产取得的所得。具体规定如下：

1.股票转让

为促进股票市场稳健发展，从1997年1月1日起，对个人转让上市公司股票取得的所得继续免征个人所得税。

2.量化资产股权转让

集体所有制企业在改制为股份合作制企业时，对职工个人以股份形式取得的拥有所有权的企业量化资产，暂缓征收个人所得税；待个人将股份转让时，就其转让收入减除个人取得该股份时实际支付的费用支出和合理转让费用后的余额，按“财产转让”项目计征个人所得税。

（八）利息、股息、红利所得

利息、股息、红利所得是指个人拥有债权、股权而取得的利息、股息、红利所得。利息指个人拥有债权而取得的利息，包括存款利息、贷款利息和各种债券的利息。股息、红利是指个人拥有股权取得的股息、红利。股息、红利除另有规定外，都应缴纳个人所得税。

对个人投资者从在上海证券交易所、深圳证券交易所挂牌交易的上市公司取得的股息、红利所得，暂减按50%计征个人所得税。

（九）偶然所得

偶然所得是指个人得奖、中奖、中彩以及其他偶然性质的所得。偶然所得应缴纳的个人所得税，一律由发奖单位或机构代扣代缴。

【请注意】居民个人取得的工资、薪金所得，劳务报酬所得，稿酬所得及特许权使用费所得（以下称综合所得），按纳税年度合并计算个人所得税；非居民个人取得的这四项所得，按月或者按次分项计算个人所得税。纳税人取得的其余各项所得，依照税法规定分别计算个人所得税。

四、个人所得税的税率及预扣率

（一）居民个人取得的综合所得，适用3%至45%的超额累进税率（见表6-1）

表6-1 个人所得税税率表

（综合所得适用）

级 数	全年应纳税所得额	税率（%）	速算扣除数（元）
1	不超过36 000元的部分	3	0
2	超过36 000元至144 000元的部分	10	2 520
3	超过144 000元至300 000元的部分	20	16 920
4	超过300 000元至420 000元的部分	25	31 920
5	超过420 000元至660 000元的部分	30	52 920
6	超过660 000元至960 000元的部分	35	85 920
7	超过960 000元的部分	45	181 920

注：本表所称全年应纳税所得额是指居民个人取得综合所得以每一纳税年度收入额减除费用60 000元及专项扣除、专项附加扣除和依法确定的其他扣除后的余额。

（二）居民个人取得的工资、薪金所得，适用3%至45%的超额累进税率（见表6-2）

表6-2 个人所得税预扣率表

（居民个人工资、薪金所得预扣预缴适用）

级 数	累计预扣预缴应纳税所得额	预扣率（%）	速算扣除数（元）
1	不超过36 000元的部分	3	0
2	超过36 000元至144 000元的部分	10	2 520
3	超过144 000元至300 000元的部分	20	16 920
4	超过300 000元至420 000元的部分	25	31 920
5	超过420 000元至660 000元的部分	30	52 920
6	超过660 000元至960 000元的部分	35	85 920
7	超过960 000元的部分	45	181 920

注：本表所称累计预扣预缴应纳税所得额是指居民个人在本单位截至当前月份工资、薪金所得累计收入减除累计免税收入、累计减除费用、累计专项扣除、累计专项附加扣除和累计依法确定的其他扣除。

（三）居民个人劳务报酬所得，适用20%至40%的超额累进税率（见表6-3）

表6-3 个人所得税预扣率表

（居民个人劳务报酬所得预扣预缴适用）

级 数	预扣预缴应纳税所得额	预扣率（%）	速算扣除数（元）
1	不超过20 000元的部分	20	0
2	超过20 000元至50 000元的部分	30	2 000
3	超过50 000元的部分	40	7 000

注：本表所称预扣预缴应纳税所得额是指居民个人劳务报酬所得每次收入不超4 000元的，减除费用800元；每次收入4 000元以上的，减除费用为收入的20%。

（四）非居民个人取得工资、薪金所得，劳务报酬所得，稿酬所得和特许权使用费所得，适用3%至45%的超额累进税率（见表6-4）

表6-4 个人所得税税率表

级 数	全月应纳税所得额	税率	速算扣除数（元）
1	不超过3 000元的部分	3%	0
2	超过3 000至12 000元的部分	10%	210
3	超过12 000至25 000元的部分	20%	1 410
4	超过25 000至35 000元的部分	25%	2 660
5	超过35 000至55 000元的部分	30%	4 410
6	超过55 000至80 000元的部分	35%	7 160
7	超过80 000元的部分	45%	15 160

（五）经营所得，适用5%至35%的超额累进税率（见表6-5）

表6-5 个人所得税税率表

（经营所得适用）

级 数	全年应纳税所得额	税率（%）	速算扣除数（元）
1	不超过30 000元的部分	5	0
2	超过30 000元至90 000元的部分	10	1 500
3	超过90 000元至300 000元的部分	20	10 500
4	超过300 000元至500 000元的部分	30	40 500
5	超过500 000元的部分	35	65 500

注：本表所称全年应纳税所得额是指纳税人以每一纳税年度的收入总额减除成本、费用以及损失后的余额。

【提示】由于目前实行承包（租）经营的形式较多，分配方式也不同，因此，承包、承租人按照承包、承租经营合同（协议）规定取得所得的适用税率也不一致。

（1）承包、承租人对企业经营成果不拥有所有权，仅是按合同（协议）规定取得一定所得的，其所得按照“工资、薪金所得”项目征税，纳入年度综合所得，适用3%~45%的七级超额累进税率。

（2）承包、承租人按照承包、承租经营合同（协议）规定只向发包、出租方缴纳一定费用后，企业经营成果归其所有的，承包、承租人取得所得，按照“对企事业单位的承包、承租经营所得”项目，适用5%~35%的五级超额累进税率。

（六）财产租赁所得，财产转让所得，利息、股息、红利所得和偶然所得，以及居民个人的稿酬所得、特许权使用费所得，适用的比例税率为20%

五、个人所得税的税收优惠政策

为了鼓励科学发明，支持社会福利、慈善事业和照顾某些纳税人的实际困难，我国个人所得税法对有关所得项目给予了免税、减税的优惠规定。

（一）免税项目

（1）省级人民政府、国务院部委和中国人民解放军军以上单位，以及外国组织、国际组织颁发的科学、教育、技术、文化、卫生、体育、环境保护等方面的奖金。

对个人获得的下列奖金收入，视同上述奖金，免征个人所得税：

曾宪梓教育基金会教师奖；学生个人参与“长江小小科学家”活动和“明天小小科学家”活动获得的奖金；联合国开发计划署和中国青少年发展基金会“国际青少年消除贫困奖”；中国乡镇企业家协会“母亲河（波司登）奖”；陈嘉庚基金会“陈嘉庚科学奖”；中国科学院“刘东生地球科学奖学金”；中华全国总工会、科技部、人社部“全国职工职业技能大赛”获奖者获得的奖金收入；中华环境保护基金会“中华宝钢环境优秀奖”；国土资源部（现为自然资源部）、李四光地质科学奖基金“李四光地质科学奖”；国土资源部（现为自然资源部）、黄汲清青年地质科学技术奖基金管理委员会“黄汲清青年地质科学技术奖”。

（2）国债和国家发行的金融债券利息。

（3）按照国家统一规定发给的补贴、津贴。

所称按照国家统一规定发给的补贴、津贴，是指按照国务院规定发给的政府特殊津贴、院士津贴，以及国务院规定免予缴纳个人所得税的其他补贴、津贴。

（4）福利费、抚恤金、救济金。

所称福利费，是指根据国家有关规定，从企业、事业单位、国家机关、社会组织提留的福利费或者工会经费中支付给个人的生活补助费；所称救济金，是指各级人民政府民政部门支付给个人的生活困难补助费。

（5）保险赔款。

（6）军人的转业费、复员费、退役金。

（7）按照国家统一规定发给干部、职工的安家费、退职费、基本养老金或者退休费、离休费、离休生活补助费。

（8）依照有关法律规定应予免税的各国驻华使馆、领事馆的外交代表、领事官员和其他人员的所得。

所称依照有关法律规定应予免税的各国驻华使馆、领事馆的外交代表、领事官员和其他人员的所得，是指依照《中华人民共和国外交特权与豁免条例》和《中华人民共和国领事特权与豁免条例》规定免税的所得。

（9）中国政府参加的国家公约、签订的协议中规定免税的所得。

（10）对乡、镇（含）以上人民政府或经县（含）以上人民政府主管部门批准成立的有机构、有章程的见义勇为基金或者类似性质组织，奖励见义勇为者的奖金或奖品，经主管税务机关批准，免征个人所得税。

（11）企业和个人按照省级人民政府规定的比例缴付的住房公积金、医疗保险金、基本养老保险金、失业保险金，允许在个人应纳税所得额中扣除，免征个人所得税。超过规定的比例缴付的部分应并入个人当期的工资、薪金收入，计征个人所得税。

（12）生育妇女按照县级以上人民政府根据国家有关规定取得的生育津贴、生育医疗费或其他属于生育保险性质的津贴、补贴，免征个人所得税。

（13）对工伤职工及其近亲属按照《工伤保险条例》的规定取得工伤保险待遇，免征个人所得税。工伤保险待遇，包括工伤职工及其近亲属按照《工伤保险条例》规定取得的一次性伤残补助金、伤残津贴、一次性工伤医疗补助金、一次性伤残就业补助金、工伤医疗待遇、住院伙食补助费、外地就医交通食宿费用、工伤康复费用、生活护理费等，以及职工因工死亡，其近亲属按照《工伤保险条例》规定取得的丧葬补助费、供养亲属抚恤金和一次性工亡补助金等。

（14）对个人取得的教育储蓄存款利息所得以及国务院财政部门确定的其他专项储蓄存款或者储蓄性专项基金存款的利息所得，免征个人所得税。

（15）对个体工商户或个人，以及个人独资企业和合伙企业从事种植业、养殖业、饲养业和捕捞业取得的所得，暂免征收个人所得税。

（16）个人举报、协查各种违法、犯罪行为而获得的奖金。

（17）个人转让自用达5年以上，并且是唯一的家庭生活居住用房取得的所得。

（18）对按《国务院关于高级专家离休退休若干问题的暂行规定》和《国务院办公厅关于杰出高级专家暂缓离休审批问题的通知》精神，达到离休、退休年龄，但却因工作需要，适当延长离休、退休年龄的高级专家，其在延长离休、退休期间的工资、薪金所得，视同离休、退休工资、薪金免征个人所得税。

（19）根据我国大专院校国际交流项目来华工作2年以内的文教专家，其工资、薪金所得由该国负担的，免征个人所得税。

（20）对个人转让上市公司股票取得的所得暂免征收个人所得税。

（21）个人从公开发行和转让市场取得的上市公司股票，持股期限超过1年的，股息、红利暂免征收个人所得税。持股期限在1个月以内的，其股息、红利所得全额纳税，持股期限在1个月以上至1年的，股息、红利所得暂减按50%计入应纳税所得额，按20%的税率征税。

（22）个人取得的下列中奖所得，暂免征收个人所得税：

单张有奖发票奖金所得不超过800元（含）的，暂免征收个人所得税；个人取得单张有奖发票奖金所得超过800元的，应全额按“偶然所得”项目计税；购买社会福利有奖募捐奖券、体育彩票一次中奖收入不超过10 000元的，暂免征收个人所得税，对一次中奖收入超过10 000元的，按规定全额征税。

（23）乡镇企业的职工和农民取得的青苗补助费，暂不征收个人所得税。

（24）自2020年1月1日起，对参加疫情防治工作的医务人员和防疫工作者，按照政府规定标准取得的临时性工作补助和奖金，免征个人所得税；单位发给个人用于预防新型冠状病毒感染的肺炎的药品、医疗用品和防护用品等实物（不包括现金），不计入工资、薪金所得，免征个人所得税。

（二）减税项目

（1）个人投资者持有2019—2023年发行的铁路债券取得的利息收入，减按50%计入应纳税所得额，计算征收个人所得税。

（2）自2019年1月1日至2023年12月31日，一个纳税年度内在船航行时间累计满183天的远洋船工，其取得的工资、薪金收入减按50%计入应纳税所得额，计算征收个人所得税。

（3）有下列情况之一的，经批准可以减征个人所得税：

①残疾、孤老人员和烈属的所得；

②因严重自然灾害造成重大损失的；

③其他经国务院财政部门批准减税的；

减税项目的减征幅度和期限，由省、自治区、直辖市人民政府规定。

任务二　个人所得税的计算

一、居民个人“四项”综合所得个人所得税的计算

居民个人的综合所得，包括居民个人取得的工资、薪金所得，劳务报酬所得，稿酬所得和特许权使用费“四项”所得，简称“综合所得”。

现行个人所得税法规定对居民个人“四项” 综合所得采取按月或按次预扣预缴个人所得税、年终汇算清缴、多退少补的办法。

（一）预扣预缴个人所得税的计算

1.工资、薪金所得预扣预缴税款的计算

扣缴义务人向居民个人支付工资、薪金所得时，应当按照累计预扣法计算预扣税款，并按月办理全员全额扣缴申报。

所谓累计预扣法，是指扣缴义务人在一个纳税年度内预扣预缴税款时，以纳税人在本单位截至当前月份工资、薪金所得累计收入减除累计免税收入、累计减除费用、累计专项扣除、累计专项附加扣除和累计依法确定的其他扣除后的余额为累计预扣预缴应纳税所得额，适用个人所得税预扣率表（见表6-2），计算累计应预扣预缴税额，再减除

累计减免税额和累计已预扣预缴税额，其余额为本期应预扣预缴税额。余额为负值时，暂不退税。纳税年度终了后余额仍为负值时，由纳税人办理综合所得年度汇算清缴，税款多退少补。具体计算公式如下：

$$\text{本期应预扣预缴税额}=\left(\text{累计预扣预缴应纳税所得额}\times\text{预扣率}-\text{速算扣除数}\right)-\text{累计减免税额}-\text{累计已预扣预缴税额}$$

$$\text{累计预扣预缴应纳税所得额}=\text{累计收入}-\text{累计免税收入}-\text{累计减除费用}-\text{累计专项扣除}-\text{累计专项附加扣除}-\text{累计依法确定的其他扣除}$$

式中：累计减除费用，按照5 000元/月乘以纳税人当年截至本月在本单位的任职受雇月份数计算。专项扣除，包括居民个人按照国家规定的范围和标准缴纳的基本养老保险、基本医疗保险、失业保险等社会保险和住房公积金等。专项附加扣除，是指我国个人所得税法规定的子女教育、继续教育、大病医疗、住房贷款利息、住房租金、赡养老人等6项专项附加扣除。

（1）子女教育支出。

纳税人的子女接受学前教育和学历教育的相关支出，按照每个子女每年12 000元（每月1 000元）的标准定额扣除。学前教育包括年满3岁当月至小学入学前教育。学历教育包括义务教育（小学和初中教育）、高中阶段教育（普通高中、中等职业、技工教育）、高等教育（大学专科、大学本科、硕士研究生、博士研究生教育）。

受教育子女的父母分别按扣除标准的50%扣除；经父母约定，也可以选择由其中一方按扣除标准的100%扣除。具体扣除方式在一个纳税年度内不得变更。

（2）继续教育支出。

继续教育支出，是指在中国境内接受学历（学位）继续教育的支出，在学历（学位）教育期间按照每月400元定额扣除。同一学历（学位）继续教育的扣除期限不能超过48个月。纳税人接受技能人员职业资格继续教育、专业技术人员职业资格继续教育的支出，在取得相关证书的当年，按照3 600元定额扣除。

个人接受同一学历教育事项，符合本办法规定扣除条件的，该项教育支出可以由其父母按照子女教育支出扣除，也可以由本人按照继续教育支出扣除，但不得同时扣除。

（3）大病医疗支出。

一个纳税年度内，在社会医疗保险管理信息系统记录的（包括医保目录范围内的自付部分和医保目录范围外的自费部分）由个人负担超过15 000元的医药费用支出部分，为大病医疗支出，可以按照每年80 000元标准限额据实扣除。大病医疗专项附加扣除由纳税人办理汇算清缴时扣除。

纳税人发生的大病医疗支出由纳税人本人扣除，纳税人应当留存医疗服务收费相关票据原件（或复印件）。

（4）住房贷款利息支出。

纳税人本人或配偶使用商业银行或住房公积金个人住房贷款为本人或其配偶购买住房，发生的首套住房贷款利息支出，在偿还贷款期间，可以按照每年12 000元（每月1 000元）标准定额扣除。扣除期限最长不超过240个月（20年）。非首套住房贷款利息支出，纳税人不得扣除。纳税人只能享受一套首套住房贷款利息扣除。经夫妻双方约定，可以选择由其中一方扣除，具体扣除方式在一个纳税年度内不得变更。

夫妻双方婚前分别购买住房发生的首套住房贷款利息，其贷款利息支出，婚后可以选择其中一套购买的住房，由购买方按扣除标准的100%扣除，也可以由夫妻双方对各自购买的住房分别按扣除标准的50%扣除，具体扣除方式在一个纳税年度内不得变更。

纳税人应当留存住房贷款合同、贷款还款支出凭证。

（5）住房租金支出。

纳税人本人及其配偶在纳税人的主要工作城市没有住房，而在主要工作城市租赁住房发生的租金支出，可以按照以下标准定额扣除：

①承租的住房位于直辖市、省会城市、计划单列市以及国务院确定的其他城市，扣除标准为每年18 000元（每月1 500元）；

②承租的住房位于其他城市的，市辖区户籍人口超过100万的，扣除标准为每年13 200元（每月1 100元）。

③承租的住房位于其他城市的，市辖区户籍人口不超过100万（含）的，扣除标准为每年9 600元（每月800元）。

主要工作城市是指纳税人任职受雇所在城市，无任职受雇单位的，为其经常居住城市。城市范围包括直辖市、计划单列市、副省级城市、地级市（地区、州、盟）全部行政区域范围。

夫妻双方主要工作城市相同的，只能由一方扣除住房租金支出。夫妻双方主要工作城市不相同的，且各自在其主要工作城市都没有住房的，可以分别扣除住房租金支出。

住房租金支出由签订租赁住房合同的承租人扣除，纳税人应当留存住房租赁合同。纳税人及其配偶不得同时分别享受住房贷款利息专项附加扣除和住房租金专项附加扣除。

（6）赡养老人支出。

纳税人赡养60岁（含）以上父母以及其他法定赡养人的赡养支出，可以按照以下标准定额扣除：

①纳税人为独生子女的，按照每年24 000元（每月2 000元）的标准定额扣除。

②纳税人为非独生子女的，应当与其兄弟姐妹分摊每年24 000元（每月2 000元）的扣除额度，分摊方式包括平均分摊、被赡养人指定分摊或者赡养人约定分摊，具体分摊方式在一个纳税年度内不得变更。采取指定分摊或约定分摊方式的，每一纳税人分摊的扣除额最高不得超过每年12 000元（每月1 000元），并签订书面分摊协议。指定分摊与约定分摊不一致的，以指定分摊为准。纳税人赡养2个及以上老人的，不按老人人数加倍扣除。

其他法定赡养人是指祖父母、外祖父母的子女已经去世，实际承担对祖父母、外祖父母赡养义务的孙子女、外孙子女。

（7）依法确定的其他扣除。

依法确定的其他扣除包括个人缴付符合国家规定的企业年金、职业年金，个人购买符合国家规定的商业健康保险、税收递延型商业养老保险的支出，以及国务院规定可以扣除的其他项目。

【请注意】专项扣除、专项附加扣除和依法确定的其他扣除，以居民个人一个纳税年度的应纳税所得额为限额；一个纳税年度扣除不完的，不结转至以后年度扣除。

上述公式中，计算居民个人工资、薪金所得预扣预缴税额的预扣率、速算扣除数，按"个人所得税预扣率表"（见表6-2）计算。

【做中学6-1】杨芳、张亮是北京市某建筑公司职工，2020年1—6月工资、薪金发放表见表6-6。杨芳1—5月已预缴个人所得税501元；张亮1—5月已预缴个人所得税381元。

表6-6 2020年1—6月工资、薪金计算发放表 单位：元

姓名	应发工资	基本养老保险金	基本医疗保险金	失业保险金	住房公积金
杨芳	12 000	144	36	180	300
张亮	10 000	144	36	180	600

（1）杨芳家庭情况：杨芳已婚，独生子女，需赡养自己65岁的母亲，有一个15岁的女儿，于2019年9月进入北京第二中学就读初一，子女教育支出由杨芳一方全额扣除。

（2）张亮家庭情况：未婚，在北京租房居住，住房租金按照规定进行扣除。

杨芳、张亮6月应纳个人所得税分别计算如下：

杨芳6月应纳税所得额＝12 000×6－5 000×6－（144＋36＋180＋300）×6－2 000×6－1 000×6＝20 040（元）

杨芳6月应纳个人所得税＝20 040×3%－501＝100.2（元）

张亮6月应纳税所得额＝10 000×6－5 000×6－（144＋36＋180＋600）×6－1 500×6＝15 240（元）

张亮6月应纳个人所得税＝15 240×3%－381＝76.2（元）

工资、薪金所得在预扣预缴个人所得税时，要注意下列问题：

（1）自2020年7月1日起，对一个纳税年度内首次取得工资、薪金所得的居民个人，扣缴义务人在预扣预缴个人所得税时，可按照5 000元/月乘以纳税人当年截至本月份数计算累计减除费用。如，大学生小李2020年7月毕业后进入某公司工作，公司发放7月份工资、计算当期应预扣预缴的个人所得税时，可减除费用35 000元（7个月×5 000元/月）。

问题解答

问：哪些人属于首次取得工资、薪金所得的居民个人？

答：首次取得工资、薪金所得的居民个人，是指自纳税年度首月起至新入职时，没有取得过工资、薪金所得或者连续性劳务报酬所得的居民个人。在入职新单位前取得过工资、薪金所得或者按照累计预扣法预扣预缴过连续性劳务报酬所得个人所得税的纳税人不包括在内。如果纳税人仅是在新入职前偶然取得过劳务报酬、稿酬、特许权使用费所得的，则不受影响。

（2）自2021年1月1日起，对同时符合下列①至③项条件的居民个人，扣缴义务人

在预扣预缴本年度工资、薪金所得个人所得税时，累计减除费用自1月份起直接按照全年6万元计算扣除。即，在纳税人累计收入不超过6万元的月份，暂不预扣预缴个人所得税；在其累计收入超过6万元的当月及年内后续月份，再预扣预缴个人所得税。

采取本预扣预缴方法，需同时满足以下三个条件：

①上一纳税年度1—12月均在同一单位任职且预扣预缴申报了工资薪金所得个人所得税；

②上一纳税年度1—12月的累计工资薪金收入（包括全年一次性奖金等各类工资薪金所得，且不扣减任何费用及免税收入）不超过6万元；

③本纳税年度自1月起，仍在该单位任职受雇并取得工资薪金所得。

扣缴义务人应当按照规定办理全员全额扣缴申报，并在“个人所得税扣缴申报表”相应纳税人的备注栏注明“上年各月均有申报且全年收入不超过60 000元”字样。

【做中学6-2】小王为甲公司员工，2020年1—12月在甲公司取得工资薪金收入50 000元，单位为其办理了2020年1—12月的工资薪金所得个人所得税全员全额明细申报。2021年，甲公司每月给其发放工资8 000元，个人按国家标准缴付“三险一金”2 000元，不考虑其他扣除情况。

小王按新预扣预缴方法预缴个人所得税如下：

采用新预扣预缴方法后，1—7月份，小王因其累计收入（8 000×7个月=56 000元）不足6万元而无须缴税。从8月份起，小王累计收入超过6万元。则：

8月预扣预缴税款=（8 000×8－2 000×8－60 000）×3%－0<0

9月预扣预缴税款=（8 000×9－2 000×9－60 000）×3%－0<0

10月预扣预缴税款=（8 000×10－2 000×10－60 000）×3%－0=0

11月预扣预缴税款=（8 000×11－2 000×11－60 000）×3%－0=180（元）

12月预扣预缴税款=（8 000×12－2 000×12－60 000）×3%－180=180（元）

需要说明的是，对符合条件的纳税人，如扣缴义务人预计本年度发放给其的收入将超过6万元，纳税人需要纳税记录或者本人有多处所得合并后全年收入预计超过6万元等原因，扣缴义务人与纳税人可在当年1月份税款扣缴申报前经双方确认后，按照原预扣预缴方法计算并预缴个人所得税。

上例中，假设甲公司预计2021年为小王全年发放工资96 000元，可在2021年1月工资发放前和小王确认后，按照原预扣预缴方法每月扣缴申报30元税款。

2. 劳务报酬所得预扣预缴税款的计算

（1）劳务报酬所得应预扣预缴税额的计算公式。

扣缴义务人向居民个人支付劳务报酬所得按次或者按月预扣预缴个人所得税。具体预扣预缴计算公式如下：

劳务报酬所得应预扣预缴税额=预扣预缴应纳税所得额×预扣率－速算扣除数

式中：预扣预缴应纳税所得额的确定方法：劳务报酬所得每次收入不超过4 000元的，减除费用按800元计算；每次收入4 000元以上的，减除费用按20%计算。

劳务报酬所得以每次收入额为预扣预缴应纳税所得额。劳务报酬所得适用20%至40%的超额累进预扣率，见表6-3。

【提示】劳务报酬所得，属于一次性收入的，以取得该项收入为一次；属于同一项目连续性收入的，以一个月内取得的收入为一次。

【做中学6-3】张工程师为某公司提供装修设计图，取得设计费28 000元。其应缴纳的个人所得税计算如下：

应纳税额 = 28 000 × （1 − 20%） × 30% − 2 000 = 4 720（元）

（2）劳务报酬所得在预扣预缴个人所得税时应注意的问题。

①自2020年7月1日起，正在接受全日制学历教育的学生因实习取得劳务报酬所得的，扣缴义务人预扣预缴个人所得税时，可按照上述规定的累计预扣法计算并预扣预缴税款。

累计预扣法预扣预缴个人所得税的具体计算公式为：

$$\text{本期应预扣预缴税额} = (\text{累计收入额} - \text{累计减除费用}) \times \text{预扣率} - \text{速算扣除数} - \text{累计减免税额} - \text{累计已预扣预缴税额}$$

式中：累计减除费用按照5 000元/月乘以纳税人在本单位开始实习月份起至本月的实习月份数计算。

上述公式中的预扣率、速算扣除数，按照《个人所得税预扣率》（见表6-2）执行。

②自2021年1月1日起，对同时符合下列3个条件的居民个人，扣缴义务人在预扣预缴本年度劳务报酬所得个人所得税时，累计减除费用自1月份起直接按照全年6万元计算扣除。即，在纳税人累计收入不超过6万元的月份，暂不预扣预缴个人所得税；在其累计收入超过6万元的当月及年内后续月份，再预扣预缴个人所得税。

a.上一纳税年度1—12月均在同一单位取酬且按照累计预扣法申报了劳务报酬所得个人所得税；

b.上一纳税年度1—12月的累计劳务报酬（不扣减任何费用及免税收入）不超过6万元；

c.本纳税年度自1月起，仍在该单位取得按照累计预扣法预扣预缴税款的劳务报酬所得。

3.稿酬所得预扣预缴税款的计算

扣缴义务人向居民个人支付稿酬所得时，按次或者按月预扣预缴个人所得税。具体预扣预缴计算公式如下：

$$\text{稿酬所得应预扣预缴税额} = \text{预扣预缴应纳税所得额} \times 20\%$$

式中：预扣预缴应纳税所得额的确定方法：稿酬所得每次收入不超过4 000元的，减除费用按800元计算；每次收入4 000元以上的，减除费用按20%计算。稿酬所得的收入额减按70%计算，稿酬所得适用20%的比例预扣率。

稿酬所得以每次出版、发表取得的收入为一次，具体可分为：

（1）同一作品再版取得的所得，应视为另一次稿酬所得计征个人所得税。

（2）同一作品先在报刊上连载，然后再出版，或者先出版，再在报刊上连载，应视为两次稿酬所得征税，即连载作为一次，出版作为另一次。

（3）同一作品在报刊上连载取得收入的，以连载取得的所有收入合并为一次，计征个人所得税。

（4）同一作品在出版和发表时，以预付稿酬或分次支付稿酬等形式取得的稿酬收入，应合并计算为一次，计征个人所得税。

（5）同一作品出版、发表后，因添加印数而追加稿酬的，应与以前出版、发表时取得的稿酬合并计算为一次，计征个人所得税。

【做中学6-4】中国公民孙某是一名自由职业者，2019年孙某的收入情况如下：

（1）出版中篇小说一部，取得稿酬50 000元，后因小说加印并被报刊连载，分别取得出版社稿酬10 000元和报社稿酬3 800元。

（2）受托对一部电影剧本进行审核，取得审稿收入15 000元。

孙某合计应缴纳的个人所得税计算如下：

出版小说、加印小说应纳个人所得税 =（50 000 + 10 000）×（1 − 20%）× 70% × 20% = 6 720（元）

小说连载应纳个人所得税 =（3 800 − 800）× 70% × 20% = 420（元）

审稿收入应纳个人所得税 = 15 000 ×（1 − 20%）× 20% = 2 400（元）

共纳个人所得税 = 6 720 + 420 + 2 400 = 9 540（元）

4. 特许权使用费所得预扣预缴税款的计算

扣缴义务人向居民个人支付特许权使用费所得时，按次或者按月预扣预缴个人所得税。具体预扣预缴计算公式如下：

特许权使用费所得应预扣预缴税额 = 预扣预缴应纳税所得额 × 20%

式中：预扣预缴应纳税所得额的确定方法为：特许权使用费所得每次收入不超过4 000元的，减除费用按800元计算；每次收入4 000元以上的，减除费用按20%计算。

特许权使用费所得适用20%的比例预扣率。

【做中学6-5】中国居民吕方2019年6月转让一项专利技术给甲公司，取得转让收入284 000元。吕方应纳个人所得税计算如下：

应纳个人所得税 = 28 400 ×（1 − 20%）× 20% = 4 544（元）

【请注意】劳务报酬所得、稿酬所得、特许权使用费所得，属于一次性收入的，以取得该项收入为一次；属于同一项目连续性收入的，以一个月内取得的收入为一次。

（二）居民个人“四项”所得年度应纳所得税额的计算

1. “四项”综合所得应纳税所得额的确定

居民个人的“四项”综合所得，以每一纳税年度收入额减除费用60 000元，以及专项扣除、专项附加扣除和依法确定的其他扣除后的余额为应纳税所得额。

2. 应纳所得税额的计算

应纳所得税额计算公式如下：

全年应纳税额 = 全年应纳税所得额 × 适用税率 − 速算扣除数

式中：

$$\text{全年应纳税所得额} = \text{全年综合所得收入额} - 60\,000\text{元} - \text{“三险一金”等专项扣除} - \text{子女教育等专项附加扣除} - \text{依法确定的其他扣除} - \text{捐赠}$$

关于劳务报酬、稿酬、特许权使用费所得收入额的确定：劳务报酬所得、稿酬所得、特许权使用费所得，每次收入减除费用20%。稿酬所得的收入额减按70%计算。

应退或应补税额计算公式如下：

应退或应补税额 = 全年应纳税额 − 累计已缴税额

式中：累计已缴税额指居民个人全年已预缴的个人所得税。

【请注意】年度预扣预缴税额与年度应纳税额不一致的，由居民个人于次年3月1日至6月30日向主管税务机关办理综合所得年度汇算清缴，税款多退少补。

【做中学6-6】居民小李2020年全年各项所得如下：（1）每月工资12 000元，个人负担的三险一金800元，专项附加扣除合计2 000元，其他扣除200元；（2）3月从另一家公司取得劳务报酬3 000元；（3）5月有一份稿酬所得5 000元；（4）10月有一份特许权使用费所得15 000元。

要求：（1）计算1—12月工资预缴的个人所得税；（2）计算劳务报酬、稿酬所得、特许权使用费所得分别预缴的个人所得税；（3）计算年终汇算清缴，小李全年应纳个人所得税和应补（退）个人所得税。

小李缴纳个人所得税的相关计算如下：

（1）工资预扣预缴税款：

1月预扣预缴应纳税所得额 = 12 000 − 5 000 − 800 − 2 000 − 200 = 4 000（元）

预扣预缴税额 = 4 000 × 3% − 0 = 120（元）

2月预扣预缴应纳税所得额 = （12 000 − 5 000 − 800 − 2 000 − 200）× 2 = 8 000（元）

预扣预缴税额 = 8 000 × 3% − 120 = 120（元）

3月预扣预缴应纳税所得额 = （12 000 − 5 000 − 800 − 2 000 − 200）× 3 = 12 000（元）

预扣预缴税额 = 12 000 × 3% − 240 = 120（元）

4月预扣预缴应纳税所得额 = （12 000 − 5 000 − 800 − 2 000 − 200）× 4 = 16 000（元）

预扣预缴税额 = 16 000 × 3% − 360 = 120（元）

5月预扣预缴应纳税所得额 = （12 000 − 5 000 − 800 − 2 000 − 200）× 5 = 20 000（元）

预扣预缴税额 = 20 000 × 3% − 480 = 120（元）

6月预扣预缴应纳税所得额 = （12 000 − 5 000 − 800 − 2 000 − 200）× 6 = 24 000（元）

预扣预缴税额 = 24 000 × 3% − 600 = 120（元）

7月预扣预缴应纳税所得额 = （12 000 − 5 000 − 800 − 2 000 − 200）× 7 = 28 000（元）

预扣预缴税额 = 28 000 × 3% − 720 = 120（元）

8月预扣预缴应纳税所得额 = （12 000 − 5 000 − 800 − 2 000 − 200）× 8 = 32 000（元）

预扣预缴税额 = 32 000 × 3% − 840 = 120（元）

9月预扣预缴应纳税所得额 = （12 000 − 5 000 − 800 − 2 000 − 200）× 9 = 36 000（元）

预扣预缴税额 = 36 000 × 3% − 960 = 120（元）

10月预扣预缴应纳税所得额 = （12 000 − 5 000 − 800 − 2000 − 200）× 10 = 40 000（元）

预扣预缴税额 = （40 000 × 10% − 2 520）− 1 080 = 400（元）

11月预扣预缴应纳税所得额 = （12 000 − 5 000 − 800 − 2 000 − 200）× 11 = 44 000（元）

预扣预缴税额 = （44 000 × 10% − 2520）−（1 080+400）= 400（元）

12月预扣预缴应纳税所得额 = （12 000 − 5 000 − 800 − 2 000 − 200）× 12 = 48 000（元）

预扣预缴税额 = （48 000 × 10% − 2 520）−（1 080 + 400 + 400）= 400（元）

（2）劳务报酬：

预扣预缴应纳税所得额 = 3 000 − 800 = 2 200（元）

预扣预缴税额 = 2 200 × 20% = 440（元）

稿酬所得：

预扣预缴应纳税所得额 = 5 000 ×（1 − 20%）× 70% = 2 800（元）

预扣预缴税额 = 2 800 × 20% = 560（元）

特许权使用费所得：

预扣预缴应纳税所得额 = 15 000 ×（1 − 20%）= 12 000（元）

预扣预缴税额 = 12 000 × 20% = 2 400（元）

（3）综合所得年度汇算清缴：

年应纳税所得额 =（工资、薪金所得+劳务报酬所得+稿酬所得+特许权使用费所得）− 60 000 − 三险一金 − 专项附加扣除 − 其他扣除

年应纳税额 = 年应纳税所得额 × 税率 − 速算扣除数

上述居民个人小李2020年全年的收入与扣除为：

工资、薪金所得 = 12 000 × 12 = 144 000（元）

劳务报酬所得 = 3 000 ×（1 − 20%）= 2 400（元）

稿酬所得 = 5 000 ×（1 − 20%）× 70% = 2 800（元）

特许权使用费所得 = 15 000 ×（1 − 20%）= 12 000（元）

三险一金 = 800 × 12 = 9 600（元）

专项附加扣除 = 2 000 × 12 = 24 000（元）

其他扣除 = 200 × 12 = 2 400（元）

2021年3—6月对小李的2020年所有的综合所得进行汇算清缴：

年应纳税所得额 =（144 000 + 2 400 + 2 800 + 12 000）− 60 000 − 9 600 − 24 000 − 2 400 = 65 200（元）

年应纳税额 = 65 200 × 10% − 2 520 = 4 000（元）

小李2020年已预扣预缴个人所得税 =（120 × 9 + 400 × 3）+ 440 + 560 + 2 400
= 5 680（元）

所以2021年汇算清缴，小李应补（退）个人所得税 = 4 000 − 5 680 = − 1 680（元）

3.取得综合所得需要办理汇算清缴的情形包括：

依据税法的规定，符合下列情形之一的，纳税人需要办理年度汇算：

（1）已预缴税额大于年度应纳税额且申请退税的；

（2）综合所得收入全年超过12万元且需要补税金额超过400元的。

在2020年度已依法预缴个人所得税且符合下列情形之一的，纳税人无须办理年度汇算：

（1）年度汇算需补税但综合所得收入全年不超过12万元的；

（2）年度汇算需补税金额不超过400元的；

（3）已预缴税额与年度应纳税额一致或者不申请退税的。

二、非居民个人“四项”所得个人所得税的计算

现行个人所得税法规定，对非居民个人取得的工资、薪金所得，劳务报酬所得，稿酬所得和特许权使用费所得“四项”所得，采取按月或按次扣缴个人所得税的计算方法。

扣缴义务人向非居民个人支付工资、薪金所得，劳务报酬所得，稿酬所得和特许权使用费所得时，应当按以下方法按月或者按次代扣代缴个人所得税：

非居民个人的工资、薪金所得，以每月收入额减除费用5 000元后的余额为应纳税所得额；劳务报酬所得、稿酬所得、特许权使用费所得，以每次收入额为应纳税所得额，适用个人所得税税率表计算应纳税额。其中，劳务报酬所得、稿酬所得、特许权使用费所得以收入减除20%的费用后的余额为收入额；稿酬所得的收入额减按70%计算。

非居民个人工资、薪金所得，劳务报酬所得，稿酬所得，特许权使用费所得个人所得税的计算公式如下：

应纳税额 = 应纳税所得额 × 税率 − 速算扣除数

式中：税率与速算扣除数见表6–4。

【做中学6–7】非居民王洪2019年6月取得工资收入15 000元，劳务报酬所得68 000元，稿酬所得8 000元，特许权使用费所得46 000元。王洪6月应纳的个人所得税如下：

工资应纳个人所得税 =（15 000 − 5000）× 10% − 210 = 790（元）

劳务报酬应纳个人所得税 = 68 000 ×（1 − 20%）× 30% − 4 410 = 11 910（元）

稿酬应纳个人所得税 =［8 000 ×（1 − 20%）× 70%］× 10% − 210 = 238（元）

特许权使用费所得应纳个人所得税 = 46 000 ×（1 − 20%）× 25% − 2 660 = 6 540（元）

三、财产租赁所得

（一）应纳税所得额的确定

财产租赁所得，是指个人出租不动产、机器设备、车船以及其他财产取得的所得。

财产租赁所得按次计税，以一个月内取得的收入为一次，每次收入定额或定率减除规定费用后的余额为应纳税所得额。

1.每次收入不超过4 000元的计算公式

应纳税所得额 = 每次收入 − 准予扣除项目 − 修缮费用（800元为限）− 800

2.每次收入超过4 000元的计算公式

应纳税所得额 =［每次收入 − 准予扣除项目 − 修缮费用（800元为限）］×（1 − 20%）

在确定财产租赁应纳税所得额时，纳税人在出租财产的过程中缴纳的税金和教育费附加，可持完税凭证，从其财产租赁收入中扣除。准予扣除的项目除了规定的费用和有关税费外，还包括能够提供有效凭证，证明由纳税人负担的该出租财产实际支出的修缮费用。

允许扣除的修缮费用，以每次800元为限，一次扣不完的，准予在下一次继续扣

除，直到扣完为止。

（二）税率

财产租赁所得适用20%的比例税率，但个人按市场价出租的居民住房取得的所得，按10%的税率征收个人所得税。

（三）应纳税额的计算

财产租赁所得的应纳税额计算公式为：

应纳税额 = 应纳税所得额 × 税率

【做中学6-8】王某于2019年1月将其自有的4间房屋出租给某公司作为营业用房，租期2年，每年租金42 000元。2019年王某每月缴纳相关税金192.5元，并于5月支付房屋修缮费用1 800元（有发票）。2019年王某应缴纳的个人所得税计算如下：

每次收入 = 42 000 ÷ 12 = 3 500（元）

5月应纳税额 =（3 500 − 192.5 − 800 − 800）× 20% = 341.5（元）（6月同）

7月应纳税额 =（3 500 − 192.5 − 200 − 800）× 20% = 461.5（元）

其他月份应纳税额 =（3 500 − 192.5 − 800）× 20% = 501.5（元）

全年应纳税额 = 341.5 × 2 + 461.5 + 501.5 × 9 = 5 658（元）

问题解答

问：工资、薪金所得，劳务报酬所得，稿酬所得，特许权使用费所得，在计税时有什么特点？

答：扣缴义务人向居民个人支付工资、薪金所得时，按照累计预扣法计算预扣税款。扣缴义务人向居民个人支付劳务报酬所得、稿酬所得、特许权使用费所得以每次收入减除费用后的余额为收入额。其中，稿酬所得的收入额减按70%计算。劳务报酬所得、稿酬所得、特许权使用费所得每次收入不超过4 000元的，减除费用按800元计算；每次收入4 000元以上的，减除费用按收入的20%计算。扣缴义务人向非居民个人支付工资所得时，以每月收入额减除费用5 000元后的余额为应纳税所得额；劳务报酬所得、稿酬所得、特许权使用费所得以收入减除20%的费用后的余额为收入额。其中，稿酬所得的收入额减按70%计算。

四、财产转让所得

（一）一般财产转让所得应纳税额的计算

1.应纳税所得额的确定

财产转让所得按次纳税，以个人每次转让财产取得收入减除财产原值和合理费用后的余额，作为应纳税所得额。其中，“每次”是指以一项财产的所有权一次转让取得的收入为一次。其计算公式为：

应纳税所得额 = 每次收入 − 财产原值 − 合理费用

式中：财产原值是指有价证券为买入价，以及买入时按照规定缴纳的有关费用；建筑物为建造费或者购进价格，以及其他有关费用；土地使用权为取得土地使用权所支付的金额、开发土地的费用，以及其他有关费用；机器设备、车船为购进价格、运输费、安装费，以及其他有关费用；其他财产参照以上方法确定。另外，纳税人未提供完整、准确的财产原值凭证，不能正确计算财产原值的，由主管税务机关核定其财产原值。合理费用，是指卖出财产时按规定支付的有关费用。

2.税率

财产转让所得适用20%的比例税率。

3.应纳税额的计算

财产转让所得应纳税额的计算公式为：

应纳税额＝应纳税所得额×适用税率

【做中学6-9】张某2014年购买了一套商品房，支付房款及相关税费610 000元，2019年将其出售，售价为750 000元，在出售过程中支付相关税费28 000元。张某2019年应缴纳的个人所得税计算如下：

应纳个人所得税＝（750 000－610 000－28 000）×20%＝22 400（元）

（二）个人住房转让所得应纳税额的计算

（1）以实际成交价格为转让收入。

（2）纳税人的原购房合同、发票等有效凭证，经税务机关审核后，其房屋原值、转让住房过程中缴纳的税金及有关合理费用允许从转让收入中扣除。转让过程中缴纳的税金是指纳税人在转让住房时实际缴纳的城市维护建设税、教育费附加、土地增值税、印花税等。合理费用是指纳税人按照规定实际支付的住房装修费用、住房贷款利息、手续费、公证费等费用。

（3）纳税人未提供完整的、准确的房屋原值凭证，不能正确计算房屋原值和应纳税额的，税务机关对其实行核定征税，即按纳税人住房转让收入的一定比例（1%~3%）核定应纳个人所得税税额。

（三）个人转让股权应纳税额的计算

个人转让股权，以股权转让收入减除股权原值和合理费用后的余额为应纳税所得额。股权转让收入，是指转让方因股权转让而获得的现金、实物、有价证券和其他形式的经济利益。

股权原值按下列方法确认：

（1）以现金出资方式取得的股权，按照实际支付的价款与取得股权直接相关的合理税费之和确认股权原值。

（2）以非货币性资产出资方式取得的股权，按照税务机关认可或核定的投资入股时非货币性资产价格与取得股权直接相关的合理税费之和确认股权原值。

（四）个人转让债券类债权时原值的确定

转让债券类债权，采用“加权平均法”确定其应予减除的财产原值和合理费用，即以纳税人购进的同一种债券买入价和买进过程中缴纳的税费总和，除以纳税人购进的该种类债券数量之和，乘以纳税人卖出的该种类债券数量，再加上卖出该种类债券过程中缴纳的税费。

五、利息、股息、红利所得，偶然所得

（一）应纳税所得额的确定

利息、股息、红利所得，偶然所得按次纳税，以每次收入为应纳税所得额。

（二）税率

利息、股息、红利所得，偶然所得适用20%的比例税率。

（三）应纳税额的计算

利息、股息、红利所得，偶然所得应纳税额的计算公式为：

$$应纳税额=应纳税所得额\times适用税率$$

【做中学6-10】公民张某2019年有如下收入：工商银行存款利息所得2 000元，购买国债取得利息1 000元，购买企业债券取得利息500元，购买福利彩票中奖20 000元。张某应缴纳的个人所得税计算如下：

应纳个人所得税＝（500+20 000）×20%＝4 100（元）

六、个体工商户生产、经营所得个人所得税的计算

个体工商户包括：依法取得个体工商户营业执照，从事生产经营的个体工商户；经政府有关部门批准，从事办学、医疗、咨询等有偿服务活动的个人；其他从事个体生产、经营的个人。

（一）应纳税所得额的确定

实行查账征收的个体工商户按年缴纳个人所得税，以每一纳税年度的收入总额，减除成本、费用、税金、损失、其他支出，以及允许弥补的以前年度亏损后的余额，为应纳税所得额。其计算公式为：

$$\frac{应纳税}{所得额}=\frac{全年收入}{总额}-(成本+费用+损失+\frac{准予}{扣除的税金}+\frac{其他}{支出}+\frac{弥补以前}{年度亏损})$$

1.收入总额

个体工商户从事生产经营及与生产经营有关的活动（以下简称生产经营）取得的货币形式和非货币形式的各项收入，为收入总额。其具体包括：销售货物收入、提供劳务收入、转让财产收入、利息收入、租金收入、接受捐赠收入、其他收入。

其他收入包括个体工商户资产溢余收入、逾期1年以上的未退包装物押金收入、确实无法偿付的应付款项、已作坏账损失处理后又收回的应收款项、债务重组收入、补贴收入、违约金收入、汇兑收益等。

2.成本、费用

成本是指个体工商户在生产经营活动中发生的销售成本、销货成本、业务支出及其他耗费。费用是指个体工商户在生产经营活动中发生的销售费用、管理费用和财务费用，已经计入成本的有关费用除外。

3.税金

税金是指个体工商户在生产经营活动中发生的除个人所得税和允许抵扣的增值税以外的各项税金及其附加。其具体包括个体工商户按规定缴纳的消费税、城市维护建设

税、资源税、城镇土地使用税、土地增值税、房产税、车船税、印花税、耕地占用税及教育费附加等。

4.损失

损失指个体工商户、个人独资企业和合伙企业在生产、经营过程中发生的各项营业外支出，包括固定资产盘亏、报废、毁损和出售的净损失、自然灾害或意外事故损失、公益救济性捐赠、赔偿金、违约金等。

5.其他支出

其他支出是指除成本、费用、税金、损失外，个体工商户在生产经营活动中发生的与生产经营活动有关的、合理的支出。

【请注意】个体工商户因在纳税年度中间开业、合并、注销及其他原因导致该纳税年度的实际经营期不足1年的，对个体工商户业主计算个人所得税时，以其实际经营期为1个纳税年度。

取得经营所得的个体工商户，没有综合所得的，计算其每一纳税年度的应纳税所得额时，应当减除费用6万元、专项扣除、专项附加扣除，以及依法确定的其他扣除。专项附加扣除在办理汇算清缴时减除。

（二）应纳税额的计算

个体工商户生产、经营所得应纳税额的计算公式为：

应纳税额＝应纳税所得额×适用税率－速算扣除数

式中：适用税率见表6-5。

个体工商户相关税务规定如下：

（1）个体工商户业主、个人独资企业和合伙企业投资人本人的费用扣除标准为5 000元/月，即60 000元/年（自2018年10月1日起）。

（2）个体工商户、个人独资企业和合伙企业向其从业人员实际支付的合理工资、薪金支出，允许在税前据实扣除。

（3）个体工商户拨缴的工会经费、职工福利费、职工教育经费分别在工资薪金总额2%、14%、8%的标准内据实扣除。

【请注意】职工教育经费的实际发生数额超出规定比例当期不能扣除的数额，准予在以后纳税年度结转扣除。

（4）个体工商户每一纳税年度发生的广告费和业务宣传费不超过当年销售（营业）收入15%的部分，可据实扣除；超过部分，准予在以后纳税年度结转扣除。

（5）个体工商户发生的与生产经营活动有关的业务招待费，按照实际发生额的60%扣除，但最高不得超过当年销售（营业）收入的5‰；业主自申请营业执照之日起至开始生产经营之日止所发生的业务招待费，按照实际发生额的60%计入个体工商户的开办费。

（6）个体工商户在生产经营活动中发生的下列利息支出，准予扣除：向金融企业借款的利息支出；向非金融企业和个人借款的利息支出，不超过按照金融企业同期同类贷款利率计算的数额的部分。

（7）个体工商户和从事生产、经营的个人，取得与生产、经营活动无关的各项所得，应分别适用各应税项目的规定计算征收个人所得税。

（8）个体工商户在生产经营活动中，应当分别核算生产经营费用和个人、家庭费用。对于生产经营与个人、家庭生活混用而难以分清的费用，其40%视为与生产经营有关费用，准予扣除。

（9）个体工商户通过公益性社会团体或者县级以上人民政府及其部门，用于《中华人民共和国公益事业捐赠法》规定的公益事业的捐赠，捐赠额不超过其应纳税所得额30%的部分可以据实扣除。

（10）个体工商户研究开发新产品、新技术、新工艺所发生的开发费用，以及研究开发新产品、新技术而购置单台价值在10万元以下的测试仪器和试验性装置的购置费准予直接扣除；单台价值在10万元以上（含10万元）的测试仪器和试验性装置，按固定资产管理，其价值不得在当期直接扣除。

（11）个体工商户纳税年度发生的亏损，准予向以后年度结转，用以后年度的生产经营所得弥补，但结转年限最长不得超过5年。

（12）个体工商户按照国务院有关主管部门或者省级人民政府规定的范围和标准为其业主和从业人员缴纳的基本养老保险费、基本医疗保险费、失业保险费、生育保险费、工伤保险费和住房公积金，准予扣除。

（13）个体工商户为从业人员缴纳的补充养老保险费、补充医疗保险费，分别在不超过从业人员工资总额5%标准内的部分据实扣除；超过部分，不得扣除。

（14）个体工商户业主本人缴纳的补充养老保险费、补充医疗保险费，以当地（地级市）上年度社会平均工资的3倍为计算基数，不超过该计算基数5%标准内的部分据实扣除；超过部分，不得扣除。

（15）除个体工商户依照国家有关规定为特殊工种从业人员支付的人身安全保险费和财政部、国家税务总局规定可以扣除的其他商业保险费外，个体工商户业主本人或者为从业人员支付的商业保险费，不得扣除。

（16）个体工商户在生产经营活动中发生的合理的不需要资本化的借款费用，准予扣除。个体工商户为购置、建造固定资产、无形资产和经过12个月以上的建造才能达到预定可销售状态的存货发生借款的，在有关资产购置、建造期间发生的合理的借款费用，应当作为资本性支出计入有关资产的成本，并依照该办法的规定扣除。

（17）个体工商户在货币交易中及纳税年度终了时将人民币以外的货币性资产、负债按照期末即期人民币汇率中间价折算为人民币时产生的汇兑损失，除已经计入有关资产成本部分外，准予扣除。

（18）个体工商户代其从业人员或他人负担的税款，不得税前扣除。

（19）个体工商户按照规定缴纳的摊位费、行政性收费、协会会费等，按实际发生数额扣除。

（20）个体工商户根据生产经营活动的需要租入固定资产支付的租赁费，按照以下方法扣除：以经营租赁方式租入固定资产发生的租赁费支出，按照租赁期限均匀扣除；以融资租赁方式租入固定资产发生的租赁费支出，对于按照规定构成融资租入固定资产价值的部分应当提取折旧费用，分期扣除。

（21）个体工商户参加财产保险，按照规定缴纳的保险费，准予扣除。

（22）个体工商户发生的合理的劳动保护支出，准予扣除。

（23）个体工商户自申请营业执照之日起至开始生产经营之日止所发生的符合税法规定的费用，除为取得固定资产、无形资产的支出，以及应计入资产价值的汇兑损益、利息支出外，作为开办费，可以选择在开始生产经营的当年一次性扣除，也可自生产经营月份起在不短于3年期限内摊销扣除，但一经选定，不得改变。

个体工商户下列支出不得扣除：

①个人所得税税款；

②税收滞纳金；

③罚金、罚款和被没收财物的损失；

④不符合扣除规定的捐赠支出（个体工商户直接对受益人的捐赠）；

⑤赞助支出（指各种非广告性质支出）；

⑥用于个人和家庭的支出；

⑦与取得生产经营收入无关的其他支出；

⑧国家税务总局规定不准扣除的支出。

【做中学6-11】某从事面粉加工的个体工商户，2019年度有关经营情况如下：

（1）取得营业收入100万元。

（2）发生营业成本55万元。

（3）发生税金及附加3.3万元。

（4）发生业务招待费用3万元。

（5）共有雇员6人，人均月工资为1 200元；个体工商户老板每月领取工资5 000元（未计入相关成本费用）。

（6）当年向某单位借入流动资金10万元，支付利息费用1.2万元，同期银行贷款利率为6.8%。

（7）10月30日，小货车在运输途中发生车祸被损坏，损失达5.2万元，取得保险公司的赔款3.5万元。

该个体工商户应缴纳的个人所得税计算如下：

（1）业务招待费，按实际发生额计算的扣除限额为1.8万元（3×60%），按收入计算的扣除限额为0.5万元（100×5‰），按规定只能扣除0.5万元。

（2）雇员工资可按实际数扣除，但雇主工资每月只能扣除5 000元，超过部分不得扣除。

雇主工资费用扣除额＝0.5×12＝6（万元）

（3）非金融机构的借款利息费用按同期银行的利率计算扣除，超过部分不得扣除。

利息费用扣除限额＝10×6.8%＝0.68（万元）

（4）小货车损失有赔偿的部分不能扣除。

小货车损失应扣除额＝5.2－3.5＝1.7（万元）

应纳税所得额＝100－55－3.3－0.5－（0.12×6×12）－6－0.68－1.7

＝24.18（万元）

2019年应缴纳个人所得税＝24.18×20%－1.05＝3.786（万元）

七、对企事业单位承包经营、承租经营所得个人所得税的计算

（一）应纳税所得额的确定

对企事业单位承包经营、承租经营所得按年纳税，以每一纳税年度的收入总额，减除必要费用5 000元/月（自2018年10月1日起）后的余额为应纳税所得额。其计算公式为：

应纳税所得额＝纳税年度的收入总额－必要费用

（二）税率

对企事业单位的承包经营、承租经营所得，适用5%～35%的五级超额累进税率，见表6-5。

（三）应纳税额的计算

对企事业单位承包经营、承租经营所得应纳税额的计算公式为：

应纳税额＝应纳税所得额×适用税率－速算扣除数

【请注意】在一个纳税年度中，承包经营或者承租经营期限不足1年的，以其实际经营期为一个纳税年度。

【做中学6-12】2020年1月1日，某人与事业单位签订承包合同经营招待所，承包期为3年。2020年，招待所实现承包经营利润300 000元，按合同规定，承包人每年应从承包经营利润中上交承包费50 000元。

承包人2020年应纳个人所得税税额计算如下：

（1）全年应纳税所得额＝300 000－50 000－5 000×12＝190 000（元）

（2）应纳税额＝190 000×20%－10 500＝27 500（元）

八、个人独资企业和合伙企业个人所得税的计算

个人独资企业和合伙企业生产、经营所得，应纳个人所得税的计算有两种方法：查账征收和核定征收。

（一）查账征收

应纳税所得额＝全年收入总额－（成本、费用＋损失＋准予扣除的税金）

应纳税额＝应纳税所得额×适用税率－速算扣除数

计算应纳税额的有关规定如下：

（1）个人独资企业和合伙企业投资者的工资不得税前扣除，但可按规定的标准扣除，从2018年10月1日起，个人独资企业和合伙企业投资者费用扣除标准为每月5 000元。

（2）个人独资企业和合伙企业向其从业人员实际支付的合理的工资、薪金支出，允许在税前据实扣除。

（3）个人独资企业和合伙企业拨缴的工会经费、职工福利费、职工教育经费分别在工资薪金总额2%、14%、8%的标准内据实扣除。

（4）个人独资企业和合伙企业每一纳税年度发生的广告费和业务宣传费用不超过当

年销售（营业）收入15%的部分，可据实扣除；超过部分，准予在以后纳税年度结转扣除。

（5）个人独资企业和合伙企业每一纳税年度发生的与其生产经营业务直接相关的业务招待费支出，按照发生额的60%扣除，但最高不得超过当年销售（营业）收入的5‰。

（6）投资者及其家庭发生的生活费用不允许在税前扣除。投资者及其家庭发生的生活费用与企业生产经营费用混合在一起，并且难以划分的，全部视为投资者个人及其家庭发生的生活费用，不允许在税前扣除。此处不同于个体工商户的“由税务机关核定分摊比例”。

（7）企业生产经营和投资者及其家庭生活共用的固定资产，难以划分的，由主管税务机关根据企业的生产经营类型、规模等具体情况，核定准予在税前扣除的折旧费用的数额或比例。

（8）计提的各种准备金不得扣除。

（9）关于投资者兴办两个或两个以上企业，并且企业全部是独资性质的，年度终了后汇算清缴时，应纳税款的计算按以下方法进行：汇总其投资兴办的所有企业的经营所得作为应纳税所得额，以此确定适用税率，计算全年经营所得的应纳税额，再根据每个企业的经营所得占所有企业经营所得的比例，分别计算每个企业的应纳税额和应补缴税额。其计算公式如下：

应纳税所得额 = 各个企业的经营所得之和

应纳税额 = 应纳税所得额 × 税率 − 速算扣除数

本企业应纳税额 = 应纳税额 ×（本企业的经营所得 ÷ 各个企业的经营所得之和）

本企业应补缴的税额 = 本企业应纳税额 − 本企业预缴的税额

【做中学6-13】2020年甲成立了个人独资企业，账册齐全，有关经营情况如下：

（1）取得货物销售收入2 100 000元、其他业务收入200 000元；

（2）发生营业成本1 400 000元；

（3）缴纳增值税420 000元，发生相关税费40 000元；

（4）发生管理费用560 000元，其中业务招待费100 000元；

（5）用5 000元购买彩电一台，供家庭使用；

（6）全年已计入成本费用的雇员工资为240 000元（雇员20人，人均月工资为1 000元），投资者个人每月领取工资6 500元，共开支工资78 000元，计入管理费用；

（7）货物被盗，净损失2 000元；

（8）企业已预缴全年所得税60 000元。

甲应缴纳的个人所得税计算如下：

应纳税所得额 = 2 100 000+200 000 − 1 400 000 − 40 000 − 560 000+（100 000 − 11 500）+（78 000 − 60 000）− 2 000 = 404 500（元）

甲个人所得税应纳税额 = 404 500 × 30% − 40 500 = 80 850（元）

应补缴税款 = 80 850 − 60 000 = 20 850（元）

问题解答

问：个人独资企业、合伙企业的个人投资者如何用企业资金为本人购买的家庭财产征税？

答：个人独资、合伙企业的个人投资者用企业资金为本人、家庭成员及其相关人员支付与企业生产经营无关的消费性支出，以及购买汽车、住房等财产性支出，视为企业对投资者的利润分配，并入投资者个人生产经营所得，按照“个体工商户生产、经营所得”项目计征个人所得税。

（二）核定征收

对于账册不健全，甚至没有建账的个人独资企业和合伙企业（个体工商户），可采用定额征收和核定应税所得率征收的办法。

（1）定额征收，是指税务机关对经营规模小，经营情况比较稳定的个人独资企业和合伙企业，可根据实际经营情况，核定应纳税额，按月纳税，年终不清算。

（2）核定应税所得率征收，是按税务部门制定的行业应税所得率（见表6-7），根据收入总额和成本费用，计算应纳税额。

表6-7　行业应税所得率表

行业	应税所得率
工业、交通运输业、商业	5%~20%
建筑业、房地产开发业	7%~20%
饮食服务业	7%~25%
娱乐业	20%~40%
其他行业	10%~30%

应纳税额 = 应纳税所得额 × 适用税率

应纳税所得额 = 收入总额 × 应税所得率

= 成本费用支出额 ÷（1 − 应税所得率）× 应税所得率

【做中学6-14】某个人独资企业（商业）2018年经营收入为480 000元，应税所得率为10%。请计算其全年应缴纳的个人所得税。

解：应纳税所得额 = 480 000 × 10% = 48 000（元）

应纳税额 = 48 000 × 1% = 480（元）

问题解答

问：在个人所得中，哪些实行超额累进税率？哪些实行比例税率？

答：工资、薪金所得，劳务报酬所得和经营所得实行超额累进税率；稿酬所得，特许权使用费所得，财产租赁所得，利息、股息、红利所得，偶然所得实行比例税率。

九、个人所得税的特殊计税方法

如何确定应纳税所得额和计算应缴纳的所得税，是一个比较复杂的问题。除了上述计税方法以外，税法还针对一些普遍性问题和特殊问题，规定了专门的计税方法。

（一）全年一次性奖金、中央企业负责人年度绩效薪金延期兑现收入和任期奖励

1.居民个人取得全年一次性奖金

居民个人取得的全年一次性奖金，是指行政机关、企事业单位等扣缴义务人根据其全年经济效益和对雇员全年工作业绩的综合考核情况，向雇员发放的一次性奖金。一次性奖金包括年终加薪、实行年薪制和绩效工资办法的单位根据考核情况兑现的年薪和绩效工资。

居民个人取得的全年一次性奖金，在2021年12月31日前，可以选择不并入当年综合所得，按以下计税办法，以全年一次性奖金收入除以12个月得到的数额，按照按月换算后的综合所得税率表即月度税率表（见表6-8）确定适用税率和速算扣除数，单独计算纳税。计算公式为：

$$应纳税额=全年一次性奖金收入\times适用税率-速算扣除数$$

表6-8 月度税率表

级数	全月应纳税所得额	税率	速算扣除数（元）
1	不超过3 000元的部分	3%	0
2	超过3 000至12 000元的部分	10%	210
3	超过12 000至25 000元的部分	20%	1 410
4	超过25 000至35 000元的部分	25%	2 660
5	超过35 000至55 000元的部分	30%	4 410
6	超过55 000至80 000元的部分	35%	7 160
7	超过80 000元的部分	45%	15 160

居民个人取得全年一次性奖金，也可以选择并入当年综合所得计算纳税。

自2022年1月1日起，居民个人取得全年一次性奖金，应并入当年综合所得计算缴纳个人所得税。

注意事项：

（1）在一个纳税年度内，对每一个纳税人，该计税办法只允许采用一次。

（2）实行年薪制和绩效工资的单位，个人取得年终兑现的年薪和绩效工资按相关规定执行。

（3）雇员取得除全年一次性奖金以外的其他各种名目奖金，如半年奖、季度奖、加班奖、先进奖、考勤奖等，一律与当月工资、薪金收入合并，按税法规定缴纳个人所得税。

【做中学6-15】老王2019年取得年终奖金36 000元。问其应纳的个人所得税为多少？

解：该笔奖金适用的税率和速算扣除数的确定如下：

36 000除以12后，每月平均3 000元，所以税率为3%，速算扣除数为0。

年终奖金应纳税额 = 36 000 × 3% − 0 = 1 080（元）

税后实发年终奖 = 36 000 − 1 080 = 34 920（元）

思考：若年终奖金为36 001元，应纳的个人所得税为多少？

2. 中央企业负责人取得年度绩效薪金延期兑现收入和任期奖励

中央企业负责人取得年度绩效薪金延期兑现收入和任期奖励，在2021年12月31日前，中央企业负责人任期结束后取得的绩效薪金40%部分和任期奖励，比照居民个人取得全年一次性奖金执行；2022年1月1日之后的政策另行明确。

（二）上市公司股权激励

居民个人取得股票期权、股票增值权、限制性股票、股权奖励等股权激励（以下简称股权激励），在2021年12月31日前，不并入当年综合所得，全额单独适用综合所得税率表计算纳税。计算公式为：

$$应纳税额 = 股权激励收入 \times 适用税率 - 速算扣除数$$

居民个人一个纳税年度内取得两次以上（含两次）股权激励应合并，在2021年12月31日前，不并入当年综合所得，全额单独适用综合所得税率表计算纳税。2022年1月1日之后的股权激励政策另行明确。

（三）保险营销员、证券经纪人佣金收入

保险营销员、证券经纪人的佣金收入，扣缴单位应当按照累计预扣法计算预扣个人所得税。具体计算公式为：

$$\begin{matrix}本期应预扣\\预缴税额\end{matrix} = \left(\begin{matrix}累计预扣预缴\\应纳税所得额\end{matrix} \times 预扣率 - \begin{matrix}速算\\扣除数\end{matrix}\right) - \begin{matrix}累计减免\\税额\end{matrix} - \begin{matrix}累计已预扣\\预缴税额\end{matrix}$$

$$累计预扣预缴应纳税所得额 = 累计收入额 - 累计减除费用 - 累计其他扣除$$

式中：收入额按照不含增值税的收入减除20%的费用后的余额计算；累计减除费用按照5 000元/月乘以纳税人当年截至本月在本单位的从业月份数计算；其他扣除按照展业成本、附加税费和依法确定的其他扣除之和计算，其中展业成本按照收入额的25%计算。

上述公式中的预扣率、速算扣除数，比照“个人所得税预扣率表（见表6–3）”执行。

按照累计预扣法预扣预缴劳务报酬所得个人所得税的居民个人，如保险营销员和证券经纪人。同样需同时满足以下三个条件：

（1）上一纳税年度1—12月均在同一单位取酬且按照累计预扣法预扣预缴申报了劳务报酬所得个人所得税；

（2）上一纳税年度1—12月的累计劳务报酬（不扣减任何费用及免税收入）不超过6万元；

（3）本纳税年度自1月起，仍在该单位取得按照累计预扣法预扣预缴税款的劳务报酬所得。

（四）个人领取企业年金、职业年金

企业年金，是企业及其职工在依法参加基本养老保险的基础上，自愿建立的补充养老保险机制。职业年金，是事业单位及其职工在依法参加基本养老保险的基础上，自愿建立的补充养老保险机制。

企业年金和职业年金个人所得税的计算征收按下列规定：

1.企业年金和职业年金缴费的个人所得税处理

（1）企业和事业单位根据国家有关政策规定的办法和标准，为在本单位任职和受雇的全体职工缴付的企业年金或职业年金单位缴费部分，在计入个人账户时，个人暂不缴纳个人所得税。

（2）个人根据国家有关政策规定缴付的年金个人缴费部分，在不超过本人缴费工资计税基数的4%标准内的部分，暂从个人当期的应纳税所得额中扣除。

（3）超过上述（1）和（2）规定的标准缴付的年金单位缴付和个人缴付部分，应并入当期的工资、薪金所得，依法计征个人所得税。

（4）企业年金个人缴费工资计税基数为本人上一年度月平均工资。月平均工资超过职工工作地所在设区城市上一年度职工月平均工资300%的部分，不计入个人缴费工资计税基数。

职业年金个人缴费工资计税基数为职工岗位工资和薪级工资之和。职工岗位工资和薪级工资之和超过职工工作地所在设区城市上一年度职工月平均工资300%的部分，不计入个人缴费工资计税基数。

2.领取年金的个人所得税的处理

（1）个人达到国家规定的退休年龄，领取的企业年金、职业年金，不并入综合所得，全额单独计算应纳税额。其中按月领取的，适用月度税率表计算纳税；按季领取的，平均分摊计入各月，按每月领取额适用月度税率表计算纳税；按年领取的，适用综合所得税率表计算纳税。

（2）个人因出境定居而一次性领取的年金个人账户资金，或个人死亡后，其指定的受益人或法定继承人一次性领取的年金个人账户余额，适用综合所得税率表计算纳税。

对个人除上述特殊原因外一次性领取年金个人账户资金或余额的，适用月度税率表计算纳税。

（五）解除劳动关系的一次性补偿收入

（1）企业依照国家有关法律规定宣告破产，企业职工从该企业取得的一次性安置费收入，免征个人所得税。

（2）个人与用人单位解除劳动关系取得一次性补偿收入（包括用人单位发放的经济补偿金、生活补助费和其他补助费），在当地上年职工平均工资3倍数额以内的部分，免征个人所得税；超过3倍数额的部分，不并入当年综合所得，单独适用综合所得税率表，计算纳税。个人在解除劳动合同后又再次任职、受雇的，已纳税的一次性补偿收入不再与再次任职、受雇的工资、薪金所得合并计算补缴个人所得税。

（3）个人领取一次性补偿收入时按照国家和地方政府规定的比例实际缴纳的住房公积金、医疗保险费、基本养老保险费、失业保险费，可以在计征一次性补偿收入的个人所得税时予以扣除。

【做中学6-16】2019年1月，唐山市北方钢铁股份有限公司由于公司业务结构调整，需要撤销一项业务，对应部门人员需要解散，公司按相关政策给予部门人员经济补偿，其中张伟补偿额为128 400元，王亮补偿额为213 600元。2018年，唐山市职工月平均工资为5 100元。

张伟、王亮缴纳个人所得税分别计算如下：

（1）张伟取得一次性补偿收入128 400元，低于当地上年职工平均工资3倍数额，所以免征个人所得税。

（2）王亮取得一次性补偿收入213 600元，高于当地上年职工平均工资3倍数额，超过3倍数额的部分，不并入当年综合所得，单独适用综合所得税率表，计算个人所得税。

王亮应纳个人所得税＝［213 600－（5 100×12×3）］×25%－2 660＝4 840（元）

（六）实行内部退养、提前退休的一次性补偿收入

（1）个人办理内部退养手续而取得的一次性补贴收入，应按照内部退养手续至法定离退休年龄之间所属月份进行分摊，并与当月工资、薪金合并后减除当月费用扣除标准，以余额为基数确定适用税率，再将当月工资、薪金加上取得的一次性收入，减除费用扣除标准，按适用税率计征个人所得税。

个人在办理内部退养手续后至法定离退休年龄之间重新就业取得的工资、薪金所得，应与其从原单位取得的同一月份的工资、薪金合并，依法自行申报纳税。

（2）自2019年1月1日起，个人办理提前退休手续而取得的一次性补贴收入，应按照办理提前退休手续至法定离退休年龄之间实际年度数平均分摊，确定适用税率和速算扣除数，单独适用综合所得税率表计算纳税。计算公式：

$$\text{应纳税额}=\left[\left(\text{一次性补贴收入}\div\text{办理提前退休手续至法定退休年龄的实际年度数}-\text{费用扣除标准}\right)\times\text{适用税率}-\text{速算扣除数}\right]\times\text{办理提前退休手续至法定退休年龄的实际年度数}$$

（七）廉租住房、公租房

（1）对个人按规定取得的廉租住房货币补贴，免征个人所得税；对于所在单位以廉租住房名义发放的不符合规定的补贴，应征收个人所得税。

（2）个人捐赠住房作为廉租住房的，捐赠额未超过其申报的应纳税所得额30%的部分，准予从其应纳税所得额中扣除。

（3）个人捐赠住房作为公租房，符合税法规定的，对其公益性捐赠支出未超过其申报的应纳税所得额30%的部分，准予从其应纳税所得额中扣除。

（八）房屋赠与

1.不征收个人所得税的情形

下列情形的房屋产权无偿赠与，不征收个人所得税：

（1）房屋产权所有人将房屋产权无偿赠与配偶、父母、子女、祖父母、外祖父母、孙子女、外孙子女、兄弟姐妹。

（2）房屋产权所有人将房屋产权无偿赠与对其承担直接抚养或者赡养义务的抚养人或者赡养人。

（3）房屋产权所有人死亡，依法取得房屋产权的法定继承人、遗嘱继承人或者受遗赠人。

2.征收个人所得税的情形

除上述不征收个人所得税的情形外，房屋产权所有人将房屋产权无偿赠与他人的，受赠人因无偿受赠房屋取得的受赠所得，按照“偶然所得”缴纳个人所得税。

对受赠人无偿受赠房屋计征个人所得税时，其应纳税所得额为房地产赠与合同上标明的赠与房屋价值减除赠与过程中受赠人支付的相关税费后的余额。

受赠人转让受赠房屋的，以其转让受赠房屋的收入减除原捐赠人取得该房屋的实际购置成本以及赠与和转让过程中受赠人支付的相关税费后的余额为受赠人的应纳税所得额，依法计征个人所得税。

（九）公务交通、通信补贴收入

个人因公务用车和通信制度改革而取得的公务用车、通信补贴收入，扣除一定标准的公务费用后，按照“工资、薪金所得”计征个人所得税。按月发放的，并入当月“工资、薪金所得”计征个人所得税，不按月发放的，分摊到所属月份并于该月份“工资、薪金所得”合并后计征个人所得税。

（十）单位低价向职工售房

单位按低于购置或建造成本价格出售住房给职工，职工因此而少支出的差价部分，符合规定的，不并入当年综合所得，以差价收入除以12个月得到的数额，按照月度税率表确定适用税率和速算扣除数，单独计算纳税。计算公式为：

$$\text{应纳税额}=\text{职工实际支付的购房价款低于该房屋的购置或建造成本价格的差额}\times\text{适用税率}-\text{速算扣除数}$$

（十一）外籍个人有关津贴、补贴

2019年1月1日至2021年12月31日期间，外籍个人符合居民个人条件的，可以选择享受个人所得税专项附加扣除，也可以选择享受住房补贴、语言训练费、子女教育费等津补贴免税优惠政策，但不得同时享受。外籍个人一经选择，在一个纳税年度内不得变更。

自2022年1月1日起，外籍个人不再享受住房补贴、语言训练费、子女教育费津补贴免税优惠政策，应按规定享受专项附加扣除。

（十二）在外商投资企业、外国企业和外国驻华机构工作的中方人员取得的工资、薪金所得

在外商投资企业、外国企业和外国驻华机构工作的中方人员取得的工资、薪金所得入，凡是由雇佣单位和派遣单位分别支付的，雇佣单位在支付工资薪金时，按税法规定减除费用，计算缴纳个人所得税；派遣单位以支付的金额直接确定税率，计算扣缴个人所得税。

（十三）两人或两人以上共同取得同一项所得

两个以上的个人共同取得同一项目收入的，应当对每个人取得的收入分别按照个人所得税法的规定计算纳税，即对每个人分得的收入分别减除费用，并计算各自应纳的税款，即实行“先分、后扣、再税”的办法。

【做中学6-17】某学校4位老师编写一本书，共得稿费35 000元，其中1人得主编费5 000元，其余稿费4人平分。

每位老师应纳个人所得税分别计算如下：

主编应纳税额 =（5 000 + 30 000 ÷ 4）×（1 − 20%）× 70% × 20% = 1 400（元）

其余3人各自应纳税额 = 30 000 ÷ 4 ×（1 − 20%）× 70% × 20% = 840（元）

稿酬共纳税 = 1 400 + 840 × 3 = 3 920（元）

（十四）纳税人同时取得两项或两项以上应税所得

纳税人兼有两项或两项以上应税所得时，除按税法规定同项应合并计税以外，其他所得项目应按项分别计税。税法规定同项应合并计税的所得有：工资、薪金所得，经营所得等。纳税人兼有不同项目劳务报酬所得时，应分别减除费用，计算缴纳个人所得税。

【做中学6-18】张教授2019年取得如下收入：每月工资16 500元，三险一金3 500元，专项附加扣除1 000元。出版一本专著取得稿酬20 000元，为某企业讲课取得劳务报酬18 000元。

张教授2019年应缴纳的个人所得税计算如下：

综合所得应纳税所得额 = [（16 500 − 5 000 − 3 500 − 1 000）× 12] + 20 000 ×（1 − 20%）× 70% + 18 000 ×（1 − 20%）= 84 000 + 11 200 + 14 400 = 109 600（元）

综合所得应纳税额 = 109 600 × 10% − 2 520 = 8 440（元）

（十五）公益、救济性捐赠

个人将其所得对教育、扶贫、济困等公益慈善事业进行捐赠，捐赠额未超过纳税人申报的应纳税所得额30%的部分，可以从其应纳税所得额中扣除；国务院规定对公益慈善事业捐赠实行全额税前扣除的，从其规定。

个人将其所得对教育、扶贫、济困等公益慈善事业进行捐赠，是指个人将其所得通过中国境内的公益性社会组织、国家机关向教育、扶贫、济困等公益慈善事业进行捐赠；所称应纳税所得额，是指计算扣除捐赠额之前的应纳税所得额。

（1）居民个人按照以下规定扣除公益捐赠支出：

①居民个人发生的公益捐赠支出可以在财产租赁所得，财产转让所得，利息、股息、红利所得，偶然所得，综合所得或者经营所得中扣除。在当期一个所得项目扣除不完的公益捐赠支出，可以按规定在其他所得项目中继续扣除。

②居民个人发生的公益捐赠支出，在综合所得或者经营所得中扣除的，扣除限额分别为当年综合所得、当年经营所得应纳税所得额的30%；在分类所得中扣除的，扣除限额为当月分类所得应纳税所得额的30%。

③居民个人根据各项所得的收入、公益捐赠支出、适用税率等情况，自行决定在综合所得、分类所得、经营所得中扣除公益捐赠支出的顺序。

（2）居民个人在综合所得中扣除公益捐赠支出的，按照下列规定处理：

①居民个人取得工资、薪金的，可以选择在预扣预缴时扣除，也可以选择在年度汇算清缴时扣除。

居民个人选择在预扣预缴时扣除的，应按照累计预扣法计算扣除限额。

②居民个人取得劳务报酬所得、稿酬所得、特许权使用费所得的，预扣预缴时不扣除公益捐赠支出，统一在汇算清缴时扣除。

③居民个人取得全年一次性奖金、股权激励等所得，且按规定采取不并入综合所得

而单独计税的，公益捐赠支出扣除比照分类所得的扣除规定。

（3）居民个人发生的公益捐赠支出，可在捐赠当月取得的分类所得中扣除。居民个人捐赠当月有多项多次分类所得的，应先在其中一项一次分类所得中扣除。已经在分类所得中扣除的公益捐赠支出，不再调整到其他所得中扣除。

（4）在经营所得中扣除公益捐赠支出，应按以下规定处理：

①个体工商户发生的公益捐赠支出，在其经营所得中扣除。

②个人独资企业、合伙企业发生的公益捐赠支出，其个人投资者应当按照捐赠年度合伙企业的分配比例（个人独资的为100%），计算归属于每一个投资者的公益捐赠支出，个人投资者应将其归属的个人独资企业、合伙企业公益捐赠支出和本人需要在经营所得中扣除的其他公益捐赠支出合并，在其经营所得中扣除。

③在经营所得中扣除公益捐赠支出的，可以选择在预缴税款时扣除，也可以选择在汇算清缴时扣除。

④经营所得采取核定征收方式的，不扣除公益捐赠支出。

（5）非居民个人发生的公益捐赠支出，未超过其在公益捐赠支出发生的当月应纳税所得额30%的部分，可以从其应纳税所得额中扣除。扣除不完的公益捐赠支出，可以在经营所得中继续扣除。

【做中学6-19】2019年2月1日，王某购买福利彩票中奖500万元，王某领奖时拿出200万元捐给红十字会。

王某应缴纳的个人所得税计算如下：

捐赠扣除限额 = 500 × 30% = 150（万元）

纳税人实际捐赠200万元，高于捐赠扣除限额150万元，因此只有150万元可在税前扣除。

应纳税所得额 = 500 − 150 = 350（万元）

应纳税额 = 350 × 20% = 70（万元）

（十六）居民个人境外所得的税额扣除

1.抵免原则

在我国境内有住所或无住所、居住累计满183天的纳税人，从我国境内和境外取得的所得，都应按照我国税法规定缴纳个人所得税，但纳税人的境外所得一般均已在境外缴纳或负担了该国的所得税税额。为了避免国际上对同一所得的重复征税，税法规定，纳税人从我国境外取得的所得，准予其在应纳税额中扣除已在境外缴纳的个人所得税税额，即税款的抵免，但抵免额不得超过该纳税人境外所得依照我国税法规定计算的应纳税额（即抵免限额）。

居民个人已在境外缴纳的个人所得税税额，是指居民个人来源于中国境外的所得，依照该所得来源国家（地区）的法律应当缴纳并且实际已经缴纳的所得税税额。

居民个人境外所得依照规定计算的应纳税额，是居民个人抵免已在境外缴纳的综合所得、经营所得以及其他所得的所得税税额的限额（以下简称抵免限额）。除国务院财政、税务主管部门另有规定外，来源于中国境外一个国家（地区）的综合所得抵免限额、经营所得抵免限额及其他所得抵免限额之和，为来源于该国家（地区）所得的抵免限额。

2.居民个人应分项计算当期境外所得应纳税额

（1）居民个人来源于中国境外的综合所得，应当与境内综合所得合并计算应纳税额。其计算公式如下：

$$\text{来源于一国（地区）综合所得的抵免限额}=\text{合并中国境内、境外全部综合所得计算的应纳税额}\times\text{来源于该国（地区）的综合所得收入额}\div\text{中国境内、境外综合所得收入总额}$$

（2）居民个人来源于中国境外的经营所得，应当与境内经营所得合并计算应纳税额。其计算公式如下：

$$\text{来源于一国（地区）经营所得抵免限额}=\text{合并中国境内、境外全部经营所得计算的经营所得应纳税额}\times\text{来源于该国（地区）的经营所得的应纳税所得额}\div\text{中国境内、境外经营所得的应纳税所得额合计}$$

居民个人来源于境外的经营所得，按照个人所得税法及其实施条例的有关规定计算的亏损，不得抵减其境内或他国（地区）的应纳税所得额，但可以用来源于同一国家（地区）以后年度的经营所得按我国税法的规定弥补。

（3）居民个人来源于中国境外的利息、股息、红利所得，财产租赁所得，财产转让所得和偶然所得（以下称其他分类所得），不与境内所得合并，应当分别单独计算应纳税额。其计算公式如下：

$$\text{来源于一国（地区）其他分类所得的抵免限额}=\text{该国（地区）其他分类所得单独计算的应纳税额}$$

$$\text{来源于一国（地区）所得的抵免限额}=\text{来源于一国（地区）综合所得的抵免限额}+\text{来源于一国（地区）经营所得抵免限额}+\text{来源于一国（地区）其他分类所得的抵免限额}$$

3.税款的抵免方法

居民个人在中国境外一个国家（地区）实际已经缴纳的个人所得税税额，低于依照前款规定计算出的来源于该国家（地区）所得的抵免限额的，应当在中国缴纳差额部分的税款；超过来源于该国家（地区）所得的抵免限额的，其超过部分不得在本纳税年度的应纳税额中抵免，但是可以在以后纳税年度就其来源于该国家（地区）所得的抵免限额的余额中补扣。补扣期限最长不得超过5年。

税款抵免可分两种情况：

（1）按限额抵免。按限额抵免适用于境外所得已缴税款高于按我国税法计算的应纳税额。准予抵免（扣除）的实缴境外税款最多不能超过境外所得按我国税法计算的抵免限额。

（2）按实缴税额抵免。按实缴税额抵免适用于纳税人在境外的所得实际缴纳的所得税低于或等于按我国税法计算的应纳税额。在这种情况下，按境外实际缴纳的税额抵免。居民个人申请抵免已在境外缴纳的个人所得税税额，应当提供境外税务机关出具的税款所属年度的有关纳税凭证。

【做中学6-20】中国居民王某在2019年境内的工资薪金为30 000元/月，专项扣除为4 000元/月，专项附加扣除为1 000元/月，10月提供劳务取得收入50 000元。从美国、英国两国取得应税收入，其中：在美国转让一项专利技术获得200 000元，出版一本著作取得稿酬40 000元，两项收入在美国缴纳个人所得税28 500元；在英国取得股息收入20 000元，并在英国缴纳该项收入的个人所得税5 000元。

王某在我国应缴纳的个人所得税计算如下：

（1）计算抵免限额：

美国：境内外综合所得＝［（30 000×12－4 000×12－1 000×12－5 000×12）＋50 000×（1－20%）］＋［200 000×（1－20%）+40 000×（1－20%）×70%］＝（240 000+40 000）＋（160 000＋22 400）＝462 400（元）

境内外综合所得应纳税额＝462 400×30%－52 920＝85 800（元）

境外综合所得应纳税额（或抵免限额）＝85 800×（182 400÷462 400）
＝33 844.98（元）

美国收入应补税款＝33 844.98－28 500＝5 344.98（元）

英国：股息收入应纳税额＝20 000×20%＝4 000（元）

（2）王某在国内应缴纳的个人所得税：

王某在美国取得所得的抵免限额为33 844.98元，在美国实际缴纳个人所得税28 500元，低于抵免限额，可以全额据实抵扣，并需要在我国补缴税款5 344.98元。

在英国取得所得的抵免限额为4 000元，实际在英国缴纳个人所得税5 000元，超出抵免限额的1 000元不能在本年度扣减，但可在以后5个纳税年度的该国减除限额的余额中补扣。

所以，王某应向我国税务机关补缴个人所得税5 344.98元。

纳税人按规定申请扣除在境外实际已缴纳的个人所得税税额时，应当提供境外税务机关填发的完税凭证原件。

（十七）无住所居民个人所得税的计算

1.无住所居民个人工资薪金所得收入额的计算

在一个纳税年度内，在境内累计居住满183天的无住所居民个人取得工资薪金所得，当月工资薪金收入额按照以下规定计算：

（1）无住所居民个人在境内居住累计满183天的年度连续不满6年的情形。

在境内居住累计满183天的年度连续不满6年的无住所居民个人，符合实施条例第四条优惠条件的，其取得的全部工资薪金所得，除归属于境外工作期间且由境外单位或个人支付的工资薪金所得部分外，均应计算缴纳个人所得税。工资薪金所得收入额的计算公式如下：

$$\frac{\text{当月工资}}{\text{薪金收入额}}=\frac{\text{当月境内外}}{\text{工资薪金总额}}\times\left[1-\left(\frac{\text{当月境外支付}}{\text{工资薪金数额}}\div\frac{\text{当月境内外}}{\text{工资薪金总额}}\right)\times\left(\frac{\text{当月工资薪金所属}}{\text{工作期间境外工作天数}}\div\frac{\text{当月工资薪金所属}}{\text{工作期间公历天数}}\right)\right]$$

（2）无住所居民个人在境内居住累计满183天的年度连续满6年的情形。

在境内居住累计满183天的年度连续满6年后，不符合优惠条件的无住所居民个人，其从境内、境外取得的全部工资薪金所得均应计算缴纳个人所得税。

2.无住所居民个人税款的计算

无住所居民个人取得综合所得，年度终了后，应按年计算个人所得税；有扣缴义务人的，由扣缴义务人按月或按次预扣预缴税款；需要办理汇算清缴的，按照规定办理汇算清缴，年度综合所得应纳税额计算公式如下：

$$\text{年度综合所得应纳税额}=(\text{年度工资薪金收入额}+\text{年度劳务报酬收入额}+\text{年度稿酬收入额}+\text{年度特许权使用费收入额}-\text{减除费用}-\text{专项扣除}-\text{专项附加扣除}-\text{依法确定的其他扣除})\times\text{适用税率}-\text{速算扣除数}$$

无住所居民个人为外籍个人的，2022年1月1日前计算工资薪金收入额时，已经按规定减除住房补贴、子女教育费、语言训练费等八项津补贴的，不能同时享受专项附加扣除。

年度工资薪金、劳务报酬、稿酬、特许权使用费收入额分别按年度内每月工资薪金，以及每次劳务报酬、稿酬、特许权使用费收入额合计数额计算。

（十八）非居民个人税款计算

1.无住所非居民个人工资薪金所得收入额的计算

无住所非居民个人取得工资薪金所得，除高管人员以外，当月工资薪金收入额分别按照以下两种情形计算：

（1）境内居住时间累计不超过90天。

在一个纳税年度内，在境内居住累计不超过90天的非居民个人，仅就归属于境内工作期间并由境内雇主支付或者负担的工资薪金所得计算缴纳个人所得税。当月工资薪金收入额的计算公式如下：

$$\text{当月工资薪金收入额}=\text{当月境内外工资薪金总额}\times(\text{当月境内支付工资薪金数额}\div\text{当月境内外工资薪金总额})\times(\text{当月工资薪金所属工作期间境内工作天数}\div\text{当月工资薪金所属工作期间公历天数})$$

【做中学6-21】A先生为无住所个人，2020年1月，A先生同时取得2019年第四季度（公历天数92天）奖金和全年奖金。假设A先生取得季度奖金20万元，对应境内工作天数为46天；取得全年奖金50万元，对应境内工作天数为73天。两笔奖金分别由境内公司、境外公司各支付一半。

假设不考虑税收协定因素，A先生1月取得数月奖金在境内应计税的收入额计算如下：

2020年度，A先生在中国境内居住天数不超过90天，为非居民个人，A先生仅就境内支付的境内所得，计算在境内应计税的收入。A先生当月取得数月奖金在境内应计税的收入额为10万元。

（2）境内居住时间累计超过90天不满183天。

在一个纳税年度内，在境内累计居住超过90天但不满183天的非居民个人，取得归属于境内工作期间的工资薪金所得，均应计算缴纳个人所得税；其取得归属于境外工作期间的工资、薪金所得，不征收个人所得税。当月工资、薪金收入额的计算公式如下：

$$\text{当月工资、薪金收入额}=\text{当月境内外工资、薪金总额}\times(\text{当月工资、薪金所属工作期间境内工作天数}\div\text{当月工资、薪金所属工作期间公历天数})$$

2. 无住所非居民个人税款的计算

（1）非居民个人当月取得工资薪金所得，按照规定计算当月收入额，减去税法规定的减除费用后的余额，为应纳税所得额，适用按月换算后的综合所得税率表即月度税率表计算应纳税额。

（2）非居民个人一个月内取得数月奖金，单独按照规定计算当月收入额，不与当月其他工资、薪金合并，按6个月分摊计税，不减除费用，适用月度税率表计算应纳税额，在一个公历年度内，对每一个非居民个人，该计税办法只允许适用一次。计算公式如下：

当月数月奖金应纳税额 = ［（数月奖金收入额 ÷ 6）× 适用税率 − 速算扣除数］× 6

（3）非居民个人一个月内取得股权激励所得，单独按照规定计算当月收入额，不与当月其他工资、薪金合并，按6个月分摊计税（一个公历年度内的股权激励所得应合并计算），不减除费用，适用月度税率表计算应纳税额，计算公式如下：

当月股权激励所得应纳税额 = ［（本公历年度内股权激励所得合计额 ÷ 6）× 适用税率 − 速算扣除数］× 6 − 本公历年度内股权激励所得已纳税额

【做中学6-22】B先生为无住所个人，2020年在境内居住天数不满90天。2020年1月，B先生取得境内支付的股权激励所得400 000元，其中归属于境内工作期间的所得为120 000元；2020年5月，取得境内支付的股权激励所得700 000元，其中归属于境内工作期间的所得为180 000元。

假设不考虑税收协定因素，B先生在境内股权激励所得的纳税计算如下：

2020年1月应纳税额 = ［（120 000 ÷ 6）× 20% − 1 410］× 6 = 15 540（元）

2020年5月应纳税额 = {［（120 000 + 180 000）÷ 6］× 30% − 4 410} × 6 − 15 540 = 48 000（元）

3. 非居民个人应纳税所得额的规定

非居民个人取得来源于境内的劳务报酬所得、稿酬所得、特许权使用费所得，以税法规定的每次收入额为应纳税所得额，适用月度税率表计算应纳税额。

任务三　个人所得税的会计核算

一、会计科目的设置

为了正确反映和核算个人所得税纳税事项，应在“应交税费”科目下设置“应交个人所得税”和“代扣个人所得税”两个明细科目。

二、会计核算

（一）个体工商户生产、经营所得的会计核算

个体工商户取得生产、经营所得按规定计算应纳所得税，借记“所得税费用”

科目，贷记“应交税费——应交个人所得税”科目。实际上缴税款时，借记“应交税费——应交个人所得税”科目，贷记“银行存款”科目。

【做中学6-23】某个体工商户全年取得经营收入300 000元，其中经营成本、费用总额为250 000元。

其全年应缴纳的个人所得税的计算及会计处理如下：

应纳税所得额 = 300 000 − 250 000 = 50 000（元）

应纳税额 = 50 000 × 10% − 1 500 = 3 500（元）

借：所得税费用　　3 500

　　贷：应交税费——应交个人所得税　　3 500

借：应交税费——应交个人所得税　　3 500

　　贷：银行存款　　3 500

（二）工资、薪金所得的会计核算

企业作为个人所得税的扣缴义务人，应按规定扣缴职工应缴纳的个人所得税。代扣个人所得税时，借记“应付职工薪酬”科目，贷记“应交税费——代扣个人所得税”科目。

【做中学6-24】甲公司2019年1月为张莉发放工资9 800元，其中专项扣除2 400元，专项附加扣除1 500元。

月末发工资时，甲公司为张莉扣缴个人所得税如下：

张莉应纳个人所得税 =（9 800 − 5 000 − 2 400 − 1 500）× 3% = 27（元）

发放工资时编制会计分录如下：

借：应付职工薪酬　　9 800

　　贷：库存现金　　7 373

　　　　其他应付款——社保费　　2 400

　　　　应交税费——代扣个人所得税　　27

（三）其他所得的会计核算

企业支付给个人的劳务报酬、特许权使用费、稿费、财产租赁费、股息、利息、红利、偶然所得和其他所得，一般由支付单位作为扣缴义务人代扣税款，并计入该企业的有关期间费用账户，即企业在支付上述费用时，借记“无形资产”“管理费用”“财务费用”“销售费用”“应付利息”“应付股利”等科目，贷记“应交税费——代扣个人所得税”“库存现金”等科目；实际缴纳时，借记“应交税费——代扣个人所得税”科目，贷记“银行存款”科目。

【做中学6-25】王工程师向一家公司提供一项专利使用权，一次取得收入50 000元。

相关计算及会计处理如下：

应纳税额 = 50 000 ×（1 − 20%）× 20% = 8 000（元）

计提扣缴个人所得税时：

借：无形资产　　50 000

　　贷：应交税费——代扣个人所得税　　8 000

　　　　库存现金　　42 000

实际上缴个人所得税时：

借：应交税费——代扣个人所得税　　8 000
　　贷：银行存款　　8 000

任务四　个人所得税的纳税申报

我国个人所得税采取自行申报和代扣代缴两种申报形式。

一、自行申报

自行申报是指由纳税人自行在税法规定的纳税期限内，向税务机关申报取得的应税所得项目和数额，如实填写个人所得税纳税申报表，并按照税法规定计算应纳税额，据此缴纳个人所得税的一种方法。

（一）自行申报的范围

1.取得综合所得需要办理汇算清缴的纳税申报

依据我国税法的规定，符合下列情形之一的，纳税人需要办理年度汇算：

（1）已预缴税额大于年度应纳税额且申请退税的；

（2）综合所得收入全年超过12万元且需要补税金额超过400元的。

注意：纳税人在2020年度已依法预缴个人所得税且符合下列情形之一的，无须办理年度汇算：

（1）年度汇算需补税但综合所得收入全年不超过12万元的；

（2）年度汇算需补税金额不超过400元的；

（3）已预缴税额与年度应纳税额一致或者不申请退税的。

2.取得经营所得的纳税申报

个体工商户业主、个人独资企业投资者、合伙企业个人合伙人、承包承租经营者个人，以及其他从事生产、经营活动的个人取得经营所得，包括以下情形：

（1）个体工商户从事生产、经营活动取得的所得，个人独资企业投资人、合伙企业的个人合伙人来源于境内注册的个人独资企业、合伙企业生产、经营的所得；

（2）个人依法从事办学、医疗、咨询及其他有偿服务活动取得的所得；

（3）个人对企业、事业单位承包经营、承租经营，以及转包、转租取得的所得；

（4）个人从事其他生产、经营活动取得的所得。

3.取得应税所得，扣缴义务人未扣缴税款的纳税申报

纳税人取得应税所得，扣缴义务人未扣缴税款的，应当区别以下情形办理纳税申报：

（1）居民个人取得综合所得的；

（2）非居民个人取得工资、薪金所得，劳务报酬所得，稿酬所得，特许权使用费所得的；

（3）纳税人取得利息、股息、红利所得，财产租赁所得，财产转让所得和偶然所得的。

4.取得境外所得的纳税申报

5.因移居境外注销中国户籍的纳税申报

纳税人因移居境外注销中国户籍的，应当在申请注销中国户籍前，向户籍所在地主管税务机关办理纳税申报，进行税款清算。

（1）纳税人在注销户籍年度取得综合所得的，应当在注销户籍前，办理当年综合所得的汇算清缴；尚未办理上一年度综合所得汇算清缴的，应当在办理注销户籍纳税申报时一并办理。

（2）纳税人在注销户籍年度取得经营所得的，应当在注销户籍前，办理当年经营所得的汇算清缴；从两处以上取得经营所得的，还应当一并报送“个人所得税经营所得纳税申报表”。

（3）纳税人在注销户籍当年取得利息、股息、红利所得，财产租赁所得，财产转让所得和偶然所得的，应当在注销户籍前，申报当年上述所得的完税情况，并报送“个人所得税自行纳税申报表（A表）”。

（4）纳税人有未缴或者少缴税款的，应当在注销户籍前，结清欠缴或未缴的税款。纳税人存在分期缴税且未缴纳完毕的，应当在注销户籍前，结清尚未缴纳的税款。

（5）纳税人办理注销户籍纳税申报时，需要办理专项附加扣除、依法确定的其他扣除的，应当向税务机关报送“个人所得税专项附加扣除信息表”“商业健康保险税前扣除情况明细表”“个人税收递延型商业养老保险税前扣除情况明细表”等。

6.非居民个人在中国境内从两处以上取得工资、薪金所得的纳税申报

非居民个人在中国境内从两处以上取得工资、薪金所得的，应当在取得所得的次月15日内，向其中一处任职、受雇单位所在地主管税务机关办理纳税申报，并报送“个人所得税自行纳税申报表（A表）”。

7.国务院规定的其他情形

（二）自行申报的纳税期限

（1）居民个人取得综合所得，按年计算个人所得税；有扣缴义务人的，由扣缴义务人按月或按次预扣预缴税款；需要办理汇算清缴的，应当在取得所得的次年3月1日至6月30日内办理汇算清缴。

（2）纳税人取得经营所得，按年计算个人所得税，由纳税人在月度或季度终了后15日内向税务机关报送纳税申报表，并预缴税款；在取得所得的次年3月31日前办理汇算清缴。

（3）纳税人取得应税所得没有扣缴义务人的，应当在取得所得的次月15日内向税务机关报送纳税申报表，并缴纳税款。

纳税人取得应税所得，扣缴义务人未扣缴税款的，纳税人应当在取得所得的次年6月30日前缴纳税款；税务机关通知限期缴纳的，纳税人应当按照期限缴纳税款。

居民个人从中国境外取得所得的，应当在取得所得的次年3月1日至6月30日内申报纳税。

非居民个人在中国境内从两处以上取得工资、薪金所得的，应当在取得所得的次月15日内申报纳税。

（4）扣缴义务人每月或者每次预扣、代扣的税款，应当在次月15日内缴入国库，并向税务机关报送扣缴个人所得税申报表。

纳税人办理汇算清缴退税或者扣缴义务人为纳税人办理汇算清缴退税的，税务机关审核后，按照国库管理的有关规定办理退税。

（三）自行申报的纳税地点

个人所得税纳税人应当向取得所得来源地主管税务机关申报纳税。但要注意以下几点：

（1）在中国境内有任职、受雇单位的，向任职、受雇单位所在地主管税务机关申报。

（2）在中国境内有两处或者两处以上任职、受雇单位的，选择并固定向其中一处单位所在地主管税务机关申报。

（3）在中国境内无任职、受雇单位，年所得项目中有个体工商户的生产、经营所得或者对企事业单位的承包经营、承租经营所得的，向其中一处实际经营所在地主管税务机关申报。

（4）在中国境内无任职、受雇单位，年所得项目中无生产、经营所得的，向户籍所在地主管税务机关申报。在中国境内有户籍，但户籍所在地与中国境内经常居住地不一致的，选择并固定向其中一地主管税务机关申报。在中国境内没有户籍的，向中国境内经常居住地主管税务机关申报。

（5）个体工商户向实际经营所在地主管税务机关申报。

（6）个人独资、合伙企业投资者兴办两个或两个以上企业的，区分不同情形确定纳税申报地点。

①兴办的企业全部是个人独资性质的，分别向各企业的实际经营管理所在地主管税务机关申报。

②兴办的企业中含有合伙性质的，向经常居住地主管税务机关申报。

③兴办的企业中含有合伙性质，个人投资者经常居住地与其兴办企业的经营管理所在地不一致的，选择并固定向其参与兴办的某一合伙企业的经营管理所在地主管税务机关申报。

纳税人不得随意变更纳税申报地点，因特殊情况变更纳税申报地点的，须报原主管税务机关备案。

（四）自行申报的方式

纳税人可自主选择下列办理方式：

（1）自行办理年度汇算。

（2）通过任职受雇单位代为办理。纳税人提出代办要求的，单位应当代为办理，或者培训、辅导纳税人通过网上税务局（包括手机个人所得税APP，下同）完成年度汇算申报和退（补）税。由单位代为办理的，纳税人应在2021年4月30日前与单位以书面或者电子等方式进行确认，补充提供其2020年度在本单位以外取得的综合所得收入、相关扣除、享受税收优惠等信息资料，并对所提交信息的真实性、准确性、完整性负责。纳税人未与单位确认请其代为办理年度汇算的，单位不得代办。

（3）委托涉税专业服务机构或其他单位及个人（以下称“受托人”）办理，受托人需与纳税人签订授权书。

单位或受托人为纳税人办理年度汇算后，应当及时将办理情况告知纳税人。纳税人发现申报信息存在错误的，可以要求单位或受托人办理更正申报，也可自行办理更正申报。

二、代扣代缴

代扣代缴是指按照税法规定负有扣缴税款义务的单位或者个人，在向个人支付应纳税所得时，应计算其应纳税额，并从所得中扣除并缴入国库，同时向税务机关报送个人所得税扣缴申报表。这种做法的目的是控制税源，防止发生漏税和逃税。

（一）扣缴义务人

凡是支付个人应纳税所得的企业（公司）、事业单位、机关单位、社团组织、军队、驻华机构、个体户等单位或个人，都是个人所得税的扣缴义务人。扣缴义务人必须依法履行个人所得税全员全额扣缴申报义务。

所谓全员全额扣缴申报，是指扣缴义务人应当在代扣税款的次月15日内，向主管税务机关报送其支付所得的所有个人的有关信息、支付所得数额、扣除事项和数额、扣缴税款的具体数额和总额，以及其他相关涉税信息资料。

（二）应扣缴税款的所得项目

代扣代缴项目有：扣缴义务人向居民个人支付工资、薪金所得，劳务报酬所得，稿酬所得和特许权使用费所得；向非居民个人支付工资、薪金所得，劳务报酬所得，稿酬所得和特许权使用费所得；以及向纳税人（居民个人和非居民个人）支付利息、股息、红利所得，财产租赁所得，财产转让所得和偶然所得。

（三）扣缴义务人的义务及应承担的责任

扣缴义务人对纳税人的应扣未扣的税款，其应纳税款仍然由纳税人缴纳，扣缴义务人应承担应扣未扣税款50%以上至3倍的罚款。扣缴义务人已将纳税人拒绝代扣代缴的情况及时报告税务机关的除外。

三、个人所得税的申报缴纳

个人所得税的扣缴义务人和自行申报纳税人，必须按税法规定的期限向税务机关进行纳税申报和缴纳税款。扣缴义务人每月所扣的税款与自行申报纳税人每月应纳税款，都应当在次月15日内缴入国库，并向税务机关报送纳税申报表。

（一）代扣代缴个人所得税的申报表

扣缴义务人首次向纳税人支付所得时，应当按照纳税人提供的纳税人识别号等基础信息，填写“个人所得税基础信息表（A表）”，见表6-9，并于次月扣缴申报时向税务机关报送。扣缴义务人向居民个人支付工资、薪金所得，劳务报酬所得，稿酬所得和特许权使用费所得的个人所得税全员全额预扣预缴申报；向非居民个人支付工资、薪金所得，劳务报酬所得，稿酬所得和特许权使用费所得的个人所得税全员全额扣缴申报；以及向纳税人（居民个人和非居民个人）支付利息、股息、红利所得，财产租赁所得，财产转让所得和偶然所得的个人所得税全员全额扣缴申报。扣缴义务人每月或每次预扣、代扣的税款，应当在次月15日内缴入国库，并向税务机关报送“个人所得税扣缴申报表”，见表6-10。

表 6-9

个人所得税基础信息表（A表）

（适用于扣缴义务人填报）

扣缴义务人名称：

扣缴义务人纳税人识别号（统一社会信用代码）：□□□□□□□□□□□□□□□□□□

序号	纳税人基本信息（带*必填）						任职受雇从业信息					联系方式					银行账户		投资信息		其他信息		华侨、港澳台、外籍个人信息（带*必填）					备注
	纳税人识别号	*纳税人姓名	*身份证件类型	*身份证件号码	*出生日期	*国籍/地区	类型	职务	学历	任职受雇从业日期	离职日期	手机号码	户籍所在地	经常居住地	联系地址	电子邮箱	开户银行	银行账号	投资额（元）	投资比例	是否残疾/孤老/烈属	残疾/烈属证号	*出生地	*性别	*首次入境时间	*预计离境时间	*涉税事由	
1	2	3	4	5	6	7	8	9	10	11	12	13	14	15	16	17	18	19	20	21	22	23	24	25	26	27	28	29

谨声明：本表是根据国家税收法律法规及相关规定填报的，是真实的、可靠的、完整的。

扣缴义务人（签章）：　　年　月　日

经办人签字： 经办人身份证件号码： 代理机构签章： 代理机构统一社会信用代码：	受理人： 受理税务机关（章）： 受理日期：　　年　月　日

国家税务总局监制

表 6-10

个人所得税扣缴申报表

税款所属期：　　年　月　日至　　年　月　日

扣缴义务人名称：

扣缴义务人纳税人识别号（统一社会信用代码）：□□□□□□□□□□□□□□□□□□□□□□□　　金额单位：人民币元（列至角分）

序号	姓名	身份证件类型	身份证件号码	纳税人识别号	是否为非居民个人	所得项目	本月（次）情况														累计情况									减按计税比例	准予扣除的捐赠额	税款计算							备注
							收入额计算			减除费用	专项扣除				其他扣除						累计收入额	累计减除费用	累计专项扣除	累计专项附加扣除					累计其他扣除			应纳税所得额	税率/预扣率	速算扣除数	应纳税额	减免税额	已缴税额	应补/退税额	
							收入	费用	免税收入		基本养老保险费	基本医疗保险费	失业保险费	住房公积金	年金	商业健康保险	税延养老保险	财产原值	允许扣除的税费	其他				子女教育	赡养老人	住房贷款利息	住房租金	继续教育											
1	2	3	4	5	6	7	8	9	10	11	12	13	14	15	16	17	18	19	20	21	22	23	24	25	26	27	28	29	30	31	32	33	34	35	36	37	38	39	40
合计																																							

谨声明：本表是根据国家税收法律法规及相关规定填报的，是真实的、可靠的、完整的。

扣缴义务人（签章）：　　　年　月　日

经办人签字： 经办人身份证件号码： 代理机构签章： 代理机构统一社会信用代码：	受理人： 受理税务机关（章）： 受理日期：　　年　月　日

国家税务总局监制

（二）自行申报的个人所得税纳税申报表

自然人纳税人初次向税务机关办理相关涉税事宜时填报“个人所得税基础信息表（B表）”，见表6-11。初次申报后，以后仅需在信息发生变化时填报。居民个人取得应税所得，扣缴义务人未扣缴税款；非居民个人取得应税所得，扣缴义务人未扣缴税款；非居民个人在中国境内从两处以上取得工资、薪金所得等，在办理自行纳税申报时，向税务机关报送“个人所得税自行纳税申报表（A表）”（见表6-12）。居民个人从境内取得的工资薪金所得、劳务报酬所得、特许权使用费所得和稿酬所得等综合所得，按税法规定进行个人所得税的汇算清缴的，申报“个人所得税年度自行纳税申报表（A表）”（见表6-13），居民个人从境外取得的工资薪金所得、劳务报酬所得、特许权使用费所得和稿酬所得等综合所得，按税法规定进行个人所得税的汇算清缴的，申报“个人所得税年度自行纳税申报表（B表）”（见表6-14）。实行查账征收和核定征收的个体工商户业主、个人独资企业投资人、合伙企业个人合伙人、承包承租经营者个人，以及其他从事生产、经营活动的个人在中国境内取得经营所得，办理个人所得税预缴纳税申报时，向税务机关报送“个人所得税经营所得纳税申报表（A表）”（见表6-15）。个体工商户业主、个人独资企业投资人、合伙企业个人合伙人、承包承租经营者个人，以及其他从事生产、经营活动的个人在中国境内取得经营所得，且实行查账征收的，在办理个人所得税汇算清缴时，向税务机关报送“个人所得税经营所得纳税申报表（B表）”（见表6-16），合伙企业有两个或者两个以上个人合伙人的，应分别填报本表。个体工商户业主、个人独资企业投资人、合伙企业个人合伙人、承包承租经营者个人，以及其他从事生产、经营活动的个人在中国境内两处以上取得经营所得，在办理合并计算个人所得税的年度汇总纳税申报时，向税务机关报送“个人所得税经营所得纳税申报表（C表）”（见表6-17）。

表6-11　　个人所得税基础信息表（B表）

（适用于自然人填报）

纳税人识别号：□□□□□□□□□□□□□□□□□□□□□□□

基本信息（带*必填）					
基本信息	*纳税人姓名	中文名		英文名	
	*身份证件	证件类型一		证件号码	
		证件类型二		证件号码	
	*国籍/地区			*出生日期	年　月　日
联系方式	户籍所在地	省（区、市）　市　区（县）　街道（乡、镇）			
	经常居住地	省（区、市）　市　区（县）　街道（乡、镇）			
	联系地址	省（区、市）　市　区（县）　街道（乡、镇）			
	*手机号码			电子邮箱	
其他信息	开户银行			银行账号	
	学历	□研究生　□大学本科　□大学本科以下			
	特殊情形	□残疾　残疾证号________　□烈属　烈属证号________　□孤老			

续表

<table>
<tr><td colspan="8">任职、受雇、从业信息</td></tr>
<tr><td rowspan="3">任职受雇从业单位一</td><td>名称</td><td></td><td>国家/地区</td><td colspan="4"></td></tr>
<tr><td>纳税人识别号（统一社会信用代码）</td><td></td><td>任职受雇从业日期</td><td>年　月</td><td>离职日期</td><td colspan="2">年　月</td></tr>
<tr><td>类型</td><td>□雇员　□保险营销员
□证券经纪人　□其他</td><td>职务</td><td colspan="4">□高层　□其他</td></tr>
<tr><td rowspan="3">任职受雇从业单位二</td><td>名称</td><td></td><td>国家/地区</td><td colspan="4"></td></tr>
<tr><td>纳税人识别号（统一社会信用代码）</td><td></td><td>任职受雇从业日期</td><td>年　月</td><td>离职日期</td><td colspan="2">年　月</td></tr>
<tr><td>类型</td><td>□雇员　□保险营销员
□证券经纪人　□其他</td><td>职务</td><td colspan="4">□高层　□其他</td></tr>
<tr><td colspan="8">该栏仅由投资者纳税人填写</td></tr>
<tr><td rowspan="2">被投资单位一</td><td>名称</td><td></td><td>国家/地区</td><td colspan="4"></td></tr>
<tr><td>纳税人识别号（统一社会信用代码）</td><td></td><td>投资额（元）</td><td></td><td colspan="2">投资比例</td><td></td></tr>
<tr><td rowspan="2">被投资单位二</td><td>名称</td><td></td><td>国家/地区</td><td colspan="4"></td></tr>
<tr><td>纳税人识别号（统一社会信用代码）</td><td></td><td>投资额（元）</td><td></td><td colspan="2">投资比例</td><td></td></tr>
<tr><td colspan="8">该栏仅由华侨、港澳台、外籍个人填写（带*必填）</td></tr>
<tr><td colspan="2">*出生地</td><td></td><td>*首次入境时间</td><td colspan="4">年　月　日</td></tr>
<tr><td colspan="2">*性别</td><td></td><td>*预计离境时间</td><td colspan="4">年　月　日</td></tr>
<tr><td colspan="2">*涉税事由</td><td colspan="6">□任职受雇　□提供临时劳务　□转让财产　□从事投资和经营活动　□其他</td></tr>
<tr><td colspan="8">谨声明：本表是根据国家税收法律法规及相关规定填报的，是真实的、可靠的、完整的。
纳税人（签字）：　　　　年　月　日</td></tr>
<tr><td colspan="4">经办人签字：
经办人身份证件号码：
代理机构签章：
代理机构统一社会信用代码：</td><td colspan="4">受理人：
受理税务机关（章）：
受理日期：　　年　月　日</td></tr>
</table>

国家税务总局监制

表6-12

个人所得税自行纳税申报表（A表）

税款所属期：　　年　月　日至　　年　月　日

纳税人姓名：

纳税人识别号：□□□□□□□□□□□□□□□□□□□□□□　　　　金额单位：人民币元（列至角分）

自行申报情形	□居民个人取得应税所得，扣缴义务人未扣缴税款 □非居民个人取得应税所得，扣缴义务人未扣缴税款 □非居民个人在中国境内从两处以上取得工资、薪金所得 □其他	是否为非居民个人	□是 □否	非居民个人本年度境内居住天数	□不超过90天 □超过90天不超过183天

序号	所得项目	收入额计算			减除费用	专项扣除				其他扣除			减按计税比例	准予扣除的捐赠额	税款计算							备注
		收入	费用	免税收入		基本养老保险费	基本医疗保险费	失业保险费	住房公积金	财产原值	允许扣除的税费	其他			应纳税所得额	税率	速算扣除数	应纳税额	减免税额	已缴税额	应补/退税额	
1	2	3	4	5	6	7	8	9	10	11	12	13	14	15	16	17	18	19	20	21	22	23

谨声明：本表是根据国家税收法律法规及相关规定填报的，是真实的、可靠的、完整的。

纳税人签字：　　　　年　月　日

经办人签字： 经办人身份证件号码： 代理机构签章： 代理机构统一社会信用代码：	受理人： 受理税务机关（章）： 受理日期：　　年　月　日

国家税务总局监制

表6-13　个人所得税年度自行纳税申报表（A表）

（仅取得境内综合所得年度汇算适用）

税款所属期：　　年　月　日至　　年　月　日

纳税人姓名：

纳税人识别号：□□□□□□□□□□□□□□□□□□□□　　金额单位：人民币元（列至角分）

<table>
<tr><td colspan="6">基本情况</td></tr>
<tr><td>手机号码</td><td></td><td>电子邮箱</td><td></td><td>邮政编码</td><td>□□□□□□</td></tr>
<tr><td>联系地址</td><td colspan="5">____省（区、市）____市____区（县）____________街道（乡、镇）</td></tr>
<tr><td colspan="6">纳税地点（单选）</td></tr>
<tr><td colspan="4">1.有任职受雇单位的，需选本项并填写“任职受雇单位信息”：</td><td colspan="2">□任职受雇单位所在地</td></tr>
<tr><td rowspan="2">任职受雇单位信息</td><td>名称</td><td colspan="4"></td></tr>
<tr><td>纳税人识别号</td><td colspan="4">□□□□□□□□□□□□□□□□□□□□□□</td></tr>
<tr><td colspan="4">2.没有任职受雇单位的，可以从本栏次选择一地：</td><td colspan="2">□户籍所在地　□经常居住地</td></tr>
<tr><td colspan="2">户籍所在地/经常居住地</td><td colspan="4">____省（区、市）____市____区（县）____街道（乡、镇）</td></tr>
<tr><td colspan="6">申报类型（单选）</td></tr>
<tr><td colspan="6">□首次申报　　　□更正申报</td></tr>
<tr><td colspan="6">综合所得个人所得税计算</td></tr>
<tr><td colspan="4">项目</td><td>行次</td><td>金额</td></tr>
<tr><td colspan="4">一、收入合计（第1行＝第2行+第3行+第4行+第5行）</td><td>1</td><td></td></tr>
<tr><td colspan="4">（一）工资、薪金</td><td>2</td><td></td></tr>
<tr><td colspan="4">（二）劳务报酬</td><td>3</td><td></td></tr>
<tr><td colspan="4">（三）稿酬</td><td>4</td><td></td></tr>
<tr><td colspan="4">（四）特许权使用费</td><td>5</td><td></td></tr>
<tr><td colspan="4">二、费用合计［第6行＝（第3行+第4行+第5行）×20%］</td><td>6</td><td></td></tr>
<tr><td colspan="4">三、免税收入合计（第7行＝第8行+第9行）</td><td>7</td><td></td></tr>
<tr><td colspan="4">（一）稿酬所得免税部分［第8行＝第4行×（1－20%）×30%］</td><td>8</td><td></td></tr>
<tr><td colspan="4">（二）其他免税收入（附报“个人所得税减免税事项报告表”）</td><td>9</td><td></td></tr>
<tr><td colspan="4">四、减除费用</td><td>10</td><td></td></tr>
<tr><td colspan="4">五、专项扣除合计（第11行＝第12行+第13行+第14行+第15行）</td><td>11</td><td></td></tr>
<tr><td colspan="4">（一）基本养老保险费</td><td>12</td><td></td></tr>
</table>

续表

项 目	行次	金 额
（二）基本医疗保险费	13	
（三）失业保险费	14	
（四）住房公积金	15	
六、专项附加扣除合计（附报“个人所得税专项附加扣除信息表”） （第16行=第17行+第18行+第19行+第20行+第21行+第22行）	16	
（一）子女教育	17	
（二）继续教育	18	
（三）大病医疗	19	
（四）住房贷款利息	20	
（五）住房租金	21	
（六）赡养老人	22	
七、其他扣除合计（第23行=第24行+第25行+第26行+第27行+第28行）	23	
（一）年金	24	
（二）商业健康保险（附报“商业健康保险税前扣除情况明细表”）	25	
（三）税延养老保险（附报“个人税收递延型商业养老保险税前扣除情况明细表”）	26	
（四）允许扣除的税费	27	
（五）其他	28	
八、准予扣除的捐赠额（附报“个人所得税公益慈善事业捐赠扣除明细表”）	29	
九、应纳税所得额 （第30行=第1行－第6行－第7行－第10行－第11行－第16行－第23行－第29行）	30	
十、税率（%）	31	
十一、速算扣除数	32	
十二、应纳税额（第33行=第30行×第31行－第32行）	33	
全年一次性奖金个人所得税计算 （无住所居民个人预判为非居民个人取得的数月奖金，选择按全年一次性奖金计税的填写本部分）		
一、全年一次性奖金收入	34	
二、准予扣除的捐赠额（附报“个人所得税公益慈善事业捐赠扣除明细表”）	35	
三、税率（%）	36	

续表

项　目			行次	金　额
四、速算扣除数			37	
五、应纳税额［第38行=（第34行－第35行）×第36行－第37行］			38	
税额调整				
一、综合所得收入调整额（需在“备注”栏说明调整具体原因、计算方式等）			39	
二、应纳税额调整额			40	
应补/退个人所得税计算				
一、应纳税额合计（第41行=第33行+第38行+第40行）			41	
二、减免税额（附报“个人所得税减免税事项报告表”）			42	
三、已缴税额			43	
四、应补/退税额（第44行=第41行－第42行－第43行）			44	
无住所个人附报信息				
纳税年度内在中国境内居住天数		已在中国境内居住年数		
退税申请 （应补/退税额小于0的填写本部分）				
□ 申请退税（需填写“开户银行名称”“开户银行省份”“银行账号”）　□ 放弃退税				
开户银行名称		开户银行省份		
银行账号				
备　注				
谨声明：本表是根据国家税收法律法规及相关规定填报的，本人对填报内容（附带资料）的真实性、可靠性、完整性负责。 纳税人签字：　　年　月　日				
经办人签字： 经办人身份证件类型： 经办人身份证件号码： 代理机构签章： 代理机构统一社会信用代码：		受理人： 受理税务机关（章）： 受理日期：　年　月　日		

国家税务总局监制

表6-14 个人所得税年度自行纳税申报表（B表）

（居民个人取得境外所得适用）

税款所属期： 年 月 日至 年 月 日

纳税人姓名：

纳税人识别号：□□□□□□□□□□□□□□□□□□□□ 金额单位：人民币元（列至角分）

<table>
<tr><td colspan="6">基本情况</td></tr>
<tr><td>手机号码</td><td></td><td>电子邮箱</td><td></td><td>邮政编码</td><td>□□□□□□</td></tr>
<tr><td>联系地址</td><td colspan="5">______省（区、市）______市 ____区（县）________街道（乡、镇）</td></tr>
<tr><td colspan="6">纳税地点（单选）</td></tr>
<tr><td colspan="4">1.有任职受雇单位的，需选本项并填写“任职受雇单位信息”：</td><td colspan="2">□任职受雇单位所在地</td></tr>
<tr><td rowspan="2">任职受雇单位信息</td><td>名称</td><td colspan="4"></td></tr>
<tr><td>纳税人识别号</td><td colspan="4"></td></tr>
<tr><td colspan="4">2.没有任职受雇单位的，可以从本栏次选择一地：</td><td colspan="2">□户籍所在地 □ 经常居住地</td></tr>
<tr><td colspan="2">户籍所在地/经常居住地</td><td colspan="4">______省（区、市）______市 ________区（县）______街道（乡、镇）</td></tr>
<tr><td colspan="6">申报类型（单选）</td></tr>
<tr><td colspan="3">□首次申报</td><td colspan="3">□ 更正申报</td></tr>
<tr><td colspan="6">综合所得个人所得税计算</td></tr>
<tr><td colspan="4">项 目</td><td>行次</td><td>金 额</td></tr>
<tr><td colspan="4">一、境内收入合计（第1行＝第2行＋第3行＋第4行＋第5行）</td><td>1</td><td></td></tr>
<tr><td colspan="4">（一）工资、薪金</td><td>2</td><td></td></tr>
<tr><td colspan="4">（二）劳务报酬</td><td>3</td><td></td></tr>
<tr><td colspan="4">（三）稿酬</td><td>4</td><td></td></tr>
<tr><td colspan="4">（四）特许权使用费</td><td>5</td><td></td></tr>
<tr><td colspan="4">二、境外收入合计（附报“境外所得个人所得税抵免明细表”）（第6行＝第7行＋第8行＋第9行＋第10行）</td><td>6</td><td></td></tr>
<tr><td colspan="4">（一）工资、薪金</td><td>7</td><td></td></tr>
<tr><td colspan="4">（二）劳务报酬</td><td>8</td><td></td></tr>
<tr><td colspan="4">（三）稿酬</td><td>9</td><td></td></tr>
<tr><td colspan="4">（四）特许权使用费</td><td>10</td><td></td></tr>
<tr><td colspan="4">三、费用合计［第11行＝（第3行＋第4行＋第5行＋第8行＋第9行＋第10行）×20%］</td><td>11</td><td></td></tr>
</table>

续表

项　目	行次	金 额
四、免税收入合计（第12行=第13行+第14行）	12	
（一）稿酬所得免税部分［第13行=（第4行+第9行）×（1－20%）×30%］	13	
（二）其他免税收入（附报“个人所得税减免税事项报告表”）	14	
五、减除费用	15	
六、专项扣除合计（第16行=第17行+第18行+第19行+第20行）	16	
（一）基本养老保险费	17	
（二）基本医疗保险费	18	
（三）失业保险费	19	
（四）住房公积金	20	
七、专项附加扣除合计（附报“个人所得税专项附加扣除信息表”）（第21行=第22行+第23行+第24行+第25行+第26行+第27行）	21	
（一）子女教育	22	
（二）继续教育	23	
（三）大病医疗	24	
（四）住房贷款利息	25	
（五）住房租金	26	
（六）赡养老人	27	
八、其他扣除合计（第28行=第29行+第30行+第31行+第32行+第33行）	28	
（一）年金	29	
（二）商业健康保险（附报“商业健康保险税前扣除情况明细表”）	30	
（三）税延养老保险（附报“个人税收递延型商业养老保险税前扣除情况明细表”）	31	
（四）允许扣除的税费	32	
（五）其他	33	
九、准予扣除的捐赠额（附报“个人所得税公益慈善事业捐赠扣除明细表”）	34	
十、应纳税所得额（第35行=第1行+第6行－第11行－第12行－第15行－第16行－第21行－第28行－第34行）	35	
十一、税率（%）	36	

续表

项 目		行次	金 额
十二、速算扣除数		37	
十三、应纳税额（第38行＝第35行×第36行－第37行）		38	
除综合所得外其他境外所得个人所得税计算 （无相应所得不填本部分，有相应所得另需附报“境外所得个人所得税抵免明细表”）			
一、经营所得	（一）经营所得应纳税所得额（第39行＝第40行+第41行）	39	
	其中：境内经营所得应纳税所得额	40	
	境外经营所得应纳税所得额	41	
	（二）税率（%）	42	
	（三）速算扣除数	43	
	（四）应纳税额（第44行＝第39行×第42行－第43行）	44	
二、利息、股息、红利所得	（一）境外利息、股息、红利所得应纳税所得额	45	
	（二）税率（%）	46	
	（三）应纳税额（第47行＝第45行×第46行）	47	
三、财产租赁所得	（一）境外财产租赁所得应纳税所得额	48	
	（二）税率（%）	49	
	（三）应纳税额（第50行＝第48行×第49行）	50	
四、财产转让所得	（一）境外财产转让所得应纳税所得额	51	
	（二）税率（%）	52	
	（三）应纳税额（第53行＝第51行×第52行）	53	
五、偶然所得	（一）境外偶然所得应纳税所得额	54	
	（二）税率（%）	55	
	（三）应纳税额（第56行＝第54行×第55行）	56	
六、其他所得	（一）其他境内、境外所得应纳税所得额合计（需在“备注”栏说明具体项目）	57	
	（二）应纳税额	58	
股权激励个人所得税计算 （无境外股权激励所得不填本部分，有相应所得另需附报“境外所得个人所得税抵免明细表”）			
一、境内、境外单独计税的股权激励收入合计		59	
二、税率（%）		60	

续表

项目	行次	金额
三、速算扣除数	61	
四、应纳税额（第62行＝第59行×第60行－第61行）	62	
全年一次性奖金个人所得税计算 （无住所个人预判为非居民个人取得的数月奖金，选择按全年一次性奖金计税的填写本部分）		
一、全年一次性奖金收入	63	
二、准予扣除的捐赠额（附报“个人所得税公益慈善事业捐赠扣除明细表”）	64	
三、税率（%）	65	
四、速算扣除数	66	
五、应纳税额［第67行＝（第63行－第64行）×第65行－第66行］	67	
税额调整		
一、综合所得收入调整额（需在“备注”栏说明调整具体原因、计算方法等）	68	
二、应纳税额调整额	69	
应补/退个人所得税计算		
一、应纳税额合计 （第70行＝第38行+第44行+第47行+第50行+第53行+第56行+第58行+第62行+第67行+第69行）	70	
二、减免税额（附报“个人所得税减免税事项报告表”）	71	
三、已缴税额（境内）	72	
其中：境外所得境内支付部分已缴税额	73	
境外所得境外支付部分预缴税额	74	
四、境外所得已纳所得税抵免额（附报“境外所得个人所得税抵免明细表”）	75	
五、应补/退税额（第76行＝第70行－第71行－第72行－第75行）	76	
无住所个人附报信息		
纳税年度内在中国境内居住天数		已在中国境内居住年数
退税申请 （应补/退税额小于0的填写本部分）		
□申请退税（需填写“开户银行名称”“开户银行省份”“银行账号”）□放弃退税		

续表

<table>
<tr><td colspan="3">项 目</td><td>行次</td><td>金 额</td></tr>
<tr><td>开户银行名称</td><td colspan="2"></td><td>开户银行省份</td><td></td></tr>
<tr><td>银行账号</td><td colspan="4"></td></tr>
<tr><td colspan="5">备 注</td></tr>
<tr><td colspan="5"></td></tr>
<tr><td colspan="5">谨声明：本表是根据国家税收法律法规及相关规定填报的，本人对填报内容（附带资料）的真实性、可靠性、完整性负责。
纳税人签字： 年 月 日</td></tr>
<tr><td colspan="2">经办人签字：
经办人身份证件类型：
经办人身份证件号码：
代理机构签章：
代理机构统一社会信用代码：</td><td colspan="3">受理人：

受理税务机关（章）：

受理日期： 年 月 日</td></tr>
</table>

国家税务总局监制

表6-15 个人所得税经营所得纳税申报表（A表）

税款所属期： 年 月 日至 年 月 日

纳税人姓名：

纳税人识别号：□□□□□□□□□□□□□□□□□□□□□□□□ 金额单位：人民币元（列至角分）

<table>
<tr><td colspan="3">被投资单位信息</td></tr>
<tr><td>名称</td><td colspan="2"></td></tr>
<tr><td>纳税人识别号（统一社会信用代码）</td><td colspan="2">□□□□□□□□□□□□□□□□□□□□□□□□</td></tr>
<tr><td colspan="3">征收方式（单选）</td></tr>
<tr><td colspan="3">□查账征收（据实预缴） □查账征收（按上年应纳税所得额预缴） □核定应税所得率征收
□核定应纳税所得额征收 □税务机关认可的其他方式</td></tr>
<tr><td colspan="3">个人所得税计算</td></tr>
<tr><td>项 目</td><td>行次</td><td>金额/比例</td></tr>
<tr><td>一、收入总额</td><td>1</td><td></td></tr>
<tr><td>二、成本费用</td><td>2</td><td></td></tr>
<tr><td>三、利润总额（第3行 = 第1行 - 第2行）</td><td>3</td><td></td></tr>
<tr><td>四、弥补以前年度亏损</td><td>4</td><td></td></tr>
</table>

续表

项　目	行 次	金额/比例
五、应税所得率（%）	5	
六、合伙企业个人合伙人分配比例（%）	6	
七、允许扣除的个人费用及其他扣除（第7行＝第8行+第9行+第14行）	7	
（一）投资者减除费用	8	
（二）专项扣除（第9行＝第10行+第11行+第12行+第13行）	9	
1.基本养老保险费	10	
2.基本医疗保险费	11	
3.失业保险费	12	
4.住房公积金	13	
（三）依法确定的其他扣除（第14行＝第15行+第16行+第17行）	14	
1.	15	
2.	16	
3.	17	
八、准予扣除的捐赠额（附报“个人所得税公益慈善事业捐赠扣除明细表”）	18	
九、应纳税所得额	19	
十、税率（%）	20	
十一、速算扣除数	21	
十二、应纳税额（第22行＝第19行×第20行－第21行）	22	
十三、减免税额（附报“个人所得税减免税事项报告表”）	23	
十四、已缴税额	24	
十五、应补/退税额（第25行＝第22行－第23行－第24行）	25	
备 注		
谨声明：本表是根据国家税收法律法规及相关规定填报的，本人对填报内容（附带资料）的真实性、可靠性、完整性负责。 纳税人签字：　　年　月　日		
经办人签字： 经办人身份证件类型： 经办人身份证件号码： 代理机构签章： 代理机构统一社会信用代码：	受理人： 受理税务机关（章）： 受理日期：　　年　月　日	

国家税务总局监制

表6-16 个人所得税经营所得纳税申报表（B表）

税款所属期： 年 月 日至 年 月 日

纳税人姓名：

纳税人识别号：□□□□□□□□□□□□□□□□□□□□□□□□□ 金额单位：人民币元（列至角分）

被投资单位信息	名 称		纳税人识别号（统一社会信用代码）		
项 目				行 次	金额/比例
一、收入总额				1	
其中：国债利息收入				2	
二、成本费用（3＝4+5+6+7+8+9+10）				3	
（一）营业成本				4	
（二）营业费用				5	
（三）管理费用				6	
（四）财务费用				7	
（五）税金				8	
（六）损失				9	
（七）其他支出				10	
三、利润总额（11＝1－2－3）				11	
四、纳税调整增加额（12＝13+27）				12	
（一）超过规定标准的扣除项目金额（13＝14+15+16+17+18+19+20+21+22+23+24+25+26）				13	
1.职工福利费				14	
2.职工教育经费				15	
3.工会经费				16	
4.利息支出				17	
5.业务招待费				18	
6.广告费和业务宣传费				19	
7.教育和公益事业捐赠				20	
8.住房公积金				21	
9.社会保险费				22	

续表

项　目	行 次	金额/比例
10.折旧费用	23	
11.无形资产摊销	24	
12.资产损失	25	
13.其他	26	
（二）不允许扣除的项目金额（27＝28+29+30+31+32+33+34+35+36）	27	
1.个人所得税税款	28	
2.税收滞纳金	29	
3.罚金、罚款和被没收财物的损失	30	
4.不符合扣除规定的捐赠支出	31	
5.赞助支出	32	
6.用于个人和家庭的支出	33	
7.与取得生产经营收入无关的其他支出	34	
8.投资者工资薪金支出	35	
9.其他不允许扣除的支出	36	
五、纳税调整减少额	37	
六、纳税调整后所得（38＝11+12－37）	38	
七、弥补以前年度亏损	39	
八、合伙企业个人合伙人分配比例（%）	40	
九、允许扣除的个人费用及其他扣除（41＝42+43+48+55）	41	
（一）投资者减除费用	42	
（二）专项扣除（43＝44+45+46+47）	43	
1.基本养老保险费	44	
2.基本医疗保险费	45	
3.失业保险费	46	
4.住房公积金	47	
（三）专项附加扣除（48＝49+50+51+52+53+54）	48	
1.子女教育	49	

续表

项目	行次	金额/比例
2.继续教育	50	
3.大病医疗	51	
4.住房贷款利息	52	
5.住房租金	53	
6.赡养老人	54	
（四）依法确定的其他扣除（55＝56+57+58+59）	55	
1.商业健康保险	56	
2.税延养老保险	57	
3.	58	
4.	59	
十、投资抵扣	60	
十一、准予扣除的个人捐赠支出	61	
十二、应纳税所得额（62＝38－39－41－60－61）或［62＝（38－39）×40－41－60－61］	62	
十三、税率（%）	63	
十四、速算扣除数	64	
十五、应纳税额（65＝62×63－64）	65	
十六、减免税额（附报“个人所得税减免税事项报告表”）	66	
十七、已缴税额	67	
十八、应补/退税额（68＝65－66－67）	68	
谨声明：本表是根据国家税收法律法规及相关规定填报的，是真实的、可靠的、完整的。 纳税人签字：　　年　月　日		
经办人： 经办人身份证件号码： 代理机构签章： 代理机构统一社会信用代码：	受理人： 受理税务机关（章）： 受理日期：　　年　月　日	

国家税务总局监制

表6-17　　个人所得税经营所得纳税申报表（C表）

税款所属期：　　年　月　日至　　年　月　日

纳税人姓名：

纳税人识别号：□□□□□□□□□□□□□□□□□□□□□□□□　　金额单位：人民币元（列至角分）

被投资单位信息	单位名称			纳税人识别号（统一社会信用代码）	投资者应纳税所得额
	汇总地				
	非汇总地	1			
		2			
		3			
		4			
		5			

项目	行次	金额/比例
一、投资者应纳税所得额合计	1	
二、应调整的个人费用及其他扣除（2＝3+4+5+6）	2	
（一）投资者减除费用	3	
（二）专项扣除	4	
（三）专项附加扣除	5	
（四）依法确定的其他扣除	6	
三、应调整的其他项目	7	
四、调整后应纳税所得额（8＝1+2+7）	8	
五、税率（%）	9	
六、速算扣除数	10	
七、应纳税额（11＝8×9－10）	11	
八、减免税额（附报“个人所得税减免税事项报告表”）	12	
九、已缴税额	13	
十、应补/退税额（14＝11－12－13）	14	

谨声明：本表是根据国家税收法律法规及相关规定填报的，是真实的、可靠的、完整的。

纳税人签字：　　　年　月　日

经办人： 经办人身份证件号码： 代理机构签章： 代理机构统一社会信用代码：	受理人： 受理税务机关（章）： 受理日期：　　年　月　日

国家税务总局监制

项目小结

本项目内容归纳总结见表6-18。

表6-18 本项目内容归纳总结

个人所得税的基本法律知识	个人所得税纳税人的确定
	个人所得税的征税对象：工资、薪金所得；经营所得；劳务报酬所得；稿酬所得；特许权使用费所得；财产转让所得；财产租赁所得；利息、股息、红利所得；偶然所得；其他所得
	个人所得税税率的确定：居民个人工资、薪金所得适用3%～45%的七级超额累进税率（表6-2）；非居民个人工资、薪金所得、劳务报酬所得、稿酬所得、特许权使用费所得适用3%～45%的七级超额累进税率（表6-3）；经营所得适用5%～35%的五级超额累进税率；劳务报酬所得适用20%～40%的五级超额累进税率；其他所得适用20%的税率
个人所得税的计算	1.居民个人“四项”综合所得应纳所得税的计算 2.非居民个人工资、薪金所得应纳所得税的计算 3.财产租赁所得应纳所得税的计算 4.财产转让所得应纳所得税的计算 5.利息、股息、红利所得及偶然所得应纳所得税的计算 6.经营所得应纳所得税的计算 7.特殊计税方法
个人所得税的会计核算	1.会计科目的设置 2.经营所得的会计核算 3.工资、薪金所得的会计核算 4.其他所得的会计核算
个人所得税的纳税申报	个人所得税扣缴申报表的编制
	自行申报个人所得税纳税申报表的编制

项目七
财产和行为税

【知识目标】

了解房产税、车船税、印花税、城镇土地使用税、环境保护税的基本法律知识；掌握房产税、车船税、印花税、城镇土地使用税、环境保护税的账务处理方法；掌握房产税、车船税、印花税、城镇土地使用税、环境保护税的计算方法；掌握房产税、车船税、印花税、城镇土地使用税和环境保护税纳税申报表的编制方法。

【能力目标】

熟练计算房产税、车船税、印花税、城镇土地使用税和环境保护税；准确编制房产税、车船税、印花税、城镇土地使用税、环境保护税的纳税申报表；进行房产税、车船税、印花税、城镇土地使用税、环境保护税的账务处理；熟练运用税务实训平台进行网上纳税申报。

【素质目标】

通过对房产税、车船税、印花税、城镇土地使用税、环境保护税的学习，告知学生这些小税种在账务处理过程中，均要记入“税金及附加”这个会计科目，影响企业的利润。因此，这五个小税种对国家财政收入有一定的影响。在课程教学过程中，除了要分析上述的关系，同时要告诫学生，税种虽小，但诚信纳税并不分金额的大小。

任务一　房产税的计算、核算与申报

房产税是以房屋为征税对象，按照房屋的计税余值或租金收入向产权所有人征收的一种财产税。对房屋征税，目的是加强对房产的管理，提高房产的使用效率，合理调节房产所有人和经营人的收入，均衡社会财富。

一、纳税人

房产税的纳税人为在征税范围内的房屋产权所有人，包括房屋产权所有人、承典人、代管人和使用人。

（1）产权属国家所有的，由经营管理单位纳税；产权属集体和个人所有的，由集体单位和个人纳税。

（2）产权出典的，由承典人纳税。

（3）产权所有人、承典人不在房屋所在地的，由房产代管人或使用人纳税。

（4）产权未确定及租典纠纷未解决的，由房产代管人或使用人纳税。

自2009年1月1日起，外商投资企业、外国企业和组织以及外籍个人，应依法缴纳房产税。

问题解答

问：什么是产权出典和租典纠纷？

答：所谓产权出典，是指产权所有人将房屋、生产资料等的产权，在一定期限内典当给他人使用，而取得资金的一种融资业务；所谓租典纠纷，是指产权所有人在房产出典和租赁关系上，与承典人、租赁人发生的各种争议，特别是权利和义务的争议悬而未决的。

二、征税对象和征税范围

房产税的征税对象是房产。所谓房产，是指有屋面和围护结构，能够遮风避雨，可供人们在其中生产、学习、娱乐、居住或储藏物资的场所。独立于房屋的建筑物，如围墙、暖房、水塔、烟囱、室外游泳池等不属于房产，但室内游泳池属于房产。

房产税的征税范围包括城市、县城、建制镇、工矿区，不包括农村的房屋。

三、应纳税额的计算

（一）计税依据

房产税的计税依据是房产的计税价值或租金收入。按照房产计税价值征税的，称为从价计征；按照房产租金收入征税的，称为从租计征。

1.从价计征

对经营自用的房屋，以房产的计税余值作为计税依据。房产的计税余值，是指房产原值一次减除10%～30%的余值。

（1）房产原值是指纳税人按照会计制度规定，在会计账簿“固定资产”科目中记载的房屋原价。因此，凡按会计制度规定在账簿中记载有房屋原价的，应以房屋原价按规定减除一定比例后的房产余值计征房产税；没有记载房屋原价的，按照上述原则并参照同类房屋确定房产原值，按规定计征房产税。

自2009年1月1日起，对依照房产原值计税的房产，无论是否记载在会计账簿“固定资产”科目中，均应按照房产原值计算缴纳房产税。

自2010年12月21日起，对按照房产原值计税的房产，无论会计上如何核算，房产原值均应包含地价，包括为取得土地使用权支付的价款、开发土地发生的成本费用等。宗地容积率低于0.5的，按房产建筑面积的2倍计算土地面积并据此确定计入房产原值的地价。

（2）纳税人对原有房屋进行改建、扩建的，要相应增加房屋的原值。

（3）对于更换房屋附属设备和配套设施的，在将其价值计入房产原值时，可扣减原来相应设备和设施的价值；对附属设备和配套设施中易损坏、需要经常更换的零配件，更新后不再计入房产原值。

（4）自2006年1月1日起，凡在房产税征收范围内具备房屋功能的地下建筑，包括与地上房屋相连的地下建筑以及完全建在地面以下的建筑、地下人防设施等，均应当依照有关规定征收房产税。

自用的地下建筑，按下列方式计税：工业用途房产，以房屋原价的50%~60%作为应税房产原值；商业和其他用途房产，以房屋原价的70%~80%作为应税房产原值。

（5）自2007年1月1日起，对居民住宅区内业主共有的经营性房产，由实际经营（包括自营和出租）的代管人或使用人缴纳房产税。其中自营的，依照房产原值减除10%～30%后的余值计征，没有房产原值或不能将共有住房划分开的，由房产所在地地方税务机关参照同类房产核定房产原值；出租的，依照租金计征。

2.从租计征

房产出租的，以房产租金收入为房产税的计税依据。房产租金收入包括货币收入和实物收入。对于以劳务或其他形式作为报酬抵付房租收入的，应当根据当地同类房产的租金水平，确定一个标准租金，按规定计征房产税。

（二）税率

房产税的计征采用比例税率。其具体规定如下：

（1）从价计征的，即按房产余值计征的，年税率为1.2%。

（2）从租计征的，即按房产租金收入计征的，年税率为12%，但对个人按市场价格出租的居民住房，用于居住的，按4%的税率征收房产税。

（三）房产税的优惠政策

对下列房产实行优惠政策：

（1）国家机关、人民团体、军队自用的房产免征房产税，但上述免税单位的出租房产以及非自身业务使用的生产、营业用房，不属于免税范围。

（2）由国家财政部门拨付事业经费的单位自用的房产免征房产税，如学校、医疗卫生单位、托儿所、幼儿园、敬老院、文化、体育、艺术等单位。但上述单位所属的附属工厂、商店、招待所等不属于单位公务、业务的用房，应照章纳税。

（3）宗教寺庙、公园、名胜古迹自用的房产免征房产税，但附设的营业单位所使用的房产及出租的房产不免税。

（4）个人所有非营业用的房产免征房产税，但个人拥有的营业用房或出租的房产，应照章纳税。

（5）对非营利性医疗机构、疾病控制机构和妇幼保健机构等卫生机构自用的房产，免征房产税。

（6）企业办的各类学校、医院、托儿所、幼儿园自用的房产，免征房产税。

（7）损坏的不堪使用的房屋和危险房屋，经有关部门鉴定，在停止使用后，可免征房产税。

（8）纳税人因房屋大修导致连续停用半年以上的，在房屋大修期间免征房产税，免征税额由纳税人在申报缴纳房产税时自行计算扣除，并在申报表附表或备注栏中作相应说明。

（9）在基建工地为基建工地服务的各种工棚、材料棚、休息棚和办公室、食堂、茶炉房、汽车房等临时性房屋，在施工期间，一律免征房产税。但工程结束后，施工企业将这种临时性房屋交还或估价转让给基建单位的，应从基建单位接收的次月起，照章纳税。

（10）从2001年1月1日起，对按照政府规定价格出租的公有住房和廉租住房，包括企业和自收自支的事业单位向职工出租的单位自有住房、房管部门向居民出租的私有住房等，暂免征收房产税。

（四）应纳税额的计算

1.从价计征

从价计征是按房产的原值减除一定比例后的余值计征，其计算公式为：

$$应纳税额=应税房产原值\times(1-扣除比例)\times税率$$

2.从租计征

从租计征是按房产的租金收入计征，其计算公式为：

$$应纳税额=租金收入\times适用税率$$

【做中学7-1】某日化厂厂房原值为2 000万元，2020年9月，公司将价值400万元的房产出租给外单位使用，租期一年，年租金为20万元。房产税的扣除比例为30%，房产税按年计算，每半年缴纳一次。

该厂2020年下半年应纳房产税税额计算如下：

（1）从价计征部分房产应纳税额：

应纳房产税税额＝（2 000－400）×（1－30%）×1.2%÷2＋400×（1－30%）×1.2%÷4＝7.56（万元）

（2）从租计征部分房产应纳税额：

应纳房产税税额＝20÷4×12%＝0.6（万元）

共纳房产税税额＝7.56＋0.6＝8.16（万元）

四、房产税的核算

为了反映和核算企业房产税的情况，企业应设置“应交税费——应交房产税”科目进行核算。该科目贷方反映按规定应缴纳的房产税，借方反映实际缴纳的房产税。期末，若有贷方余额，表示企业欠缴或需补缴的房产税；若有借方余额，表示企业实际多缴纳的房产税。

企业计提房产税时，借记“税金及附加”科目，贷记“应交税费——应交房产税”科目（出租房产按租金收入缴纳的税金，通过“其他业务成本”科目核算）；实际缴纳房产税时，借记“应交税费——应交房产税”科目，贷记“银行存款”科目。

【做中学7-2】沿用【做中学7-1】的资料。该日化厂的会计处理如下：

（1）7—9月，按月计提房产税时：

借：税金及附加	14 000	
贷：应交税费——应交房产税		14 000

（2）10—12月，按月计提房产税时：

借：税金及附加	11 200	
其他业务成本	2 000	
贷：应交税费——应交房产税		13 200

（3）下半年缴纳房产税时：

借：应交税费——应交房产税	81 600	
贷：银行存款		81 600

五、房产税的纳税申报

（一）纳税义务发生时间

（1）纳税人将原有房产用于生产经营，从生产经营之月起缴纳房产税；

（2）纳税人自行新建房屋用于生产经营，从建成之次月起缴纳房产税；

（3）纳税人委托施工企业建设的房屋，从办理验收手续之次月起缴纳房产税；

（4）纳税人购置新建商品房，自房屋交付使用之次月起缴纳房产税；

（5）纳税人购置存量房，自办理房屋权属转移、变更登记手续，房地产权属登记机关签发房屋权属证书之次月起缴纳房产税；

（6）纳税人出租、出借房产，自交付出租、出借房产之次月起缴纳房产税；

（7）房地产开发企业自用、出租、出借本企业建造的商品房，自房屋使用或交付之次月起缴纳房产税。

自2009年1月1日起，纳税人因房产的实物或权利状态发生变化而依法终止房产税纳税义务的，其应纳税款的计算应截至房产的实物或权利状态发生变化的当月月末。

（二）纳税期限

房产税实行按年计算、分期缴纳的征收方法，具体纳税期限由省、自治区、直辖市人民政府确定。

（三）纳税地点

房产税在房产所在地缴纳。房产不在同一地方的纳税人，应按房产的坐落地点分别向房产所在地的税务机关纳税。

（四）纳税申报

房产税的纳税人应按照有关规定，及时办理纳税申报，并如实填写“财产和行为税纳税申报表”。房产税一般按季度或半年征收一次，在季度或半年内规定某一月份征收。

自2021年6月1日起，纳税人申报缴纳城镇土地使用税、房产税、车船税、印花税、耕地占用税、资源税、土地增值税、契税、环境保护税、烟叶税中一个或多个税种时，编制“财产和行为税纳税申报表”。纳税人新增税源或税源变化时，需先填报“财产和行为税税源明细表”。具体相关报表见任务六。

任务二　城镇土地使用税的计算、核算与申报

城镇土地使用税是以国有土地为征税对象，对拥有土地使用权的单位和个人，以其实际占用土地面积为计税依据，由土地所在地的税务机关征收的一种税，属于一种资源税。

一、纳税人

城镇土地使用税的纳税人为在城市、县城、建制镇、工矿区范围内占有和使用土地（农用土地除外）的单位和个人。根据土地使用者的不同情况，分别确定为：拥有土地使用权的单位和个人，以拥有人为纳税人；拥有土地使用权的纳税人不在土地所在地的，由代管人或实际使用人缴纳；土地使用权共有的，由共有各方分别缴纳；土地使用权属未确定，或权属发生纠纷未解决的，由实际使用人缴纳。

上述内容中所称单位，包括国有企业、集体企业、私营企业、股份制企业、外商投资企业、外国企业，以及其他企业和事业单位、社会团体、国家机关、军队及其他单位；所称个人，包括个体工商户以及其他个人。

二、征税对象

城镇土地使用税的征税对象为城市、县城、建制镇和工矿区范围内使用的土地。城市、县城、建制镇和工矿区的具体征税范围，由各省、自治区、直辖市人民政府划定。

问题解答

问：按照《城市规划条例》，大中小城市划分的标准是什么？

答：大、中、小城市以公安部门登记在册的非农业正式户口人数为依据，按照国务院颁布的《城市规划条例》中规定的标准划分。现行划分标准是：市区及郊区非农业人口总计在50万人以上的，为大城市；市区及郊区非农业人口总计在20万至50万人的，为中等城市；市区及郊区非农业人口总计在20万人以下的，为小城市。

三、应纳税额的计算

（一）计税依据

城镇土地使用税以纳税人实际占用的土地面积为计税依据，计量标准为平方米。其

具体确定办法如下：

（1）凡由省、自治区、直辖市人民政府确定的单位组织测定土地面积的，以测定的土地面积为计税依据；

（2）尚未组织测定，但纳税人持有政府部门核发的土地使用证或征地手续的，以土地使用证或征地手续确认的土地面积为计税依据；

（3）尚未核发土地使用证或征地手续的，应以纳税人据实申报的土地面积作为计税依据，待核发后再作调整。

（4）对单独建造的地下建筑用地，暂按应征税款的50%征收。

（二）税率

城镇土地使用税采用幅度定额税率，按照大、中、小城市和县城、建制镇、工矿区分别规定每平方米土地年城镇土地使用税应纳税额。

各省、自治区、直辖市人民政府可以根据市政建设状况、经济繁荣程度等条件，确定所在辖区的适用税额幅度。经省、自治区、直辖市人民政府批准，经济落后地区城镇土地使用税的适用税额标准可适当降低，但降低额不得超过上述规定最低税额的30%。经济发达地区城镇土地使用税的适用税额标准可适当提高，但须报经财政部批准。城镇土地使用税税率见表7-1。

表7-1　城镇土地使用税税率表

级　别	人口（人）	每平方米单位税额（元）
大城市	50万以上	1.5 ~ 30
中等城市	20万 ~ 50万	1.2 ~ 24
小城市	20万以下	0.9 ~ 18
县城、建制镇、工矿区	—	0.6 ~ 12

四、城镇土地使用税的计算

（一）应纳税额的计算

城镇土地使用税的应纳税额为纳税人实际占用的土地面积乘以该土地所在地段的单位税额。其计算公式为：

应纳税额 = 实际占用应税土地面积（平方米）× 单位税额

【做中学7-3】南北商场有甲、乙两处单独地下建筑设施，其中：甲设施为地下商场，地下土地使用证上载明占地面积为3 000平方米；乙设施用于储藏物品，地下土地使用证上未标明土地面积，经测算，垂直投影面积为3 500平方米。经税务机关确认，该企业所占用土地分别适用市政府确定的以下税额：甲设施位于一等地段，每平方米年税额为12元；乙设施位于三等地段，每平方米年税额为4元。

南北商场年应纳城镇土地使用税税额计算如下：

甲设施占地应纳税额 = 3 000 × 12 × 50% = 18 000（元）

乙设施占地应纳税额 = 3 500 × 4 × 50% = 7 000（元）

全年应纳城镇土地使用税税额 = 18 000 + 7 000 = 25 000（元）

税法视野

城镇土地使用税的征税问题

在城镇土地使用税征税范围内单独建造的地下建筑用地，应按规定征收城镇土地使用税。其中，已取得地下土地使用权证的，按土地使用权证标明的土地面积计算应征税款；未取得地下土地使用权证或地下土地使用权证上未标明土地面积的，按地下建筑垂直投影面积计算应征税款。同时，对地下建筑用地征收城镇土地使用税时，暂按应征税款的50%征收。对于统一配建的地下建筑，由于已经按规定计征了城镇土地使用税，则不用重复缴纳城镇土地使用税。

（二）城镇土地使用税的优惠政策

城镇土地使用税规定的免税项目包括：

（1）国家机关、人民团体、军队自用的土地。

（2）由国家财政部门拨付事业经费的单位自用的土地。

（3）宗教寺庙、公园、名胜古迹自用的土地。

（4）市政街道、广场、绿化地带等公共用地。

（5）直接用于农、林、牧、渔业的生产用地。

（6）经批准开山填海整治的土地和改造的废弃土地，从使用的月份起免缴城镇土地使用税5年至10年。具体免税期限由各省、自治区、直辖市地方税务局在条例规定的期限内自行确定。

（7）对国家拨付事业经费的企业办的学校、医院、托儿所、幼儿园，其用地能与企业其他用地明确区分的，免征城镇土地使用税。

（8）对非营利性医疗机构、疾病控制机构和妇幼保健机构等卫生机构和非营利性科研机构自用的土地，免征城镇土地使用税。

（9）免税单位无偿使用纳税单位的土地，免征城镇土地使用税；纳税单位无偿使用免税单位的土地，应照章缴纳城镇土地使用税。

（10）对改造安置住房建设用地免征城镇土地使用税。

（11）下列土地的征免税，由省、自治区、直辖市税务局确定：个人所有的居住房屋及院落用地；房产管理部门在房租调整改革前经租的居民住房用地；免税单位职工家属的宿舍用地；民政部门举办的安置残疾人占一定比例的福利工厂用地；集体和个人办的各类学校、医院、托儿所、幼儿园用地。

五、城镇土地使用税的核算

企业按规定缴纳的城镇土地使用税在企业管理费用中列支。企业应设“应交税费——应交城镇土地使用税”科目核算。计提城镇土地使用税时，借记“税金及附加”科目，贷记“应交税费——应交城镇土地使用税”科目；上缴城镇土地使用税时，借记“应交税费——应交城镇土地使用税”科目，贷记“银行存款”科目。

【做中学7-4】沿用【做中学7-3】的资料。南北商场的相关会计处理如下：

（1）计提城镇土地使用税时：

借：税金及附加　　25 000

　　贷：应交税费——应交城镇土地使用税　　25 000

（2）上缴城镇土地使用税时：

借：应交税费——应交城镇土地使用税　　25 000

　　贷：银行存款　　25 000

六、城镇土地使用税的纳税申报

（一）纳税义务发生时间

（1）纳税人以出让或转让方式有偿取得土地使用权的，应由受让方从合同约定交付土地时间的次月起缴纳城镇土地使用税；合同未约定交付土地时间的，由受让方从合同签订的次月起缴纳城镇土地使用税。

（2）新征用的土地，依照下列规定缴纳城镇土地使用税：①征用的耕地，自批准征用之日起满一年时开始缴纳城镇土地使用税；②征用的非耕地，自批准征用次月起缴纳城镇土地使用税。

（3）购置新建商品房，自房屋交付使用之次月起计征城镇土地使用税。

（4）购置存量房，自办理房屋权属转移、变更登记手续，房地产权属登记机关签发房屋权属证书之次月起计征城镇土地使用税。

（5）出租、出借房产，自交付出租、出借房产之次月起计征城镇土地使用税（不含房地产开发企业）。房地产开发企业自用、出租、出借本企业建造的商品房，从房屋使用或交付之次月起征税。

（二）纳税期限

城镇土地使用税实行按年计算、分期缴纳的征收方法。具体纳税期限由各省、自治区、直辖市人民政府确定。各地一般结合当地情况，可分别确定按月、季或半年等不同的纳税期限。

新征用的土地，依照下列规定缴纳城镇土地使用税：征用的耕地，自批准征用之日起满一年时开始缴纳城镇土地使用税；征用的非耕地，自批准征用次月起缴纳城镇土地使用税。

（三）纳税地点

城镇土地使用税一般由土地所在地的税务机关负责征收。

纳税人使用的土地不属于同一省、自治区、直辖市管辖的，由纳税人分别向土地所在地税务机关缴纳；在同一省、自治区、直辖市管辖范围内，纳税人跨地区使用的土地，其纳税地点由各省、自治区、直辖市地方税务局确定。

（四）纳税申报

自2021年6月1日起，纳税人申报缴纳城镇土地使用税、房产税、车船税、印花税、耕地占用税、资源税、土地增值税、契税、环境保护税、烟叶税中一个或多个税种时，编制“财产和行为税纳税申报表”。纳税人新增税源或税源变化时，需先填报“财产和行为税税源明细表”。具体相关报表见任务六。

任务三 印花税的计算、核算与申报

印花税是对经济活动和经济交往中书立、使用、领受具有法律效力的凭证的单位和个人征收的一种税。印花税是一种兼有行为性质的凭证税，其征收范围广泛、税率低、税收负担比较轻。与其他税种不同，印花税实行“三自”纳税办法。

一、纳税人

凡是在我国境内书立、使用、领受税法所列举凭证应履行纳税义务的单位和个人，都是印花税的纳税人。单位和个人，包括一切内、外资企业，各类行政（机关、部队）和事业单位，中、外籍个人。

印花税的纳税人按书立、使用、领受应税凭证的不同，分为立合同人、立据人、立账簿人、领受人、使用人和各类应税凭证的签订人六种。

二、税目和税率

（一）税目

印花税的税目，指税法规定应当缴纳印花税的征税项目，它具体规定了印花税的征税范围。现行印花税共有13个税目，概括如下：

（1）各种应税合同，包括购销合同、加工承揽合同、建设工程勘察设计合同、建筑安装工程承包合同、财产租赁合同、货物运输合同、仓储保管合同、借款合同、财产保险合同、技术合同，以及具有合同性质的凭证。

对于上述各种合同，无论其是否兑现或者按期兑现，都应当缴纳印花税。如果一项业务既签订合同，又开立单据，只就合同贴足印花税票（以下简称贴花）；凡不签订合同，只开立单据，以单据作为合同使用的，其使用的单据应按规定贴花。

（2）产权转移书据，包括企业在财产所有权和版权、商标专用权、专利权、专有技术使用权的买卖、继承、赠与、交换、分割等过程所书立的书据。

（3）营业账簿，指单位和个人记载生产经营活动的财务会计核算账簿。营业账簿分为资金账簿和其他营业账簿两类。①资金账簿，是指反映企业资本金增减变化的账簿，包括实收资本（股份制企业为股本）和资本公积账簿。②其他营业账簿，是指反映除资本金以外的其他生产经营活动内容的账簿，包括日记账簿和各明细账簿。

按照规定，对于实行分级核算的企业，除财会部门的营业账簿应当贴花外，财会部门设置在其他部门和车间的分类账簿也应当贴花，但各部门、柜台、仓库设置的不属于会计核算范围或者虽属于会计核算范围但不记载金额的登记账、统计账、台账等不贴花。

按照规定，跨地区经营的分支机构使用的营业账簿，应由分支机构在其所在地缴纳印花税。对于上级单位核拨资金的分支机构，其记载资金的账簿按核拨资金的数额计税贴花；对于上级单位不核拨资金的分支机构，只就其他账簿贴花。

（4）权利、许可证照，指政府授予企业某种法定权利和准予从事特定经济活动的各种证照，包括房屋产权证、工商营业执照、商标证、专利证、土地使用证等。

（5）经财政部确定征税的其他凭证。

（二）税率

现行印花税税率采用比例税率和定额税率两种。按比例税率征收的应税项目主要包括各种合同及具有合同性质的凭证、记载资金的账簿和产权转移书据等；适用定额税率的有权利许可证照和营业账簿中的其他账簿。

印花税税目税率表见表7-2。

表7-2 印花税税目税率表

税 目	范 围	税 率	纳税人	说 明
1.购销合同	包括供应、预购、采购、购销、结合及协作、调剂、补偿、易货等合同	按购销金额0.3‰贴花	立合同人	
2.加工承揽合同	包括加工、定作、修缮、修理、印刷广告、测绘、测试等合同	按加工或承揽收入0.5‰贴花	立合同人	
3.建设工程勘察设计合同	包括勘察、设计合同	按收取费用0.5‰贴花	立合同人	
4.建筑安装工程承包合同	包括建筑、安装工程承包合同	按承包金额0.3‰贴花	立合同人	
5.财产租赁合同	包括租赁房屋、船舶、飞机、机动车辆、机械、器具、设备等合同	按租赁金额1‰贴花。税额不足1元，按1元贴花	立合同人	
6.货物运输合同	包括民用航空运输、铁路运输、海上运输、内河运输、公路运输和联运合同	按运输费用0.5‰贴花	立合同人	单据作为合同使用的，按合同贴花
7.仓储保管合同	包括仓储、保管合同	按仓储保管费用1‰贴花	立合同人	仓单或栈单作为合同使用的，按合同贴花
8.借款合同	银行及其他金融组织和借款人（不包括银行同业拆借）所签订的借款合同	按借款金额0.05‰贴花	立合同人	单据作为合同使用的，按合同贴花
9.财产保险合同	包括财产、责任、保证、信用等保险合同	按保险费收入1‰贴花	立合同人	单据作为合同使用的，按合同贴花
10.技术合同	包括技术开发、转让、咨询、服务等合同	按所载金额0.3‰贴花	立合同人	
11.产权转移书据	包括财产所有权和版权、商标专用权、专利权、专有技术使用权等转移书据，土地使用权出让合同，土地使用权转让合同，商品房销售合同	按所载金额0.5‰贴花	立据人	
12.营业账簿	生产、经营用账册	记载资金的账簿，按实收资本和资本公积的合计金额0.5‰贴花。其他账簿按件贴花5元	立账簿人	企业以后年度资金总额比已贴花资金总额增加的，增加部分应按规定贴花
13.权利、许可证照	包括政府部门发给的房屋产权证、工商营业执照、商标注册证、专利证、土地使用证	按件贴花5元	领受人	

注：因证券交易税暂未开征，从2008年9月19日起，股权（包括A股和B股）转让书据以证券交易市场当日实际成交价格计算的金额，由卖出方按照1‰的税率缴纳证券（股票）交易印花税。

三、印花税的计算

（一）计税依据

印花税根据征税项目的不同，实行从价计征和从量计征两种征收方法。

1.从价计征情况下计税依据的确定

实行从价计税的凭证，以凭证所载金额为计税依据。其具体规定如下：

（1）各类经济合同，以合同上所记载的金额、收入或费用为计税依据。

①购销合同的计税依据为购销金额，不得作任何扣除，特别是调剂合同和易货合同，均应包括调剂、易货的全额。在商品购销活动中，采用以货换货方式进行商品交易签订的合同，是反映既购又销双重经济行为的合同。对此，应按合同所载的购销金额合计数计税贴花。合同未列明金额的，应按合同所载购销数量，依照国家牌价或市场价格计算应纳税额。

②加工承揽合同的计税依据是加工或承揽收入的金额。对于由受托方提供原材料的加工、定作合同，凡在合同中分别记载加工费和原材料金额的，应分别按加工承揽合同、购销合同计税，两项税额相加计税贴花；若合同中未分别记载，则应就全部金额依照加工承揽合同计税贴花。对于由委托方提供主要材料或原料，受托方只提供辅助材料的加工合同，无论加工费和辅助材料金额是否分别记载，均以辅助材料与加工费的合计数，依照加工承揽合同计税贴花，对委托方提供的主要材料或原料金额不计税贴花。

③建设工程勘察设计合同的计税依据为勘察、设计收取的费用。

④建筑安装工程承包合同的计税依据为承包金额，不得剔除任何费用。如果施工单位将自己承包的建设项目再分包或转包给其他施工单位，其所签订的分包或转包合同，仍应按所载金额另行贴花。

⑤财产租赁合同的计税依据为租赁金额（即租金收入）。

⑥货物运输合同的计税依据为取得的运输费金额（即运费收入），不包括所运货物的金额、装卸费和保险费等。对国内各种形式的货物联运，凡在起运地统一结算全程运费的，应以全程运费为计税依据，由起运地运费结算双方缴纳印花税；凡分程结算运费的，应以分程的运费作为计税依据，分别由办理运费结算的各方缴纳印花税。对国际货运，凡由我国运输企业运输的，无论在我国境内、境外起运或中转分程运输，我国运输企业所持的一份运费结算凭证，均按本程运费计算应纳税额；托运方所持的一份运费结算凭证，按全程运费计算应纳税额。由外国运输企业运输进出口货物的，外国运输企业所持的一份运费结算凭证免纳印花税，托运方所持的一份运费结算凭证，应以运费金额为计税依据缴纳印花税。

⑦仓储保管合同的计税依据为仓储保管的费用（即保管费收入）。

⑧借款合同的计税依据为借款金额。

⑨财产保险合同的计税依据为支付（收取）的保险费金额，不包括所保财产的金额。

⑩技术合同的计税依据为合同所载的价款、报酬或使用费。为了鼓励技术研究开

发，对技术开发合同，只就合同所载的报酬金额计税，研究开发经费不作为计税依据。单对合同约定按研究开发经费一定比例作为报酬的，应按一定比例的报酬金额贴花。

（2）产权转移书据以书据中所载金额为计税依据。

（3）记载资金的营业账簿，以“实收资本”和“资本公积”两项的合计金额为计税依据。对跨地区经营的分支机构的营业账簿在计税贴花时，为了避免对同一资金重复计税，规定上级单位记载资金的账簿，应按扣除拨给下属机构资金数额后的其余部分计算贴花。企业启用新账簿后，其“实收资本”和“资本公积”两项的合计金额大于原已贴花金额的，就增加的部分补贴印花税票。凡“资金账簿”在次年度的“实收资本”和“资本公积”未增加的，对其不再计算贴花。

（4）有些合同在签订时无法确定计税金额，可在签订时先按定额5元贴花，以后结算时再按实际金额计税，补贴印花税票。如技术转让合同中的转让收入，可能是按销售收入的一定比例或是按实现利润分成收取；财产租赁合同只是规定了月（天）租金标准而无期限。

2.从量计征情况下计税依据的确定

实行从量计税的其他营业账簿和权利、许可证照，以计税数量为计税依据，单位税额为每件5元。

（二）应纳税额的计算

1.经济合同的应纳税额的计算

经济合同和具有合同性质的凭证的应纳印花税税额基本计算公式为：

$$应纳税额=计税金额\times 适用税率$$

2.其他凭证的应纳税额的计算

其他凭证主要是指营业账簿、产权转移书据，以及权利、许可证照。

（1）营业账簿的应纳印花税税额，分别按资金账簿和其他账簿计征。

资金账簿应纳印花税税额的计算公式为：

$$应纳税额=（实收资本+资本公积）\times 0.5‰$$

其他账簿应纳印花税税额的计算公式为：

$$应纳税额=账簿件数\times 单位税额$$

（2）产权转移书据应纳印花税税额的计算公式为：

$$应纳税额=产权转移书据金额\times 0.5‰$$

（3）权利、许可证照应纳印花税税额的计算公式为：

$$应纳税额=证照件数\times 单位税额$$

3.计算印花税应纳税额应当注意的问题

（1）按金额比例贴花的应税凭证，未标明金额的，应按照凭证所载数量及市场价格计算金额，依适用税率贴足印花。

（2）应税凭证所载金额为外国货币的，按凭证书立当日的国家外汇管理局公布的外汇牌价折合成人民币，计算应纳税额。

（3）同一凭证由两方或者两方以上当事人签订并各执一份的，应当由各方就所执的一份全额贴花。

（4）同一凭证因载有两个或两个以上经济事项而适用不同税率，如分别载有金额的，应分别计算应纳税额，相加后按合计金额贴花；如未分别记载金额的，按税率高的计税贴花。

（5）已贴花的凭证，修改后所载金额增加的，对其增加部分应当补贴印花税票。

（6）按比例税率计算纳税而应纳税额又不足1角的，免纳印花税；应纳税额在1角以上的，其税额尾数不满5分的不计，满5分的按1角计算贴花，对财产租赁合同的应纳税额超过1角但不足1元的，按1元贴花。

【做中学7-5】盛华餐饮公司2020年1月开业，领受了工商营业执照；该公司实收资本为1 000 000元，开设其他有关账簿5本；公司开业后与有关单位订立借款合同一份，所载金额100 000元。

盛华餐饮公司应纳印花税税额计算如下：

（1）领受权利、许可证照1件，应纳税额 = 1 × 5 = 5（元）

（2）借款合同应纳税额 = 100 000 × 0.05‰ = 5（元）

（3）资金账簿应纳税额 = 1 000 000 × 0.5‰ = 500（元）

（4）其他账簿应纳税额 = 5 × 5 = 25（元）

应纳印花税税额 = 5 + 5 + 500 + 25 = 535（元）

（三）印花税的优惠政策

根据《中华人民共和国印花税暂行条例》及其实施细则的规定，下列凭证免纳印花税：

（1）已缴纳印花税的凭证副本或抄本；

（2）对无息、贴息贷款合同免税；

（3）对房地产管理部门与个人签订的用于生活居住的租赁合同免税；

（4）对农牧业保险合同免税；

（5）对公租房经营管理单位建造管理公租房涉及的印花税予以免税；

（6）对改造安置住房经营管理单位、开发商与改造安置住房相关的印花税以及购置安置住房的个人涉及的印花税免税；

（7）自2018年5月1日起，对按0.5‰税率贴花的资金账簿减半征收印花税，对按件贴花5元的其他账簿免征印花税。

四、印花税的核算

一般情况下，企业需要预先购买印花税票，待发生应税行为时，再根据凭证的性质和规定的比例税率或者按件计算应纳税额，将已购买的印花税票粘贴在应纳税凭证上，并在每枚税票的骑缝处盖戳注销或者划销，办理完税手续。企业缴纳的印花税，不会发生应付未付税款的情况，不需要预计应纳税金额。因此，企业缴纳印花税时，借记“税金及附加”科目，贷记“银行存款”科目。

【做中学7-6】沿用【做中学7-5】的资料。盛华餐饮公司的相关会计处理如下：

借：税金及附加 535

　　贷：银行存款 535

五、印花税的纳税申报

（一）纳税义务发生时间

印花税纳税义务发生时间是在应税凭证的书立或领受时。具体地说，合同的印花税在签订时缴纳；营业账簿的印花税在启用时缴纳；权利、许可证照的印花税在领受时缴纳。

（二）纳税地点

印花税一般实行就地纳税。对于在全国性商品物资订货会（包括展销会、交易会等）上所签订的合同应纳的印花税，由纳税人回其所在地后及时办理贴花完税手续；对地方主办、不涉及省际关系的订货会、展销会上所签合同的印花税，其纳税地点由各省、自治区、直辖市人民政府自行确定。

（三）纳税期限

印花税的纳税期限（贴花时间）是根据凭证种类分别确定的。对各种商事合同，应于合同正式签订时贴花；对各种产权转移书据，应于书据立据时贴花；对各种营业账簿，应于账簿正式启用时贴花；对各种权利、许可证照，应于证照领受时贴花。如果合同是在国外签订的，并且不便在国外贴花，应在将合同带入境时办理贴花纳税手续。

（四）纳税方法

印花税根据税额的大小及纳税次数的多少，分别采用以下三种纳税方法：

1. 自行贴花

印花税由纳税人根据规定自行计算应纳税额，向税务机关或指定的代售单位购买印花税票，再将印花税票粘贴在应税凭证上，然后加盖印章或画横线注销，即完成纳税义务。

2. 汇贴或汇缴

为了简化贴花手续，印花税应纳税额较大或者贴花次数较频繁的，纳税人可向税务机关提出申请，采取以缴款书代替贴花或者按期汇总缴纳的方法。

（1）汇贴。汇贴是指以缴款书或完税证代替贴花的纳税办法。对于应纳税额超过500元的应税凭证，纳税人可向主管税务机关申请，用填开完税证或缴款书的办法纳税，不再贴花。采用这种缴税办法，应将其中一联缴款书或完税证粘贴在凭证上，或者由税务机关在凭证上加盖印花税票完税注销戳记代替贴花。

（2）汇缴。汇缴是指按期汇总缴纳印花税的办法。同一种类应纳税凭证，需频繁贴花的，纳税人可以根据实际情况自行决定是否采用按期汇总缴纳印花税的方式。汇总缴纳的期限为一个月。采用按期汇总缴纳方式的纳税人应事先告知主管税务机关。缴纳方式一经选定，一年内不得改变。

3. 委托代征

委托代征是指通过税务机关的委托，由发放或者办理应纳税凭证的单位代为征收印花税税款的一种方法。

（五）纳税申报

印花税应当在书立或领受时贴花，印花税的纳税人应按照有关规定及时办理纳税申报，并如实填写“财产与行为税纳税申报表”。

自2021年6月1日起，纳税人申报缴纳城镇土地使用税、房产税、车船税、印花税、耕地占用税、资源税、土地增值税、契税、环境保护税、烟叶税中一个或多个税种时，编制“财产和行为税纳税申报表”。纳税人新增税源或税源变化时，需先填报“财产和行为税税源明细表”。具体相关报表见任务六。

任务四　车船税的计算、核算与申报

一、纳税人

车船税，是指以车船为征税对象，向拥有车船的单位和个人征收的一种税。在我国境内，车辆、船舶（以下简称车船）的所有人或者管理人为车船税的纳税人。

从事机动车交通事故责任强制保险业务的保险机构为机动车车船税的扣缴义务人，应当依法代收代缴车船税。

二、征税范围

车船税的征税范围，是指在我国境内行驶于公共道路的车辆和航行于国内河流、湖泊和领海口岸的船舶。对于企业拥有的不使用的车船或只在厂区内行驶、不领取行驶执照、不上公路行驶的车辆不征收车船税。车船税的征税范围包括车辆和船舶两大类。

（一）车辆

车辆包括机动车和非机动车。机动车是指依靠燃料等能源为动力运行的车辆，包括乘人汽（电）车、载货汽车和摩托车等；非机动车，是指以人力或畜力驱动的车辆，以及符合国家有关标准的残疾人机动轮椅车、电动自行车等车辆。

（二）船舶

船舶包括机动船和非机动船。机动船是指依靠燃料等能源运行的船舶，包括客货轮船、气垫船、拖轮和机帆船等；非机动船是指依靠人或其他力量运行的船舶，包括畜力驳船、木船、帆船、舢板及各种人力驾驶船。

三、税目和税率

车船税实行定额税率，即对征税的车船规定单位固定税额。由于车辆与船舶的行驶情况不同，车船税的税额也有所不同。车船税税目税额表见表7-3。

表7-3 车船税税目税额表

税目		计税单位	年基准税额（元）	备注
乘用车按发动机气缸容量	1.0升（含）以下的	每辆	60—360	核定载客人数9人（含）以下
	1.0升以上至1.6升（含）的		300—540	
	1.6升以上至2.0升（含）的		360—660	
	2.0升以上至2.5升（含）的		660—1200	
	2.5升以上至3.0升（含）的		1200—2400	
	3.0升以上至4.0升（含）的		2400—3600	
	4.0升以上的		3600—5400	
商用车	客车	每辆	480—1440	核定载客人数9人（包括电车）以上
	货车	整备质量每吨	16—120	1. 包括半挂牵引车、挂车、客货两用汽车、三轮汽车和低速载货汽车等 2. 挂车按照货车税额的50%计算
其他车辆	专用作业车	整备质量每吨	16—120	不包括拖拉机
	轮式专用机械车	整备质量每吨	16—120	
摩托车		每辆	36—180	
船舶	机动船舶	净吨位每吨	3—6	拖船、非机动驳船分别按照机动船舶税额的50%计算，游艇的税额另行规定
	游艇	艇身长度每米	600—2000	

车船的具体使用税额由省、自治区、直辖市人民政府在规定的子税目税额幅度内确定。由于车辆与船舶的行驶情况不同，车船税税额如下：

（1）机动船舶，净吨位不超过200吨的，每吨3元；净吨位超过200吨但不超过2 000吨的，每吨4元；净吨位超过2 000吨但不超过10 000吨的，每吨5元；净吨位超过10 000吨的，每吨6元。

（2）游艇，艇身长度不超过10米的，每米600元；艇身长度超过10米但不超过18米的，每米900元；艇身长度超过18米但不超过30米的，每米1 300元；艇身长度超过30米的，每米2 000元。辅助动力帆艇，每米600米。

四、车船税的计算

购置的新车船，购置当年的应纳税额自纳税义务发生的当月起按月计算。其计算公式为：

应纳税额 =（年应纳税额 ÷ 12）× 应纳税月份数

（1）载客汽车和摩托车的应纳税额计算公式为：

年应纳税额 = 应税车辆数量 × 适用单位税额

（2）载货汽车、三轮汽车、低速货车的应纳税额计算公式为：

年应纳税额 = 车辆的自重吨数 × 适用单位税额

（3）船舶的应纳税额计算公式为：

年应纳税额 = 船舶的净吨位 × 适用单位税额

【做中学7-7】某船舶有限公司拥有船舶2艘，净吨位分别为300吨、201吨，车船税的标准为净吨位每吨年税额4元。该公司应缴纳的车船税税额如下：

该公司应纳车船税税额 = 300 × 4+201 × 4 = 2 004（元）

五、车船税的优惠政策

下列车船免征车船税：

（1）捕捞、养殖渔船；

（2）军队、武警专用的车船；

（3）警用车船；

（4）依照我国法律规定和我国缔结或参加的国际条约的规定应当予以免税的外国驻华使馆、领事馆和国际组织驻华机构及其有关人员的车船；

（5）节能汽车，减半征收车船税；

（6）新能源车船；

（7）省、自治区、直辖市人民政府可以根据当地实际情况，对城市、农村公共交通车船给予定期减税、免税。

六、车船税的核算

企业缴纳车船税，应通过“应交税费——应交车船税”科目进行核算。企业按规定计算应交的车船税时，借记“税金及附加”科目，贷记“应交税费——应交车船税”科目；缴纳车船税时，借记“应交税费——应交车船税”科目，贷记“银行存款”科目。该科目贷方反映企业应交车船税税额，借方反映企业已经缴纳的车船税税额，余额在贷方表示企业应交而未交的车船税。

【做中学7-8】沿用【做中学7-7】的资料。该船舶有限公司的会计处理如下：

（1）计算应交车船税时：

借：税金及附加 2 004

贷：应交税费——应交车船税 2 004

（2）实际缴纳车船税时：

借：应交税费——应交车船税 2 004

贷：银行存款 2 004

七、车船税的纳税申报

（一）纳税义务发生时间

车船税的纳税义务发生时间，为车船管理部门核发的车船登记证书或行驶证书所记载日期的当月。纳税人未按照规定到车船管理部门办理应税车船登记手续的，以车船购置发票所载开具时间的当月作为车船税的纳税义务发生时间；对未办理车船登记手续且无法提供车船购置发票的，由主管地方税务机关核定纳税义务发生的时间。

税法视野

车船税的缴纳期限

车船税纳税年度的起讫时间为1月1日至12月31日。纳税人应当于1月1日至12月31日向所在地的地方税务机关申报缴纳本年度的车船税。但依法应当参加机动车交通事故责任强制保险的机动车辆，纳税人申报缴纳车船税的截止日期为购买机动车交通事故责任强制保险的当日。

（二）纳税地点

车船税由纳税人所在地税务机关负责征收。纳税人所在地是指自然人的居住地，国家机关、社会团体、企业事业单位的税务登记地或机构所在地。跨省、自治区、直辖市使用的车辆，纳税地点为车船的登记地。

在一个纳税年度内，纳税人在非车辆登记地由保险机构代收代缴机动车车船税，且能够提供合法有效的完税证明的，纳税人不再向车辆登记地的地方税务机关缴纳机动车车船税。

（三）纳税申报

车船税按年申报，分月计算，一次性缴纳。具体期限由省、自治区、直辖市人民政府确定。其具体规定如下：

（1）车船的所有人或者管理人未缴纳车船税的，使用人应当代为缴纳车船税。

（2）从事机动车交通事故责任强制保险业务的保险机构为机动车车船税的扣缴义务人，应当依法代收代缴车船税。

（3）由扣缴义务人代收代缴机动车车船税的，纳税人应当在购买机动车交通事故责任强制保险的同时缴纳车船税。

（4）纳税人对扣缴义务人代收代缴税款有异议的，可以向纳税所在地的主管地方税务机关提出。

（5）纳税人在购买机动车交通事故责任强制保险时缴纳车船税的，不再向地方税务机关申报纳税。

（6）在一个纳税年度内，已完税的车船被盗抢、报废、灭失的，纳税人可以凭有关管理机关出具的证明和完税凭证，向纳税所在地的主管税务机关申请退还自被盗抢、报废、灭失月份起至该纳税年度终了期间的税款。

已办理退税的被盗抢车船失而复得的，纳税人应当从公安机关出具相关证明的当月起计算缴纳车船税。

（7）扣缴义务人应当及时解缴代收代缴的税款，并向地方税务机关申报。机动车车船税的扣缴义务人依法代收代缴车船税时，纳税人不得拒绝。扣缴义务人在代收车船税时，应当在机动车交通事故责任强制保险的保险单上注明已收税款的信息，将其作为纳税人的完税证明。

纳税人应按照规定及时办理车船税的纳税申报，并如实填写“财产与行为税纳税申报表”，具体内容见任务六。

任务五　环境保护税的计算、核算与申报

一、纳税人

环境保护税的纳税人是指在中华人民共和国领域和中华人民共和国管辖的其他海域直接向环境排放应税污染物的企事业单位和其他生产经营者。

应税污染物是指《中华人民共和国环境保护税法》（以下简称《环境保护税法》）所规定的大气污染物、水污染物、固体废物和噪声。

二、税目和税率

（一）税目

环境保护税税目包括大气污染物、水污染物、固体废物和噪声四大类。

1.大气污染物

大气污染物包括二氧化硫、氮氧化物、一氧化碳、氯气、氯化氢、氟化物、氰化氢、硫酸雾、铬酸雾、汞及其化合物、一般性粉尘、石棉尘、玻璃棉尘、炭黑尘、铅及其化合物、铬及其化合物、镍及其化合物、锡及其化合物、烟尘、苯、甲苯、二甲苯、甲醛、乙醛、丙烯醛、甲醇、酚类、沥青类、苯胺类、氯苯类、硝基苯、二硫化碳、二氧化碳等44项。

2.水污染物

水污染物包括总汞、总铬、总铅、总镍、总银、悬浮物（SS）、生化需氧量（BOD5）、石油类、动植物油、挥发酚、硫化物、氨氮、氟化物、苯胺类等61项。

3. 固体废物

固体废物包括煤矸石、尾矿、危险废物、冶炼渣、粉煤灰、炉渣等。

4. 噪声

应税噪声是指工业噪声。

（二）税率

环境保护税采取定额税率，具体见环境保护税税目税额表（见表7-4）。

表7-4　环境保护税税目税额表　金额单位：元

税目		计税单位	税额
大气污染物		每污染当量	1.2～12
水污染物		每污染当量	1.4～14
固体废物	煤矸石	每吨	5
	尾矿	每吨	15
	危险废物	每吨	1 000
	冶炼渣、粉煤灰、炉渣、其他固体废物（含半固态、液态废物）	每吨	25
噪声	工业噪声	超标1～3分贝	每月350
		超标4～6分贝	每月700
		超标7～9分贝	每月1 400
		超标10～12分贝	每月2 800
		超标13～15分贝	每月5 600
		超标16分贝以上	每月11 200

三、计税依据

应税污染物的计税依据，按照下列方法确定：（1）应税大气污染物按照污染排放量折合的污染当量数确定；（2）应税水污染物按照污染物排放量折合的污染当量数确定；（3）应税固体废物按照固体废物的排放量确定；（4）应税噪声按照超过国家规定标准的分贝数确定。

应税大气污染物、水污染物按照污染物排放量折合的污染当量数确定计税依据，其计算公式如下：

$$\begin{matrix}\text{应税大气污染物、水污染物}\\\text{按照污染物的污染当量数}\end{matrix}=\begin{matrix}\text{该污染物}\\\text{的排放量}\end{matrix}\div\begin{matrix}\text{该污染物的}\\\text{污染当量值}\end{matrix}$$

式中：污染当量，是指根据污染物或者污染排放活动对环境的有害程度以及处理的技术经济性，衡量不同污染物对环境污染的综合性指标或者计量单位，依据《环境保护税法》所附“应税污染物和当量值表”执行，见表7-5至表7-8。

表7-5 大气污染物污染当量值

污染物	污染当量值（千克）	污染物	污染当量值（千克）
1.二氧化硫	0.95	23.二甲苯	0.27
2.氮氧化物	0.95	24.苯并（a）芘	0.000002
3.一氧化碳	16.7	25.甲醛	0.09
4.氯气	0.34	26.乙醛	0.45
5.氯化氢	10.75	27.丙烯醛	0.06
6.氟化物	0.87	28.甲醇	0.67
7.氰化物	0.005	29.酚类	0.35
8.硫酸雾	0.6	30.沥青烟	0.19
9.铬酸雾	0.0007	31.苯胺类	0.21
10.汞及其化合物	0.0001	32.氯苯类	0.72
11.一般性粉尘	4	33.硝基苯	0.17
12.石棉尘	0.53	34.丙烯腈	0.22
13.玻璃棉尘	2.13	35.氯乙烯	0.55
14.碳黑尘	0.59	36.光气	0.04
15.铅及其化合物	0.02	37.硫化氢	0.29
16.镉及其化合物	0.03	38.氨	9.09
17.铍及其化合物	0.0004	39.三甲胺	0.32
18.镍及其化合物	0.13	40.甲硫醇	0.04
19.锡及其化合物	0.27	41.甲硫醚	0.28
20.烟尘	2.18	42.二甲二硫	0.28
21.苯	0.05	43.苯乙烯	25
22.甲苯	0.18	44.二氧化碳	20

表7-6　第一类水污染物当量值

污染物	污染当量值（千克）
1.总汞	0.0005
2.总镉	0.005
3.总铬	0.04
4.六价铬	0.02
5.总砷	0.02
6.总铅	0.025
7.总镍	0.025
8.苯并（a）芘	0.0000003
9.总铍	0.01
10.总银	0.02

表7-7　第二类水污染物当量值

污染物	污染当量值（千克）
11.悬浮物（SS）	4
12.生化需氧量	0.5
13.化学需氧量	1
14.总有机碳	0.49
15.石油类	0.1
16.动植物油	0.16
17.挥发酚	0.08
18.总氰化物	0.05
19.硫化物	0.125
20.氨氮	0.8
21.氟化物	0.5
22.甲醛	0.125
23.苯胺类	0.2
24.硝基苯类	0.2
25.阴离子表面活性剂	0.2

续表

污染物	污染当量值（千克）
26.总铜	0.1
27.总锌	0.2
28.总锰	0.2
29.彩色显影剂	0.2
30.总磷	0.25
31.单质磷	0.05
32.有机磷农药	0.05
33.乐果	0.05
34.甲基对硫磷	0.05
35.马拉硫磷	0.05
36.对硫磷	0.05
37.五氯酚及五氯酚钠	0.25
38.三氯甲烷	0.04
39.可吸附有机卤化物	0.25
40.四氯化碳	0.04
41.三氯乙烯	0.04
42.四氯乙烯	0.04
43.苯	0.02
44.甲苯	0.02
45.乙苯	0.02
46.邻－二甲苯	0.02
47.对－二甲苯	0.02
48.间－二甲苯	0.02
49.氯苯	0.02
50.邻二氯苯	0.02
51.对二氯苯	0.02
52.对硝基氯苯	0.02

续表

污染物	污染当量值（千克）
53. 2，4－二硝基氯苯	0.02
54.苯酚	0.02
55.间－甲酚	0.02
56. 2，4－二氯酚	0.02
57. 2，4，6－三氯酚	0.02
58.邻苯二甲酸二丁酯	0.02
59.邻苯二甲酸二辛酯	0.02
60.丙烯腈	0.125
61.总硒	0.02

表7-8 禽畜养殖业、小型企业和第三产业水污染物污染当量值

类型		污染当量值
禽畜养殖场	1.牛	0.1头
	2.猪	1头
	3.鸡、鸭等家禽	30羽
4.小型企业		1.8吨污水
5.饮食娱乐服务业		0.5吨污水
6.医院	消毒	0.14床
		2.8吨污水
	不消毒	0.07床
		1.4吨污水

【提示】每一排放口或者没有排放口的应税大气污染物，按照污染当量数从大到小排序，对前三项污染物征收环境保护税。对每一排放口的应税水污染物，区分第一类水污染物和其他类水污染物，按照污染当量数从大到小排序，对第一类水污染物按照前五项征收环境保护税，对其他类水污染物按照前三项征收环境保护税。

四、应纳税额的计算

（一）大气污染物应纳税额的计算

大气污染物的应纳税额＝污染当量数×适用税额

【做中学7-9】某企业2020年5月向大气直接排放二氧化硫、氟化物各200千克，一氧化碳300千克、氯化氢100千克，假设当地大气污染物每污染当量税额1.2元，该企业只有一个排放口。

应纳环境保护税计算如下：

第一步：计算各污染物的污染当量数。

二氧化硫污染当量数 = 200÷0.95 = 210.53

氟化物污染当量数 = 200÷0.87 = 229.89

一氧化碳污染当量数 = 300÷16.7 = 17.96

氯化氢污染当量数 = 100÷10.75 = 9.30

第二步：计算应纳税额。

因为氟化物污染当量数>二氧化硫污染当量数>一氧化碳污染当量数>氯化氢污染当量数，该企业只有一个排放口，排序选取计税前3位，为氟化物、二氧化硫和一氧化碳。

应纳税额 =（229.89+210.53+17.96）×1.2=550.06（元）

（二）水污染物应纳税额的计算

1.适用监测数据法的水污染物应纳税额的计算

适用监测数据法的水污染物，包括第一类水污染物和第二类水污染物。

水污染物的应纳税额 = 污染当量数×适用税额

【做中学7-10】某化工厂是环境保护税纳税人，该厂有一个污水排放口且直接向河流排放污水，已安装使用符合国家规定和监测规范的污染物自动监测设备。检测数据显示，该排放口2020年1月共排放污水5万吨（折合5万立方米），应税污染物浓度为0.5毫克/升。该厂所在省的水污染物税率为2.8元/污染当量，污染当量值为0.02千克。

该厂1月应纳的环境保护税计算如下：

污染当量数 = 50 000 000 × 0.5÷1 000 000÷0.02 = 1 250

应纳税额 = 1 250 × 2.8 = 3 500（元）

2.适用抽样测算法的水污染物应纳税额的计算

（1）规模化禽畜养殖业排放的水污染物应纳税额。禽畜养殖业排放的水污染物应纳税额为污染当量数乘以适用税额。其污染当量数以禽畜养殖数量除以污染当量值计算。

【做中学7-11】某养殖场2020年1月养牛存栏量300头，污染当量值为0.1头，假设当地水污染物适用税额为每污染当量2.8元。

该养殖场1月应纳环境保护税计算如下：

水污染当量数 = 300÷ 0.1 = 3 000

应纳税额 = 3 000 × 2.8 = 8 400（元）

（2）小型企业和第三产业排放的水污染物应纳税额。小型企业和第三产业排放的水污染物应纳税额为污染当量数乘以适用税额。其污染当量数以污水排放量（吨）除以污染当量值（吨）计算。

（3）医院排放的水污染物应纳税额。医院排放的水污染物应纳税额为污染当量数乘以适用税额。其污染当量数以病人床数或者污水排放量除以相应的污染当量值计算。

应纳税额 = 医院床位数÷污染当量值×适用税额

3.固体废物应纳税额的计算

$$\text{固体废物的应纳税额}=\left(\text{当期固体废物的产生量}-\text{当期固体废物的综合利用量}-\text{当期固体废物的贮存量}-\text{当期固体废物的处置量}\right)\times\text{适用税额}$$

4.噪声应纳税额的计算

应税噪声的应纳税额为超过国家规定标准的分贝数所对应的具体适用税额。

五、环境保护税的会计核算

企业按规定计算应交的环境保护税时，借记“税金及附加”科目，贷记“应交税费——应交环境保护税”科目；缴纳环境保护税时，借记“应交税费——应交环境保护税”科目，贷记“银行存款”科目。该科目贷方反映企业应交的环境保护税税额，借方反映企业已经缴纳的环境保护税税额，余额在贷方表示企业应交而未交的环境保护税。

【做中学7-12】沿用【做中学7-10】的资料。该公司的会计处理如下：

（1）计算应交环境保护税时：

借：税金及附加 3 500

　　贷：应交税费——应交环境保护税 3 500

（2）实际缴纳环境保护税时：

借：应交税费——应交环境保护税 3 500

　　贷：银行存款 3 500

六、税收减免

（一）暂免征税项目

（1）农业生产（不包括规模化养殖）排放应税污染物的。

（2）机动车、铁路机车、非道路移动机械、船舶和航空器等流动污染源排放应税污染物的。

（3）依法设立的城乡污水集中处理、生活垃圾集中处理场所排放相应应税污染物，不超过国家规定的排放标准的。

（4）纳税人综合利用的固体废物，符合国家和地方环境保护标准的。

（二）减征税额项目

（1）纳税人排放应税大气污染物或者水污染物的浓度值低于国家和地方规定的污染物排放标准30%的，减按75%征收环境保护税。

（2）纳税人排放应税大气污染物或者水污染物的浓度值低于国家和地方规定的污染物排放标准50%的，减按50%征收环境保护税。

七、纳税申报

自2021年6月1日起，纳税人申报缴纳城镇土地使用税、房产税、车船税、印花税、耕地占用税、资源税、土地增值税、契税、环境保护税、烟叶税中一个或多个税种时，编制“财产和行为税纳税申报表”见表7-9。纳税人新增税源或税源变化时，需先填报“财产和行为税税源明细表”见表7-10。

表7-9 财产和行为税纳税申报表

纳税人识别号（统一社会信用代码）：□□□□□□□□□□□□□□□□□□

纳税人名称： 金额单位：人民币元（列至角分）

序号	税 种	税 目	税款所属期起	税款所属期止	计税依据	税 率	应纳税额	减免税额	已缴税额	应补（退）税额
1										
2										
3										
4										
5										
6										
7										
8										
9										
10										
11	合 计	—	—	—	—	—				
声明：此表是根据国家税收法律法规及相关规定填写的，本人（单位）对填报内容（及附带资料）的真实性、可靠性、完整性负责。 纳税人（签章）： 年 月 日										
经办人： 经办人身份证号： 代理机构签章： 代理机构统一社会信用代码：						受理人： 受理税务机关（章）： 受理日期： 年 月 日				

表7-10 财产和行为税税源明细表

纳税人识别号（统一社会信用代码）：□□□□□□□□□□□□□□□□□□

纳税人名称： 金额单位：人民币元（列至角分）

本期是否适用增值税小规模纳税人减征政策 □是 □否			本期适用增值税小规模纳税人减征政策起始时间		年 月
			本期适用增值税小规模纳税人减征政策终止时间		年 月
合计减免税额					
城镇土地使用税					
序号	土地编号	税款所属期起	税款所属期止	减免性质代码和项目名称	减免税额
1					

续表

序号	土地编号	税款所属期起	税款所属期止	减免性质代码和项目名称	减免税额
1					
2					
小计	—			—	
房产税					
序号	房产编号	税款所属期起	税款所属期止	减免性质代码和项目名称	减免税额
1					
2					
小计	—			—	
车船税					
序号	车辆识别代码/船舶识别码	税款所属期起	税款所属期止	减免性质代码和项目名称	减免税额
1					
2					
小计				—	
印花税					
序号	税　目	税款所属期起	税款所属期止	减免性质代码和项目名称	减免税额
1					
2					
小计	—			—	

资源税						
序号	税　目	子　目	税款所属期起	税款所属期止	减免性质代码和项目名称	减免税额
1						
2						
小计	—	—			—	

耕地占用税					
序号	税源编号	税款所属期起	税款所属期止	减免性质代码和项目名称	减免税额
1					

续表

2					
小计	—			—	

契税

序号	税源编号	税款所属期起	税款所属期止	减免性质代码和项目名称	减免税额
1					
2					
小计	—			—	

土地增值税

序号	项目编号	税款所属期起	税款所属期止	减免性质代码和项目名称	减免税额
1					
2					
小计	—			—	

环境保护税

序号	税源编号	污染物类别	污染物名称	税款所属期起	税款所属期止	减免性质代码和项目名称	减免税额
1							
2							
小计	—	—	—			—	

声明：此表是根据国家税收法律法规及相关规定填写的，本人（单位）对填报内容（及附带资料）的真实性、可靠性、完整性负责。

纳税人（签章）：　　年　月　日

经办人： 经办人身份证号： 代理机构签章： 代理机构统一社会信用代码：	受理人： 受理税务机关（章）： 受理日期：　　年　月　日

任务设计

情境资料：枫枫有限责任公司2020年发生下列业务：

（1）5月向大气直接排放二氧化硫、氟化物各200千克，一氧化碳300千克、氯化氢100千克，假设当地大气污染物每污染当量税额1.2元，该公司只有一个排放口。

（2）2020年度有A、B两处单独地下建筑设施，其中，A设施现为地下仓库，土地使用证上载明占地面积为4 000平方米；B设施为地下商场，土地使用证上标明土地面积为5 000平方米。经税务机关确认，该公司所占用土地的适用税额为：A设施每平方米年税额7元，B设施每平方米年税额4元。

（3）2020年年初，订立转移专用技术使用权书据一份，所载金额为400万元；订立产品销货合同一份，所载金额为500万元；订立借款合同一份，所载金额为200万元。此外，公司营业账簿中资金账簿记载，实收资本为1 000万元，资本公积为500万元。

（4）拥有载货汽车15辆（货车载货净吨位全部为5吨）；乘人大客车20辆（其中32座车10辆、28座车10辆）；车船税年税额为：载货汽车每吨100元，乘人汽车30座以上的每辆1 000元，11～30个座位的每辆800元。

要求：

（1）计算该公司2020年应缴纳的环境保护税、城镇土地使用税、印花税和车船税。

（2）编制“财产和行为税纳税申报表”（见表7-11）。

操作步骤：

第一步：计算环境保护税、城镇土地使用税、印花税和车船税。

（1）公司应纳环境保护税计算如下：

①计算各污染物的污染当量数。

二氧化硫污染当量数 = 200 ÷ 0.95 = 210.53

氟化物污染当量数 = 200 ÷ 0.87 = 229.89

一氧化碳污染当量数 = 300 ÷ 16.7 = 17.96

氯化氢污染当量数 = 100 ÷ 10.75 = 9.30

②计算应纳税额。

因为氟化物污染当量数>二氧化硫污染当量数>一氧化碳污染当量数>氯化氢污染当量数，该公司企业只有一个排放口，排序选取计税前3位，为氟化物、二氧化硫和一氧化碳。

应纳税额 = （229.89 + 210.53 + 17.96）×1.2 = 550.06(元)

（2）应纳城镇土地使用税 = 4 000 × 7+5 000 × 4 = 48 000（元）

（3）应纳印花税 = 4 000 000 × 0.5‰ +5 000 000 × 0.3‰ +2 000 000 × 0.05‰ +（10 000 000+5 000 000）× 0.5‰ = 2 000 + 1 500 + 100 + 7 500 = 11 100（元）

（4）应纳车船税 = 15 × 5 × 100 + 10 × 1000 + 10 × 800 = 7 500 + 10 000 + 8 000

= 25 500（元）

第二步：编制“财产和行为税纳税申报表”见表7-11。

表 7-11

财产和行为税纳税申报表

纳税人识别号（统一社会信用代码）：□□□□□□□□□□□□□□□□□□

纳税人名称：

金额单位：人民币元（列至角分）

序号	税 种	税 目	税款所属期起	税款所属期止	计税依据	税 率	应纳税额	减免税额	已缴税额	应补（退）税额
1	环境保护税	大气污染物	2020年12月01日	2020年12月31日	458.38	1.2	550.06			550.06
2	城镇土地使用税		2020年12月01日	2020年12月31日	4 000	7	28 000			28 000
3	城镇土地使用税		2020年12月01日	2020年12月31日	5 000	4	20 000			20 000
4	印花税	购销合同	2020年12月01日	2020年12月31日	5 000 000	0.3‰	1 500			1 500
5	印花税	借款合同	2020年12月01日	2020年12月31日	2 000 000	0.05‰	100			100
6	印花税	产权转移书据	2020年12月01日	2020年12月31日	4 000 000	0.5‰	2 000			2 000
7	印花税	营业账簿（记载资金的账簿）	2020年12月01日	2020年12月31日	1 500 000	0.5‰	7 500			7 500
8	车船税	货车	2020年12月01日	2020年12月31日	75	100	7 500			7 500
9	车船税	客车	2020年12月01日	2020年12月31日	10	1000	1 0000			10 000
10	车船税	客车	2020年12月01日	2020年12月31日	10	800	8 000			8 000
11	合 计			—	—	—	85 150.06			85 150.06

声明：此表是根据国家税收法律法规及相关规定填写的，本人（单位）对填报内容（及附带资料）的真实性、可靠性、完整性负责。

纳税人（签章）：　　年　月　日

经办人： 经办人身份证号： 代理机构签章： 代理机构统一社会信用代码：	受理人： 受理税务机关（章）： 受理日期：　年　月　日

项目小结

本项目内容归纳总结见表7-12。

表7-12 本项目内容归纳总结

房产税的计算、核算与申报	房产税的计算：从价计征计算公式为：应纳税额 = 应税房产原值 ×（1 - 扣除比例）× 税率；从租计征计算公式为：应纳税额 = 租金收入 × 税率
	房产税的核算
	房产税的纳税申报
城镇土地使用税的计算、核算与申报	城镇土地使用税的计算：应纳税额 = 实际占用应税土地面积（平方米）× 单位税额
	城镇土地使用税的核算
	城镇土地使用税的纳税申报
印花税的计算、核算与申报	印花税的计算：应纳税额 = 计税金额 × 适用税率
	印花税的核算
	印花税的纳税申报
车船税的计算、核算与申报	车船税的计算
	车船税的核算
	车船税的纳税申报
环境保护税的计算、核算与申报	环境保护税的计算
	环境保护税的核算
	环境保护税的纳税申报

项目八

税收征管相关法规

【知识目标】 掌握税务行政复议和税务行政诉讼的内容；理解违反税收法律制度的法律责任；了解税收征收管理机关及其职权。

【能力目标】 能够运用税收征管法对相关案例进行分析。

【素质目标】 结合虚开发票的重大税收违法案件进行分析，告诫学生虚开发票骗税、偷税或者私自印制、伪造和编造发票都属于犯法的行为，除了被罚款、刑事处罚外，还会纳入会计人员的个人征信系统，影响其一生的财务工作生涯。

任务一　税务检查

税务检查是税收征管法的重要内容，我国将税收征管的模式定义为“以申报纳税和优化服务为基础，以计算机网络为依托，集中征收，重点稽查，强化管理”，强调了税务检查在我国税收征管工作中的重要地位。

一、税务检查的概念

税务检查是税务机关依法对纳税人、扣缴义务人和其他当事人履行纳税义务、扣缴义务及税法规定的其他义务等情况进行检查和处理工作的行政执法行为。进行税务检查，有利于严肃税收法律、保证国家税收收入。

二、税务机关在税务检查中的权利

根据《中华人民共和国税收征收管理法》（以下简称《税收征管法》）的规定，税务机关有权进行下列税务检查：

（1）检查纳税人的账簿、记账凭证、报表和有关资料，检查扣缴义务人代扣代缴、代收代缴的税款账簿、记账凭证和有关资料。税务机关在检查上述纳税资料时，可以在纳税人、扣缴义务人的业务场所进行，必要时经县以上税务局（分局）局长批准，也可以将纳税人、扣缴义务人以前年度的账簿、凭证、报表及其他有关资料调出检查，但须向纳税人、扣缴义务人开付清单，并在3个月内完整归还。

（2）到纳税人的生产、经营场所和货物存放地检查纳税人应纳税的商品、货物或其他财产，检查扣缴义务人与代扣代缴、代收代缴税款有关的经营情况。

（3）责成纳税人、扣缴义务人提供与纳税或者代扣代缴、代收代缴税款有关的文件、证明材料和有关资料。

（4）询问纳税人、扣缴义务人与纳税或者代扣代缴、代收代缴税款有关的问题和情况。

（5）到车站、码头、机场、邮政部门及其分支机构检查纳税人托运、邮寄应纳税的商品、货物或其他财产的有关单据、凭证和有关资料。

（6）经县以上税务局（分局）局长批准，凭全国统一格式的检查存款账户许可证明，查询从事生产、经营的纳税人、扣缴义务人在银行或其他金融机构的存款账户。

税务机关在调查税收违法案件时，经设区的市、自治州以上税务局（分局）局长批准，可以查询案件涉嫌人员的储蓄存款。税务机关查询所获得的资料，不得用于税收以外的用途。

税务机关对从事生产、经营的纳税人以前纳税期的纳税情况进行检查时，发现纳税人有逃避纳税义务的行为，并有明显转移、隐匿其纳税的商品、货物以及其他财产或者应纳税的收入迹象的，可以按照《税收征管法》的规定采取税收保全措施或者强制执行措施。

税务机关依法进行上述税务检查时，必须出示税务检查证，并有责任为被检查人保守秘密；未出示税务检查证和“税务检查通知书”的，纳税人、扣缴义务人及其他当事人有权拒绝检查。

三、纳税人和扣缴义务人在税务检查中的权利

（1）纳税人、扣缴义务人必须接受税务机关的检查，如实反映情况，提供有关资料，不得拒绝和隐瞒。

（2）有权要求税务机关为纳税人、扣缴义务人的情况保密。

（3）对税务机关所作出的税务处理决定，享有陈述权、申辩权；依法享有申请行政复议、提起行政诉讼、请求国家赔偿等权利。

（4）有权控告和检举税务机关、税务人员的违法违纪行为。

任务二　税收法律责任

税收法律责任是指税收法律关系主体违反税收法律制度的行为所引起的不利的法律后果。税收法律责任分为行政责任和刑事责任两种。行政责任是由税务机关对税收违法行为追究的法律责任；刑事责任是由国家司法机关对触犯刑律的税收违法行为追究的法律责任。

一、违反税收管理行为的处罚

（一）违反税收管理基本规定行为的处罚

纳税人有下列行为之一的，由税务机关责令限期改正，可以处2 000元以下的罚款；情节严重的，处2 000元以上1万元以下的罚款：①未按照规定的期限申报办理税务登记、变更或者注销登记的；②未按照规定设置、保管账簿、记账凭证和有关资料的；③未按照规定将财务、会计制度或者财务、会计处理办法和会计核算软件报送税务机关备查的；④未按照规定将其全部银行账号向税务机关报告的；⑤未按照规定安装、使用税控装置，损毁或擅自改动税控装置的；⑥未按照规定办理税务登记证件验证或者换证手续的。

纳税人不办理税务登记，由税务机关责令限期改正；逾期不改的，由市场监督管理机关吊销其营业执照。

纳税人未按照规定使用税务登记证件，或者转借、涂改、损毁、买卖、伪造税务登记证件的，处2 000元以上1万元以下的罚款；情节严重的，处1万元以上5万元以下的罚款。

（二）扣缴义务人违反账簿、凭证管理的处罚

扣缴义务人未按照规定设置、保管代扣代缴、代收代缴税款账簿或者保管代扣代缴、代收代缴税款记账凭证及有关资料的，由税务机关责令限期改正，可以处2 000元以下的罚款；情节严重的，处2 000元以上5 000元以下的罚款。

二、纳税人、扣缴义务人未按规定期限进行纳税申报的责任

纳税人未按规定的期限办理纳税申报和报送纳税资料的，或者扣缴义务人未按照规定的期限向税务机关报送代扣代缴、代收代缴税款报告表和有关资料的，由税务机关责令限期改正，可以处2 000元以下的罚款；情节严重的，可以处2 000元以上5 000元以下的罚款。

三、对逃避缴纳税款的认定及其法律责任

根据《税收征管法》的规定：纳税人伪造、变造、隐匿、擅自销毁账簿、记账凭证，或者在账簿上多列支出或不列、少列收入，或者经税务机关通知申报而拒不申报或者进行虚假的纳税申报，不缴或少缴应纳税款的行为，是逃避缴纳税款。对纳税人逃避缴纳税款的，由税务机关追缴其不缴或少缴的税款及滞纳金，并处不缴或少缴税款50%以上5倍以下的罚款。构成犯罪的，依法追究刑事责任。

扣缴义务人采取前款所列手段，不缴或少缴已扣、已收税款，由税务机关追缴其不缴或少缴的税款、滞纳金，并处不缴或少缴税款50%以上5倍以下的罚款；构成犯罪的，依法追究刑事责任。

根据《中华人民共和国刑法》的规定：纳税人采取欺骗、隐瞒手段进行虚假纳税或者不申报，逃避缴纳税款数额较大并且占应纳税额10%以上，处3年以下有期徒刑或者拘役，并处罚金；数额巨大并且占应纳税额30%以上的，处3年以上7年以下有期徒刑，并处罚金。

扣缴义务人采取上述手段，不缴或少缴已扣、已收税款，数额较大的，依照上述规定执行。

四、进行虚假申报或不进行申报行为的法律责任

纳税人、扣缴义务人编造虚假计税依据的，由税务机关责令限期改正，并处5万元以下的罚款。纳税人不进行纳税申报，不缴或者少缴应纳税款的，由税务机关追缴其不缴或少缴的税款、滞纳金，并处不缴或少缴税款50%以上5倍以下的罚款。

五、抗税的法律责任

以暴力、威胁方法拒不缴纳税款的，是抗税，除由税务机关追缴其拒缴的税款、滞纳金外，依法追究其刑事责任。情节轻微，未构成犯罪的，由税务机关追缴其拒缴的税款、滞纳金，并处拒缴税款1倍以上5倍以下的罚款。

以暴力、威胁方法拒不缴纳税款的，处3年以下有期徒刑或者拘役，并处拒缴税款1倍以上5倍以下罚金；情节严重的，处3年以上7年以下有期徒刑，并处拒缴税款1倍

以上5倍以下的罚金。

六、在规定的期限内不缴或少缴税款的责任

纳税人、扣缴义务人在规定的期限内不缴或少缴应纳或者应解缴的税款，经税务机关责令限期缴纳，逾期仍未缴纳的，税务机关除采取强制执行措施追缴其不缴或者少缴的税款外，可以处不缴或者少缴的税款50%以上5倍以下的罚款。

七、纳税人、扣缴义务人不配合税务机关依法检查的法律责任

纳税人、扣缴义务人逃避、拒绝或者以其他方式阻挠税务机关检查的，由税务机关责令改正，可以处1万元以下的罚款；情节严重的，处1万元以上5万元以下的罚款。

逃避、拒绝或者以其他方式阻挠税务机关检查的情形包括：

（1）提供虚假资料，不如实反映情况或者拒绝提供有关资料的；

（2）拒绝或阻止税务机关记录、录音、录像、照相和复制与案件有关的情况和资料的；

（3）在检查期间，纳税人、扣缴义务人转移、隐匿、销毁有关资料的。

此外，到车站、码头、机场、邮政企业及其分支机构检查纳税人有关情况时，有关单位拒绝的，由税务机关责令改正，可以处1万元以下的罚款；情节严重的，处1万元以上5万元以下的罚款。

八、骗取出口退税的法律责任

以假报出口或者其他欺骗手段，骗取国家出口退税款，由税务机关追缴其骗取的退税款，并处骗取税款1倍以上5倍以下罚款；构成犯罪的，依法追究刑事责任。

以假报出口或者其他欺骗手段，骗取国家出口退税款，数额较大的，处5年以下有期徒刑或者拘役，并处骗取税款1倍以上5倍以下罚金；数额巨大或者有其他严重情节的，处5年以上10年以下有期徒刑，并处骗取税款1倍以上5倍以下罚金；数额特别巨大或者有其他特别严重情节的，处10年以上有期徒刑或者无期徒刑，并处骗取税款1倍以上5倍以下罚金或者没收财产。

九、非法印制发票的法律责任

非法印制发票的，由税务机关销毁非法印制的发票，没收违法所得和作案工具，并处1万元以上5万元以下的罚款；构成犯罪的，依法追究刑事责任。

伪造或者出售伪造的增值税专用发票，处3年以下有期徒刑、拘役或者管制，并处2万元以上20万元以下罚金；数量较大或者有其他严重情节的，处3年以上10年以下有期徒刑，并处5万元以上50万元以下罚金；数量巨大或者有其他特别严重情节的，处10年以上有期徒刑或者无期徒刑，并处5万元以上50万元以下罚金或者没收财产。伪造并出售伪造的增值税专用发票，数量特别巨大、情节特别严重，严重破坏经济秩序的，处无期徒刑或者死刑，并处没收财产。

单位违反规定的，对单位判处罚金，并对其直接负责的主管人员和其他直接责任

人员，处3年以下有期徒刑、拘役或者管制；数量较大或者有其他严重情节的，处3年以上10年以下有期徒刑；数量巨大或者有其他特别严重情节的，处10年以上有期徒刑或者无期徒刑。伪造、擅自制造或者出售伪造、擅自制造的可用于骗取出口退税、抵扣税款的其他发票的，处3年以下有期徒刑、拘役或者管制，并处2万元以上20万元以下罚金；数量巨大的，处3年以上7年以下有期徒刑，并处5万元以上50万元以下罚金；数量特别巨大的，处7年以上有期徒刑，并处5万元以上50万元以下罚金或者没收财产。

伪造、擅自制造或者出售伪造、擅自制造的前款规定以外的其他发票（普通发票）的，处2年以下有期徒刑、拘役或者管制，并处或者单处1万元以上5万元以下罚金；情节严重的，处2年以上7年以下有期徒刑，并处5万元以上50万元以下罚金。

非法印制、转借、倒卖、变造或者伪造完税凭证的，由税务机关责令改正，处2 000元以上1万元以下的罚款；情节严重的，处1万元以上5万元以下的罚款；构成犯罪的，依法追究刑事责任。

十、银行及其他金融机构拒绝配合税务机关依法执行职务的法律责任

银行及其他金融机构未依照《税收征管法》的规定在从事生产、经营的纳税人的账户中登录税务登记证件号码，或者未按规定在税务登记证件中登录从事生产、经营的纳税人的账户账号的，由税务机关责令其限期改正，处2 000元以上2万元以下的罚款；情节严重的，处2万元以上5万元以下的罚款。

纳税人、扣缴义务人的开户银行或其他金融机构拒绝接受税务机关依法检查纳税人、扣缴义务人存款账户，或者拒绝执行税务机关作出的冻结存款或扣缴税款的决定，或者在接到税务机关的书面通知后帮助纳税人、扣缴义务人转移存款，造成税款流失的，由税务机关处10万元以上50万元以下的罚款，对直接负责的主管人员和其他直接责任人员处1 000元以上1万元以下的罚款。

为纳税人、扣缴义务人非法提供银行账户、发票、证明或其他方便，导致未缴、少缴税款或者骗取国家出口退税款的，税务机关除没收其违法所得外，可以处未缴、少缴或者骗取的税款1倍以下的罚款。

任务三 税务行政复议和税务行政诉讼

根据《税收征管法》的规定，纳税人、扣缴义务人、纳税担保人同税务机关在纳税上发生争议时，必须先依照税务机关的纳税决定缴纳或解缴税款及滞纳金，或者提供相应的担保，然后可以依法申请行政复议；对行政复议决定不服的，可以向人民法院起诉。当事人对税务机关的处罚决定、强制执行措施或税收保全措施不服的，可以依法申请行政复议，也可以依法向人民法院起诉。当事人对税务机关的处罚决定逾期不申请行政复议，也不向人民法院起诉又不履行的，作出处罚决定的税务机关可以采取强制执行措施，或者申请人民法院强制执行。

一、税务行政复议

税务行政复议是指当事人（纳税人、扣缴义务人、纳税担保人及其他税务当事人）不服税务机关及其工作人员作出的税务具体行政行为，依法向上一级税务机关（复议机关）提出申请，复议机关经审理对原税务机关具体行政行为依法作出维持、变更、撤销等决定的活动。

（一）税务行政复议的受案范围

根据《税收征管法》、《中华人民共和国行政复议法》和《税务行政复议规则》的规定，税务行政复议的受案范围仅限于税务机关作出的具体行政行为。这主要包括：①征税行为；②行政许可、行政审批行为；③发票管理行为，包括收缴发票、发售发票等；④税收保全措施、强制执行措施；⑤行政处罚行为；⑥不依法履行下列职责的行为：包括颁发税务登记、开具、出具完税凭证、行政赔偿、行政奖励等；⑦资格认定行为；⑧不依法确定的纳税担保行为；⑨政府信息公开工作中的具体行政行为；⑩纳税信用等级评定行为。

（二）税务行政复议的管辖

税务行政复议的管辖，是指税务行政复议机关之间受理税务行政复议案件的职权划分。

根据《税务行政复议规则》的规定，对于实行垂直领导管理体制的税务系统，行政复议管辖的基本制度是实行由上一级税务机关管辖下一级税务机关的基本原则。

（1）对各级税务机关作出的具体行政行为不服的，向其上一级税务机关申请行政复议。对省、自治区、直辖市地方税务局作出的具体行政行为不服的，可以向国家税务总局或者省、自治区、直辖市人民政府申请行政复议。

（2）对国家税务总局作出的具体行政行为不服的，可以向国家税务总局申请行政复议。对行政复议决定不服的，可以向人民法院提起行政诉讼，也可以向国务院申请裁决，国务院的裁决为终局裁决。

（3）对上述两条规定以外的其他税务机关、组织等作出的具体行政行为不服的，按照下列规定申请行政复议：①对计划单列市税务局的具体行政行为不服的，向省税务局申请行政复议。②对税务所（分局）、各级税务局的稽查局的具体行政行为不服的，向其主管税务局申请行政复议。③对扣缴义务人作出的扣缴税款行为不服的，向主管该扣缴义务人的税务机关的上一级税务机关申请行政复议；对受税务机关委托的单位作出的代征税款行为不服的，向委托税务机关的上一级税务机关申请行政复议。④税务机关与其他行政机关联合调查的涉税案件，应当根据各自的法定职权，经协商分别作出具体行政行为，不得共同作出具体行政行为。对具体行政行为不服的，向其共同的上一级行政机关申请行政复议。

（三）税务行政复议的程序

税务行政复议的程序由申请、受理、审理、决定和送达等构成。

1.税务行政复议申请

申请人对税务机关作出的征税行为不服，应先根据法律、行政法规确定的税额、期限缴纳或者解缴税款及滞纳金，然后可以在收到税务机关填发的缴款凭证之日起60日内提出行政复议申请，并先向复议机关申请行政复议，对复议决定不服，再向人民法院起诉。对税务机关的征税行为以外的其他税务具体行政行为不服的，可以申请行政复议，也可以直接向人民法院提起行政诉讼。

2.税务行政复议受理

（1）复议机关收到行政复议申请后，应当在5日内进行审查，决定是否受理。对不符合规定的行政复议申请，决定不予受理，并书面告知申请人。对不属于本机关受理的行政复议申请，应当告知申请人向有关复议机关提出申请。

（2）对符合规定的行政复议申请，自复议机关法制工作机构收到之日起即为受理。受理行政复议申请，应当书面告知申请人。

（3）对应当先向复议机关申请行政复议，对行政复议决定不服再向人民法院提起行政诉讼的具体行政行为，复议机关决定不予受理或者受理后超过复议期限不作答复的，申请人可以自收到不予受理决定书之日起或者行政复议期满之日起15日内，依法向人民法院提起行政诉讼。

3.税务行政复议审理

税务行政复议审理是税务机关针对税收争议问题，根据税收法律、法规的规定，进行审查并作出处理决定的过程。

4.税务行政复议决定

复议机关法制工作机构应当自受理行政复议申请之日起7日内，将行政复议申请书副本或者行政复议申请笔录复印件发送给被申请人。复议机关法制工作机构应当对被申请人的具体行政行为进行合法性与适当性审查，提出意见，经复议机关负责人同意，作出行政复议决定。

复议机关应当自受理申请之日起10日内作出行政复议决定。情况复杂，不能在规定期限内作出行政复议决定的，经复议机关负责人批准，可以适当延长，并告知申请人和被申请人，但延长期最多不超过30日。

5.税务行政复议送达

税务行政复议送达是指复议机关将行政复议决定送至申请人手中的行为。送达期限依照民事诉讼法关于送达的规定执行。

二、税务行政诉讼

税务行政诉讼是指纳税人和其他税务当事人认为税务机关及其工作人员作出的具体税务行政行为违法或不当，侵犯了其合法权益，依法向人民法院提起行政诉讼，由人民法院对具体税务行为的合法性和适当性进行审理并作出裁决的司法活动。

（一）税务行政诉讼的受案范围

税务行政诉讼的受案范围，是税务行政诉讼制度的核心内容，是人民法院对税务机关拥有的司法审查权。具体受案范围如下：①对税务机关作出的征税行为不服的；②对税务机关作出的税收保全措施不服的；③对税务机关作出的税收强制执行措施不服的；④对税务机关作出的通知出境管理机关阻止出境不服的；⑤对税务机关拒绝颁发、发售或者不予答复的行为不服的；⑥对税务机关作出的行政处罚不服的；⑦对税务机关的复议决定不服的；⑧对税务机关作出的责令纳税人提交纳税保证金或者提供纳税担保的行为不服的。

（二）税务行政诉讼的管辖

税务行政诉讼管辖适用《中华人民共和国行政诉讼法》（以下简称《行政诉讼法》）对管辖的规定，分为级别管辖、地域管辖和裁定管辖三种。

1.级别管辖

级别管辖是上下级人民法院之间受理第一审税务行政案件的分工和权限。根据《行政诉讼法》的规定，基层人民法院管辖一般的税务行政诉讼案件，中高级人民法院管辖本辖区内重大、复杂的税务行政诉讼案件，最高人民法院管辖全国范围内重大、复杂的税务行政诉讼案件。

2.地域管辖

地域管辖是同级人民法院之间受理第一审税务行政案件的分工和权限，分一般地域管辖和特殊地域管辖两种。

（1）一般地域管辖，是指按照最初作出具体行政行为的机关所在地来确定管辖法院。凡是未经复议直接向人民法院提起诉讼的，或者经过复议，复议裁决维持原具体行政行为，当事人不服向人民法院提起诉讼的，根据《行政诉讼法》的规定，均由最初作出具体行政行为的税务机关所在地人民法院管辖。

（2）特殊地域管辖，是指根据特殊行政法律关系或特殊行政法律关系所指的对象来确定管辖法院。税务行政案件的特殊地域管辖主要是指：经过复议的案件，复议机关改变原具体行政行为的，由原告选择最初作出具体行政行为的税务机关所在地人民法院，或者复议机关所在地人民法院管辖。原告可以向任何一个有管辖权的人民法院起诉，最先收到起诉状的人民法院为第一审法院。

3.裁定管辖

裁定管辖，是指人民法院依法自行裁定的管辖，包括移送管辖、指定管辖及管辖权的转移三种情况。

（1）移送管辖。移送管辖是指人民法院将已经受理的案件，移送给有管辖权的人民法院审理。根据《行政诉讼法》的规定，移送管辖必须具备三个条件：一是移送人民法院已经受理了该案件；二是移送法院发现自己对该案件没有管辖权；三是接受移送的人民法院必须对该案件确有管辖权。

（2）指定管辖。指定管辖是指上级人民法院以裁定的方式，指定某下一级人民法院管辖某一案件。根据《行政诉讼法》的规定，有管辖权的人民法院因特殊原因不能行使对行政诉讼的管辖权的，由其上级人民法院指定管辖；人民法院对管辖权发生争议且协商不成的，由它们共同的上级人民法院指定管辖。

（3）管辖权的转移。根据《行政诉讼法》的规定，上级人民法院有权审理下级人民法院管辖的第一审税务行政案件，也可以将自己管辖的第一审税务行政案件移交下级人民法院审判；下级人民法院对其管辖的第一审税务行政案件，认为需要由上级人民法院审判的，可以报请上级人民法院决定。

（三）税务行政诉讼的起诉和受理

税务行政诉讼的起诉，是指相对人认为税务具体行政行为侵犯了自己的合法权益，依法向人民法院提出诉讼请求，要求人民法院行使国家审判权予以保护和救济的诉讼行为。税务行政诉讼的受理，是指人民法院接到诉讼请求后，经审查认为符合法定起诉条件，决定予以立案审理的行为。当事人提起税务行政诉讼，应当向人民法院提交诉讼状。人民法院接到原告的起诉状后，进行审查，作出立案或不予受理的裁定。

在提起税务行政诉讼时，必须符合下列条件：原告必须有起诉资格；起诉必须有明确的被告；必须有具体的诉讼请求和事实、法律依据；诉讼必须符合法定的期限和程序。

根据《税收征管法》的规定，对税务机关的征税行为提起诉讼，必须先经过复议，对复议决定不服的，可以在接到复议决定书之日起15日内向人民法院起诉。对其他具体行政行为不服的，当事人可以在接到通知15日内直接向人民法院起诉。根据法律规定，人民法院接到起诉状，应当在7日内立案或者作出裁定不予受理。

（四）税务行政诉讼的审理和判决

1.税务行政诉讼的审理

税务行政诉讼的审理是指人民法院对税务行政案件进行实质性审查，并确认、判决行政机关的行政行为是否合法、正确的诉讼活动。人民法院审理行政案件实行合议、回避、公开审判和两审终审的审判制度。

2.税务行政诉讼的判决

人民法院对受理的税务行政案件，经过调查、搜集证据、开庭审理之后，分别作出如下判决：

（1）维持判决。维持判决适用于具体行政行为证据确凿，适用法律、法规正确，符合法定程序的案件。

（2）撤销判决。被诉的具体行政行为主要证据不足，适用法律、法规错误，违反法定程序，或者超越职权、滥用职权，人民法院应判决撤销或部分撤销，同时可判决税务机关重新作出具体行政行为。

（3）履行判决。税务机关不履行或拖延履行法定职责的，判决其在一定期限内履行。

（4）变更判决。税务行政处罚显失公正的，可以变更判决。

问题解答

问：税务行政处罚、税务行政复议和税务行政诉讼的关系如何？

答：纳税人、扣缴义务人、纳税担保人同税务机关在纳税上发生争议时，必须先依照税务机关的纳税决定缴纳或解缴税款及滞纳金，或提供纳税担保，然后可以依法申请行政复议；对行政复议决定不服的，可以向人民法院起诉。

当事人对税务机关的处罚决定、强制执行措施或者税收保全措施不服的，可以依法申请行政复议，也可以向人民法院起诉。

项目小结

本项目内容归纳总结见表8-1。

表8-1 本项目内容归纳总结

税务检查	税务检查的概念
	税务机关在税务检查中的权利
	纳税人和扣缴义务人在税务检查中的权利
税收法律责任	违反税收管理行为的处罚
	偷税的法律责任
	逃避追缴欠税的法律责任
	抗税的法律责任
	骗取出口退税的法律责任
	非法印制发票的法律责任
	纳税人、扣缴义务人不配合税务机关依法检查的法律责任
	银行及其他金融机构拒绝配合税务机关依法执行职务的法律责任
税务行政复议和税务行政诉讼	税务行政复议
	税务行政诉讼

主要参考文献

［1］梁伟样．税务会计［M］．5版．北京：高等教育出版社，2019.

［2］梁伟样．税费计算与申报［M］．4版．北京：高等教育出版社，2019.

［3］盖地．税务会计与纳税筹划［M］．13版．大连：东北财经大学出版社，2017.

［4］盖地．税务会计［M］．11版．上海：立信会计出版社，2017.

［5］财政部会计司编写组．企业会计准则讲解［M］．北京：人民出版社，2016.

［6］全国税务师执业资格考试教材编写组．税法Ⅰ［M］．北京：中国税务出版社，2021.

［7］全国税务师执业资格考试教材编写组．税法Ⅱ［M］．北京：中国税务出版社，2021.

［8］中国注册会计师协会．税法［M］．北京：经济科学出版社，2021.

［9］中国注册会计师协会．会计［M］．北京：中国财政经济出版社，2021.

［10］代义国．小企业纳税实战［M］．广州：广东经济出版社，2016.

［11］国家税务总局教材编写组．国税征管实务［M］．北京：中国财政经济出版社，2014.

［12］王曙光．税法学［M］．9版．大连：东北财经大学出版社，2021.

［13］唐晓．税务会计［M］．3版．北京：机械工业出版社，2012.

［14］苏春林．税法及纳税操作［M］．北京：中国人民大学出版社，2016.